Hollmer/Meier
Dramenlexikon
des 18. Jahrhunderts

Dramenlexikon
des 18. Jahrhunderts

Herausgegeben von
Heide Hollmer
und Albert Meier

Unter Mitarbeit von
Lars Korten
und Thorsten Kruse

Verlag C. H. Beck München

Die Deutsche Bibliothek – Cip-Einheitsaufnahme

Dramenlexikon des 18. Jahrhunderts / hrsg. von Heide Hollmer und Albert Meier. Unter Mitarb. von Lars Korten und Thorsten Kruse. – München : Beck, 2001
ISBN 3 406 47451 9

ISBN 3 406 47451 9

Gesamtherstellung: Freiburger Graphische Betriebe, Freiburg
Gedruckt auf säurefreiem, alterungsbeständigem Papier
(hergestellt aus chlorfrei gebleichtem Zellstoff)
Printed in Germany

www.beck.de

Vorwort

Die Dramenlandschaft des 18. Jahrhunderts muß in vieler Hinsicht noch heute als *terra incognita* gelten. Zwar sind einige Schneisen in die Geschichte der wichtigsten poetischen Gattung während der Aufklärung seit langem geschlagen und haben Einsichten in zentrale Prozesse ermöglicht: Gottscheds Reform in den frühen 30er Jahren, die das populäre Improvisationstheater im Zeichen von poetischer Vernunft und sozialer Nützlichkeit literarisieren wollte; Lessings rationalitätskritisches Drama der Sentimentalität; die Wendung zur ‹klassischen Form› bei Goethe und Schiller. Daß sich aber schon früh unvergleichlich mehr aus dem Bewußtsein der literarischen Öffentlichkeit verloren hat, haben insbesondere die umfangreichen Forschungen Reinhart Meyers* in aller Deutlichkeit nachgewiesen: Von den im 18. Jahrhundert gespielten Stücken deutscher Sprache ist nur ein winziger Ausschnitt noch präsent, obwohl ein Gutteil der Textvorlagen zugänglich wäre; das besonders reiche Bühnenleben des katholischen Südens wird von den namhaften Werken protestantischer Orientierung in den Schatten gestellt; was tatsächlich gespielt wurde, hat wenig mit dem zu tun, was im literaturgeschichtlichen Rückblick heute als entscheidend gilt.

Das ‹Dramenlexikon des 18. Jahrhunderts› will neben den immer schon prominenten Stücken auch vergessene Dramentexte präsentieren, wenn sie zu ihrer Zeit für die Vielfalt der deutschen Theaterkultur charakteristisch waren. Vorrangiges Kriterium der Auswahl ist die Repräsentativität des Werkes: entweder des zeitgenössischen Erfolgs wegen oder als Beleg für ein seinerzeit be-

* Vgl. hauptsächlich Reinhart Meyers seit 1986 im Max Niemeyer Verlag (Tübingen) erscheinende *Bibliographia Dramatica et Dramaticorum. Kommentierte Bibliographie der im ehemaligen deutschen Reichsgebiet gedruckten und gespielten Dramen des 18. Jahrhunderts nebst deren Bearbeitungen und Übersetzungen und ihrer Rezeption bis in die Gegenwart.*

liebtes Genre bzw. ein originelles Formexperiment. Dennoch steht kein anthologisches Interesse im Vordergrund, das den systematisierten Überblick über das gesamte Spektrum im freilich verkürzten Maßstab geben wollte; vielmehr geht es um die Basisinformation über solche Dramentexte, die für die Entwicklung im 18. Jahrhundert aussagekräftig sind. Daß es dabei nicht in jedem Einzelfall gerecht zugehen kann, versteht sich von selbst, weil allzuviel ausgespart werden muß, wenn der Umfang eines Bandes nicht überschritten werden soll: Grundsätzlich verzichtet wurde daher auf Übersetzungen (bzw. kaum eigenständige Bearbeitungen) nichtdeutscher Dramen, obwohl gerade diese Sparte auf den Bühnen eine besonders große Rolle spielte; Berücksichtigung findet allein das Sprechtheater (unter Ausschluß etwa des Singspiels), sofern die Werke im Druck überliefert und damit auch heute noch zugänglich sind. Die meisten der hier dokumentierten Dramentexte dürften dennoch selbst den Literaturhistorikern bestenfalls vom Hörensagen bekannt sein; um so mehr bieten sie einen Einblick gerade auch in diejenigen Facetten des damaligen Schreibens von Dramen, die allzu lange schon als uninteressant gelten: etwa die bayerischen Patriotendramen und überhaupt die vielfältigen Genrevarianten abseits des *mainstream* von Gottsched über Lessing zu Schiller.

Die Artikel verbinden – auf dem aktuellen Forschungsstand – die jeweilige Inhaltsangabe mit knappen Deutungsansätzen, um für jedes Werk dessen historische Bedeutung zu skizzieren. In der Regel liegen die Erstdrucke zugrunde, die nur in wenigen Ausnahmefällen nicht eingesehen werden konnten; die Angaben zur jeweiligen Uraufführung sind nach Möglichkeit geprüft; eine zwar wahrscheinliche, aber nicht datierbare Uraufführung ist mit ‹?› gekennzeichnet; wenn ein Stück mutmaßlich nie über die Bühne gegangen ist, entfällt die Sigle ‹UA›. Zur leichteren Orientierung dominiert die alphabetische Reihung nach den Autornamen; finden bei einem Verfasser mehrere Texte Berücksichtigung, folgen sie der alphabetischen Ordnung ihrer Titel.

Der besondere Dank der Herausgeber gilt Ernst-Peter Wieckenberg, dessen Begeisterung für die Literatur der Aufklärung diesem Dramenlexikon die Initialzündung gab.

Anonym

Die Rebellion. Ein Vaterländisches Original-Schauspiel in vier Aufzügen. Nebst einer Vorrede vom Verfasser des Lustspiels: Der Zölibat ist aufgehoben. Utilitas publica seu civium suprema lex esto. 1.25. de LL. Germanien, auf Kosten des Verfassers. 1791.
UA: ?

Das jakobinische Prosadrama aus dem revolutionären Freistaat Speyer, verfaßt wahrscheinlich von Sebastian Joseph Krause, entlehnt seine politische Handlung (den Versuch, die korrupte Justiz- und Verwaltungsbeamtenschaft eines Fürstentums zu stürzen) der Lokalgeschichte; darüber hinaus dient Friedrich Schillers *Kabale und Liebe* als literarische Vorlage.
Gemeinsam mit dem Bürgermeister Hommann tyrannisieren Wald und Justizrat Balkener, die an Schillers Figuren Wurm und Präsident von Walter erinnern, das Volk. Balkeners ebenso tugendhafte wie ahnungslose Tochter Klärchen wird in die Machenschaften hineingezogen: Wald möchte sie heiraten, um das Richteramt ihres Vaters zu erben; dieser wiederum läßt Klärchen entführen, um sie dem Minister als Mätresse anzubieten und sich auf diese Weise dessen Wohlwollen zu sichern. Lizentiat Hof, der Held des Stückes, rettet Klärchen zwar aus Liebe, verfolgt damit aber auch ein politisches Ziel. Mit einigen humanitär gesinnten Ratsmännern beruhigt er den Aufstand des Volkes: Er sendet eine Beschwerdeschrift an den Regenten und verhaftet eigenmächtig die Hochverräter. Als Vertreter der Gerechtigkeit bedauert Hof zugleich seinen Amtsmißbrauch, obwohl der herbeigerufene Geheimrat von Ehrenwerth die Verhaftungen bestätigt; alle hoffen nun auf eine Nachricht vom Fürsten, der endgültig über die Suspendierung des Justizrats und die Bestrafung des Volkes sowie der Ratsmänner entscheiden wird. Sowohl privat zwischen Hof und Klärchen als auch

politisch endet das Drama glücklich, fast trivial-versöhnlich. Auf poetische Feinheiten wird wenig Wert gelegt; das aus locker gefügten Szenen bestehende Stück dient vielmehr der Aufklärung und Belehrung; der nur vorläufig optimistische, weil dem Regenten gegenüber skeptische Schluß weist auf die zeitbedingte Wirkungsstrategie des Agitationstheaters hin, die der Autor im Vorwort expliziert: Die Gleichgesinnten – in Deutschland isoliert und verfolgt – sollen Mut schöpfen und sich begeistern lassen.

Lit.: A. Meier: Dramaturgie der Bewunderung, 1993, S. 366–369. G. Steiner: Das Theater der deutschen Jakobiner, 1989.

Inka Jörn

Albrecht, Johann Friedrich Ernst
(1752–1814)

Masaniello von Neapel. Original-Trauerspiel in fünf Aufzügen. Berlin 1789.
UA: ?

Die Prosatragödie gestaltet den neapolitanischen Volksaufstand von 1647, der seit dem 17. Jahrhundert vielfach dramatisiert worden ist.

Arme Fischer haben sich unter ihrem leidenschaftslos-opferbereiten Anführer Masaniello gegen die ebenso korrupten wie machtgierigen Feudalherren erhoben; ihre Rebellion scheitert sowohl an den Gegenmaßnahmen der Machthaber als auch an der Disziplinlosigkeit der Aufständischen selbst, die ihre Freiheit zumeist nur im egoistischen Interesse nutzen. Dieser politisch-ethische Gegensatz von Tugend und Laster wird durch eine privat-familiäre Dimension überlagert, die auf freier Erfindung Albrechts beruht: Masaniellos Gattin Marie versucht vergeblich, ihren Mann zum Rückzug aus den politischen Wirren zu bewegen, um ihn vor dem sicheren Tod zu bewahren. Der uneigennützige Masaniello erweist sich als wehrlos gegen die Intrigen

seiner Gegner und eigensüchtigen Vertrauten; durch ein Giftattentat wird er geistig zerrüttet, vom wankelmütigen Volk verlassen und schließlich getötet. Marie begeht an der Bahre ihres Gatten Selbstmord und wird von Kardinal Filomarino als Märtyrerin einer antipolitischen Liebesethik gerechtfertigt.
Da Masaniello zu keinem Zeitpunkt Herr der Machtverhältnisse ist, kommt ihm statt Bewunderung für den politischen Tugendhelden Mitleid mit dem unschuldigen Opfer zu. Albrecht propagiert hier im Jahr der Bastille-Erstürmung eine häusliche Innerlichkeit in Distanzierung von der sittlich prekären, zwangsläufig machiavellistisch geprägten Sphäre politischer Macht. Sein *Masaniello*, der sich formal noch an die Haupt- und Staatsaktionen jesuitischer Observanz anlehnt (Verzicht auf Einheit von Zeit und Ort, umfangreiches Personal), schlägt damit eine Brücke vom politischen Trauerspiel der Frühaufklärung zum bürgerlichen Familiengemälde um 1800.

Lit.: A. Meier: Dramaturgie der Bewunderung, 1993, S. 353–356.

Albert Meier

Albrecht, Johanne Sophie Dorothea (1757–1840)

Theresgen. Ein Schauspiel mit Gesang, in fünf Aufzügen.
In: Gedichte und Schauspiele von Sophie Albrecht. Erfurt 1781, S. 249–360.
UA: ?

Das mit liedhaften Verseinlagen durchsetzte Prosadrama der Schauspielerin und Schriftstellerin verbindet Elemente des bürgerlichen Trauerspiels mit denen des Singspiels, die vorrangig dem vertiefenden Ausdruck unverstellter Gefühle dienen.
Theresgen, ein in der Stadt erzogenes Mädchen vom Lande, hat den Grafen Adolf vor dem Ertrinken gerettet und sich in ihn verliebt, muß ihre sozial unerlaubten Gefühle aber verheimlichen. Als

Franz, der Bruder ihrer Freundin, zusammen mit dem Grafen im Dorf erscheint, weist Theresgen seine aufrichtig gemeinte Werbung zunächst entschieden zurück, willigt dann aber notgedrungen ein, um ihre Liebe zum Grafen nicht preisgeben zu müssen. Der Graf, der von ihrer wahren Neigung nichts ahnt, will sie nun gerade durch eine schnelle Vermählung mit Franz glücklich sehen. Theresgen muß zwar ihrem misogynen Stiefvater gegenüber die Liebe zum Grafen bekennen, wird aber zur sofortigen Hochzeit mit dem ungeliebten Franz gezwungen und ertränkt sich aus Verzweiflung.
Das vielfach an die Sturm-und-Drang-Dramatik anknüpfende Schauspiel behandelt das zeittypische Problem einer unbedingten und ständeübergreifenden Liebe, deren unmögliche Legalisierung eine existentielle Katastrophe bedeutet; im konkreten Fall verschärft sich der Konflikt durch das spezifisch weibliche Leiden, gegen eine erzwungene Verbindung wehrlos zu sein. Der Selbstmord der – trotz pathologischer Charakterzüge sympathietragenden – Heldin erscheint als Akt der Empörung angesichts einer fragwürdigen Weltordnung, die weibliche Glücksansprüche radikal verneint.

Lit.: I. Roebling: Sturm und Drang – weiblich. Eine Untersuchung zu Sophie Albrechts Schauspiel *Theresgen*; in: Der Deutschunterricht 48, 1996, S. 63–77.

Tobias Witt

Ayrenhoff, Cornelius Hermann von (1733–1819)

Aurelius oder Wettstreit der Großmuth. Ein Trauerspiel in fünf Aufzügen. Auf die Wienerische Schaubühne gebracht im Jahre 1766.

UA: Wien, 1766

Der Stoff der in heroischen Alexandrinern verfaßten, regelkonformen Tragödie ist anekdotenhaft überliefert und historisch nicht belegt. Ayrenhoff entnimmt ihn Quistorps *Aurelius.*
Im Palast des Kaisers Trajan trifft der Feldherr Aurelius seinen

zukünftigen Schwager Valerius, der ihn in den geplanten Mord am beliebten und gutmütigen Regenten einweiht. Da Valerius sein Vorhaben unbeirrt und sofort verwirklichen will, wird er vom loyalen Aurelius getötet. Nach Entdeckung der Tat verweigert Aurelius jede Erklärung, um die Familie seiner Braut Flavia vor der drohenden Verbannung zu schützen. Aurelius wird vom Prätor Paulus, einem Mitverschwörer, zum Tode verurteilt. Bevor es zur Hinrichtung kommt, gelangt Valerius' Vater an ein Schreiben, das den Attentatsplan dokumentiert und damit Aurelius' Tötung des Freundes erklärt. Paulus begeht Selbstmord, und der großmütige Trajan zerreißt das kompromittierende Beweisstück. Hatte bei Quistorp das Motiv ‹Übereilung› eine gewichtige Rolle gespielt, so wertet Ayrenhoff seinen Aurelius zu einem fehlerlosen Helden auf. Dessen unverschuldete Tragik resultiert aus einem Loyalitätskonflikt (Freund vs. Kaiser), dem nur durch die Aufopferung des eigenen Lebens zu entkommen wäre. Das klassizistische Trauerspiel entspricht dem Modell des aufklärerischen Fürsten- und Untertanenspiegels, da die Herrschertugend ‹Großmut› die glückliche Lösung herbeiführt.

Lit: W. Montag: Kornelius von Ayrenhoff, 1908, S. 18–21.

Olaf Meier

Die Freundschaft der Weiber nach der letzten Mode. Ein Lustspiel in zween Aufzügen. Auf das Wiener Theater gebracht im Jahre 1782.
UA: Wien, 1782

Die Prosakomödie steht in der Tradition der Frauen- und Modesatiren Molières (1622–1673) sowie der frühen sächsischen Typenkomödie.
Der Schauspieler Leander gibt sich reichen Frauen gegenüber als französischer Adliger aus und macht ihnen amouröse Avancen, weil er auf Begleichung seiner Schulden hofft. Zu den von Leander hofierten Damen zählt die Baronin Lipthal, die neben der platonischen Beziehung zu Leander exaltierte Frauenfreundschaften unterhält, weshalb Baron Lipthal an seiner Gattin Rea-

litätsverlust und übersteigerte Empfindsamkeit infolge exzessiver Roman- und Dramenlektüre konstatiert. Die Berechtigung seiner Zweifel wird zunächst mit der Boshaftigkeit und Klatschsucht der Gräfin Stolzenberg, einer Freundin der Baronin, sodann an der innigen Freundschaft zwischen der Baronin und der Gräfin Schönhof demonstriert: Letztere betrügt neben ihrem Mann auch die beste Freundin, der sie Leander abspenstig machen will. Als Graf Schönhof Beweise für das romantische Verhältnis seiner Frau zu Leander erbringt, muß die Baronin die Liebe zu Leander aufgeben, ihre Liebe zur Literatur sowie die Freundschaft mit der Gräfin neu bewerten; Leander wird mit einer Abfindung fortgeschickt. Am Schluß steht die leicht gequälte Versöhnung zwischen Gräfin und Baronin.
Das Stück ist Frauensatire und Verlachkomödie gottschedschen Typs. Es attackiert im Stil der Alamode-Kritik die modische Frankomanie, richtet sich aber vor allem gegen zeitgenössische literarische Tendenzen: gegen die Empfindsamkeit ebenso wie gegen das ‹regellose› Theater Shakespeares und damit nicht zuletzt auch gegen die sensualistische Dramentheorie Lessings.

Lit.: W. Montag: Kornelius von Ayrenhoff, 1908, S. 61f.

Olaf Meier

Hermanns Tod. Ein Trauerspiel in Versen. Von einem k. k. Officier. Aufgeführt auf der k.k. deutschen Schaubühne in Wien. Veränderte Auflage Wien 1769.
UA: Wien, 1768

Das in heroischen Alexandrinern verfaßte Trauerspiel in fünf Akten, eine leicht veränderte Neufassung von *Hermann und Thusnelde* (1768), stützt sich stofflich auf die *Annales* des Tacitus.
Der römische Gesandte Sejanus erscheint vor den germanischen Fürsten. Er führt Thusnelde, die Frau des Heerführers Hermann, als Geisel mit sich und bietet einen Vasallenfrieden mit Rom an, den Hermann ablehnt, weil sein Ziel die Eroberung Roms ist. Der wankelmütige Segestes, Vater von Thusnelde, opponiert, weil ihm die Freilassung seiner Tochter vorrangig wichtig ist. Eine alte

Feindschaft zu Hermann bricht wieder auf: Segestes bewegt seine Anhänger zum Aufstand gegen Hermann, den diese nur halbherzig unternehmen. Thusnelde willigt in Hermanns Vorschlag ein, mit Sejanus nach Rom zurückzukehren, um dort von den Germanen befreit zu werden. Während sie sich auf dem Weg ins römische Lager befindet, verwundet Segestes Hermann tödlich und wird auf der Flucht selbst getötet. Thusnelde erfährt von diesen Ereignissen, kehrt zum sterbenden Hermann zurück und ersticht sich. Das Stück endet mit dem patriotischen Appell, die von Sejanus als wesentliche Schwäche der Deutschen bezeichnete Zwietracht zu überwinden.
Formal folgt das Stück den dramaturgischen Normen Gottscheds; auch der Lehrsatz in exponierter Stellung am Schluß des Stücks entspricht den Forderungen des frühaufklärerischen Theaterreformers. In der fehlerfreien Tugendhaftigkeit des tragischen Helden Hermann, dem allenfalls die Zutraulichkeit seinem Mörder gegenüber angelastet werden kann, löst sich *Hermanns Tod* jedoch partiell von Gottscheds Vorgaben – und erweist sich auch darin als Nachfolger etlicher Mustertragödien der *Deutschen Schaubühne.*

Lit.: W. Montag: Kornelius von Ayrenhoff, 1908, S. 21–27. H. Steinmetz: Das deutsche Drama von Gottsched bis Lessing, 1987, S. 45.

Olaf Meier

Irene. Ein christliches Trauerspiel in Prosa in drey Aufzügen. Wien 1781.

UA: Wien, 21.1.1781

Die zur Zeit der Eroberung Konstantinopels durch die Türken (1453) spielende Tragödie gestaltet die Problematik einer aus politisch-religiösen Gründen unerwünschten Liebesbeziehung.
Sultan Mahomet II., der vor den Toren Konstantinopels steht, liebt die Christin Irene und will sie gegen den Rat seiner Vertrauten heiraten, wobei Irene ihrem Glauben treu bleiben soll. Diese Absicht führt prompt zu einem Aufstand innerhalb seines Heeres, der niedergeschlagen werden muß. Irene liebt den Sultan zwar

auch, ist sich angesichts von Mahomets privaten Leidenschaften aber bewußt, wie gefährdet seine fürstliche Stellung ist. Obwohl Mahomet verspricht, die Einwohner Konstantinopels nach der Eroberung zu schonen, bemüht sich Irene um Aufschub der Hochzeit; um sowohl das Reich als auch das Leben des Sultans zu schützen, versucht der Lehrmeister Alcanzor zugleich, Irene zur Aufgabe ihres Glaubens zu bewegen. Das Eintreffen von Isidor, Irenes unversöhnlichem Vater, verändert die Situation: Als sich der zum Schiedsspruch aufgeforderte christliche Patriarch brieflich gegen die Verbindung stellt, sieht Mahomet sein Vertrauen mißbraucht; er ersticht Irene, läßt Isidor blenden und wird Konstantinopel zerstören.
Laut ‹Vorbericht› ist Ayrenhoff durch die Ankündigung von Voltaires *Irène* zu seinem Stück inspiriert worden, dessen Stoff auf einer 1554 von Matteo Bandello (ca. 1485–1561) publizierten Novelle beruht; seine Ausarbeitung erweckt jedoch mehr Teilnahme für Mahomet II. als für die christliche Titelfigur und kann daher nur bedingt als christliche Märtyrertragödie gewertet werden. Abweichend von der klassizistischen Norm erfährt die Einheit des Orts eine freie Behandlung, da die drei Aufzüge an verschiedenen Plätzen des türkischen Lagers spielen.

Lit.: W. Montag: Kornelius von Ayrenhoff, 1908, S. 50–52.

Kai U. Jürgens

Der Postzug oder die noblen Passionen. Ein Lustspiel in zween Aufzuegen. Wien 1769.
UA: Wien, 30.9.1769

Das schmale und zunächst anonym veröffentlichte Unterhaltungsstück in freien Versen orientiert sich am französischen Klassizismus.
Auf Schloß Forstheim soll die junge Leonore gegen ihren Willen den adligen Grafen von Reitbahn heiraten. Diese Verbindung wird von ihrer Mutter, der Baronin, gefördert, wohingegen der Baron in erster Linie seiner Jagdleidenschaft frönt und sich den Plänen seiner Frau fügt. Auch der Bräutigam zeigt weniger Inter-

esse an seiner künftigen Gemahlin als an den Pferden des Majors Rheinberg, da das Reiten sein Lebensinhalt ist; besonders hat es ihm des Majors ‹Postzug› (eine Gruppe von Schecken) angetan. Da Leonore und der Major ineinander verliebt sind und letzterer den ‹Postzug› nicht an den Grafen verkaufen will, wird ein Tausch der Pferde gegen die Braut ausgehandelt. Der Baron, der eines großzügigen Geschenks wegen ohnehin auf seiten des Majors steht, willigt nur zu gern ein, diesem seine Tochter zur Frau zu geben. Zur Freude des Bühnenpersonals muß sich die tief enttäuschte Baronin fügen.

Der Postzug war Ayrenhoffs mit Abstand erfolgreichstes Werk und wurde nicht nur vielfach gedruckt, sondern auch ins Französische (*L'Attelage de Poste,* 1784) und Englische *(The Seed of Horses,* 1792) übersetzt; Friedrich II. von Preußen hat das Lustspiel in *De la littérature allemande* (1780) als zukunftsweisend gelobt.

Obwohl Ayrenhoff sich im *Schreiben über Deutschlands Theaterwesen und Theater-Kunstrichterey* (1782) gegen die «leidige Shakespearomanie» wendet und auf einer kanonischen Geltung der antiken Regelpoetik beharrt, erfüllt sein *Postzug* nur begrenzt das aristotelische Theorem vom Primat der Fabel. Tatsächlich dient die Handlung lediglich als Vehikel, um komische Charaktere vorzuführen und deren Eitelkeiten der Lächerlichkeit preiszugeben – ein Vorgehen, mit dem sich Ayrenhoff als Schüler Molières erweist. Die Kritik des Stücks gilt nicht nur der grenzenlosen Jagd- bzw. Pferdeliebhaberei, sondern auch einer sich geckenhaft gebärdenden Aristokratie, deren zwanghafte Orientierung am französischen Lebensstil den Verlust der landeseigenen Traditionen und der nationalen Integrität zur Folge hat. Obwohl das Stück primär auf das Unterhaltungsbedürfnis seines Publikums ausgerichtet ist, wirft die Handlung einen ironischen Blick auf gesellschaftliches Fehlverhalten. Doch wird die Aristokratie nicht grundsätzlich angegriffen, sondern nur vereinzelte Auswüchse kritisiert.

Lit.: W. Montag: Kornelius von Ayrenhoff, 1908, S. 34–39.

Kai U. Jürgens

Tumelicus, oder der gerächte Hermann. Ein Trauerspiel mit Chören. Von dem Verfasser der dramatischen Unterhaltungen. Dem Verfasser der leipziger Beyträge zum deutschen Theater gewidmet. Wien [1774].
UA: Wien, 1774

Der Christian Felix Weiße gewidmete Prosaeinakter führt in freier Erfindung die Handlung von Ayrenhoffs Trauerspiel *Hermanns Tod* fort; die Darstellung der religiösen Bräuche bei den Germanen geht vor allem auf Tacitus' *Annales* und *De origine et situ germanorum* zurück.
Fünfzehn Jahre nach Hermanns Tod soll die Priesterin Velleda seinen Nachfolger bestimmen. Zu dieser Zeit kehrt Hermanns Sohn Tumelicus aus römischer Gefangenschaft in das durch Nachfolgekriege zerrissene Deutschland zurück; seine Frau Aelia begleitet ihn. Tumelicus wird von Velleda als neuer Herrscher der Cherusker ausgerufen, was ihn dazu verpflichtet, Hermann zu rächen: Aelia, Tochter des für Hermanns Tod verantwortlichen Sejanus, wird von der Priesterin zum Opfer bestimmt, obwohl Indizien darauf verweisen, daß auch der germanische Fürst Agandest Schuld trägt. Tumelicus lehnt sich gegen die Sippenhaft auf, mobilisiert die Cherusker und verwundet Agandest im Kampf tödlich. Sterbend erklärt dieser, gemeinsam mit Segestes den Mord an Hermann beschlossen zu haben. Aelia wird rehabilitiert, Tumelicus kann das Erbe seines Vaters antreten.
Angelpunkt des Stücks ist der Irrtum der Priesterin, deren Fehlbarkeit den Aberglauben ihrer Anhänger diskreditiert – Tumelicus fordert dagegen eine rationale Rechtsprechung. Auch Ayrenhoff ist explizit um (poetische) Rationalität bemüht. In einem Kommentar bezeichnet er Velledas Wunder (eine Flamme, die aus Hermanns Grab emporsteigt) als technisch produzierbar. Die ausführlichen Gesänge intendieren im Gegensatz zu ihrem formalen Vorbild bei Klopstock (*Hermanns Schlacht*) keine emotionale Wirkung, sondern sollen mit ihrem historisch-panegyrischen Inhalt (darin Gottscheds Charakterisierung der Bardendichtung entsprechend) dem Verstand zusagen.

Lit.: W. Montag: Kornelius von Ayrenhoff, 1908, S. 31–33.

Olaf Meier

Virginia oder Das abgeschaffte Decemvirat. Ein Trauerspiel. Wien und Leipzig 1790.
UA: Wien, 9.6.1790

Der vom Freiheitsenthusiasmus in Vittorio Alfieris *Virginia* (1784) inspirierte Vierakter versteht sich als Gegenentwurf zu Lessings ‹empfindsamer› *Emilia Galotti.* Ayrenhoff verzichtet auf jede inhaltliche Modernisierung des ‹Verginia›-Stoffes und deutet diese Episode aus der heroischen Vorgeschichte Roms im Sinne des josephinischen Staatsideals; nach der zweiten Aufführung zog er das Stück aufgrund prekärer Affinitäten zu den revolutionären Ereignissen in Frankreich zurück.
Appius, der mächtigste der zehn diktatorischen Herrscher Roms (‹decemviri›), begehrt Virginia, die Braut des Tyrannenfeindes Icilius. In Appius' Auftrag ergreift Marcus das Mädchen, stellt die Vaterschaft des Virginius in Zweifel und gibt Virginia als entflohene Sklavin aus, die rechtmäßig ihm gehöre. Der Fall wird vor ein Gericht gebracht, dem Appius vorsitzt. Icilius tötet Marcus; da Virginia dessen Erben Lucius zugesprochen werden soll, ersticht Virginius seine Tochter, um ihre Tugend zu wahren. Das Eingreifen der Gattin von Marcus bewirkt einen Umschwung: Die Herrschaft der Tyrannen wird beendet, Appius begeht Selbstmord, Icilius und Virginius werden zu Tribunen ernannt. Uneigennützige Erhabenheit verdeckt, wie teuer das ‹Wohl des Vaterlandes› erkauft wurde.
Das an drei Tagen und an wechselnden Orten spielende Drama ist – untypisch für Ayrenhoff – im shakespeareschen Blankvers verfaßt und verzichtet im Interesse der Deutlichkeit auf die klassizistische Norm der Fünfaktigkeit. Dennoch bleibt der Rahmen der höfisch-heroischen Tradition gewahrt, weil Ayrenhoff die politische Relevanz des historischen Stoffes betont und einen scharfen Gegensatz zwischen Gut und Böse gestaltet. Seine Figuren sind eindimensionale Charaktere, die weniger ‹rühren› als zu patriotischen Empfindungen inspirieren sollen.

Lit.: A. Meier: Dramaturgie der Bewunderung, 1993, S. 330–332.

Kai U. Jürgens

Babo, Joseph Marius
(1756–1822)

Das Fräulein Wohlerzogen, ein Lustspiel in drei Aufzügen. Ein Sittengemälde aus München. München 1783.
UA: ?

Die dreiaktige Prosakomödie – anders als bei den übrigen Dramen des Autors ist weder eine Aufführung in München noch in Mannheim belegt – repetiert den Standardverlauf der Hausvaterdramen, wendet diesen freilich ins Komödienhafte.
Der Münchener Sekretär Klipper macht Karriere. Er steht kurz vor seiner Nobilitierung und ist dabei blind für die sittliche Verwahrlosung im eigenen Hause: Die Ehefrau pflegt ein Verhältnis mit Herrn von Affling, die Tochter Therese läßt sich von einem französischen Tanzmeister in den feinen Sitten unterrichten und geht auf nächtliche Eskapaden aus. Ihr Bräutigam Zoller, die tugendhafte Gegenfigur zu den leichtfertigen Frauen, durchschaut das Unwesen, schlägt Theresens Hand aus und öffnet dem Vater die Augen. Dieser verzichtet, um seinen Hausstand zu retten, auf die Beförderung und sorgt als Hausvater pflichtgemäß für Ordnung. Der Preis ist für alle Beteiligten hoch: Sobald Klippers Rücktritt bekannt wird, ziehen sich der Tanzmeister und Herr von Affling von den uninteressant gewordenen Damen zurück; die ‹wohlerzogene› Tochter tritt den Gang ins Kloster an; Klipper, der mit Küchenschurz und Kochlöffel bewaffnet das Schlußwort hat, bleibt eine lächerliche Figur – ein ‹Hausvater› ex negativo.
Trotz aller Klischees bietet der Text nicht nur Schablonen: Im Einzelfall überwinden gelungene Charakterisierungen die Typisierungstendenzen der Komödie. Durch die deutliche Zeichnung einer untreuen Ehefrau und ihrer liederlichen Tochter kontrastiert das Stück die zeitgenössische Prüderie; im *Dramatischen Censor* wurde es als «schmutzig» und «unsittlich» gerügt.

Lit.: P. Legband: Münchener Bühne und Litteratur im achtzehnten Jahrhundert, 1904, S. 330–333.

Werner Konrad

Oda, die Frau von zween Männern. Ein Trauerspiel. Aufgeführt auf den kurfürstl. Nationaltheater in München. München 1782.
UA: München, 10. (oder 11.) 12. 1780

Das fünfaktige Ritterdrama in Prosa präsentiert das seinerzeit beliebte Motiv der Bigamie zwar in einem mittelalterlichen Ambiente, doch atmet der Text gleichwohl den aktuellen Geist bürgerlicher Rührstücke.
Konsequent steuert die Handlung auf eine Reihe von bewegenden Wiedererkennungsszenen in den Akten III-V zu: Die ersten beiden Aufzüge, in denen die unglückliche Ehe zwischen der vermeintlichen Witwe Oda und ihrem zweiten Gemahl Adelburg ausgebreitet wird, haben nur Auftaktcharakter. Selbst der Aufbruch Adelburgs ins Heilige Land – nach zwei ebenso jähzornigen wie unbegründeten Eifersuchtsmorden – wird im III. Akt zurückgenommen, ab dem sich die Handlungsträger wiederfinden: Odas Vater (der durch eine mörderische Machenschaft vor Jahren die erste Ehe seiner Tochter zerstört hat), Odas erster Ehemann Hermann (der den Mordanschlag überlebt hat und sich nun am intriganten Schwiegervater rächen will), Oda (die sich als «Frau von zween Männern» entdeckt) sowie Adelburg. Über der Leiche des an Gram und Schreck hingesunkenen Vaters versöhnen sich Hermann und Adelburg. Weil die seelisch zerrüttete Oda zuletzt ins Kloster geht, versagt der Dramenschluß dem Zuschauer eine allzu geglättete Harmonie. Dies mag paradigmatisch für Babos Schaffen stehen: Er ist zwar stets der Tagesmode verpflichtet, transzendiert jedoch immer wieder die jeweiligen Standards. Vor allem in den Ehegesprächen der ersten Szenen entwickelt er lebensnahe Dialogkunst, und das Schlußtableau findet zu echter Tragik. Mit dem zugleich jähzornigen und tugendhaften Adelburg schuf Babo zudem die Urform seiner erfolgreichsten Bühnenfigur Otto von Wittelsbach.

Lit.: P. Legband: Münchener Bühne und Litteratur im achtzehnten Jahrhundert, 1904, S. 264–269.

Werner Konrad

Otto von Wittelsbach, Pfalzgraf in Baiern. Ein vaterländisches Trauerspiel in fünf Aufzügen. München 1782.

UA: München, 23.11.1781

Mit der Darstellung des Kaisermords von 1208 öffnete sich das bayerische Patriotendrama in Prosa der tagespolitischen Deutung (im Gefolge der Wittelsbachischen Ländertauschpläne hatte Kaiser Joseph gerade Interesse an Bayern entwickelt) und provozierte einen Theaterskandal: Nach der zweiten Aufführung am 25.11.1781 wurde es in Bayern zusammen mit allen anderen vaterländischen Stücken durch Kurfürst Karl Theodor verboten, daraufhin aber im übrigen Deutschland um so mehr auf die Bühne gebracht.

In manchen Zügen an die Törring-Dramen angelehnt, erschöpft sich der Text nicht in platter Tendenz. Der Kaisermord – vom bayerischen Pfalzgrafen Otto im Affekt ausgeführt, nachdem der Herrscher ihn dreimal hintergangen hat – gibt den Impuls für die grundsätzliche Überlegung, welche die beiden Schlußakte prägt: Legitimiert offenkundiger Treuebruch eines Potentaten zum Mord? Zwar genießt der Täter den Schutz seiner Getreuen, und die Teilnahme an einem Kreuzzug verheißt den für Ritterdramen typischen Ausweg; geächtet und auf den Trümmern seiner Stammburg unterwirft sich Otto schließlich doch den Bedingungen des Gesellschaftsvertrags und liefert sich den Häschern aus, die ihn auf offener Straße töten, wodurch das Staatsethos über die Affekte siegt.

Nicht nur dieser Schluß verhindert eine einseitig politische und damit antihabsburgische Lesart des Texts; man wird dem Drama wohl nicht gerecht, wenn nicht gleichzeitig der Gattungshintergrund (bayerische Patriotendramen einerseits, bürgerliche Rührstücke andererseits) sowie das um 1780 erwachende Interesse an Verbrechernaturen berücksichtigt werden.

Lit.: W. Konrad: Patriotendrama – Fürstendrama, 1995, S. 68–77.

Werner Konrad

Das Winterquartier in Amerika. Ein Original = Lustspiel in einem Aufzuge. Aufgeführt auf dem Churfürstl. Theater zu München. 1779.
UA: Mannheim, 20.4.1778

Mit deutlichen Anklängen an das Rührende Lustspiel gestaltet, gehört die nur 17 kurze Auftritte zählende Prosakomödie in das Umfeld der Soldatenstücke.
Die um Tugendkonflikte kreisende fiktive Handlung ist, ohne daß dies über die Ortswahl hinaus zum Tragen käme, an den amerikanischen Befreiungskrieg geknüpft und folgt unter Wahrung der drei Einheiten dem zeitgenössischen Trend zu exotischen Schauplätzen. Im Hause des deutschen Kolonisten Frank haben der den englischen Truppen unterstellte deutsche Hauptmann von Bernau und der englische Kriegskommissär Tunder (von Bernaus lasterhafter Antagonist) Quartier bezogen. Franks hübsche Tochter Wilhelmine wird Opfer von Tunders Nachstellungen; von Bernau rettet sie und nimmt sie zur Frau. Kontrastiert wird dieses Geschehen durch die analytische Darstellung von Franks Lebenslauf: Vor zwanzig Jahren selbst von Bernaus Untergebener und später desertiert, hat er in Amerika zu einem tugendhaften Leben gefunden; als Lohn darf er in von Bernaus Korporal Werner seinen in Deutschland zurückgelassenen Sohn wiederfinden. Dieses Jugendwerk Babos gehorcht weithin den Imperativen bürgerlicher Rührstücke und zielt auf bewegende Wiedererkennungsszenen; dabei bedient es sich des Personals (bis hin zur Namenswahl) und des Motivvorrats (getrennte und wieder vereinte Geschwister) der mustergebenden Dramen Merciers und Diderots. Anders als seine Vorbilder zeichnet sich der Text aber durch eine umfassende Harmonisierungstendenz aus; die tragischen Aspekte von Franks Schicksal werden nicht ausgespielt.

Lit.: P. Legband: Münchener Bühne und Litteratur im achtzehnten Jahrhundert, 1904, S. 401.

Werner Konrad

Baumgarten, Nathanael
(gest. 1763)

Der sterbende Socrates. Ein Trauerspiel. Mit einer Vorrede herausgegeben von George Gottfr. Würful. Berlin 1741.
UA: Berlin, 1741

Das fünfaktige Schuldrama des Berliner Geistlichen behandelt das vor allem durch Platons und Xenophons *Apologien* tradierte Verhalten Sokrates' nach seinem Todesurteil im Jahre 399 v. Chr. Zwar orientiert sich das Stück formal am Prinzip räumlicher und zeitlicher ‹Einheit›, weicht jedoch von den klassizistischen Normen in doppelter Hinsicht ab: einerseits durch die Einführung einer Parallelhandlung (der Socrates-Schüler Alcibiades ist eifersüchtig auf Pericles' Verbindung mit Aspasia), andererseits durch die metrische Vielfalt (neben dem dominierenden Alexandriner findet sich eine Reihe strophischer Formen, die das Trauerspiel als Teil der schulischen ‹Redeübungen› ausweisen).
In wechselnden Gesprächskonstellationen entfaltet sich eine jenseitsorientierte Lehre (die Welt ist ein «schwärmend Narrenhaus», das Leben eine Pilgerschaft); zugleich wird aber zum tugendhaften Handeln im Diesseits angehalten. Zumal in Socrates' Gespräch mit Pericles erteilt der Weise dem Staatsmann eine Reihe von Klugheitslehren. Letztlich entscheidend für ein Leben in «vollkomne[r] Ruh» bleibt aber die Kunst des richtigen Sterbens, die Socrates der Nachwelt durch sein Beispiel vermitteln will. Entsprechend stirbt der ‹Menschenfreund› mit einer Lobpreisung des zuvor bereits angerufenen «unbekannte[nl GOtt[es]»: «Herr! was mir noch mangelt, ersetze mit Gnade!»
Der Einleitung des Herausgebers zufolge stellt Baumgartens Trauerspiel den Versuch einer Neubelebung der im 18. Jahrhundert unterbrochenen Tradition des Schuldramas dar, das durch die «sinnlichsten Vorstellungen der grösten Muster» eine Tugend propagieren will, «die gewiß groß und bewundernswürdig ist»;

diese pädagogische Funktion entschuldige die dramaturgischen Regelverletzungen.

Lit.: R. R. Heitner: German Tragedy in the Age of Enlightenment, 1963, S. 399.

Steffen Martus

Behrmann, Georg
(1704–1756)

Die Horazier. Ein Trauerspiel. Hamburg 1751.
UA: Hamburg, 1751 (Privataufführung; erste öffentliche Aufführung: Hamburg, 1752/53)

Das in einer früheren, ungedruckten Fassung schon 1733 und 1747 aufgeführte heroische Trauerspiel in Alexandrinern behandelt den von Livius (*Ab urbe condita* 1, 22–26) überlieferten Sieg Roms über Alba Longa durch den Kampf zwischen je drei Kriegern. In direktem Bezug auf Pierre Corneilles Tragödie *Horace*, die gegen die klassizistische Regel der Handlungseinheit verstößt, konzentriert sich Behrmann auf den Konflikt zwischen bürgerlicher Pflicht und privater Neigung.
Schon der Krieg zwischen Rom und Alba Longa hat die Familie des römischen Patrioten Horaz erschüttert, da seine Kinder mit Personen aus dem feindlichen Lager verlobt (Camilla und Curiaz) bzw. verheiratet (Horaz und Sabina) sind. Die Problematik verschärft sich, als aus diesen verschwägerten Familien die Kontrahenten für den entscheidenden Zweikampf ausgewählt werden: «Ich thu auch, was ich will, so brech ich meine Pflichten» (Sabina). In unterschiedlich deutlicher Akzentuierung entscheiden sich die Akteure ‹heldenhaft› zugunsten ihrer Bürgerpflicht und bleiben dabei doch ‹Mensch›.
Die dem Dramentext angehängten *Nachreden* betonen die Vorbildhaftigkeit der patriotischen Einstellung. Als Anwältin der dem Pflichtbewußtsein entgegengesetzten ‹Menschlichkeit› behält allerdings Camilla, die psychologisch komplex dargestellte Ehefrau

des von ihrem Bruder getöteten Albaners Curiaz, das letzte Wort gegenüber ihrem Vater und verflucht ihre «Heimatstadt».

Lit.: F. Heitmüller: Hamburgische Dramatiker zur Zeit Gottscheds und ihre Beziehungen zu ihm, 1890, S. 12–20.

Steffen Martus

Timoleon. Der Bürgerfreund. Ein Trauerspiel. Hamburg 1741.

UA: Hamburg, 28. 11. 1735

Das heroisch-republikanische Trauerspiel in fünf Akten – von den Zeitgenossen vielfach als erste regelmäßige deutsche Originaltragödie angesehen – behandelt die vor allem in Plutarchs Timoleon-Biographie überlieferten Ereignisse um den korinthischen Feldherrn, der 365 v. Chr. seinen tyrannischen Bruder Timophanes stürzte.

Das handlungsarme Alexandriner-Stück konzentriert sich in Ausgestaltung und Erweiterung der historischen Quellen vor allem auf die Probleme, die sich aus dem Konflikt von Bürgerpflicht und familiären Gefühlen ergeben. Zwar sind sich alle Personen darüber einig, daß die Herrschaft Timophanes' beendet werden muß, doch schrecken sie aus mütterlicher (Demaristia), ehelicher (Acradina) oder brüderlicher Liebe (Timoleon) vor einer Gewalttat zurück. In immer neuen Anläufen wird versucht, den Tyrannen zu «rühren» und ihn zur «Erkenntniß» zu bringen; Timophanes aber zeigt sich unbeugsam und unterstellt seinem Bruder Timoleon Ehrgeiz und Eifersucht. Widerstrebend beteiligt sich Timoleon an der Ermordung, nimmt die Schuld des Brudermords, die er nicht durch die Erfüllung der Bürgerpflicht aufgewogen sieht, auf sich und geht schließlich in die selbstgewählte Verbannung.

Behrmann entwirft in Anlehnung an Pierre Corneilles Tragödienmodell eine tragische Konstellation im antiken Sinne, die dem Helden keinen Ausweg läßt und vom Prinzip der poetischen Gerechtigkeit abweicht. Wie J. M. Dreyer in der Vorrede betont, zielt das Trauerspiel damit auf die «Bewegung» der Zuschauer durch das «rührende Wahrscheinliche», vor allem durch die Erregung von «Mitleid» für den Protagonisten. Die Vollkommenheit des Helden erschwert dem Publikum allerdings den Rückbezug der Handlung auf die Gegenwart, weshalb die Tragödie des Patriziers Behrmann allenfalls die «bürgerlichen Pflichten», insbesondere zur Verteidigung der «Freyheit», durchaus im Sinne des Politikideals seiner Heimatstadt Hamburg vermittelt.

Lit.: A. Meier: Dramaturgie der Bewunderung, 1993, S. 129–147.

Steffen Martus

Berger, Traugott Benjamin (1754–1810)

Galora von Venedig. Ein Trauerspiel in fünf Aufzügen, von Traugott Benjamin Berger. Leipzig 1778.
UA: ?

Den historischen Kern des Prosastücks, das nur die Einheit der Zeit respektiert, bildet eine Episode aus dem Haus der Medici: Im Jahre 1562 verlor Cosimo I. kurz nacheinander seine Söhne Giovanni und Garzia sowie seine Gattin Eleonora durch Krankheit. Die Ereignisse wurden in der Folge legendenhaft umgedeutet und literarisch verarbeitet (vgl. u. a. Alfieri, *Don Garzia*, 1787/89).
Ausgangspunkt der Handlung bei Berger, der den Stoff bereits einige Jahre zuvor in einer nicht überlieferten Fassung behandelt hatte, ist die nicht standesgemäße Liebe zwischen Garsias, dem Sohn des florentinischen Großherzogs Cosmus I., und der tugendhaften Venezianerin Galora. Galoras ehrgeiziger Mutter Agnese gelingt es dank umfangreicher Intrigen und rhetorischem Geschick, Garsias' ehrliche Leidenschaft zu Galora, die aufgrund des Widerstands von seiten des Vaters und des Bruders Kardinal Johann abgeebbt war, wiederzuentfachen und ihn zur Heirat zu bewegen. Obwohl Kardinal Johann die Hochzeit verhindern will, findet sie statt; als Agnese und Galora anschließend auf Anordnung des Kardinals

verhaftet werden, ersticht Agnese ihre Tochter. Triumphierend rechtfertigt sie ihre Tat gegenüber dem Großherzog, der seine ehrgeizigen Pläne mit den Söhnen durchkreuzt und die Familienehre gekränkt sieht. Während einer zufälligen Begegnung sticht der verzweifelte Garsias seinen Bruder Johann nieder, den er für Galoras Tod verantwortlich macht. Obgleich der eigentliche Todesstoß durch einen von Agnese gedungenen Banditen, den sie mit der Ermordung des Kardinals beauftragt hatte, ausgeführt wird, klagt der Sterbende seinen Bruder als Mörder an. Cosmus läßt sich daraufhin von dem lebensmüden Garsias provozieren, diesen zu erstechen. Das Stück endet mit Cosmus' Trauer und der Abkehr seiner Verbündeten von der toskanischen ‹Mördergrube›.
In einer dem Stück vorangestellten Widmung apostrophiert Berger Lessings *Emilia Galotti* als nachahmenswerten Beleg für die Konkurrenzfähigkeit des deutschen gegenüber dem europäischen Theater. In Bergers Stück, das vor allem aufgrund der umfangreichen Nebenhandlungen nicht als regelkonform gelten kann, finden sich demgemäß zahlreiche motivische und wirkungsstrategische Anleihen beim bürgerlichen Trauerspiel Lessings sowie eine Lessings vermischten Charakteren gemäße Figurenkonzeption.

Astrid Arndt

Bertuch, Friedrich Justin
(1747–1822)

Elfride. Trauerspiel in drey Aufzügen. Zum erstenmal aufgeführt auf dem Hoftheater zu Weimar, am 4ten Sept 1773. Weimar 1775.
UA: Weimar, 4.9.1773

Dem Trauerspiel in Prosa liegt eine mehrfach dramatisierte Episode aus dem England der Zeit um 950 zugrunde; als Quellen führt das Vorwort David Humes *History of England* (1754–62) und William Masons Dramatisierung (*Elfrida. A dramatic poem, written on the model of the ancient Greek tragedy*, 1752) an.

Graf Atelwold, König Edgars Brautwerber um Elfride, die schöne und reiche Tochter des Grafen Olgar, heiratet die Auserwählte selber und täuscht dem König vor, das Mädchen sei überaus häßlich. Atelwolds Gegenspieler, der Abt von Glastenbury, verbündet sich mit dem um einen königlichen Schwiegersohn betrogenen Olgar. Durch ihre Intrige entdeckt der König den Verrat und tötet Atelwold im Zweikampf. Elfride, die in der historischen Überlieferung den König dem minder adligen Ehemann vorzog, mutiert in Bertuchs Stück zur tugendhaften Ehefrau: Im letzten Auftritt, den sie ganz ohne Worte zu absolvieren hat, ersticht sie sich neben der Leiche Atelwolds.

Elfride war das erfolgreichste Stück des umtriebigen Bertuch zu Beginn seiner Karriere als Weimarer Multiunternehmer. Befreundet mit den Prinzipalen der Seylerschen Gesellschaft, nutzte er das vorhandene Schauspielerpotential geschickt aus. Der große Konrad Ekhof spielte den Grafen Olgar. Die Uraufführung anläßlich des Geburtstags des Erbprinzen erregte durch forcierten Pathostransport den Beifall des Publikums und verschaffte dem sechsundzwanzigjährigen Verfasser die Gunst des Hofs; den effektsicheren Einsatz szenischer Musik baute Bertuch in einer späteren Überarbeitung (Berlin 1789) noch aus. Im fünften Auftritt des ersten Aufzugs singt nun die Titelheldin eine Ballade zu «äußerst sanfter Begleitung des Orchesters». Auch außerhalb Weimars war dem Stück dauerhafter Erfolg beschieden.

Lit.: H. Eilert: Bertuch und das zeitgenössische Theater; in: G. R. Kaiser und S. Seifert (Hg.): Friedrich Justin Bertuch (1747–1822), 2000, S. 113–131.

Ulrike Leuschner

Blaimhofer, Maximilian
(geb. 1759)

Die geistliche Braut als weltliche Hochzeiterinn. Ein Lustspiel in fünf Aufzügen von dem Verfasser der Schweden in Bajern. München 1784.
UA: München, 22.12.1793

Der Vorbericht gibt zwar an, daß das Prosalustspiel in jeder deutschen Stadt spielen könne; die antiklösterliche Tendenz und der Sprachduktus der Protagonisten verweisen aber doch so deutlich auf Bayern, daß der Text als Seitenstück zu Babos Münchener Sittengemälde *Das Fräulein Wohlerzogen* gesehen werden kann. Auch Blaimhofer schöpft aus dem Motivvorrat der Hausvaterdramen und zielt auf den zeittypischen Gattungsmix aus komischen, tragischen, rührenden Elementen; im Vordergrund steht aber stets das ‹prodesse›: Durch das Dazwischentreten des (namenlosen) Goldschmieds, aufgeklärte Lichtgestalt und Hauptfigur des Dramas, kann der wohlhabende Handelsmann Moser seine Frau, eine ihrem Beichtvater hörige Frömmlerin, zur Vernunft bringen, wenn auch nur unter Androhung von Waffengewalt. Wollte sie zuvor noch ihre Tochter Röschen dazu zwingen, den Schleier zu nehmen, ist sie schließlich mit deren Eheschließung einverstanden; Röschen heiratet einen schuldlos in Not geratenen Handwerker, der dadurch wieder zum nutzbringenden Mitglied der bürgerlichen Gesellschaft werden kann.
Dieser konventionelle Handlungsgang gibt die Folie für ein aufklärerisches Repetitorium ab: Vom Blitzableiter über bürgerliche Subsidiarität bis hin zur konfessionellen Toleranz (1784!) dekliniert Blaimhofer die wesentlichen Themen des gesellschaftlichen Fortschritts durch. Obwohl manchmal dick aufgetragen wird, entwickeln einige Genreszenen über gutgemeinte Deklamatorik hinaus eine erstaunlich ‹naturalistische› Sprache, und die Derbheit mancher Wortgefechte zeigt Nachwirkungen der Possentradition: Es handelt sich – im Gewande eines frühen

Volksstücks – um ein authentisches Zeugnis bayerischer Aufklärung.

Lit.: P. Legband: Münchener Bühne und Litteratur im achtzehnten Jahrhundert, 1904, S. 355–357.

Werner Konrad

Bodmer, Johann Jakob
(1698–1783)

Arnold von Brescia in Rom; samt Ueberbleibseln von seiner Geschichte. Im Jahr 1776.

Die drei Aufzüge führen im Anschluß an das religiöse, gegen den Lavater-Kult gerichtete Schauspiel *Arnold von Brescia in Zürich* (1775) die Lebensgeschichte des radikalen Kirchenreformers fort, der 1148 aufgrund seines Eintretens für die demokratisch-republikanische Partei in Rom gebannt, von Friedrich Barbarossa gefangengenommen, Papst Hadrian IV. übergeben und 1155 hingerichtet wurde.
Zum Auftakt des regelmäßigen Prosastücks befindet sich Arnold bereits in Friederichs Gewalt. Die Handlung konzentriert sich auf die Entscheidung über eine mögliche Auslieferung Arnolds. Dabei zeigen sich Friederich und seine Berater (darunter Heinrich der Löwe) von der übereinstimmenden Kritik Arnolds und des Senats sowohl am moralischen Versagen der Hierarchie als auch am weltlichen Machtanspruch der Kurie überzeugt; auch von der stoischen Ruhe Arnolds und der Haltung des mit Arnold sympathisierenden Republikaners Jordan sind sie beeindruckt. Trotzdem erwägt Friederich die Auslieferung, um seine eigene Machtposition gegenüber dem Papst zu stärken. Die Bischöfe und Äbte kommen jedoch einer Entscheidung Friederichs zuvor und nehmen Arnold gefangen. Das Stück endet mit der Ankündigung Friederichs, sich fortan gegen die päpstliche Macht zu stellen.
Unter Berufung auf die aristotelische Unterscheidung von Dichtung und Geschichtsschreibung nimmt Bodmer eine Aufwertung

der Figur Barbarossas vor, offenbar mit dem Ziel, das Verhältnis von Kirche und Staat in moralischer Hinsicht antagonistischer zu gestalten und so die antiklerikale Tendenz zu verschärfen; in politischer Hinsicht votiert das handlungsarme, rationalistisch-diskursive Stück damit für eine republikanische Lösung.

Lit.: J. Baechtold: Geschichte der Deutschen Literatur in der Schweiz, 1887. S. 645f.

Astrid Arndt

Friederich von Tokenburg. Ein Trauerspiel.
In: Drey neue Trauerspiele. Nämlich: Johanna Gray. Friederich von Tokenburg. Oedipus. Zürich 1761, S. 95–204.

Anlaß für die zwischen Dezember 1756 und Juli 1757 entstandene Bearbeitung des historisch-legendären Stoffes um den Brudermord, den Diethelm III. von Toggenburg 1256 an Friedrich verübte, war vermutlich Friedrich Nicolais Preisausschreiben in der *Bibliothek der schönen Wissenschaften und der freyen Künste* (1757).
Das Handlungsschema des regelmäßigen Prosastücks in fünf Aufzügen orientiert sich – durch zahlreiche Anspielungen und Zitate verdeutlicht – am Alten Testament, am Nibelungenstoff sowie an Shakespeares *Macbeth*: Diethelm und seine Frau Isotte spiegeln Diethelms Bruder Friederich vor, den Bruderzwist beilegen zu wollen, planen in Wahrheit jedoch Friederichs Ermordung. Sie wollen Rache dafür nehmen, daß der zweitgeborene Friederich von seinem Vater wichtige Familienbesitztümer geschenkt bekam und die Heirat mit Isottes Schwester Isalde ausschlug, um statt dessen eine von seiner Mutter vorgeschlagene Gattin zu nehmen. Als Friederich in Begleitung des Dichters und Weissagers Klinsor (der das Schicksal der Menschen «nicht in den Sternen», sondern «in den Sitten» liest) eintrifft, demonstriert er Versöhnungsbereitschaft, indem er edelmütig die ererbten Besitztümer an Diethelm abtritt und sich als Vasall des älteren Bruders präsentiert. Da auch die tugendreiche Isolde Friederich nichts nachträgt, sieht Diethelm einen Brudermord nicht mehr hinreichend motiviert und rückt von dem Mordplan ab. Es gelingt ihm jedoch nicht, die

rachsüchtige Isotte umzustimmen und die von ihr veranlaßte Ermordung Friederichs zu verhindern. Diethelm wird eine indirekte Schuld am intensiv betrauerten Tod Friederichs zugewiesen; Schuld oder Strafe Isottes werden nicht thematisiert.
Trotz des klaren Tugend-Laster-Schemas verzichtet Bodmer auf poetische Gerechtigkeit; die emotionalistische Strategie wird allerdings durch die abschließenden Worte des Abts Conrad gemildert, der angesichts der großen Trauer zur Mäßigung der Affekte mahnt. Damit grenzt sich das Stück von der Mitleidsstrategie etwa der Lessingschen *Miß Sara Sampson* ab und stellt sich selbst, wie auch in der «Vorrede an den Leser» betont wird, in den Rahmen des rationalistischen Bewunderungsparadigmas.

Astrid Arndt

Odoardo Galotti, Vater der Emilia. Ein Pendant zu Emilia. In einem Aufzuge: und Epilogus zur Emilia Galotti. Von einem längst bekannten Verfasser. Augsburg 1778 [recte: 1777].

Die Handlung der wohl 1773 entstandenen Parodie auf Lessings *Emilia Galotti* (1772) schließt gewissermaßen als 6. Akt an die Vorlage an.
Nachdem er seine Tochter Emilia getötet hat, um sie vor den Nachstellungen des Prinzen Gonzaga zu bewahren, bleibt Odoardo von der Richtigkeit seiner Tat überzeugt und meint gar, sein antikes Vorbild Virginius «übertroffen» zu haben. Emilias Mutter Claudia und vor allem Appiani, der sich als nur verwundet erweist, machen Odoardo hingegen heftige Vorwürfe: Zum einen hätte er nicht im Affekt handeln, sondern auf Emilias Tugend vertrauen müssen, zum anderen hätte er anstelle des Mädchens den Prinzen töten sollen. Hettore Gonzaga, für Odoardo unantastbarer Souverän, kommt ins Haus der Galottis und bezichtigt sich selbst der Schuld. Zuletzt sieht auch Odoardo seinen Fehler ein, und das Stück schließt mit einer rührenden Szene der drei klagenden Männer. Im Epilog tritt die Schauspielerin der Emilia aus ihrer Rolle und kritisiert neben Odoardo auch die von ihr

selbst verkörperte Figur: Als gute Christin hätte Emilia nicht an Selbstmord denken dürfen.

Bodmers Kritik richtet sich vor allem auf vermeintliche Inkonsequenzen in Lessings Figurenkonzeption. Indem er seinen Figuren kompilierte Zitate aus *Emilia Galotti* in den Mund legt, die ihre Argumentationen zum Teil widersprüchlich und ihre Handlungen ungerechtfertigt erscheinen lassen, dekonstruiert Bodmer seine Vorlage. Dabei wird er weder Lessings Konzeption der gemischten Charaktere gerecht, noch akzeptiert er dessen Verlagerung des Stoffes auf den privaten Bereich, wenn er die republikanische Lösung des Tyrannenmords favorisiert. *Odoardo Galotti* ist zwar unter Bodmers Prämissen plausibel, wurde von Zeitgenossen jedoch als «Tadel eines Thoren» rezensiert (Berlinisches Litterarisches Wochenblatt, 15.11.1777).

Lit.: E. Meissner: Bodmer als Parodist, 1904, S. 117–124. W. Rieck: Zu Johann Jakob Bodmers *Odoardo Galotti*; in: Forschungen und Fortschritte 40, 1966, S. 332–335.

Astrid Arndt

Timoleon von Korinth; ein politisches Trauerspiel.

In: Politische Schauspiele. Marcus Brutus. Tarquinius Superbus. Italus. Timoleon. Pelopidas. Zürich 1768, S. 223–269.

Das ‹republikanische› Prosatrauerspiel (1764 entstanden) in drei Akten behandelt die insbesondere bei Plutarch überlieferte Geschichte des Feldherrn Timoleon von Korinth, der im Jahre 365 v. Chr. die Ermordung seines Bruders Timophanes förderte, um dessen Despotie zu beenden.

Aeschylus kehrt aus langem Exil nach Korinth zurück, wo Timophanes seine Gewaltherrschaft errichtet hat. Gemeinsam mit Satyrus versucht er, Timoleon zum Tyrannenmord anzustiften. Obwohl der moralische Konflikt zwischen Bruder- und Vaterlandsliebe durch die strikte Negativzeichnung des Usurpators sowie die Billigung des Brudermords durch die Göttin Ceres gegenüber der historischen Vorlage entschärft ist, erscheint Timoleon unentschlossen. So geschieht der Mord an Timophanes eher als unbeholfene Gemeinschaftshandlung von Aeschylus, Satyrus und Timoleon.

Gleichwohl soll die heroische Freiheitsliebe der drei Korinther ‹bewundert› werden und die republikanische Gesinnung des Publikums verstärken. Das Lesedrama exemplifiziert darüber hinaus die frühaufklärerische Idee vom Zusammenhang zwischen politischem System und moralischer Verfassung eines Volkes, indem die Tyrannei als Folge der Lasterhaftigkeit der Bürger Korinths gezeigt wird.

Das regelkonforme Stück ist – wie Bodmers gesamte Dramenproduktion – bei den zeitgenössischen Rezensenten (z.B. Heinrich Wilhelm Gerstenberg) auf heftige Ablehnung gestoßen. In seinem Artikel ‹Politisches Trauerspiel› in Sulzers *Allgemeiner Theorie der schönen Künste* konstatiert Bodmer selbst, daß seine heroisch-republikanischen Stoffe dem Geschmack des zeitgenössischen Publikums widersprechen, und erhofft sich dafür das Interesse einer patriotischen Elite.

Lit.: A. Meier: Dramaturgie der Bewunderung, 1993, S. 264–280.

Astrid Arndt

Der Tod des Ersten Menschen.

In: Der Tod des Ersten Menschen; und die Thorheiten des weisen Königs. Zwey religiose Dramen. Zürich 1776, S. 1–56.

Als Vorlage für das 1763 konzipierte, extrem handlungsarme Prosastück in drei Akten kann Klopstocks *Der Tod Adams* (1757) gelten.

Am Ostertag, den ihm ein Engel als Sterbetag angekündigt hat, bereitet sich Adam in Gesprächen mit seiner Familie auf den Tod vor. Im Gegensatz zum Klopstockschen Adam ist der Bodmersche frei von Wehmut oder Todesangst und mahnt zu stoischer Haltung, weil die Aussicht auf «die ewigen Wohnungen der unsterblichen Geister» die «bitterste Bitterkeit des Todes» versüße. Adams Tod «noch bitterer» zu machen war das Ziel Kains in Klopstocks *Der Tod Adams.* Bodmer dagegen vermeidet auch hier (wie schon bei der Figur des Adam) jegliche Komplikation der Hand-

lung. Er lehnt seine Kainsfigur dezidiert an die Gestaltung in Salomon Geßners Prosaepos *Der Tod Abels* (1758) an und zeichnet Kain nicht als Rächerfigur, sondern in tiefer Reue über den begangenen Brudermord. Nachdem Adam ein Opfer erbracht und die Seinen gesegnet hat, wobei eine Passage aus dem *Messias* sowie ein geistliches Lied Klopstocks eingefügt sind, entschläft er; Evas Tod wird angekündigt.
Bodmers Modifikationen der Vorlage richten sich vor allem auf eine strikte Konzentration der Handlung. Der Fokus wird somit ausschließlich auf Adam gerichtet, der bei Bodmer als übermenschliches Tugendideal erscheint. Auch wenn Adams Zuversicht durch die Implementierung neutestamentlicher Elemente, die seinen Tod an die Erlösung durch den Messias koppeln, bestätigt wird, überwiegt der sittliche gegenüber dem religiösen Gehalt des Stoffes. Die «kleine Schaar von Freunden der Tugend», die in der das Stück eröffnenden Klage über die große Zahl der Abtrünnigen aus Adams Stamm als Hoffnungsträger genannt werden, dürfte Bodmer als Zielpublikum seines Lesedramas anvisieren.

Lit.: J. Baechtold: Geschichte der Deutschen Literatur in der Schweiz, 1887, S. 648–649. J. Schmidt: Studien zum Bibeldrama der Empfindsamkeit, 1933, S. 44–56.

Astrid Arndt

Borkenstein, Hinrich
(1705–1777)

Der Bookesbeutel. Ein Lustspiel von Drey Aufzügen. Frankfurt und Leipzig 1742.
UA: Hamburg, 16. 8. 1741

Das Lustspiel in Prosa, eines der meistgespielten der deutschen Frühaufklärung (mehrfach fortgesetzt und zitiert), ist ein frühes Beispiel der satirischen Typenkomödie gemäß der gottschedischen Reform und kann zugleich als erste deutsche Lokalkomödie gelten. Anhand der Verspottung hamburgischer Mißstände artikuliert sich das neue Wertesystem der Frühaufklärung. Der Held Grobian vereinigt in sich eine Serie negativer Eigenschaften, die als paradigmatisch für Nichtaufgeklärtheit gebrandmarkt werden: Geiz, Unbildung, Aberglaube, unvernünftiges Festhalten an althergebrachten Sitten (= «Bookesbeutel») und vor allem unzivilisiertes, pöbelhaftes Verhalten.

Das Personal zerfällt typischerweise in die zwei Lager der Aufgeklärten und Nichtaufgeklärten, wobei ein Heiratsplan – ebenfalls gattungstypisch – den Anlaß zum Konflikt gibt: Grobians Tochter Susanna soll an Ehrenwert, den Freund ihres Bruders Sittenreich, verheiratet werden, Sittenreich die Hand von Ehrenwerts Schwester Carolina erhalten. Während Sittenreich den elterlichen Wunsch erfüllt, indem er ein früheres Heiratsversprechen löst und um Carolina wirbt, die ihm als optimale Partnerin gilt, scheitert das andere Heiratsprojekt: Die völlig ungebildete Susanna kann den aufklärerischen Ansprüchen Ehrenwerts nicht gerecht werden, weshalb dieser die von Sittenreich freigegebene Charlotte wählt. Der uneinsichtige Vater Grobian wird mit dem Versprechen eines lukrativen Geschäfts besänftigt, Susanna mit einem zu ihr passenden Cousin versorgt.

Das (drohende) Scheitern eines Heiratsprojekts aufgrund einer fehlerhaften Erziehung der Partnerin ist ein beliebtes zeitgenössisches Komödienthema (vgl. u. a. Johann Elias Schlegels *Die stumme Schönheit*), an dem die neuen aufklärerischen und bürgerlichen Werte und Normen exemplarischen Ausdruck finden.

Lit.: G. Saße: Die aufgeklärte Familie, 1988, S. 44–60.

Wolfgang Lukas

Brandes, Johann Christian
(1735–1799)

Der Graf von Olsbach, oder die Belohnung der Rechtschaffenheit. Ein Lustspiel in fünf Aufzügen. Leipzig 1768.
UA: Leipzig, 20.8.1768

Das Prosalustspiel gehört – neben *Der geadelte Kaufmann* (1769) und *Ariadne auf Naxos* (1775) – zu den erfolgreichsten Stücken des Schauspielers und Theaterdichters. *Der Graf von Olsbach* ist noch dem Tugend-Laster-Schema der (frühen) Aufklärung verpflichtet, ohne allerdings strikt Gottscheds Regelpoetik zu folgen (z.B. Lockerung der aristotelischen Einheiten). Das Stück weist bereits Tendenzen in Richtung auf Empfindsamkeit und Mitleidsdramaturgie auf.
Der dreißigjährige Graf von Olsbach (ehemals Orlheim) trauert um seine junge Gattin und glaubt, ihren vermeintlichen Tod mit verschuldet zu haben. Im Verlauf des Stücks erfährt man die Hintergründe: Inmitten kriegerischer Auseinandersetzungen heiratete der Graf die Tochter eines gegnerischen Obristen, wovon aus Gründen des ‹Kriegsrechts› niemand erfahren durfte. Ausgerechnet am Tag der Hochzeit wird er zu einem kurzen militärischen Einsatz gerufen und verbarrikadiert seine Gattin in einem Versteck, um sie vor Übergriffen zu schützen. Die Stadt ist währenddessen angezündet worden, um den Feind an der Eroberung zu hindern. Für den Grafen steht fest, daß seine Frau jämmerlich umgekommen sein muß. Es stellt sich allerdings heraus, daß die junge Frau auf wundersame Weise (durch den mutigen Einsatz ihres Vaters) gerettet wurde. Nach viel Konfusion und Hindernissen (so muß vor allem der Betrüger und Intrigant Kulpel, Haushofmeister des Grafen, ausgeschaltet werden), aber auch durch tatkräftige Vermittlung der munteren Frau Wandeln, einer Wirtin, kommt es zu dem erwarteten Happy-End: Das Paar ist wieder vereint, und obendrein wird noch eine Ehe gestiftet zwischen Julie, der Schwester des Grafen, und dem tugendhaften von Wernin, einem verabschiedeten Hauptmann und Freund des Grafen.

Für ein ‹Lustspiel› jener Zeit ist das Stück arm an Komik und Leichtigkeit, vielmehr beschwert durch das Thema der Politik und des Krieges. Einerseits erscheinen Tradition und Habitus adeliger Militärs in einem durchaus positiven Licht (Grafen, Barone u. a. Adelige als Generäle, Obristen und Offiziere mit ihren Werten der Ehre, Standhaftigkeit, Vorurteilslosigkeit und des Mutes), andererseits werden auf gleicher Ebene die Werte des privaten Glücks verteidigt (Liebe, Ehe, Familie). Das Stück, dessen Konstellation an Lessings ein Jahr zuvor erschienene *Minna von Barnhelm* erinnert, endet in einer gesellschaftlichen Utopie: Beide Welten mit ihren so entgegengesetzten Normen werden miteinander versöhnt.

Helga Brandes

Rahel, oder Die schöne Jüdinn. Trauerspiel in drey Aufzügen. Verfertigt im Jahre 1789.

In: Sämtliche dramatische Schriften von Johann Christian Brandes. Dritter Band. Hamburg 1790. Auf Kosten des Verfassers.
UA: ?

Den historischen Kern des Prosatrauerspiels, die Liebesbeziehung zwischen Alfons VIII. von Kastilien (1156(?)–1214) und der schönen Jüdin Fermosa von Toledo, hat Alfons der Weise (1221–1284) – ein Nachkomme des Königs – in seiner *Primera crónica general* überliefert. Der Stoff, eine Variante des Motivs vom Helden, der in den Bann einer schönen Frau gerät und darüber (eine Zeitlang) seine Pflichten vergißt, ist literarisch vielfach bearbeitet worden (u.a. von Franz Grillparzer, 1851); als Quelle nutzte Brandes einerseits García de la Huertas klassizistische Tragödie *La Raquel*, andererseits Jacques Cazottes Novelle *Rachel ou La belle juive.*

Einziger Schauplatz des Dreiakters ist der königliche Saal im Schloß zu Toledo, die einsträngige Handlung ist auf wenige Stunden begrenzt: Seit Don Alphonso in Rahels erotischem Bann steht, herrscht Rahel – schön und klug – über König und Volk. Die Bühnenhandlung setzt mit der drohenden Rebellion der Ka-

stilianer ein, die nicht länger die Tyrannei der stolzen Jüdin hinnehmen wollen. Der König gibt dem Druck nach und will sich von Rahel trennen. Auf Anraten des hinterhältigen Ruben, eines jüdischen Priesters, zeigt sich Rahel in einem letzten Gespräch mit Alphonso als entsagungsbereite Frau, gewinnt durch dieses Täuschungsmanöver die Neigung des Königs zurück und soll künftig offiziell an seiner Seite regieren. Während der König zur Jagd aufbricht, dringen kastilische Soldaten ins Schloß ein, um Rahel zu töten; Fernando, ein Edelmann und Freund Alphonsos, möchte das Schlimmste verhindern und ihr zur Flucht verhelfen. Doch Rahel verkennt die gute Absicht Fernandos, will bleiben und wird von Ruben ermordet, der dadurch das eigene Leben zu retten glaubt. Sein Leben hat er dennoch verwirkt, da der inzwischen zurückgekehrte Alphonso Rache schwört.
Brandes' *Rahel* ist im Spannungsfeld von Politik, Liebe und Religion angesiedelt, jedoch nicht als heroische Staatstragödie zu verstehen. Alphonso zeigt z. B. menschliche Schwächen, und das höfische Leben mit seinem Hang zu Mißgunst und Intrige wird kritisch gezeichnet. Auch handelt es sich im Unterschied zur spanischen Vorlage nicht um ein antisemitisches Stück: Rahel ist als ‹gemischter› Charakter konzipiert (ein wenig berechnend und doch auch liebende Frau). Eher läßt sich – im Sinne Lessings – Kritik am überzogenen Judenhaß der Kastilianer erkennen. Durch Rahels Tod wird die ‹alte Ordnung› allerdings wiederhergestellt; Lessings Toleranzgedanke bleibt diesem Trauerspiel schon aus historischen Gründen verwehrt.

Lit.: W. v. Wurzbach: Die ‹Jüdin von Toledo› in Geschichte und Dichtung; in: Jahrbuch der Grillparzer-Gesellschaft 9, 1899, S. 86–127.

Helga Brandes

Brawe, Joachim Wilhelm von
(1738–1758)

Brutus, ein Trauerspiel in fünf Aufzügen.
In: Trauerspiele des Herrn Joachim Wilhelm von Brawe. Berlin 1768, S. 1–108.
UA: Wien, 20.8.1770

Die regelmäßige Blankverstragödie dramatisiert die Vorgänge, die 42 v. Chr. zur Niederlage und zum Selbstmord des Caesar-Mörders M. Iunius Brutus bei der Schlacht von Philippi führten. Der historische Stoff (insbesondere aus Plutarchs Brutus-Biographie) wird um den Konflikt von Vaterliebe und Patriotismus ergänzt, der zum Motivkreis um den legendären Republikgründer L. Iunius Brutus gehört.
Brutus träumt vor der entscheidenden Schlacht, er werde durch die Hand seines eigenen Sohnes sterben. Tatsächlich hat der Intrigant Publius Marius, der die Unterwerfung der Samniten durch Rom rächen will, Brutus' totgeglaubten Sohn Marcius aufgezogen und ihm das Versprechen abgenommen, Brutus zu töten. Als Brutus schließlich in der Schlacht auf Marcius trifft, stürzt er sich in sein Schwert, um seinem Sohn den Vatermord zu ersparen – der tödlich verwundete Publius hatte ihn inzwischen über die Zusammenhänge aufgeklärt. Brutus stirbt als vollkommener neustoischer ‹Held›, den selbst sein Gegner «bewundern» muß.
Das Drama spiegelt den Bürgerkrieg in den Empfindungen der Akteure: Brutus ist zwar als «Held» von seiner Pflicht erfüllt, für die «Freyheit» Roms zu kämpfen, als «Mensch» aber widerstrebt ihm der Kampf gegen Mitbürger; ebenso würde er zwar als «Patriot» seinen Sohn opfern, leidet aber als «Vater» unter dieser Situation und verzeiht dem Verräter schließlich. Ein vergleichbarer innerer Widerstreit bestimmt auch Marcius, und selbst der Intrigant Publius empfindet kurzzeitig «Mitleid» mit seinen Opfern. Das Trauerspiel ist, wie die Herausgeber im *Vorbericht* schreiben, «aus der höhern Sphäre der Tragödie, aus der Welt der Helden

und der Patrioten genommen», rückt aber zugleich die Bewunderungsdramaturgie in die Nähe der empfindsamen Ästhetik (vgl. die affektintensive Sprache: fragmentierte Syntax, Häufung von Satzzeichen etc.).

Lit.: G.-M. Schulz: Tugend, Gewalt und Tod, 1988, S. 220–226.

Steffen Martus

Der Freygeist, ein Trauerspiel in fünf Aufzügen.
In: Anhang zu dem ersten und zweyten Bande der Bibliothek der schönen Wissenschaften und der freyen Künste, enthaltend I) die Schriften, welche im Jahr 1757 um den Preis gestritten, II) doppelte Register zu dem ersten und zweyten Bande. Leipzig 1758, S. 97–190.
UA: ?

Das bürgerliche Trauerspiel behandelt in thematischer Nähe zu Edward Youngs *The Revenge* (1721) die Rache des eifersüchtigen Henley an Klerdon. Henley nutzt dabei den Stolz Klerdons, um den eigentlich Tugendhaften zur ‹Freigeisterei› (d.h. zum Deismus) zu verführen. Dieser Charakterfehler leitet über «Zerstreuungen» und kleine «Vergehungen» bis hin zu «Verbrechen» und zügellosen «Verschwendungen». Vor diesem Hintergrund versucht Klerdons Freund Granville vergeblich, den «Freygeist» durch «Rührung» wieder auf den Pfad der Tugend zu führen. Henley bringt Klerdon vielmehr sogar dazu, Granville zu ermorden. Der selbstlose und vollkommen tugendhafte Tod des Freundes macht dem «Freygeist» die eigene Situation jedoch deutlich. Er entdeckt Granvilles Schwester Amalia, seiner vormaligen «Geliebten», das Verbrechen, tötet im Affekt zunächst Henley und anschließend sich selbst. Das letzte Wort hat der Verführer: «Ich sterbe! – doch mein Feind stirbt mir zur Seiten – ich bin gerächt – o Triumph! o Rache!»
Brawes Trauerspiel wurde 1757 mit dem zweiten Platz bei einem von Friedrich Nicolais *Bibliothek der schönen Wissenschaften und der freyen Künste* ausgerichteten Preisausschreiben bedacht. Es inszeniert die Macht der (negativen) Leidenschaften ebenso wie

(der ‹moral sense›-Philosophie folgend) die Macht des Gewissens, ohne dabei auf rationale Wirkungsstrategien zu verzichten. Dem wirkungsästhetischen Konzept zufolge sollen, so Henleys Diener Widston, durch die Vorstellung des ‹Entsetzlichen› ein «fühlloses Herz» gerührt und die «vergeßne Menschlichkeit» wiedergewonnen werden. Brawe führt das weniger an Handlungen als vielmehr an beispielhaften ‹moralischen Charakteren› vor, deren lange, oft monologische Reden bereits von den ersten Lesern kritisiert wurden, obwohl das Drama im 18. Jahrhundert zu einem beliebten Repertoirestück wurde.

Lit.: C. Mönch: Abschrecken oder Mitleiden. Das deutsche bürgerliche Trauerspiel im 18. Jahrhundert, 1993, S. 99–111. P.-A. Alt: Tragödie der Aufklärung, 1994, S. 222–234.

Steffen Martus

Breithaupt, Karl Theodor
(Lebensdaten unbekannt)

Der Renegat, ein bürgerliches Trauerspiel in fünf Aufzügen. Helmstedt 1759.
UA: ?

Die Alexandrinertragödie stützt sich auf das biblische Motiv des verlorenen Sohnes. Zapor ist seinem vermeintlich hartherzigen Vater entflohen und im Orient durch den Übertritt zum Islam in doppelter Hinsicht zum Renegaten geworden: zum einen, weil er sich damit endgültig vom leiblichen Vater lossagt; zum anderen, weil er vom christlichen Gott abfällt und in seinem Eifer allen Christen Rache schwört. Ein gestrandetes Paar – sein eigener (unerkannt bleibender) Vater Grandlove und seine Schwester Therise – gibt ihm sogleich eine Chance zur Bewährung. Zapor möchte die schöne Gefangene heiraten, scheitert aber an deren christlicher Standhaftigkeit. Als er wenig später den greisen Grandlove niedergestochen hat, entdeckt er, daß der Sterbende

sein Vater ist. Doch statt Haß demonstriert Grandlove seine alles überragende Liebe. Er verzeiht dem Sohn und fleht ihn an, zum christlichen Gott der Nächstenliebe zurückzukehren.
Der in Helmstedt lebende Kandidat der Rechte reichte dieses Drama bei dem Wettbewerb ein, den die *Bibliothek der schönen Wissenschaften und der freyen Künste* 1757 ausschrieb, unterlag jedoch Johann Friedrich von Cronegks *Codrus.* Dennoch würdigte Friedrich Nicolai Breithaupts Tragödie, folgte sie doch in vielen Punkten seiner *Abhandlung vom Trauerspiele* (1757). Wie dort gefordert, stellt *Der Renegat* die «Erregung von Leidenschaften» in den Mittelpunkt und «zielt auf die Rührung ab». Grandlove ist – wie sein sprechender Name verdeutlicht – ein Muster der Liebe und des Verzeihens. Sein Sohn, der Renegat, ist hingegen mit dem Fehler der enttäuschten Liebe und des zu geringen Vertrauens behaftet; er wird erst durch das Mitleiden des Vaters zur Einsicht geführt. Insofern ist Breithaupts *Renegat* im Sinne Nicolais ein «vermischtes Trauerspiel», da es sowohl Mitleid als auch «Bewunderung gewisser Charaktere» evozieren kann.

Hans-Ulrich Wagner

Bühl, Johann Ludwig am
(1750–1800)

Wilhelm Tell, ein schweizerisches Nationalschauspiel. Eine Preisschrift von Herrn am Bühl. Zur Aufführung durch die zürchersche Jugend am Bechtoldstag bestimmt. Zürich 1792.
UA: Zürich, 2. 1. 1792

Das fünfaktige Prosadrama konzentriert die durch zahlreiche legendenhafte Überlieferungen zum Schweizer Nationalmythos verdichteten Ereignisse von 1307/08 (Versuche der Habsburger, die ‹reichsunmittelbaren› Kantone Uri und Schwyz ihrer direkten Herrschaft zu unterwerfen, Kampf um den ‹Geßler-Hut›, Rütli-

Schwur, Ermordung Geßlers, Erstürmung von Zwing-Uri) auf einen Tag; die Handlung wechselt dabei zwischen einem öffentlichen Platz und der Burg Geßlers.

Der von den Habsburgern eingesetzte Reichsvogt Geßler will einen Aufstand provozieren, um Militär einsetzen zu können. Angesehene Bürger (das städtische Patriziat und der sogenannte Bauernadel) versuchen zwar, die Situation zu entschärfen, doch wird zunehmend deutlich, daß auch sie eine gewaltsame Lösung des Konflikts für unumgänglich halten und nur den falschen Zeitpunkt vermeiden wollen; nach der Verhaftung Tells und dem erzwungenen ‹Apfelschuß› ist die Eskalation allerdings nicht mehr aufzuhalten. Beide Stränge der sich anbahnenden Empörung – die sorgfältig geplante Verschwörung und die in großen Volksszenen exponierte spontan-anarchische Erhebung – laufen mehr und mehr parallel, und als schließlich noch der Landamman zu Attinghausen, angesehenster Vertreter der Schweizer Interessen, für die gewaltsame Revolte gewonnen werden kann, ist der Sieg im Grunde bereits errungen. Hinzu kommt, daß der Machtpolitiker Geßler beim ersten Aufflackern des von ihm selbst geschürten Schwelbrandes in Panik verfällt und einen Fluchtversuch unternimmt, dabei aber von Tell getötet wird. Am Ende steht der Aufbruch zum Rütli, wo der ewige Bund beschworen werden soll.

Die als Festspiel inszenierte Traditionsstiftung bestätigt die grundsätzliche Einheit der Schweizer Bürger, die im Verlauf der Handlung immer deutlicher hervortritt. Alle Schweizer handeln edel und sind der guten Sache verpflichtet; Tell bildet eine Klammer zwischen den verschiedenen Gruppierungen, da er zunächst als unbesonnen-starrsinniger Einzelgänger erscheint, tatsächlich aber – anders als bei Friedrich Schiller – von Beginn an einer der diszipliniertesten Verschwörer ist.

Lit.: P. Utz: Nachwort; in: M. Gsteiger/ P. Utz (Hg.): Telldramen des 18. Jahrhunderts, 1985, S. 189–207.

Wolfgang Struck

Buri, Ernst Karl Ludwig Ysenburg von (1747–1806)

Die Bastille, ein Trauerspiel in vier Aufzügen. Nach Französischen Originalen bearbeitet von K. B.
In: Deutsche Schaubühne. Zweyten Jahrgangs Zwölfter Band. Augsburg 1790, S. 351–437.
UA: ?

Das an Lessings Wirkungspoetik angelehnte, die aristotelischen Einheiten respektierende Prosadrama, eine der frühesten poetischen Reaktionen in Deutschland auf die revolutionären Ereignisse in Paris, rückt die Erstürmung der Bastille in die Nähe eines bürgerlichen Trauerspiels.
Der neue Major der Bastille wird vor Ort mit den Ungerechtigkeiten im Gefängnis konfrontiert. Ohne Wissen des Königs hat deren adlige Leitung eine egoistische Willkürherrschaft etabliert und die Gefangenen ihrer Rechte beraubt, was anhand dreier beispielhafter Fälle exemplifiziert wird. So ist ein alter Mann sein Leben lang ohne Verhör inhaftiert gewesen und wird vor seiner Freilassung zu einem Meineid genötigt. Der gefühlskalte Gouverneur behindert den auf Humanität bedachten Major; als das aufgebrachte Volk die Bastille stürmt, wird ausgerechnet letzterer tödlich verwundet, kann aber noch in einer Rede auf die Unschuld des Königs und die Notwendigkeit von Ruhe und Ordnung hinweisen. Die durch die Haft auseinandergerissenen Familien finden wieder zusammen.
Die politische Tendenz des Trauerspiels richtet sich gegen den Despotismus, nicht aber gegen die Königsherrschaft: Die Erstürmung der Bastille wird zwar als gerechtfertigt angesehen, dient jedoch keineswegs zur Proklamierung antimonarchistischer Forderungen.

Lit: R. Marx: Nachwort; in: E. v. Buri: *Die Bastille,* 1989, S. 49–55.

Kai U. Jürgens

Ludwig Capet, oder Der Königsmord. Ein bürgerliches Trauerspiel in vier Aufzügen. Neuwied 1793.
UA: ?

In Gestalt eines bürgerlichen Trauerspiels mit zweisträngiger Handlung – zum einen um den Grafen de la Tour, zum anderen um den inhaftierten Ludwig XVI. – wird die Hinrichtung des Königs als empörendes Schlüsselerlebnis der Französischen Revolution dramatisiert.
Graf de la Tour, die eigentliche (und bereits aus Buris *Die Stimme des Volkes* von 1791 bekannte) Zentralfigur des Stücks, will nicht in das antirevolutionäre Deutschland emigrieren, ohne zuvor König und Vaterland gerettet zu haben. Sein Freund Merville teilt diese Absicht und hat in Ludwigs Interesse einen Platz im Nationalkonvent akzeptiert, wo über das Schicksal der Monarchie entschieden wird. Der Graf, der mit dem gefangenen König sprechen konnte, warnt den Konvent vor den politischen Folgen der Hinrichtung, die dadurch allerdings nur einen Aufschub erfährt. Wegen seiner geheimen Zusammenkunft mit Ludwig wird der Graf unter Hausarrest gestellt und vermag nichts mehr für diesen zu tun; nach dem heroischen Tod des Königs verläßt er – gefolgt von Merville – das Land.
Das auf die aristotelischen Einheiten verzichtende Stück versteht sich als Fortsetzung von *Die Stimme des Volkes oder Die Zerstörung der Bastille* (1791), dessen Sympathie mit der Revolution nun jedoch zugunsten einer revolutionsfeindlichen Haltung aufgegeben wird. Statt der Mißstände des Ancien régime steht Ludwig XVI. als tiefreligiöser Privatmann und liebevoller Familienvater im Mittelpunkt, dessen Ermordung Mitleid weckt.

Lit.: H.-W. Jäger: Gegen die Revolution; in: Schiller-Jahrbuch 22, 1978, S. 362–403 (speziell S. 392–396). A. Meier: Dramaturgie der Bewunderung, 1993, S. 356–359.

Kai U. Jürgens

Creutz, Friedrich Karl Kasimir Freiherr von (1724–1770)

Seneca. Ein Trauerspiel. Frankfurt am Mayn 1754.
UA: ?

Die regelmäßige Tragödie in fünf Aufzügen und heroischen Alexandrinern behandelt den von Tacitus *(Annalen* XV, 48–63) überlieferten Freitod des Seneca nach der pisonischen Verschwörung gegen Nero im Jahre 65 n. Chr.
Creutz, der in aristotelischer Tradition bei der Quellenbearbeitung dichterische Freiheit reklamiert, läßt die Verschwörung aus zweierlei Gründen scheitern: Zum einen entzweien sich die Führer des Aufstandes, Piso und Lucius, als Rivalen um die Gunst Aurelias, die wiederum von dem unmäßigen Wunsch nach Rache für ihren von Nero ermordeten Bruder erfüllt ist und die Verschwörung versehentlich entdeckt. Zum zweiten ist Seneca nicht einmal übergangsweise dazu bereit, die politische Führung zu übernehmen, obwohl allein er den Umsturzversuch zum Erfolg führen könnte. Seine übersteigerte ‹Standhaftigkeit› und falsch interpretierte Tugendhaftigkeit ist im Sinne der Hamartia-Theorie Gottscheds «in gewissem Verstand» ein «Fehler» (vgl. den *Vorbericht*), auch wenn der Stoiker am Ende in vorbildhafter Weise im Glauben an ein durchaus christlich gedachtes Leben nach dem Tod stirbt.
Creutz führt exemplarisch das Verhalten in einer Extremsituation vor und verbindet dabei wirkungsästhetisch die Erregung von ‹Leidenschaften› mit ‹Nachdenken› durch ausführliche Selbstkommentierung. Der Dramatiker, so Creutz in den angehängten *Gedanken vom Trauerspiel* unter Berufung auf Gottsched, soll Affekte nur erregen, um deren Beherrschung zu lehren.

Lit.: R. R. Heitner: German Tragedy in the Age of Enlightenment, 1963, S. 143–148.

Steffen Martus

Cronegk, Johann Friedrich Reichsfreiherr von (1731–1758)

Codrus. Trauerspiel in fünf Aufzügen.
In: Anhang zu dem ersten und zweyten Bande der Bibliothek der schönen Wissenschaften und der freyen Künste, enthaltend I) die Schriften, welche im Jahr 1757 um den Preis gestritten, II) doppelte Register zu dem ersten und zweyten Bande.
Leipzig 1758, S. 1–86.
UA: ?

Die bereits zu Leipziger Studienzeiten begonnene und in Ansbach 1754 fertiggestellte Märtyrertragödie des früh verstorbenen Justiz- und Hofrats wurde 1757 in Friedrich Nicolais und Moses Mendelssohns *Bibliothek der schönen Wissenschaften und der freyen Künste* als bestes deutsches Trauerspiel ausgezeichnet.
Die Stoffvorlage für das Alexandrinerstück bildet die Codrus-Sage, nach welcher der athenische König sich aufgrund eines delphischen Orakelspruchs im Kampf gegen die Dorier in den Tod stürzt, um sein Volk zum Sieg zu führen. In der Ausgestaltung entfernt sich Cronegk weit von der Überlieferung, die er möglicherweise Meursius' *Regnum Atticum sive de regibus Atheniensium* (Amsterdam 1635) entnahm. Während in der Sage die Entstehung der attischen Demokratie im Mittelpunkt steht, kommt sie im Trauerspiel nur in der letzten Szene zur Sprache. Die Staatsaktion wird von einem frei erfundenen Liebeskonflikt in den Hintergrund gedrängt: Codrus wirbt um die Gunst Philaidens; er will jedoch Verzicht üben, als er von deren Liebe zu Medon erfährt. Der von seiner Mutter Elisinde sowie von Philaide totgeglaubte Medon trifft unerwartet ein. Elisinde fordert das Paar erfolgreich auf, standhaft zu sein und ihrer Liebe zugunsten des Königs zu entsagen. Aber auch Codrus bekundet in der Folge seine Bereitschaft zum Verzicht, wobei er die Würde von Medons Tugendhaftigkeit ausdrücklich über die des fürstlichen Ranges stellt.
Im dritten Akt wird Codrus von Artander, dem König der Dorier, bei Friedensverhandlungen hintergangen und soll zusammen mit

den anderen hingerichtet werden. Artander erkennt jedoch Medon als denjenigen wieder, der ihm in der Schlacht einst das Leben schenkte, und läßt ihn sowie eine weitere Person nach Medons Wahl frei. Wiederum treten die in Frage Kommenden in einen Wettstreit edler Verzichtsbekundungen. Medon entscheidet sich aus Patriotismus für Codrus, der sich jedoch – in alleiniger Kenntnis des Schicksalsspruchs – unmittelbar vor der Freilassung opfert, um das Orakel zu erfüllen und so seinem Volk zum Sieg zu verhelfen. Daraufhin greifen die Götter ein: Unter Himmelsdonner erscheint ein Heer der Thebaner und verjagt die Truppen der feindlichen Dorier. Weil niemand würdig sei, Codrus' Nachfolge anzutreten, verzichtet Medon zugunsten der Demokratie auf die Königskrone.

Lit.: S. Roth: Die Dramen Johann Friedrich von Cronegks, 1965, S. 79–147.

Harald Bock

Der Mistrauische. Ein Lustspiel in fünf Aufzügen.
In: Des Freyherrn Johann Friedrich von Cronegk Schriften. Erster Band. Leipzig 1760, S. 23–177 (recte: 23–168).
UA: Hamburg, 1766

Das einzige vollendete größere Lustspiel des Gellert-Schülers entstand 1750–52 in Leipzig. Das Prosastück, dessen Figuren im anakreontischen Stil typisierte griechische Namen tragen, vermischt die äußere Form der sächsischen Typenkomödie mit inhaltlichen Momenten des rührenden Lustspiels; entsprechend ist die Angst des Titelhelden Timant vor eingebildeten Gefahren mehr auf die Erregung von Mitleid als auf Verlachen ausgelegt.
Timant lebt im Haus des Geronte und liebt dessen Tochter Climene. Nach zehnjähriger Trennung besucht ihn sein Vater Orgon, ein alter Freund Gerontes, um ihn mit Climene zu verheiraten. Als Orgon von Timants ebenso lächerlichem wie gefährlichem Mißtrauen gegenüber den Mitmenschen erfährt, will er den Sohn heilen. Dieser wertet jedoch alle wohlmeinenden Unternehmungen seiner Nächsten als heimtückische Anschläge und flieht aus dem Haus, woraufhin Orgon ihn enterbt und Geronte

seine Einwilligung in die Hochzeit zugunsten von Timants schwermütigem Freund Damon zurücknimmt. Auch Damon liebt Climene, will im Interesse der Freundespflicht aber entsagen. Climene ihrerseits liebt Damon, möchte jedoch dem Vater Gehorsam leisten. Schließlich bringt der selbstlose Verzicht Damons die Väter dazu, Timant zu verzeihen, woraufhin dieser, von der Großmut der anderen gerührt, das Törichte seines Tuns erkennt und zugunsten von Damon auf Climene verzichtet. Auf seinem Landgut will er sich ganz von seinem menschenfeindlichen Mißtrauen kurieren.

Lit.: S. Roth: Die Dramen Johann Friedrich von Cronegks, 1965, S. 13–78.

Harald Bock

Olint und Sophronia. Fragment.
In: Des Freyherrn Johann Friedrich von Cronegk Schriften. Erster Band. Leipzig 1760, S. 279–352.
UA: Hamburg, 22.4.1767

Das auf fünf Akte angelegte, klassizistische christliche Märtyrerdrama mit Chorliedern wurde anläßlich einer nicht realisierten Aufführung in Wien 1765 durch den Archivar Cassian von Roschmann-Hörberg mit einem tragischen Schluß versehen. Auf diese Fassung als christliches Trauerspiel griff man bei der Eröffnung des Hamburger Nationaltheaters 1767 zurück.
Der Handlung liegt die rührende Liebesgeschichte von Olindo und Sofronia aus Torquato Tassos Kreuzzugsepos *Gerusalemme Liberata* (2. Gesang) zugrunde. Cronegk läßt jedoch die Liebesgeschichte hinter den unversöhnlichen Konflikt zwischen politischer Loyalität und religiösem Glauben zurücktreten, indem er den Jüngling Olint (Vertrauter des moslemischen Königs von Jerusalem und heimlicher Christ) zum Dieb in frommer Absicht macht: Der blutrünstige Moslempriester Ismenor hat aus einer Kirche ein Kruzifix geraubt und in die Moschee gebracht, um Jerusalem dadurch vor der Eroberung durch das christliche Heer Gottfrieds von Bouillon zu schützen. Als König Aladin droht, alle Christen umbringen zu lassen, will sich die christliche Jungfrau

Sophronia für ihre Glaubensbrüder aufopfern und gibt sich als die Schuldige aus; um die Geliebte zu retten, zeigt sich Olint daraufhin selbst als Dieb an. Da Sophronia standhaft bleibt und Olint das Versöhnungsangebot Aladins ausschlägt, sich öffentlich zum Islam zu bekennen, innerlich aber am christlichen Glauben festzuhalten, werden beide zum Tode verurteilt. Vom Beispiel der standhaften Christen gerührt, verzichtet die Perserkönigin Clorinde auf ihre Liebe zu Olint, konvertiert zum Christentum und will sich beim König für das Paar einsetzen. Mit dieser Wendung, nach der das Fragment im 4. Akt abbricht, hat Cronegk vermutlich einen glücklichen Ausgang vorbereiten wollen, wie er sich auch bei Tasso findet. Bei Roschmann-Hörberg wird Sophronia durch Ismenor vergiftet, und Olint stirbt an ihrer Leiche, nachdem er als Heerführer im Kampf gegen die Kreuzfahrer schwer verwundet worden ist.
In der *Hamburgischen Dramaturgie* (1., 2. und 7. Stück) verurteilt Lessing die Negativzeichnung des Islam als intolerant sowie die unangemessenen Märtyrerposen der christlichen Helden. Möglicherweise ist die Kritik an der Dogmatik des Islam aber als Kritik am zeitgenössischen Katholizismus aufzufassen.

Lit.: R. Neuß: Tugend und Toleranz, 1989, S. 157–188.

Harald Bock

Derschau, Christoph Friedrich von
(1714–1799)

Pylades und Orestes oder Denckmaal der Freundschafft. Ein Trauerspiel. Liegnitz 1747.
UA: ?

Das in Alexandrinern verfaßte Trauerspiel mit glücklichem Ausgang bietet eine freie Bearbeitung der aus dem Atriden-Mythos stammenden Episode der taurischen Iphigenie, stellt die schon im *Orestes* des Euripides (408 v. Chr.) entfaltete Freundschaft zwischen Orestes und Pylades in den Mittelpunkt der fünfaktigen Handlung und ergänzt diese in Gestalt der taurischen Königstochter Tomire um eine Liebeshandlung im französischen Geschmack.
Gegenspieler ist Tomirens – vermeintlicher – Vater, der machiavellistische Tyrann Troas, Bruder des von Orestes ermordeten Egisthes und König zu Taurica: Der reuige, aber schwermütig-schicksalsbesessene Muttermörder Orestes, König zu Mycen, der – einem Spruch des delphischen Orakels folgend – im taurischen Dianentempel Buße und Vergebung sucht, stellt sich dem rachsüchtigen Troas, und zwar gegen den vernünftigen Rat seines alten Weggefährten Pylades, König zu Phocis, der als Fremder inzwischen zum Vertrauten des Tyrannen geworden ist. Troas will Orestes auf dem Altar des Dianentempels opfern.
Pylades, der um die Hand Tomirens angehalten hat, will unbedingt auf sein persönliches Glück verzichten, weil ihm die Freundschaft wichtiger als die Liebe ist. Er gibt sich als Orestes aus, um an dessen Stelle zu sterben, doch dieser lehnt den Freundschaftsdienst ab. Der erzürnte Tyrann befiehlt der Oberpriesterin Iphigenia, beide Freunde auf dem Altar zu töten; die Griechin weigert sich aber, weil sie zuvor Orestes als ihren Bruder erkannt hat. Als ‹Deus ex machina› greift der Gott Hermes ein: Tomire ist in Wahrheit die Tochter des von Troas einst meuchlerisch ermordeten Königs Unkam. Sie wird zur Königin ausgerufen, während Troas von Orestes ermordet wird. Tomire und Pylades versöhnen sich, und Orestes preist abschließend – so die

gottschedianische Moral des Stückes – die gerechte Götterordnung, die alles zum Guten lenke.
Das zwischen Mythos und Vernunft vermittelnde Stück ist weniger der menschlichen Rationalität als dem Theodizeegedanken verpflichtet.

Lit.: R. R. Heitner: German Tragedy in the Age of Enlightenment, 1963, S. 114–119.

Harald Bock

Dusch, Johann Jakob
(1725–1787)

Der Bankerot, ein bürgerliches Trauerspiel. Hamburg und Berlin 1763.
UA: ?

Thema des fünfaktigen Prosatrauerspiels ist das im bürgerlichen Kaufmannsdrama der Aufklärung, vor allem der Komödie, beliebte Problem des finanziellen Ruins. Dusch übernimmt dabei Handlungselemente aus Lessings frühem Lustspiel *Damon, oder die wahre Freundschaft.*
Der lasterhafte Gerrards ist Geschäftspartner des tugendhaften Kaufmanns Erast, der Gatte seiner Cousine ist und ihn vor 16 Jahren finanziell gerettet hat, als er wegen Ausschweifungen von seinem Oheim enterbt worden war. Jetzt droht beiden durch den angekündigten Bankrott eines ihrer holländischen Handelspartner und den angeblichen Untergang ihrer Schiffe ein großer Verlust. Gerrards nutzt diese Situation und versucht, Erast durch gezielte Falschinformation zu Maßnahmen zu verleiten, die seinen Ruin zur Folge haben würden. Der finanzielle Konflikt innerhalb der Elterngeneration wird mit einem erotischen innerhalb der Kindergeneration verknüpft: Der junge Comptoirangestellte Ehrhart, Bräutigam in spe von Erasts Tochter Julchen, ahnt den Betrug und simuliert Freundschaft gegenüber Gerrards, um ihn zu überführen, erregt aber bei seiner Braut Mißtrauen. Auf dem Höhe-

punkt der Krise scheint die Intrige Gerrards aufzugehen: Erast ist bankrott, während Gerrards Alleininhaber seines gesamten Vermögens inklusive des Hauses der Familie ist, das er bereits versiegeln läßt. Die Verbindung zwischen Ehrhart, der nun allen als Verräter erscheint, und Julchen ist quasi aufgelöst. Erst ganz zum Schluß erfolgt die Wende zur Belohnung der Tugend: Nicht Erast, sondern Gerrards, seinerseits nun Opfer eines falschen Bankrottgerüchts, hat sein gesamtes Vermögen verloren, Ehrhart wird rehabilitiert und plädiert für großmütige Verzeihung gegenüber dem überführten Bösewicht; der geplanten Heirat steht nichts mehr im Wege.
Duschs *Bankerot* gehört zu den seltenen bürgerlichen Trauerspielen mit gutem Ausgang, was ihn der ernsten Komödie annähert; an Stelle des fehlenden Opfertodes wird jedoch die durch den Triumph des Lasters drohende Armut als «Elend der Tugend» in drastischer Sprache als maximales Unglück, schlimmer als der Tod, beschworen.

Lit.: K. S. Guthke: Das deutsche bürgerliche Trauerspiel [5]1994, S. 28–38 und 54–72. C. Mönch: Abschrecken oder Mitleiden: das deutsche bürgerliche Trauerspiel im 18. Jahrhundert, 1993, S. 131–134.

Wolfgang Lukas

Dyk, Johann Gottfried
(1750–1813)

Leichtsinn und Verführung, oder Die Folgen der Spielsucht. Ein bürgerliches Trauerspiel in fünf Akten. Den Jünglingen und Jungfrauen gewidmet. Leipzig 1784.
UA: ?

Das später umgearbeitete und unter dem Titel *Ferdinand Pernau, ein Trauerspiel* veröffentlichte Prosadrama (in: J. G. Dyk: Nebentheater, Bd. V, Leipzig 1787) inszeniert das zentrale Sturm-und-Drang-Thema der Verführung.
Der Hofrat Ferdinand und Adolphine lieben sich seit ihrer Ju-

gendzeit; zwar hat Ferdinand aus finanziellen Motiven die Kaufmannstochter Mariane geheiratet, mit Adolphine aber die Ehe gebrochen. Die Bühnenhandlung setzt ein, als Adolphines Bruder die Flucht des Paares nach Petersburg verhindert; als Verführer wird der Spieler Tröbern, ein Kumpan Ferdinands, vorgeschoben, mit dem Adolphine nun pro forma verbunden werden soll. Auch dieser Plan scheitert: Der Bruder, der die geschändete Familienehre rächen will, entdeckt das wahre Verhältnis. In einem Eifersuchtsanfall ersticht Ferdinand daraufhin seinen Rivalen Tröbern, wird gefangengenommen und zum Tode verurteilt. Im letzten Akt, der im Gefängnis spielt, überwindet Ferdinand die Versuchung zum Selbstmord mit Hilfe von Marianes Großvater, dem bürgerlichen Kaufmann Krohne, der in der Rolle des zärtlichen empfindsamen Vaters auftritt und eine allseitige Verzeihung und Versöhnung bewirkt. Die Handlung endet mit der Hinrichtung Ferdinands; den ideologischen Schlußkommentar übernimmt ein Hinrichtungschor, der die potentielle Verführbarkeit speziell des jugendlichen Menschen als allgemeine anthropologische Gesetzmäßigkeit thematisiert. Falsche Erziehung trage jedoch die Hauptschuld an den Verbrechen der Kinder.
Gemäß einem beliebten zeitgenössischen Moraltheorem werden zudem sämtliche Verbrechen sowie die Schlußkatastrophe von einem Anfangslaster, hier Ferdinands Spielsucht, zu der ihn Tröbern verführt hat, abgeleitet.

Lit.: K. S. Guthke: Das deutsche bürgerliche Trauerspiel [5]1994, S. 28–38 und 54–72. C. Mönch: Abschrecken oder Mitleiden: das deutsche bürgerliche Trauerspiel im 18. Jahrhundert, 1993, S. 81–86.

Wolfgang Lukas

Edinhard, Gustav
[= Anton Wilhelm Christian Fink]
(1770–1794)

Die Verschwörung der Pazzi zu Florenz. Ein Trauerspiel in fünf Aufzügen von Gustav Edinhard. Leipzig 1791.
UA: ?

Das historische Prosatrauerspiel dramatisiert die von Franceschino de' Pazzi (im Drama ‹Franz› genannt) ausgehende Verschwörung gegen Giuliano (‹Julian›) und Lorenzo de' Medici von 1478.

Der von Ehrgeiz und Eigennutz beseelte Franz Pazzi plant unter dem Vorwand der republikanischen Freiheit den Sturz der Medici-Herrschaft, um die Macht an sich zu reißen. Ahnungslos fürchtet Julian aus anderem Grunde die Begegnung mit Franz: Julian hat die von Franz begehrte Kamilla geheiratet und meint, dies um der Freundschaft willen nicht länger geheimhalten zu dürfen. Das Stück kontrastiert die intriganten und frevlerischen Machenschaften Pazzis mit der offenherzigen, teils schon naiven Sorglosigkeit der harmoniegläubigen und friedsamen Medici-Brüder. Nachdem die Verschwörer, zu denen sowohl gedungene Mörder und korrupter Klerus als auch florentinische Nobili zählen, den Anschlag mehrmals verschieben müssen und zu befürchten steht, daß das Komplott verraten werden könnte, sollen Julian und Lorenzo kurzerhand während einer Messe am Hochaltar getötet werden. Obwohl daraufhin einige – allen voran der päpstliche General Montesecco – ihre Beteiligung an der Freveltat aus moralischen Gründen verweigern, kommt es dennoch zum dramatischen Höhepunkt: Franz, der inzwischen von der Heirat Kamillas weiß, gelingt es durch Verstellung und von Rachegelüsten geleitet, Julian an den Ort des geplanten Attentats zu locken und niederzustechen. Lorenzo kann fliehen und mit Hilfe der Bürgerschaft den Umsturzversuch niederschlagen; einer der betrogenen Nobili übt an Franz Vergeltung und tötet ihn.

Olaf Schwarz

Ehrmann, Marianne
(1755–1797)

Leichtsinn und gutes Herz, oder Folgen der Erziehung. Originalschauspiel in 4 Aufzügen. Straßburg 1786.
UA: ?

Das einzige Schauspiel der Herausgeberin zweier Frauenjournale greift das von ihr oft behandelte Thema der unzulänglichen Erziehung mit didaktischem Anspruch auf.

Dem wankelmütigen Grafen Treuberg gelingt es, das in der Stadt aufgewachsene Landmädchen Lottchen zu verführen. Als Lottchen ihre prekäre Lage begreift, fordert sie von Treuberg die Ehe, die er aber unter Hinweis auf familiäre Verpflichtungen verweigert. Lottchen will Treuberg erschießen und flieht nach dem mißlungenen Anschlag zu ihrem Vater. Bei der Flucht wird sie von Mekler, dem intriganten Hofmeister des Grafen, unterstützt, der seinerseits an Lottchen interessiert ist und sie zu vergewaltigen versucht. Treuberg hat mittlerweile eingesehen, daß die falsche Erziehung durch Mekler an seiner Wankelmütigkeit schuld ist, und will nun die Ehe mit Lottchen eingehen, weil er ihre Seelenstärke erkennt; er reist zu ihrem Vater, in dessen Haus sich die Liebenden verloben.

Sowohl Lottchen als auch Treuberg sind Opfer einer geschlechtsspezifischen Erziehung, die beiden Geschlechtern einen defizitären Umgang mit Emotionen vermittelt. Das Prosaschauspiel, das auf die Einhaltung der Einheiten verzichtet, greift auf Motive des bürgerlichen Trauerspiels zurück (z.B. *Emilia Galotti*: empfindsamer Graf, intriganter Vertrauter, ‹verführbare› Tochter) und verweist sowohl durch die teilweise derbe Sprache sogar Lottchens als auch durch seine Sozial- und Gesellschaftskritik auf den Sturm und Drang. Ungewöhnlich ist das Ende mit der nicht standesgemäßen Ehe, ebenso der mit ‹männlichen› Idealen der Aufklärung (Selbstbestimmung) ausgestattete Charakter Lottchens.

Lit.: H. S. Madland: An Introduction to the Works and Life of Marianne Ehrmann; in: Lessing Yearbook 21, 1989, S. 171–196.

Kerstin Timmermann

Engel, Johann Jacob
(1741–1802)

Der Edelknabe. Ein Lustspiel für Kinder in einem Aufzuge von J. J. Engel. Leipzig 1774.
UA: ?

Das erzieherische Prosarührstück präsentiert eine moralisch intakte Familie, die vom politischen und sittlichen Verfall des Hofes unberührt bleibt.
Als Exponent natürlicher Sittlichkeit dient ein Edelknabe, dessen kühner Vater im Krieg gefallen ist. Weil seine schuldlos verarmte Mutter ihn nicht standesgemäß erziehen kann, soll er Page werden. Der von der Unschuld des Knaben gerührte Fürst fürchtet einen schlechten Einfluß des Hofes als «Ort der Verführung» und stellt, um helfen zu können, die Integrität der Mutter auf die Probe. Es zeigt sich, daß sie die materielle Not mit grenzenloser Hingabe an den Sohn aufwiegt und sich standhaft in ihr Schicksal fügt, das ständig neue Prüfungen auferlegt (etwa die Fahnenflucht des erstgeborenen Sohnes). Am Ende jedoch wird die Selbstlosigkeit reich belohnt: Der milde Fürst verzeiht dem Deserteur, dessen Fehltritte nicht habituell, sondern Ausfluß jugendlichen Übermutes sind, und verspricht dem Edelknaben die beste Erziehung.
Engel, selbst Lehrer des späteren Preußenkönigs Friedrich Wilhelm III., schafft in seinem didaktischen ‹Charaktergemälde› Leitfiguren, die zu Fleiß, Aufrichtigkeit und Gehorsam anregen; für Frauen propagiert er das – im intellektuellen Diskurs bereits umstrittene – Rollenmodell der aufopferungsvollen Mutter.
In der pädagogischen Komödie, die sich aus Rücksicht auf die kindlichen Zuschauer einer schlichten Formelsprache bedient, bleibt die Autorität des Fürsten trotz zahmer Hofkritik unangetastet. Engel verherrlicht die paternalistische Staatsform, indem er die zentrale Figur des Fürsten nicht als Herrscher, sondern als gütigen Landesvater stilisiert, mit dem das Publikum sympathisieren kann. Der formalen Orientierung am Drama der Frühaufklärung (eindeutige Charaktere, formelhafte Sprache, Motiv der

Prüfung und Bewährung) zum Trotz ist Engel bemüht, den emotionalen Aufruhr seiner Figuren in deren Sprechweise abzubilden (z. B. durch unvollständige Sätze oder Ausrufe).

Lit.: R. Tarot: Drama – Roman – Dramatischer Roman; in: L. Dietrich und D. G. John (Hg.): Momentum dramaticum. Festschrift für Eckehard Catholy, 1990, S. 241–269.

Kirsten Okun

Eid und Pflicht. Ein bürgerliches Trauerspiel in fünf Aufzügen.

In: Johann Jacob Engel: Schriften. Band 6. Berlin 1803, S. 1–160.
UA: Hamburg, 1798

In dem von Lessings emotionalistischer Dramaturgie geprägten bürgerlichen Trauerspiel (um 1776 fertiggestellt) bringt der Theater- und Literaturtheoretiker Engel mit dem Siebenjährigen Krieg (1756–63) einen zeitgenössischen Stoff auf die Bühne; die politischen Ereignisse werden jedoch zu allgemein menschlichen Konflikten enthistorisiert.

Der todkranke Stadtrat Welldorf soll vom Feind als Geisel verschleppt werden. Während seine Gattin auf Gott vertraut, hadert ihr Sohn Eduard, der – durch Folter gebrochen – zum Gegner übergelaufen ist, mit seinem Schicksal, der menschlichen Niedertracht und seinen Schuldgefühlen; er glaubt, durch seine Ausschweifungen das Siechtum des Vaters verursacht zu haben. Nur seine Schwester Luise schöpft, unerschütterlich in ihrem Glauben an die natürliche Güte des Menschen, noch Hoffnung: Sie vertraut auf die Fürsprache des edlen von Brink, eines gegnerischen Hauptmanns. Dieser unterwirft sich zunächst jedoch dem Befehl seines ebenso skrupellosen wie korrupten Obersten und will den Vater in Gewahrsam nehmen. Von Luises Zuversicht beeindruckt, entschließt sich von Brink aber, «nach eigenem Triebe» zu handeln. Er zwingt den Oberst einzulenken, indem er droht, dessen Verstöße gegen die Soldatenehre preiszugeben. Obwohl der Vater stirbt, ist das Ende harmonisch: Der vom ehrlosen Dienst beim Feind befreite und mit der Menschheit ausgesöhnte Eduard will sich von nun an dem Glück seiner Familie widmen.

Fokus des alltagssprachlich gehaltenen Stückes ist der Kontrast zweier sittlicher Normen: eines äußerlichen, an den Befehlsgehorsam gebundenen Ehrbegriffs (Eid) und einer höheren, innerlichen Verpflichtung, die auf Nächstenliebe und natürlicher Gerechtigkeit beruht (Pflicht). Engels Plädoyer für die Versöhnung von Vernunft und Leidenschaft manifestiert sich darin, daß von Brink und Luise die Lösung nur gemeinsam herbeiführen können. Dicse Abkehr vom strengen Tugend-Laster-Dualismus impliziert eine optimistische Anthropologie im Sinne Rousseaus: Der Mensch wird gut geboren, aber die Gesellschaft verdirbt ihn. Dieses Menschenbild zeigt sich auch in der bedingungslosen Liebe des Vaters, der in Eduard nie «den Feind, nur den Sohn», erblickt, sowie in der Wahl von Brinks – des nominellen Gegenspielers – als Vorbildfigur.

Lit.: Ch. Blatter: Johann Jakob Engel, 1993.

Kirsten Okun

Euchel, Isaak Abraham
(1758–1804)

Reb Henoch oder Was thut me dermit? Ein Familiengemälde in drei Abtheilungen. Herausgegeben von M. Allenstein. Berlin 1846.
UA: ?

Der Maskil (hebr.: ‹Verständiger›, ‹Unterweiser›) Euchel, in Kopenhagen geboren und traditionell erzogen, beschreibt in seiner jiddischen Prosakomödie (1792/93 entstanden) den Generationenkonflikt der angesehenen Familie von Reb Henoch Katzenellenbogen aus Halberstadt, aus der mehrere Rabbiner und Gelehrte hervorgegangen sind. Hintergrund sind die Ideen und der soziale, kulturelle und religiöse Wandel der Haskala (hebr.: ‹Aufklärung›) sowie die Gesellschaftskritik der Aufklärung. Der Text ist in zwei inhaltsähnlichen Handschriften mit abweichender Aktgliederung (drei bzw. fünf Aufzüge) überliefert (das ältere Manuskript, die Amsterdamer Handschrift, trägt den jiddischen Titel ‹R' Henokh oder vos tut me damit, eyn lustshpil in finf oyftsign›); der ‹Berliner Druck› (1846) in lateinischer Transkription fußt auf der jüngeren, Breslauer Handschrift mit dem Titel ‹R' Henokh oder vos thut me demit, eyn familyen gemelde in dray oyftsign›). Der Jude Reb Henoch, ein reicher orthodoxer Kaufmann, ist die Hauptfigur. Er insistiert auf der strengen Befolgung der Zeremonialgesetze; weltlichen Studien sowie der Säkularisierung der hebräischen Sprache steht er völlig ablehnend gegenüber. Seine vier Kinder personifizieren indes die Kehrseite des väterlichen Dogmatismus. Die mit dem Juwelier Modl verheiratete Tochter Elke/Elisabeth hat ein Verhältnis mit Horn, einem adligen Leutnant und Schuldner ihres Mannes; Tochter Hadase/Hedwig verkehrt mit den Aufklärern Breitenbauch, einem jüdischen Philosophen, und Kandidat Plump, einem christlichen Studenten. Als in der Nacht sein Haus brennt, entdeckt Henoch, daß sowohl Hadase/Hedwig als auch sein Sohn Herzkhe/Hertwig nicht anwesend sind. Modl trifft seine Frau ebenfalls nicht zu Hause an. Nachdem er erfährt, daß sie und ihr Liebhaber von einer Polizeipatrouille aufgegriffen wurden, fordert er die Scheidung. Herzkhe/Hertwig wird wegen verbotenen Glücksspiels inhaftiert und droht mit Konversion zum Christentum, woraufhin sein Vater einen Schwächeanfall erleidet. Dem hinzugezogenen Arzt erzählt Herzkhe/Hertwig von seinen negativen Erfahrungen mit der traditionellen Erziehung in der jüdischen Elementarschule (‹Cheder›). Seine Schwester Elke/Elisabeth, eine Berliner Salonjüdin, hat ihn in aufklärerische Kreise eingeführt. Herzkhe/Hertwig studiert Deutsch und Französisch, die Sprachen der Aufklärung; in seiner Person prallen die traditionellen Werte und die neuen Bildungsideale der Haskala aufeinander. Zwei Repräsentanten der ‹wahren Aufklärung›, der deutschsprechende Arzt sowie der Provinzialdeputierte Nathan, bieten ihm in diesem Zwiespalt ihre Hilfe an. Zunächst können die Konflikte gelöst werden: Modl zieht seine Scheidungsforderung zurück, Nathan tilgt Herzkhes/Hertwigs Schulden und nimmt ihn in seinem Geschäft auf; dann aber verschärfen sich die Widersprüche zwischen den Ansprüchen der traditionellen Erziehung und der Lebensrealität erneut. Der scheinbar einzig wohlgeratene Sohn Shmuel wird als

frommer Heuchler enttarnt: Er, der unablässig Psalmen rezitiert, ist der Vater des Kindes, das die nichtjüdische Magd erwartet, nicht Henoch, den man zuerst verdächtigt hatte.
Euchels Komödie zeigt die Furcht des Judentums vor uneingeschränkter Aufklärung auf und plädiert – indem es die Realitätsferne der Traditionalisten darstellt – für ein Ineinandergreifen von Tradition und Assimilation. Mit der Entscheidung für das Jiddische wendet sich Euchel vor allem an orthodoxe Juden, die über mangelhafte Bildung verfügen, dem Hebräischen als Profansprache und einer säkularisierten Erziehung ablehnend gegenüberstehen. Das Drama steht im Dienst der Haskala und demaskiert einerseits die Folgen übertriebener Frömmigkeit, andererseits die Konsequenzen falschverstandener Liberalität; es propagiert dagegen Toleranz und wahre Aufklärung.

Lit.: M. Erik: di ershte yidishe komedye; in: shriftn fun Yidishn Visnshaftlekhn Institut (YIVO), filologishe shriftn 3, 1929, Sp. 555–584.

Martina Kölch

Gellert, Christian Fürchtegott
(1715–1769)

Die Betschwester. Ein Lustspiel in drei Aufzügen.
In: Neue Beyträge zum Vergnügen des Verstandes und Witzes.
Zweyter Band, Zweytes Stück. Leipzig und Bremen 1745,
S. 82–168.
UA: Leipzig, 1745

Gellerts erstes, von Molières *Tartuffe* inspiriertes Lustspiel stellt den Widerspruch zwischen selbstsüchtiger Scheinheiligkeit und opferbereiter Menschlichkeit in den Mittelpunkt.
Für den lebenslustigen Simon will dessen väterlicher Freund Ferdinand um das unerfahrene Christianchen, die Tochter der ‹Betschwester› Frau Richardinn, freien; in der zur Schau gestellten Frömmigkeit der Mutter erkennt er jedoch deren eitles, berechnendes Wesen und fürchtet, daß ihr das Wohl der Tochter wenig

am Herzen liegt. In der Tat vernachlässigt die Witwe die weltlich-sinnlichen Freuden nur deshalb, weil sie von Geiz und Geltungssucht erfüllt ist. Zahlreiche Episoden dienen dazu, ihre Bigotterie in Szene zu setzen (Grausamkeit gegenüber Bettlern und Bedienten, Aberglauben).
Die Liebesgeschichte bleibt darüber Nebenhandlung. Christianchen besitzt zwar untadelige Anlagen (Schönheit, Natürlichkeit, reines Herz); mangels guter Erziehung wirkt sie aber emotionslos und allzu unterwürfig. Simon will daher die Verlobung lösen, um mit Christianchens Einverständnis deren beste Freundin – das empfindsam-weltoffene, aber verarmte Lorchen – heimzuführen. Indes erfährt Frau Richardinn von Simons unermeßlichem Reichtum und willigt nun gierig in die Ehe der Tochter ein, so daß Simon und Christianchen dank Lorchens Entsagung ein glückliches Paar werden können. Lorchen selbst wird von dem begüterten Ferdinand adoptiert, am Ende also doch für ihre Tugend belohnt. Gellert stellt in seiner formal stark der sächsischen Typenkomödie verhafteten Satire (1747 in einer abgemilderten Neubearbeitung veröffentlicht) den weltfernen Religionsfanatismus nicht nur als lächerlich, sondern auch als unmenschlich dar. Das Menschliche wird nicht durch religiöses Eifern gestiftet, sondern durch selbstbestimmte gute Taten im Sinne von Lorchens «Verzicht aus Vernunft».

Lit.: W. E. Petig: Forms of Satire in Antipietistic Dramas; in: Colloquia Germanica 18, 1985, S. 257 – 263. S. Späth: Väter und Töchter oder die Lehre von ehelicher Liebe in Gellerts Lustspielen; in: B. Witte (Hg.): «Ein Lehrer der ganzen Nation», 1990, S. 51–65.

Kirsten Okun

Das Loos in der Lotterie. Ein Lustspiel in fünf Aufzügen.
In: Neue Beyträge zum Vergnügen des Verstandes und Witzes. Dritter Band, fünftes und sechstes Stück. Bremen und Leipzig 1747, S. 323–472.
UA: Hannover, 1747

Mit dem empfindsamen Prosalustspiel entfernt sich Gellert von der klassizistischen Poetik seines Lehrers Gottsched. In fünf episodischen Akten entspinnt sich das Intrigenspiel um ein Los, des-

sen Inschrift die Maxime des Dramas («pour la vertu») verrät. Die Handlung tritt hinter moralisierenden Reden und pointierten Charakterbildern zurück.
Die ebenso schöne wie sittsame und kluge Frau Damon hat einen eventuellen Losgewinn ihrer elternlosen Nichte Carolinchen zugedacht, damit diese einen redlichen Schulmann heiraten kann. Frau Orgon, ihre mißgünstige und überaus intrigante Schwester, verrät dies Frau Damons geizigem Gatten; dieser stöbert das Los auf und verkauft es dem ebenso selbstgefälligen wie sittenlosen Höfling Simon, der Damon drängt, ihm Carolinchen zur Frau zu geben. Als moralisch wie geistig emanzipierte Frau weist diese den ungeliebten Simon jedoch zurück, woraufhin der Schmeichler das Los der verheirateten Frau Orgon schenkt, um ihr den Hof zu machen. Als Simons Anzüglichkeiten zufällig belauscht werden, verteidigt nur Carolinchen die Ehre Frau Orgons, die ihr nun aus Dankbarkeit das Los schenkt, das prompt zehntausend Taler gewinnt. Als Carolinchen einen Teil der Summe Herrn Damon überläßt, läutert sie ihn mit dieser großmütigen Tat und erlangt seine Zustimmung zur Ehe mit dem Schulmann.
Mit seinem zweiten Lustspiel setzt Gellert seine Poetik einer erzieherischen und zugleich ‹gemütsbewegenden› Dramatik um. Als Begründer des ‹Rührenden Lustspiels› in Deutschland bewegt er im Vorgriff auf Lessings Mitleidspoetik den Leser zur Identifikation mit den bewundernswerten Protagonisten, die aufklärerische Werte wie moralische Autonomie und Liebesheirat statt Konvenienzehe repräsentieren. Indem Gellert zeigt, daß moralisch korrektes Verhalten vom Schicksal belohnt wird, bewegt er zum Nacheifern eines Lebens in Rechtschaffenheit. Reminiszenzen an das satirische Lustspiel Molières erkennt man in dem typenhaft gestalteten Ehepaar Orgon: in der zunächst verstockten Menschenfeindin, die dann aber angesichts der Rechtschaffenheit anderer zur Einsicht gelangt, wie auch in dem ihr hündisch ergebenen, phlegmatischen Ehemann, in dem Bürgerlichkeit zum Spießbürgerlichen verkommen ist.

Lit.: S. Späth: Väter und Töchter oder die Lehre von ehelicher Liebe in Gellerts Lustspielen; in: B. Witte (Hg.): «Ein Lehrer der ganzen Nation», 1990, S. 51–65.

Kirsten Okun

Sylvia. Ein Schäferspiel in einem Aufzuge.
In: Belustigungen des Verstandes und des Witzes. Auf das Jahr 1745. Aprilmonat. Leipzig, S. 290–324.
UA: Leipzig, 18.5.1745 (?)

Der Einakter in heroischen Alexandrinern spielt im Arkadien der Pastoraldichtung, das im 18. Jahrhundert insofern eine neue soziologische Grundlage und Funktion erhielt, als sich in dieser fiktiven Naturwelt symbolhaft das aufklärerische Menschenbild und die Tugendlehre äußern.
Damoet liebt Sylvia, ohne ihr seine Liebe zu gestehen, da er an der Gegenliebe des sich streng und spröde gebenden Mädchens zweifelt. Obwohl Damoets Freund und Vertrauter Myrtill die Zurückhaltung Sylvias als spezifisch weibliche Aufforderungsstrategie interpretiert, verläßt Damoet angesichts der Geliebten der Mut, seinem Verlangen Ausdruck zu verleihen. Daraufhin bedient sich Myrtill einer List, indem er Sylvia eifersüchtig zu machen sucht. Erst gegenüber der vermeintlichen Rivalin Galathee bekennt sie ihre Liebe zu Damoet, will ihn jedoch noch leiden lassen, damit er sie um so zärtlicher liebe. Obgleich Galathee diesen Entschluß als einen Gewaltakt sowohl gegen Damoet als auch gegen Sylvias eigene Gefühle verurteilt, weist Sylvia Damoet, der ihr endlich seine Liebe und Treue bekundet, erneut ab, so daß dieser beschämt die Szene verläßt. Schließlich tritt Montan auf den Plan, der gesehen haben will, wie Sylvia den schlafenden Damoet geküßt hat. Sylvia ist verraten und gesteht ihre Liebe zu Damoet. Auf die Frage, wo ihre Strenge und Sprödigkeit geblieben seien, entgegnet sie, daß diese zuletzt – wie von den anderen vorhergesehen – der Natur hätten weichen müssen. Als sich Damoet nun glücklich wähnt, nimmt das Stück eine unerwartete Wendung: Sylvia erklärt abermals, daß er nichts hoffen dürfe. Offenbar hat sie mit allen nur ihr Spiel getrieben und ist zum Schein auf die ihr unterstellten Verhaltensformen eingegangen, um doch ihren Willen triumphieren zu lassen und zuletzt ihre Autonomie zu behaupten.

Olaf Schwarz

Die zärtlichen Schwestern. Ein Lustspiel.
In: C. F. Gellerts Lustspiele. Leipzig 1747, S. 1–110.
UA: Leipzig, 1747

Durch Gellerts Prosalustspiel wird das Moment des Rührenden, das – vermittelt durch die französische ‹comédie larmoyante› – aus der englischen ‹sentimental comedy› auf die Komödienproduktion in Deutschland einwirkte, endgültig etabliert. Schon der Titel zeigt den zentralen Begriff (‹zärtlich›) der neuen Richtung an, den die Figur Lottchens gleichsam in Reinkultur verkörpert. Gleich zu Beginn des dreiaktigen Stücks stellt Lottchen ihrem Vater Cleon gegenüber ihre Bescheidenheit unter Beweis. Es entwickelt sich ein Dialog, in dem sich Vater und Tochter in Tugendbekenntnissen gegenseitig überbieten. Während Lottchen ihre zärtliche Liebe zu dem verarmten Siegmund «vernünftig fühlt», versucht die jüngere Schwester Julchen, angesichts der Anträge des wohlhabenden Damis ihre Freiheit zu behaupten. Die ausschließlich rational-pragmatisch begründeten Ermahnungen des Onkels zur Ehe als sozialer Pflichterfüllung fruchten bei Julchen ebensowenig wie die Überlegungen Cleons selbst, die zwar schon die neue Konzeption der freien Partnerwahl und Liebesheirat zulassen, jedoch auch noch die frühaufklärerisch-traditionellen Aspekte materieller Versorgung und weiblichen Gehorsams einschließen. Um die Schwester von ihrem einseitigen Bestreben abzubringen, sinnt schließlich Lottchen auf eine gutgemeinte List: Siegmund soll zärtlich gegenüber Julchen tun und Damis sich kalt stellen, damit Julchen sich ihrer uneingestandenen Gefühle für Damis bewußt werden könne. Inzwischen trifft die Nachricht ein, daß Julchen Erbin eines Ritterguts sein soll, woraufhin Lottchen abermals ihre neidlose Menschenliebe und Selbstlosigkeit in der Freude über das Glück anderer demonstrieren kann. Ihr Liebhaber Siegmund aber beginnt nicht nur, ernsthaft um Julchen zu werben, sondern verhält sich darüber hinaus intrigant, als er Julchen wissen läßt, daß Lottchen von Damis ihr vorgezogen würde. Als schließlich Julchen Damis des Verrats bezichtigt, kann Lottchen nicht nur ihre List auflösen; Julchen ist sich nun auch ihrer Liebe zu Damis sicher. Überdies stellt sich die

Nachricht von Julchens Erbschaft als Irrtum heraus: Lottchen wurde von der Tante anstelle Julchens bedacht, und die vorsätzliche Falschmeldung war lediglich als Tugendprobe gedacht. Daraufhin demonstriert Lottchen nicht nur neuerlich ihre Freigebigkeit und Herzensgröße, sondern macht Siegmund einen Heiratsantrag, da für das gemeinsame Auskommen jetzt qua Erbschaft gesorgt ist.

Nach dem herkömmlichen Modell der sächsischen Typenkomödie müßte das Stück mit zwei Verlobungen enden, da Julchen von ihrer lächerlich-übertriebenen Ausrichtung befreit worden ist und die materiellen Voraussetzungen für eine Verbindung von Lottchen und Siegmund geschaffen sind. Einem solchen Ende steht jedoch Siegmunds nicht nur gespielter, sondern tatsächlicher Treuebruch entgegen, nach dessen Aufdeckung Siegmund trotz weiblicher Verzeihensbereitschaft als «Unwürdiger» aus dem Kreis der Tugendhaften ausgestoßen wird. Hieraus folgt die dramaturgische Innovation in Gellerts ‹rührendem Lustspiel›, aus dem die Komik weitestgehend eliminiert ist: die Enttäuschung Lottchens, ihr Verzicht in der Liebe sowie ihr sich anschließendes Leiden, das der von Lottchen gesprochene letzte Satz des Stückes programmatisch zum Ausdruck bringt («Bedauern Sie mich»).

Lit.: S. Schönborn: C.F. Gellert: *Die zärtlichen Schwestern;* in: Interpretationen. Dramen vom Barock bis zur Aufklärung, 2000, S. 224–250.

Olaf Schwarz

Gemmingen-Hornberg, Otto Heinrich Freiherr von (1755–1836)

Die Erbschaft. Ein Schauspiel in drei Aufzügen. Mannheim 1779.
UA: ?

Das an Lessings *Minna von Barnhelm* angelehnte Prosadrama des seinerzeit beliebten Dramatikers kreist ausschließlich um eine Liebesgeschichte, die bürgerlich-empfindsames Handeln als moralische Leitlinie illustriert.
Die keusche Mina und der aufrechte Hauptmann Braunau lieben sich aufrichtig. Minas Mutter, die ebenso herzliche wie lebenstüchtige Madame Ronay, war einst mit einem Offizier verheiratet, der sie jedoch gleich nach der Hochzeit verließ; sie fürchtet nun für Mina ein ähnliches Schicksal. Die Liebenden bleiben standhaft: Daß Braunau arm und Mina vaterlos aufgewachsen ist, beeinträchtigt die gegenseitige Zuneigung nicht. Schon bald soll die Ehe, die durch eine überraschende Erbschaft Braunaus auch materiell gesichert scheint, geschlossen werden. Vor der Hochzeit wird jedoch bekannt, daß die Braunau versprochene Majorsstelle aufgrund einer Intrige an einen Adeligen gefallen ist. Zugleich stellt sich heraus, daß ihm die Erbschaft eigentlich nicht zusteht, weshalb er sich verpflichtet fühlt, sie auszuschlagen. Um als völlig Mittelloser Mina nicht an sich zu binden, will Braunau sein Glück als Soldat in Amerika versuchen; dieses ehrbare Verhalten bestätigt Minas Liebe erst recht. Als rettender ‹deus ex machina› taucht schließlich mit dem vermißten Gatten Madame Ronays und Minas Vater der wahre Erbe des Vermögens auf, durch den sich das Schicksal der Liebenden glücklich wendet.
In dem auf ein breites Publikum zugeschnittenen Trivialdrama führt Gemmingen-Hornberg eine zwar unvollkommene Welt vor, in der letztlich aber die (poetische) Gerechtigkeit siegt und eine verabsolutierte Liebe die stärkste Macht darstellt. Insbesondere Mina verkörpert ein empfindsames Ideal, das keine sozialen

Schranken anerkennt. Nicht die Gesellschaft an sich ist änderungsbedürftig; vielmehr müssen die Menschen begreifen, daß sie erst dann wahre Liebe verdienen, wenn sie ihren Stolz hintansetzen (Braunau ringt sich dazu durch, den Lebensunterhalt durch seine Gattin bestreiten zu lassen). Die Personen sind als Typen gestaltet: die mädchenhafte, aber couragierte Mina, der wackere Hitzkopf Braunau und die *grande dame* Ronay. Dem entsprechen die sentenzenhaften Dialoge, der sich ins Sentimentale verlierende Sprachgestus sowie die geradezu zwangsläufig fortschreitende Handlung (einfache Fabel unter Wahrung der aristotelischen Einheiten).

Lit.: G. Freiin von König-Warthausen: Otto Heinrich von Gemmingen-Hornberg; in: Lebensbilder aus Schwaben und Franken 15, 1983, 115–138.

Kirsten Okun

Der teutsche Hausvater oder die Familie. Mannheim 1780.
UA: München, 1780

In dem von Diderots *Père de famille* (1757/58) inspirierten ‹Familiengemälde› des Mannheimer Dramaturgen Gemmingen-Hornberg entspringt der Widerstreit zwischen «Leidenschaften und Konventionen» einer unstandesgemäßen Liebe.
Die episodische Haupthandlung entfaltet sich um den hitzig-schwärmerischen Grafen Karl, der Lottchen – die schlichte, aber natürlich-gefühlvolle Tochter eines Künstlers – liebt. Seine Schwester Sophie ist mit einem hochmütigen, müßiggängerischen Grafen verheiratet, mit dem sie einen Sohn hat. Jegliche Leidenschaft ist jedoch erloschen, da der Graf die stolze Gräfin Amaldi – das verführerische Gegenbild zur tüchtigen Hausfrau Sophie – begehrt, die allerdings Karl zugetan ist. Dessen Bruder Ferdinand hat Spielschulden und sieht sich zudem dem Vorwurf der Ehrlosigkeit ausgesetzt, da er sich scheinbar einem Duell verweigert hat. Als Karl sich auf «die gute, gesunde Vernunft» (III, 5) besinnt und die Gräfin Amaldi zur Frau nehmen will, droht das von ihm schwangere Lottchen mit Kindes- und Selbstmord. Nur

die Titelfigur Graf Wodmar, das großherzige, prinzipientreue Familienoberhaupt, kann das Unheil verhindern: Mit nachdrücklicher Milde bewegt er zunächst Karl, die Liebelei zu beenden, und erklärt sich willens, Lottchen zu versorgen; als er jedoch von deren Schwangerschaft erfährt, verpflichtet er Karl im Namen der christlichen Nächstenliebe zur Heirat. Zugleich rettet der Hausvater die Ehe Sophies, und selbst Ferdinand wird aus unbedingter Familienloyalität rehabilitiert. Als Amaldi großmütig auf Karl verzichtet, kann die Versöhnung in der Hochzeit von Lottchen und Karl kulminieren.

Getrübt wird dieser Schluß allein dadurch, daß das Paar sein Eheglück nur in gesellschaftlicher Isolation, d. h. auf einem fernen Landgut, ausleben darf. Obgleich Gemmingen in der zweiten, ‹Münchner› Fassung Kritik an gesellschaftlichen Mißständen übt, propagiert er den Erhalt einer – humanisierten – Ständegesellschaft. Die Plausibilität dieser Konstruktion resultiert daraus, daß selbst diejenigen, die in der Ständehierarchie unten stehen, zufrieden sind: Das einfache Volk lebt zwar kärglich; um so behaglicher erscheint aber die reinliche Stube, und um so glücklicher wähnt sich der Vater Lottchens, der seine Tochter nur ungern in die von geistiger Enge geprägte Welt der Adligen entläßt. Insofern erschöpfen sich die Affinitäten zum Sturm und Drang in der Kopie dramatischer Elemente: Der Kindsmord wird hier nur als Gefahr angedeutet. Karl, den «Empfindsamkeit und Verwirrung» sowie ein kaum zu bändigender Tätigkeitstrieb auszeichnen, soll den Kraftmenschen repräsentieren, beugt sich jedoch stets dem Willen des Vaters (dem Sprachrohr Gemmingens). Auch sprachlich gehört das Prosadrama, das eher mit gespreizten Monologen und melodramatischer Standardsprache als effektiver Sprachnuancierung aufwartet, zur Trivialdramatik. In die Haupthandlung sind zahlreiche Nebenhandlungen sowie langatmige Moralpredigten des Hausvaters zu gesellschaftlich nützlichen Themen eingefügt, die die dramatische Spannung, die innere Logik sowie das Verhältnis der einzelnen Dramenteile zueinander stören. Sie intonieren ein Loblied auf deutsche Tugenden (Natürlichkeit, Strebsamkeit, Subordination) und etablieren den Typus des braven, vaterländisch gesinnten Deutschen, den die Romantiker als Philister verhöhnen sollten. Auf der zeitgenössischen Bühne und bei der Leserschaft war dem Stück ein außerordentlicher Erfolg beschieden (zwölf Auflagen in zehn Jahren).

Lit.: A. Menhennet: Drama between two Stools – Leisewitz's *Julius von Tarent* und von Gemmingen's *Der deutsche Hausvater*, in: Oxford German Studies 6, 1972, S. 33–49.

Kirsten Okun

Gerstenberg, Heinrich Wilhelm von (1737–1823)

Ugolino. Eine Tragoedie, in fünf Aufzügen. Hamburg und Bremen 1768.
UA: Berlin, 22.6.1769

Die anonym erschienene Prosatragödie steht in engem Zusammenhang mit den poetologischen Überlegungen in Gerstenbergs kritischem Hauptwerk *Briefe über Merkwürdigkeiten der Litteratur* (1766/67). In Abkehr von der Regelpoesie Gottschedscher Prägung und der damit verbundenen moralisierenden Wirkungsabsicht erhalten jetzt die Dramen Shakespeares Vorbildfunktion als «lebendige Bilder der sittlichen Natur» (14. Brief), d.h. als realistische Darstellungen menschlicher Leidenschaften und Empfindungen. Folglich wird nicht länger die Handlung im aristotelischen Sinne als der zentrale Bestandteil des Dramas angesehen; als Verkörperung von Emotionen stehen nunmehr die Charaktere im Mittelpunkt.
Den Stoff hat Gerstenberg der Darstellung des Kampfes zwischen Guelfen und Ghibellinen (13. Jh.) in Dantes *Divina Commedia* (*Inferno* XXXII/XXXIII) entnommen: Ugolino della Gherardesca, Graf von Pisa, wird bei einem Volksaufstand überwältigt, den sein politischer Gegenspieler, der ghibellinische Erzbischof Ruggiero Ubaldini, geschürt hat. Ugolino muß zusammen mit seinen Söhnen den Hungertod sterben. Diese Vorgeschichte klammert Gerstenberg aus und läßt das Drama ohne Exposition im Kerker

beginnen. Es wird also nur der Höhe- und Endpunkt der überlieferten Ereignisse, der Prozeß des allmählichen Verhungerns der Gefangenen, vorgeführt. Trotz der theoretischen Zurückweisung des klassizistischen Regelkanons bleiben die drei Einheiten formal gewahrt: Die Handlung ist nach dem traditionellen Fünfaktschema aufgebaut und sowohl räumlich als auch zeitlich streng begrenzt auf das schwach erleuchtete Interieur des Turms. Hinter dieser konventionellen Komposition steht eine neuartige, geradezu minimalistische Konzeption, die auf Requisiten ebenso verzichtet wie auf ein breit angelegtes Figurenensemble. Die aristotelischen Einheiten von Ort und Zeit leisten als äußere Begrenzungen die Versinnbildlichung totaler Isolation und Hoffnungslosigkeit und dienen so der Affektintensivierung. Dem entspricht die ebenso drastische Beschränkung der Handlung auf den emotionalen Höhepunkt, der Ugolino mit dem Sterben seiner Kinder konfrontiert. Die Gegenwelt des Bischofs Ruggiero wird dabei völlig ausgeklammert und höchstens in den Reaktionen und Erinnerungen der Eingesperrten sprachlich vergegenwärtigt. Die extreme Hermetik der dargestellten Welt ermöglicht die Verlagerung des Geschehens nach innen, so daß im *Ugolino* nicht mehr wie im traditionellen Handlungsdrama die Interessenkollision von Protagonist und Antagonist im Mittelpunkt steht; vielmehr werden die körperlichen und seelischen Qualen der zur Passivität verdammten Figuren ungeschönt auf die Bühne gebracht. Nur kurzzeitig entsteht dramatische Spannung im herkömmlichen Sinne, als ein Ausbruchsversuch des ältesten Sohnes Francesco ein letztes Mal Kontakt zur Außenwelt herstellt. Die Hoffnung auf Befreiung zerschlägt sich jedoch grausam, als neben der Leiche von Ugolinos Frau auch der an Gift sterbende Francesco in einem Sarg in den Kerker zurückgebracht wird. Die Figuren verlieren im folgenden zunehmend die Kontrolle über ihr Denken und Handeln, was sich in deliriumsartigen Monologen und fetzenhaften Visionen vergangenen Glücks und utopischer Hoffnung äußert. Sie schwanken zwischen zärtlich-empfindsamer Liebe zueinander, resignierender Verzweiflung und wütendem Aufbegehren. Diesem inneren Affektrausch entspricht die pathetische, z.T. empfindsam gefärbte, metaphernreiche Sprechweise mit häufigen Exklamationen und Anakoluthen. Das Drama der Emotionen gipfelt schließlich darin, daß sich die Hungerausbrüche der Gefangenen bis hin zum Kannibalismus steigern. Der dreizehnjährige Anselmo fällt besinnungslos vor Hunger über die tote Mutter her und greift den Vater mit dem Dolch an. Ugolino tötet den Sohn daraufhin in dem Wahn, Ruggiero vor sich zu haben. Nachdem er auch noch mit angesehen hat, wie Francesco an Ruggieros Gift und der jüngste Sohn Gaddo an Entkräftung gestorben sind, harrt Ugolino in neugewonnener, stoischer Gottergebenheit bis zu seinem unabwendbaren bitteren Ende aus. Dieser Läuterungsprozeß vom aufbegehrenden, mit seinem Schicksal hadernden zum christlich-tugendhaften ‹großen Mann› wird durch musikalische Untermalung in seiner Eindringlichkeit und Glaubwürdigkeit gesteigert. Der Einsatz von emphatischer Musik gestaltet Ugolinos innere Entwicklung direkt mit und markiert damit den Höhepunkt der neuartigen affektbezogenen Darstellung. Dasselbe gilt für die Schlußpassage der zweiten Fassung von 1815, in der die musikalische Untermalung nun dazu dient, Ugolinos wachsenden Wahnsinn und seinen Selbstmord in größtmöglicher Intensität zum Ausdruck zu bringen.

Lit.: C. Siegrist: Nachwort; in: C. Siegrist (Hg.): H. W. von Gerstenberg: *Ugolino,* 1984, S. 143–157.

Anne-Bitt Gerecke

Gleim, Johann Wilhelm Ludwig (1719–1803)

Der Blöde Schäfer, Ein Lustspiel. Berlin 1745.

UA: Breslau, 1744

Der anonym veröffentlichte Einakter steht in der Tradition des barocken Schäferspiels. Die einfache Handlung zentriert sich um Seladon, den ‹blöden› (schüchternen) Schäfer, der die Schäferin Ismene liebt, ihr diese Liebe aber nicht gestehen kann. Ismene wiederum liebt Seladon, stellt sich unter dem Einfluß der Mutter jedoch hart und spröde, was Seladon nicht durchschaut. Den Protagonisten steht mit Filinde und Filamor als Vertrauten ein bereits vereintes Paar zur Seite, das aus eigener Erfahrung um die Regeln des erotischen Spiels weiß.

Seladons Problem wird als allgemeines, vom Gefühl der Liebe evoziertes vorgeführt, das es durch diverse Strategien zu lösen gilt. Die ‹Listen›, jemanden «dreist» werden zu lassen, gehören dazu und machen den eigentlichen Reiz des Spiels aus. Das heitere Spiel endet aber in einer Enttäuschung. Das Paar findet nicht zusammen, da Seladon nicht situationsbedingt, sondern von Natur aus ‹blöde› ist. Selbst als Ismene, die Regeln des Spiels durchbrechend, ihm ihre wahren Gefühle mitteilt und ein Liebesgeständnis macht, glaubt Seladon an einen weiteren Scherz und zieht sich – leidend – zurück; Ismene, Filinde und Filamor reagieren darauf mit Unverständnis.

Dieses abrupte Ende, das einer Verletzung der Spielregeln entspricht, verdeutlicht die Rahmenbedingungen des Genres und verweist auf die im Schäferspiel ausgeblendeten Schwierigkeiten: einerseits prinzipielle, in der Person selbst liegende Mitteilungs- und Kommunikationsprobleme («Seladon versteht des Herzens Sprache nicht»), d. h. Verkennen von wahren Gefühlen und Verwechslung von Ernst und Scherz; andererseits die Konsequenzen, die eine mangelhafte Differenzierung von Wirklichkeit und Spiel hervorrufen kann.

Der Ausbruch Seladons, der im Leiden positive Anteile erkennen läßt, wenn er ‹Gram und Leid gelassen in sich saugen› will, ist darüber hinaus auch als Flucht lesbar: Ismenes Kußangebot zeigt, daß Seladons Liebe eine Imagination ist, die nur funktioniert, solange er Ismene «verehren» kann und diese Verehrung nicht in eine Realität des Körperlichen überführt werden muß.

Hans Krah

Philotas. Ein Trauerspiel. Von dem Verfasser der preussischen Kriegslieder vercificirt. Berlin 1760.
UA: ?

Gleims Blankversbearbeitung von Lessings Prosatrauerspiel *Philotas* (1759) um den kriegsgefangenen Prinzen Philotas, der sich dem Austausch gegen den gegnerischen Prinzen Polytimet durch Selbstmord entzieht und seinem Vaterland damit den Sieg ermöglicht, stellt gegenüber der Vorlage nicht nur eine formale Veränderung dar. Bei Lessing ist der Hauptkonflikt primär auf der Ebene des Personenkonzeptes situiert, Gleim fokussiert mit den zentralen Paradigmen ‹Krieg› und ‹Frieden› primär auf eine politisch-soziale Dimension. Im Unterschied zu Lessings ambivalentem ‹Helden› ist Gleims Philotas eine in sich gefestigte Person und der Held schlechthin. Während König Aridäus Vorbereitungen für den Austausch der Prinzen trifft, wird dies von Philotas verhindert, indem er sich ein Schwert verschafft. Die jeweiligen Selbstmorde sind unterschiedlich zu interpretieren. Ist in Lessings *Philotas* der Tod ichbezogen und hat den Zweck, die Gefangennahme gleichsam ungeschehen zu machen (das Opfer bringt dem Vaterland also nur mittelbar Nutzen), ist der Tod in Gleims *Philotas* tatsächlich per se ein Tod für das Vaterland, damit aber auch für den Frieden in der Welt. Wie Christus gibt Philotas sein Blut, um das «Blut der Menschen» zu retten; zugleich macht er mit seinem Freitod den Weg frei für das politisch-staatliche Konzept der Wohlfahrt und der Glückseligkeit, das Polytimet vertreten wird. Die These der Glorifizierung des (kriegerischen) Heldentodes, wie sie in der Forschung besteht, ist somit zu relativieren. Der Tod Philotas' kann nicht als Vorbild und Appell zur Nachahmung gelesen werden, da eben nur der Tod der Fürsten das «Leben vieler Tausender seyn kann».
Die Relevanz der verhandelten Ideologeme und der Diskussion um ihre jeweiligen Bewertungen im zeitgenössischen Kontext zeigt sich darin, daß mit Johann Jakob Bodmer ein weiterer prominenter Autor literarisch eingreift (*Polytimet*, 1760).

Lit.: V. Riedel: Gleims Versifizierung des Lessingschen *Philotas*; in: Impulse 10, 1987, S. 27–44. F. Hebel: *Philotas* von Lessing und Gleim und *Polytimet* von Bodmer; in: Der Deutschunterricht 40, 1988, S. 74–86.

Hans Krah

Goethe, Johann Wolfgang
(1749–1832)

Die Aufgeregten. Politisches Drama in fünf Akten.
In: Goethes Werke. Band 10. Stuttgart und Tübingen 1817, S. 317–395.

Entstanden ist das Fragment gebliebene, einzig so bezeichnete ‹politische Drama› Goethes um 1793; für den Erstdruck 1817 wurde es um eine Skizzierung des dritten und fünften Aktes ergänzt. Das Prosastück, das von einer Nacht zur darauffolgenden spielt, lehnt sich an die Erfolgskomödie *Der politische Kannengießer* (1722) des Dänen Ludvig Holberg an. Deren Zentralfigur, der Kannengießer Hermann, ist der Großvater des Breme von Bremenfeld in *Die Aufgeregten*. Ebenso wie Hermann wird der Barbier Breme als überheblicher Politisierer dargestellt.
Breme verführt, ohne die politische Lage zu verstehen, Bauern zur Revolution gegen ihre Gräfin. Er nutzt dabei die Unzufriedenheit aus, die auf einem verschleppten Rechtsstreit zwischen Gräfin und Volk basiert. Letztlich soll der geplante Aufstand aber Bremes eigenen Interessen dienen, da er seiner Tochter eine gute Partie verschaffen und sich selbst einen Teil des gräflichen Besitzes sichern will.
Im Verlauf der Handlung führt das draufgängerische Handeln von Friederike, der Tochter der Gräfin, schließlich zum Geständnis des verbrecherischen Amtmanns, ein Dokument unterdrückt zu haben, das die rechtmäßigen Ansprüche der Bauern beweist. Als Problem in der Ständegesellschaft erweist sich damit nicht der Adel; vielmehr sind es die bürokratischen Funktionsträger, die die Gemeinschaft zwischen Volk und Herrschenden stören. Als die ‹Aufgeregten› und die Gruppe um die Gräfin im Schloßpark

aufeinanderstoßen, gesteht die Gräfin den Bauern ihre Rechte zu, und der Aufstand löst sich in Wohlgefallen auf.
Als Leitidee liegt dem Stück die Reform der Ständegesellschaft zugrunde, in der der Adel in direkter Kommunikation mit dem Volk durch pragmatisches Handeln das Allgemeinwohl garantiert. Eine ironische Umdeutung erfuhr das Stück 1970 durch Adolf Muschg, dessen Ausarbeitung des 3. und 5. Aktes den Reformwillen des Adels als Spiel und Maskerade entlarvt.

Lit.: W. Rothe: Goethes Revolutionsdramen; in: W. Rothe: Deutsche Revolutionsdramatik seit Goethe, 1989, S. 21–44.

Jan-Oliver Decker

Der Bürgergeneral. Ein Lustspiel in einem Aufzuge. Zweyte Fortsetzung der beyden Billets. Berlin 1793.
UA: Weimar, 2.5.1793

Das anonym veröffentlichte Prosalustspiel schließt schon im Untertitel als «zweyte Fortsetzung» an zwei Lustspiele an, die Christian Leberecht Heyne unter dem Pseudonym Anton-Wall publizierte: *Die beyden Billets. Nachspiel in einem Aufzuge* (1782) und *Der Stammbaum. Erste Fortsetzung der beyden Billets* (1791). Von Heyne hat Goethe das sich liebende und mit sich und der Welt zufriedene, bäuerliche Paar Görge und Röse sowie Röses betrügbaren Vater Märten und den betrügerischen Barbier Schnaps übernommen.
Während Görge und Röse bei der Feldarbeit sind, schleicht sich Schnaps zu Märten auf Görges Hof, um sich ein Frühstück zu ergaunern. Schnaps überzeugt zunächst Märten davon, daß er in der Stadt von Jakobinern zum Bürgergeneral ernannt und beauftragt worden sei, die von Frankreich ausgehende Revolution in der Heimat durchzuführen. Sowohl Märten als auch das vom Feld heimkehrende Paar durchschauen jedoch bald den Betrug, und es kommt zu einem Handgemenge, das den Dorfrichter auf den Plan ruft. Als dieser die Zeichen der Revolution entdeckt (v.a. Jakobinermütze und Nationalkokarde), die Schnaps einem sterbenden französischen Kriegsgefangenen geraubt hat, will er Röse, Görge, Märten und Schnaps als vermeintliche Mitglieder ei-

ner Rebellengruppe hart bestrafen lassen, um ein Übergreifen revolutionären Gedankengutes zu verhindern. Der hinzukommende Edelmann begreift jedoch den wahren Sachverhalt und rettet seine Bauern vor einer Überreaktion der Justiz.
Die Revolution erscheint als von außen kommende Bedrohung der funktionierenden ständischen Ordnung in der Heimat und – in Schnaps parodiert – als Chance für die Revolutionsführer, sich auf Kosten des Volkes zu bereichern. Bei väterlicher Fürsorge des Adels ist das Allgemeinwohl des Volkes garantiert; einer Revolution fehlt die soziale Grundlage.

Lit.: P. Wesollek: Goethe als politischer Agitator; in: G. Großklaus und E. Oldemeyer (Hg.): Werte in kommunikativen Prozessen, 1989, S. 179–198.

Jan-Oliver Decker

Clavigo. Ein Trauerspiel. Leipzig 1774.
UA: Augsburg, 23.8.1774

In enger Anlehnung an Beaumarchais' autobiographisches *Fragment de mon voyage en Espagne* (1774) gestaltet Goethe seine dramatische Reflexion über die Rolle des Intellektuellen zwischen öffentlicher Wirksamkeit und familiärer Zurückgezogenheit.
Bestärkt durch seinen Freund Carlos, hat Clavigo, ein in Madrid namhafter Schriftsteller und Gelehrter, nach seiner Ernennung zum Archivar des Königs das langjährige Verlöbnis mit Marie Beaumarchais gelöst, um seine Karriereaussichten am Hof nicht durch eine Mesalliance zu gefährden. Maries Bruder will ihre Ehre wiederherstellen; er bringt Clavigo zum Eingeständnis der Schändlichkeit seiner Handlung, das dieser unter der Bedingung ablegt, Marie um Verzeihung bitten und erneut um ihre Hand anhalten zu dürfen. Das Wiedersehen endet tatsächlich mit einer Versöhnung. Wieder bricht Clavigo sein Wort und stimmt sogar Carlos' Plan zu, Beaumarchais inhaftieren zu lassen; die ohnehin geschwächte Marie erleidet daraufhin einen tödlichen Zusammenbruch. Als Clavigo im fünften Akt auf den nächtlichen Trauerzug trifft und bereut, wird er von Beaumarchais erstochen. Die so ermöglichte ‹Vereinigung der Liebenden

im Tode› wird dadurch vollendet, daß der sterbende Clavigo sich mit Maries Bruder versöhnt und Carlos bittet, dessen Flucht zu ermöglichen.

Dem Prosastück liegt kein an der Personenkonstellation festzumachender Konflikt zwischen ‹höfischen› und ‹bürgerlichen› Werten zugrunde. Der komplizierten moralischen Struktur entspricht ein experimenteller Umgang mit der Tradition des bürgerlichen Trauerspiels, der besonders im stilistischen ‹salto mortale› in die opernhaft-melodramatische Atmosphäre des letzten Aktes (von einer englischen Ballade inspiriert; wahrscheinlich Thomas Percys *Lucy and Collin*) deutlich wird. Dieser Stilwechsel unterstreicht die Literarizität der Versöhnung, welche den aporetischen Interessenkonflikt in einer Sphäre poetisch evozierter Empfindsamkeit aufhebt und so zur enormen Bühnenwirksamkeit beitrug.

Lit.: B. Fischer: Goethes *Clavigo*; in: Goethe Yearbook 5, 1990, S. 47–64. W. Leppmann: Clavigo; in: W. Hinderer (Hg.): Goethes Dramen, 1992, S. 66–87.

Bernhard Klöckener

Egmont. Ein Trauerspiel. Leipzig 1788.
UA: Weimar, 31.3.1791

Die fünf Akte des von Goethe selbst als ‹historisches› Drama apostrophierten Prosatrauerspiels entstanden in zeitlich (1775/87) und literaturgeschichtlich (Sturm und Drang/Klassik) divergenten Arbeitsphasen. Schillers massive Kritik (1788) ging in die Umarbeitung von 1796 ein; erst in Verbindung mit Beethovens Schauspielmusik (1810) ist das Stück in seiner originalen und von Goethe intendierten Form häufiger gespielt worden. Den historischen Hintergrund bildet der niederländische Freiheitskampf, wie er in spanisch-katholischen und niederländisch-protestantischen Schilderungen aus dem 17. Jahrhundert dokumentiert ist. Während Goethe die privaten Umstände des historischen Egmont verändert und ihn verjüngt, geht er in der Darstellung seiner menschlich-ritterlichen Größe mit den meisten Quellen konform.

Egmonts Stilisierung zum Helden setzt bereits vor dessen erstem Auftritt ein, wenn er aus unterschiedlichen Perspektiven als Friedensbringer bzw. -bewahrer und als vorbildlicher Repräsentant der niederländisch-liberalen und toleranten Art gepriesen wird. Im zweiten Akt gibt Egmont Proben von seiner souveränen Art als Volksführer, seiner milden ständischen Rechtsprechung sowie seiner treugläubigen Sorglosigkeit im Gespräch mit Wilhelm von Oranien, der Egmont vor dem nahenden Feldherrn Alba warnt. Der Sorge Oraniens, Alba sei vom spanischen König Philipp II. entsandt, um im Sinne des absolutistischen Gewaltregimes die politisch-religiöse Repression zu verstärken, stehen die Werte des auf seinen angestammten Privilegien beharrenden Helden Egmont gegenüber: Hoffnung, Mut und Kraft. Nachdem Egmont im dritten Akt lediglich sein Freiheitsdenken manifestiert und die vom spanischen König in den Niederlanden eingesetzte Regentin abdankt, gestaltet der vierte Aufzug schließlich Albas Komplott gegen Egmont und Wilhelm von Oranien. Während letzterer flieht, geht Egmont, dem König vertrauend, in die Falle. In einem scheinbar offenen Disput übt er Kritik an Albas Erscheinen sowie an der Absicht Philipps, in den Niederlanden seinen Gesetzesformalismus durchzusetzen, und wird als Hochverräter verhaftet. Ähnlich wie in Goethes *Götz* (1773) steht damit das idealische Ethos des Helden im tragischen Mißverhältnis zur historischen Gegebenheit: Egmonts organologisches Geschichtsdenken erweist sich neben Albas Staatsräson als anachronistisch. Als Egmonts bürgerliche Geliebte Klärchen im fünften und letzten Akt einsieht, daß sie die zum politischen Handeln unfähigen Bürger zu einer Befreiung Egmonts nicht mobilisieren kann, vergiftet sie sich. Noch angesichts des Todesurteils behauptet Egmont seine Freiheit gegenüber der spanischen Tyrannei und übergibt sein politisches wie privates Vermächtnis an Ferdinand, den Sohn seines Feindes Alba, der ihn von klein auf bewundert hat. Gelassen schläft Egmont daraufhin seiner Hinrichtung entgegen. Im Traum erscheint ihm die göttliche Freiheit in Gestalt Klärchens, die ihm den Lorbeerkranz als Zeichen seines inneren Sieges reicht. Strittig ist in der Forschung, inwieweit das Trauerspiel als politisches Stück zu lesen ist.

Lit.: V. Braunbehrens: Goethes *Egmont,* 1982. H. Reinhart: Egmont; in: W. Hinderer (Hg.): Goethes Dramen, 1992, S. 158–198. H.-J. Schings: Freiheit in der Geschichte, Egmont und Marquis Posa im Vergleich; in: Goethe-Jahrbuch 110, 1993, S. 61–76.

Olaf Schwarz

Ein Fastnachtsspiel, auch wohl zu tragieren nach Ostern, vom Pater Brey dem falschen Propheten. Zu Lehr Nutz und Kurzweil gemeiner Christenheit, insonders Frauen und Jungfrauen zum goldnen Spiegel.

In: Neueröfnetes moralisch-politisches Puppenspiel. Et prodesse volunt et delectare Poetae. Leipzig und Frankfurt 1774, S. 61 bis 96.
UA: Darmstadt, 1./2.5.1773 (Polterabend vor der Hochzeit von Johann Gottfried Herder und Caroline Flachsland)

Ein Pater, hinter dessen religiös-empfindsamer Schwärmerei sich ganz unzweideutig sexuelle Interessen verbergen, wird entlarvt. Zwei junge Liebende, deren Harmonie durch ebendiesen Pater gefährdet schien, finden glücklich wieder zusammen. Die Ordnung innerhalb einer Gemeinschaft, in deren wohleingespieltes Alltagsleben derselbe Pater als ungerufener Reformer eingedrungen war, wird wiederhergestellt.
Goethes vermutlich erstes, nur gut 300 Verse langes Knittelversdrama (entstanden im Frühjahr 1773) ist eine derbe Satire auf Heuchelei und Naivität, die in kaum kaschierter Weise auf reale Personen und Ereignisse Bezug nimmt: in erster Linie auf Franz Michael Leuchsenring (Pater Brey) sowie auf Johann Gottfried Herder und Caroline Flachsland (die ‹Liebenden›). Das Werk ist jedoch zugleich Ergebnis eines im Kontext des Sturm und Drang und der Frühromantik nicht ungewöhnlichen literarischen Formexperiments: Das Handlungsschema, das auch das einer Komödie Molières sein könnte, wird übersetzt in die dramatische Technik frühneuzeitlicher Fastnachtsspiele (Hans Sachs), die etwa durch abrupt und unmotiviert auftretende Figuren und dramaturgische Brüche charakterisiert ist. Zusammen mit dem sehr frei gehandhabten Knittelvers und einem derb-sexuellen Sprachstil ist die Austreibung des «Teuffels Pfäfflein» auch eine

heftige Attacke auf die aufklärerische Regelpoetik: formal durch das souveräne Ignorieren der Forderungen nach stilistischer und inhaltlicher Geschlossenheit, inhaltlich durch die Flexibilität, Pragmatik und Harmonie gewachsener, gleichsam natürlicher Formen.

Lit.: M. Stern: Die Schwänke der Sturm-und-Drang-Periode; in: W. Hinderer (Hg.): Goethes Dramen, 1980, S. 23–41.

Wolfgang Struck

Elpenor. ein Schauspiel.

In: Goethes Werke. Herausgegeben im Auftrage der Großherzogin Sophie von Sachsen. I. Abtheilung: Goethes Werke. 11. Band. Weimar 1892, S. 369–396 (in der von F. W. Riemer eingerichteten Versfassung: Elpenor. Ein Trauerspiel. Fragment. In: Goethe's Werke. Vierter Band. Tübingen 1806, S. 315–360).

Eine erste Beschäftigung Goethes mit dem fiktiven Stoff (bei Anleihen aus der griechischen Mythologie) ist für 1781 dokumentiert; die 1783 wiederaufgenommene Arbeit wurde 1784 endgültig abgebrochen. Folgende Handlungskonzeption läßt sich aus dem Überlieferten erschließen:
König Lykus hat einst seinen Bruder aus machtpolitischen Gründen ermorden und dessen Sohn entführen lassen. Die verwitwete Antiope ahnt nichts von den Machenschaften ihres Schwagers, sondern zieht dessen Sohn Elpenor unter Zusicherung umfangreichen Erbes an Kindes Statt auf. Die Dramenhandlung setzt ein, als Elpenor, inzwischen zum Jüngling herangewachsen, in die Männerwelt am Hofe seines Vaters eingeführt werden soll. Zuvor nimmt Antiope ihrem Ziehsohn einen Racheschwur ab, der Elpenor verpflichtet, nach dem Mörder ihres Gatten zu forschen und diesen zu töten. Indessen trifft der von Lykus vorausgeschickte Bote Polymetis bei den Abschiednehmenden ein und entschließt sich, in der letzten von Goethe noch ausgeführten Szene, Elpenor das «schreckliche Geheimnis» zu entdecken. Damit ist Elpenors tragischer Konflikt vorbereitet. Ob das in gräzisierender Sprache gehaltene Drama auf eine blutige oder unblutige Auflösung hin konzipiert wurde und ob Elpenor

tatsächlich als der verschollene leibliche Sohn Antiopes gedacht war, bleibt unklar.

Lit.: K. Mommsen: Der politische Kern von Goethes *Elpenor*, in: Jahrbuch des Freien Deutschen Hochstifts, 1991, S. 21–56.

Olaf Schwarz

Goethes Faust in ursprünglicher Gestalt nach der Göchhausenschen Abschrift herausgegeben von Erich Schmidt. Weimar 1887.

UA: Weimar, 2. 5. 1912

Die frühe Fassung von Goethes Tragödie, bekannt als ‹Urfaust›, entstand vermutlich zwischen 1773 und 1775 und ist nur in einer Abschrift des Hoffräuleins Luise von Göchhausen überliefert. Sie kann – wie *Faust. Ein Fragment* (1790) – entweder als Vorstufe zum *Faust I* (1808) verstanden werden oder als autonomes, eigenständig aufführbares Werk. Trotz der vielen Lücken sprechen für die erste These die großen Übereinstimmungen in Szenenbestand und Handlung, für die zweite These die ohne Sorge um Handlungsbrüche eigenwillig arrangierte Stationenfolge im Sinne einer offenen Form à la Shakespeare. Textteile unterschiedlicher Länge, die nur in dieser frühen Fassung begegnen, tragen zu ihrem unbeschwerten, balladesken Charakter bei.
Faust ist hier ein noch junger Gelehrter, der an der etablierten Wissenschaft zweifelt und nach Antworten auf höhere, letzte Fragen sucht. Seinem Famulus Wagner gegenüber vertritt er spöttisch die neuen Genieideale. Fortgesetzt wird die Universitätssatire von dem umstandslos eingeführten Mephisto, der Professorenschaft und Hochschulstruktur karikiert und in Auerbachs Keller mit Faust die lustigen Zecher durch Zauberpossen narrt. In der folgenden, nur locker angeschlossenen Handlung führt er Faust geschickt an Gretchen heran, befeuert dessen Liebe, beschafft wertvolle Geschenke und lanciert so die Katastrophe, die Faust selbst durch ein fatales Schlafmittel für Gretchens wachsame Mutter herbeiführt. Gretchen entwickelt sich vom jungfräulichen Mädchen über die Buhlerin, leidenschaftlich Liebende, ‹Hure›, Kindsmörderin und Wahnsinnige schließlich bis zur Verurteilten. Die Cha-

raktere dominieren über die äußere Handlung; gegenüber dem – wesentlich hinter der Bühne vollzogenen – Dreischritt (Verführung, Kindsmord, Hinrichtung) treten Gesinnungen und Reflexionen in den Vordergrund. Entsprechend verdankt auch die bedrückende Schlußszene im Kerker ihre Brisanz nicht einer dramaturgischen Logik, sondern der psychopathographischen Figurenzeichnung.

Die lückenhafte Bilderfolge, die wechselnden Stilebenen, die freien Formen (unterschiedlichste Versmaße, freie Rhythmen, Prosa), die Dominanz von Schwärmerei und Melancholie, der prometheische Gestus des dilettierenden Magiers Faust, die Hauptmotive (Verführung, Kindsmord) und nicht zuletzt der – auch von Klinger und Lenz aufgegriffene – Fauststoff selbst lassen die frühe Fassung des *Faust* als Drama des Sturm und Drang erscheinen.

Lit.: U. Gaier: Goethes Faust-Dichtungen, Bd. 1, 2/1999.

Alexander Košenina

Götter, Helden und Wieland. Eine Farce. Leipzig, 1774.
UA: ?

Der im Herbst 1773 entstandene Einakter schließt an das Genre der ‹Totengespräche› an (von Lukian im 2. Jh. n. Chr. begründet), das im 18. Jahrhundert besonders durch Daniel Faßmann (1685–1744) neu belebt worden war. Entsprechend der Gattungstradition ist die ‹Farce› – als einziges der satirischen Stücke aus Goethes Sturm-und-Drang-Zeit – in Prosa abgefaßt; sie richtet sich gegen Wieland, der 1773 das Singspiel *Alceste* veröffentlicht hatte und damit Euripides übertrumpfen wollte.

Goethes ‹Farce› ist handlungsarm und lebt vom Gegensatz zwischen den antiken Figuren und dem satirisch dargestellten Dichter der Neuzeit. Merkur, der sich ins Reich der Toten übersetzen läßt, wird dort von Euripides und den beiden Hauptfiguren seines Dramas, Alceste und Admet, beschuldigt, sich mit Wieland gegen sie verbündet zu haben. Betroffen zitiert er Wieland ins Schattenreich herab und demonstriert im Gespräch mit dem Dichter, daß dieser «keine Ader griechisch Blut im Leibe» hat. Als der wie eine Kraftnatur des Sturm und Drang gezeichnete Herkules erscheint, wird Wieland vollends seiner «engbrüstigen Imagination» überführt. Der *Alceste* Wielands, dem ersten «ernsten Opernlibretto in deutscher Sprache» (N. Boyle), wird Goethes Satire nicht gerecht. Dennoch reagierte Wieland großherzig, indem er im *Teutschen Merkur* die Satire «als ein Meisterstück von Persiflage und sophistischem Witze» empfahl – und so Goethe für sich gewann.

Lit.: R. Ayrault: Une «farce» de Goethe dans ses années de Sturm und Drang: *Götter, Helden und Wieland*; in: Etudes Germaniques 20, 1965, S. 161–171. G. Sauder: Dramenfragmente und kleinere Dramen; in: T. Buck: Goethe-Handbuch 2, 1997, S. 43–70.

Ernst-Peter Wieckenberg

Götz von Berlichingen mit der eisernen Hand. Ein Schauspiel. 1773.

UA: Berlin, 14.4.1774

Das Prosaschauspiel basiert auf der Autobiographie des *Herrn Goezens von Perlichingen, zugenannt mit der eisernen Hand* (Nürnberg 1731) und ist aus dem erst postum veröffentlichten ‹Urgötz› (1771) hervorgegangen. Der Bearbeitung von 1773, in die u.a. die Kritik Herders eingeflossen ist, sind weitere Varianten für die Bühne gefolgt, die allerdings den grundsätzlichen Bruch mit den klassizistischen Regeln nicht relativieren (keine Einheiten von Zeit, Ort und Handlung; epische Struktur).

Den historischen Hintergrund bildet die Verdrängung des freien Rittertums durch eine hofzentrierte Gesellschaftsorganisation; damit verbunden ist die Ablösung des Naturrechts durch positives Römisches Recht: Götz, seinem Stand verpflichtet, folgt den Regeln des ritterlich freien Lebens. Im Gegensatz zu seinem Jugendfreund Weislingen, der sich auf den bischöflichen Hof in Bamberg orientiert, ist er – als typischer Sturm-und-Drang-Charakter – nur als unabhängiges Individuum wahrhaft lebensfähig («Verkennst Du den Wert eines freien Rittermanns, der nur abhängt von Gott, dem Kaiser und sich selbst?»).

Als die einstigen Freunde im ersten Akt einander wiedersehen, läßt Götzens ritterlich tugend- und ehrenhafte Ausstrahlung die alte Zuneigung aufleben. Weislingen verspricht Götzens Schwester Marie die Ehe, wird jedoch durch einen Getreuen des Bischofs dazu veranlaßt, zum Hof nach Bamberg zurückzugehen; dort erliegt er der schönen Intrigantin Adelheit von Walldorf und bricht seinen Treueschwur gegenüber Götz und dessen Schwester.

Götz steht mit dem Bischof in Fehde, rächt die Gefangennahme seines Knappen durch bischöfliche Söldner und wird daraufhin mit der Reichsacht belegt. Nachdem sich Götz im Vertrauen auf den Kaiser dem Gericht der Ratsherren gestellt hat, wird er durch Verrat an den Feind ausgeliefert, aber von seinem Verbündeten Sickingen befreit. Gebannt und geächtet, lebt Götz zurückgezogen auf seiner Burg, der Unabhängigkeit beraubt.

Parallel dazu entwickelt sich der Bauernaufstand zu einer brutalen, unkontrolliert kriegerischen Bewegung wider die Obrigkeit. Der von den Aufständischen genötigte Götz bricht Wort und Bann: Er verstößt gegen ritterliche Wertnormen, indem er die Führerschaft über den «Haufen» übernimmt. Verletzt wird Götz gefangengenommen und der Exekution ausgeliefert, deren Vorsitz Weislingen hat. Auf Maries Fürbitte hin zerreißt dieser sterbend, von der machtbesessenen Adelheit vergiftet, das bereits unterzeichnete Todesurteil gegen den Freund. Adelheit wird von einem Fehmegericht zum Tode durch Strang und Dolch verurteilt (in solchen juristischen Details zeigt sich der Einfluß des Juristen Justus Möser). Der im Turm gefangene Götz stirbt als letzter Ritter seines Geschlechts. Der Untergang des Rittertums wird durch die Entwicklung seines Sohnes unterstrichen, der sich für ein geistliches Leben als Mönch entschieden hat. Götzens Tod und der Tod des Kaisers symbolisieren das Ende der alten Epoche.

Shakespeares Einfluß auf Goethes dramatischen Erstling zeigt sich besonders in der Wahl eines (national-)historischen Themenkomplexes (vgl. Goethes Rede *Zum Schäkespears Tag*, 14. Oktober 1771). Die Wirkung des Dramas war heftig, die jüngere Generation reagierte enthusiastisch, während die ältere dem Stück kritisch gegenüberstand. Goethe wurde durch seinen *Götz* berühmt und hat mit ihm inhaltlich den Anstoß für die Ritterdramen und -romane des 18. und 19. Jahrhunderts gegeben.

Lit.: W. Hinderer: Götz von Berlichingen; in: W. Hinderer (Hg.): Goethes Dramen, 1992, S. 13–65. P. Michelsen: Goethes *Götz*, Geschichte dramatisiert?; in: Goethe-Jahrbuch 110, 1993, S. 41–60. W. Woesler: Rechts- und Staatsauffassungen in Goethes *Götz von Berlichingen*; in: B. Plachta und W. Woesler (Hg.): Sturm und Drang, 1997, S. 105–119.

Nicole Gerstenfeldt

Der Groß-Cophta, ein Lustspiel in fünf Aufzügen. Berlin 1792.
Zugleich in: Goethe's neue Schriften. Erster Band. Berlin 1792, S. 1–241.
UA: Weimar, 17. 12. 1791

Das zu Goethes Revolutionsdramen zählende Prosalustspiel stellt einen zeitgenössischen Betrugsskandal vor den Gerichtshof der Theaterkunst. Anlaß war die sog. ‹Halsband-Affaire› am französischen Königshof (1785): Ein in Ungnade gefallener Kardinal suchte sein Ansehen bei Marie Antoinette durch ein ungemein wertvolles Collier wiederzuerlangen, das aber mit gefälschten Unterschriften der Königin auf Anzahlung erschwindelt wurde und weiterverkauft werden sollte. Der Betrug, in den auch der geheimnisumwobene Graf Cagliostro verwickelt war, brachte die Drahtzieherin Marquise de La Motte nur für kurze Zeit hinter Gitter, trug aber durch die moralische Diskreditierung des Ancien régime zu dessen revolutionärem Sturz bei.
Goethe hält sich in seinem tragikomischen Stück eng an die Tatsachen, forciert allerdings die Rolle des zwielichtigen Cagliostro (bei Goethe Graf Rostro), der sich als Abgesandter eines orientalischen Geheimpriesters (‹Groß-Cophta›) ausgab. Eine kluge Marquise, die wie das übrige adlige Personal ohne Namen bleibt, versteht es, den von ihr durchschauten Betrüger für ihre skrupellosen Pläne einzuspannen. Zunächst läßt sie den hoffnungslos in die Prinzessin verliebten, vom Hof verstoßenen Domherrn das Halsband mit gefälschten Sicherheiten erwerben. Im dritten Auf-

zug zwingt sie ihre unschuldige Nichte, eine fingierte Prophezeiung über das Glück des Domherrn mit der Prinzessin aus einer leuchtenden Kugel zu lesen, die ihr der als Groß-Cophta auftretende Graf vorhält. Im vierten Akt vertraut sich die Nichte einem edlen Ritter an, der das übrige Komplott erlauscht und zur Anzeige bringt. So kann es im fünften Aufzug zur Festnahme aller im nächtlichen Park in flagranti überraschten Betrüger kommen, die den Domherrn durch die als Prinzessin verkleidete Nichte täuschen wollten, um mit dem kostbaren Schmuck zu fliehen. Weil sich der Ritter dabei aber eines Vertrauensbruchs gegenüber der Nichte schuldig gemacht und aus Eigennutz die Chance zu einer gütlichen Lösung vertan hat, versagt sich ihm die Nichte wenigstens vorläufig und geht ins Kloster.

Man mag im *Groß-Cophta* eine Warnung vor jenen Entwicklungen erkennen, die zur Französischen Revolution geführt hatten. Allerdings bleibt Goethes Haltung ambivalent: Einerseits plante er, sein Drama «alle Jahre einmal als ein Wahrzeichen» (an Johann Friedrich Reichardt, 29. 7. 1792) der Aufklärung und Obskurantenkritik aufzuführen; andererseits rechnet er in seinem Lehrstück mit der korrumpierten Hofgesellschaft ab, die in Frankreich den Umsturz provozierte. Eingeschränkt wird jeder Reformwille indes durch das klare Plädoyer, politische Krisen im Stillen abzutun, den öffentlichen Skandal also durch kluge absolutistische Verfügung zu verhindern. Mißständen in der Adelsgesellschaft ist lediglich der kleine Spiegel des Hoftheaters vorzuhalten, dem Geheimbundwesen soll hingegen öffentlich der Kampf angesagt werden.

Für die überwiegend ablehnenden Reaktionen des Publikums nennt Goethe in der *Campagne in Frankreich* zwei Gründe: Der ebenso furchtbare wie abgeschmackte Stoff bewirke Abschreckung statt Sympathie, und Anhänger des Geheimbundwesens fühlten sich düpiert. Die zeitgenössische Geringschätzung setzte sich – besonders aufgrund kompositorischer Einwände – in der Forschung bis in die 1970er Jahre fort; seitdem wurden verschiedene Aufwertungsversuche unternommen, flankiert von einer erfolgreichen Neuinszenierung (Augusto Fernandes) in Hamburg 1983.

Lit.: W. Müller-Seidel: Cagliostro und die Vorgeschichte der deutschen Klassik; in: W. Müller-Seidel: Die Geschichtlichkeit der deutschen Klassik,

1983, S. 49–65. W. Schröder: Goethes *Groß-Cophta*, Cagliostro und die Vorgeschichte der Französischen Revolution; in: Goethe-Jahrbuch 105, 1988, S. 181–211.

Alexander Košenina

Hanswursts Hochzeit oder der Lauf der Welt. Ein mikroskopisches Drama. (Fragmentarisch.) 1774.

In: Goethe's poetische und prosaische Werke. Des Ersten Bandes zweite Abtheilung. Stuttgart und Tübingen 1836, S. 38–39.

Das schwankhafte Kleinstdrama (Anfang 1775 verfaßt) ist Fragment geblieben; die Bruchstücke der satirisch-ironischen Farce waren ihrer Obszönitäten und Derbheiten wegen nicht zur Veröffentlichung vorgesehen. Das ‹mikrokosmische Drama› greift formal wie inhaltlich auf die volkstümliche Tradition der Puppen- und Fastnachtspiele des 16. und 17. Jahrhunderts zurück. Als Vorbild haben zum einen der (von Goethe frei adaptierte) Knittelvers, die lapidare Kürze und der drastische Wortwitz des Hans Sachs gedient; zum anderen scheint eine direkte Vorlage in Christian Reuters derbem Singspiel *Harleqvins Hochzeitsschmaus* (1695) vorzuliegen.

In seinem kontrafaktisch an *Faust* erinnernden Eingangsmonolog («Hab ich endlich mit allem Fleis / Manchem moralisch politischem Schweis / Meinen Mündel Hanswurst erzogen») bekennt Hanswursts Vormund Kilian Brustfleck, der aus dem Volkstheater geläufige Typ des tölpelhaften Bauern, sein Scheitern bei dem Versuch, Hanswurst zur Wohlanständigkeit zu erziehen. Während Brustfleck wider besseres Wissen an gesellschaftlicher Doppelmoral festhält, weigert sich Hannswurst, bei der allgemeinen Verstellung und Heuchelei mitzumachen. Statt dessen beharrt er im Namen der Natürlichkeit auf dem Recht, sich den eigenen Bedürfnissen entsprechend ungezwungen zu verhalten und alle Dinge beim Namen zu nennen; dieser Anspruch äußert sich am krassesten in der langen Liste von sexual- und fäkalsprachlichen Schimpfnamen, mit welchen die zu ladenden Hochzeitsgäste bedacht werden. Damit vertritt Hanswurst die individualethische Position des uneingeschränkten, nur seinen eigenen Werten verpflichteten ‹Genies›, als welches Brustfleck ihn zuvor charakterisiert hat. Über die allgemeine Lust an der Provokation hinaus erfüllt die moralfreie Kunst- und Spielwelt Hanswursts also zugleich die Aufgabe, mit satirischer Aggressivität dem verfeinerten literarischen Zeitgeschmack zu opponieren.

Lit.: M. Stern: Die Schwänke der Sturm-und-Drang-Periode; in: W. Hinderer (Hg.): Goethes Dramen, 1980, S. 23–41.

Anne-Bitt Gerecke

Iphigenie auf Tauris. Ein Schauspiel von Goethe.

In: Goethe's Schriften. Band 3. Leipzig 1787, S. 1–136 (auch als Einzeldruck mit dem Zusatz: Ächte Ausgabe).
UA: Ettersburg, 6.4.1779 (Prosafassung); Wien, 7.1.1800 (Jambenfassung)

Wichtigste Vorlage für das «gräzisierende Schauspiel» (an Schiller, 19.1.1802) ist Euripides' *Iphigenie bei den Taurern* (412 v. Chr.). Nach der Erstfassung in rhythmischer Prosa (1779) hat Goethe 1787 eine Überarbeitung in Blankversen vorgenommen, die das streng die aristotelischen Einheiten wahrende Schauspiel in fünf Akten zum Inbegriff der weimarischen Ästhetik und Ethik machte. Iphigenie, die Tochter des mykenischen Königs Agamemnon, hält sich seit Jahren als Priesterin der Diana/Artemis bei den barbarischen Taurern auf, wohin sie durch die Göttin gerettet worden war, als ihr Vater sie vor dem Zug nach Troja opfern wollte. Iphigenie sehnt sich in die Heimat zurück und besitzt das Versprechen des Taurerkönigs Thoas, freigegeben zu werden, sobald sich eine Gelegenheit zur Rückkehr bietet. Auf Tauris hat sie bislang segensreich gewirkt und insbesondere die Sitte der Menschenopfer suspendiert; nun wird sie von Thoas bedrängt, der Iphigenie zur Gattin wünscht. Als zwei Fremde die Insel betreten und festgenommen werden, will Thoas sie durch Iphigenie opfern lassen – es stellt sich jedoch heraus, daß es sich um Iphigenies Bruder Orest und dessen Freund Pylades handelt, die auf Weisung Apolls nach Tauris gekommen sind. Hier soll sich der Fluch lösen, der auf dem Muttermörder lastet: Orest hat, wie alle Abkömmlinge des Tantalus zuvor, Blutschuld auf sich geladen, indem er seine Mutter Klytaemnestra tötete, um den von der ehebrecherischen Mutter

ermordeten Vater zu rächen; nun fühlt sich der melancholische Orest von den Erinnyen (Rachegöttinnen) verfolgt. Pylades entwirft einen Fluchtplan, der militärisch gescheitert wäre; Iphigenie jedoch hat sich für die Wahrheit entschieden und vorher Thoas alles offenbart. Als Orest den Orakelspruch umdeutet, der sich auf das Heimholen nicht der ‹Schwester› Apolls (d.h. des Kultbilds der Diana), sondern auf seine eigene Schwester Iphigenie bezogen haben soll, hat der – ein gewissermaßen ‹kantianisches› Sittengesetz respektierende – Thoas keine andere Wahl, als den Griechen die Freiheit zu gewähren. Mit seiner ‹Entsagung› und dem Wunsch «Lebt wohl!» endet das Schauspiel.
Im Unterschied zu Euripides, wo der glückliche Ausgang durch die ‹dea ex machina› Athene gegen die Taurer erzwungen wird, hat Goethe die Problematik zum ‹Seelendrama› verinnerlicht und damit vermenschlicht. Nicht von den Göttern hängen die Schicksale der Menschen ab, sondern von deren autonomer Sittlichkeit.

Lit.: D. Borchmeyer: Iphigenie auf Tauris; in: W. Hinderer (Hg.): Goethes Dramen, 1992, S. 117–157. U. Klingmann: Arbeit am Mythos. Goethes *Iphigenie*; in: The German Quarterly 68, 1995, S. 301–314.

Inka Jörn

Jahrmarktsfest zu Plundersweilern. Ein Schönbartsspiel.

In: Neueröfnetes moralisch=politisches Puppenspiel. Et prodesse volunt et delectare Poetae. Leipzig und Frankfurt 1774, S. 21–60 (1. Fassung).

Das Jahrmarkts=Fest zu Plundersweilern. Ein Schönbartsspiel.

In: Goethe's Schriften, Achter Band, Leipzig 1789, S. 1–16 (2. Fassung).
UA: Ettersburg, 20. 10. 1778

Der Untertitel verweist – ebenso wie die Verwendung der Knittelverse – auf frühneuzeitliche Fastnachtsbräuche (‹Schönbart› = ‹Schembart›: bärtige Maske) sowie auf die Dichtungen von Hans Sachs, die Goethe in den Jahren nach 1773 als literarische Entdeckung pries. Zugleich transformiert das kurze, nicht in Akte oder Szenen untergliederte Drama den im Barock verbreiteten Topos vom Welttheater (‹theatrum mundi›) auf die burleske Ebene des kleinstädtischen Jahrmarkts, wo ein breites Spektrum typisierter Figuren verschiedenster Stände und Professionen erscheint: Docktor Medikus, Marktschreyer, Bauer, Nürnberger, Fräulein, Amtmann, Marmotte (= Knabe mit einem Murmeltier), Zigeunerhauptmann und -bursch u. a. Zwischen ihnen entspinnen sich mehrere – teilweise miteinander verzahnte, teilweise aber auch parallel geführte – Handlungen und Konflikte, die jedoch allenfalls angedeutet werden. In den Vordergrund treten immer wieder Darbietungen einzelner Schausteller: ein Bänkelsänger, ein Schattenspielmann, der die Schöpfungsgeschichte im Zeitraffer präsentiert, und vor allem eine Schauspielertruppe, die die biblische Esther-Geschichte als «Tragödia» zur Aufführung bringt («Zähnklapp und Grausen gepaart»). Ursprünglich auch als Satire auf bekannte Personen aus Goethes Frankfurter und Darmstädter Umfeld konzipiert, erscheint dieses Spiel im Spiel nach einer grundlegenden Umarbeitung, die Goethe für eine Aufführung auf dem Weimarer Liebhabertheater vornahm, in erster Linie als Parodie einer literarischen Form: des ‹regelmäßigen› Trauerspiels Gottschedscher Prägung, auf das etwa der Wechsel von Knittelversen zu Alexandrinern hinweist. Das verleiht wiederum den expliziten poetologischen Debatten auf der Ebene der ‹Jahrmarkts-Welt› zusätzliche Signifikanz. Wenn den kunstsinnigen ‹Docktor› und den als Medizinverkäufer und Theaterdirektor auftretenden ‹Marktschreyer› das Interesse verbindet, den Hannswurst zu «curiren», dann ist die richtige Kur offensichtlich eher im Bereich der Kunst als in dem der Medizin zu suchen. Der Rückgriff auf volkstümliche und voraufklärerische Theaterformen wäre dann selbst als therapeutischer Vorschlag zu verstehen.

Lit.: M. Stern: Die Schwänke der Sturm-und-Drang-Periode; in: W. Hinderer (Hg.): Goethes Dramen. Neue Interpretationen, 1980, S. 23–41.

Wolfgang Struck

Proserpina. Ein Monodrama. 1778.
[Als Neufassung in freien Versen erschienen in: Der Triumph der Empfindsamkeit. Eine dramatische Grille. Von Goethe. Ächte Ausgabe. Leipzig 1787.]
UA: Weimar, 30. 1. 1778 (Prosafassung als Einlage in der burlesken Komödie *Triumph der Empfindsamkeit*); erste selbständige Aufführung Weimar, 10.6. 1779

Die Dramatisierung des griechischen Persephone-Mythos (lat. ‹Proserpina›) als Monodrama, einer Sonderform des Melodramas, greift eine zeitgenössische Mode auf. Seit Jean-Jacques Rousseaus Melodrama *Pygmalion* (1770) ist das Monodrama als kurzer pathetisch-sentimentaler Monolog mit Musikbegleitung zu einem der bevorzugten Genres der Empfindsamkeit avanciert.
Mit dem Raub der Proserpina wählt Goethe einen vor allem in den *Fasti* und *Metamorphosen* Ovids überlieferten Stoff, der in der europäischen Literatur seit dem Mittelalter häufig bearbeitet worden ist. Goethes Monodrama setzt allerdings erst ein, als Proserpina bereits durch Pluto, den Gott der Unterwelt, in den Hades verschleppt ist und dort verzweifelt die düsteren «Trauergefilde» durchirrt. Endgültig besiegelt wird ihr Schicksal an der Seite des ungeliebten Gatten Pluto, als sie von einem Granatapfel kostet – der von Proserpinas Mutter Ceres zum Eingreifen gedrängte Jupiter hatte eine mögliche Rückgabe Proserpinas an die Bedingung geknüpft, nüchtern aus der Unterwelt zurückzukehren. Aufgrund ihres unwissentlichen Fehlverhaltens, das durch den (Granat-)Apfel ebenso mit christlicher wie mit heidnischer Symbolik (Sündenfall/Erotik) verbunden ist, bleibt Proserpina für immer in den Hades verbannt und wird dort von den unsichtbaren Parzen als neue Königin begrüßt.
Das Pathos, mit dem Proserpina ihr trauriges Schicksal beklagt, wird jedoch durch die Einbettung ihres Monologs (als Spiel im Spiel) in den 4. Akt des satirischen Lustspiels *Triumph der Empfindsamkeit* desavouiert. Im Kontext dieser ‹dramatischen Grille›, welche die zeitgenössische Empfindsamkeitsmode und ihre bevorzugten Kunstformen (darunter das Melodrama) parodiert,

scheint der Proserpina-Monolog primär der ironischen Brechung zu dienen.

Lit.: E. A. Blackall: Goethes's *Proserpina* in Context; in: D. James / S. Ranawake (Hg.): Patterns of Change, 1990, S. 45–58.

Anne-Bitt Gerecke

Satyros oder der vergötterte Waldteufel. Drama. 1770.
In: Goethe's Werke. Band 9. Stuttgart und Tübingen: Cotta 1817, S. 307–336.
UA: ?

Das fünfaktige, aus 484 Knittelversen mit freien Senkungen bestehende Stück (1773 entstanden) war zunächst nur handschriftlich verbreitet.
Es ist situiert in einer Welt, in der ein archaisches Griechentum neben der christlichen Religion besteht. Satyros, der sich bei einem Sturz verletzt hat, wird von einem Einsiedler aufgenommen. Er stiehlt dessen Kruzifix, entweicht aus der Klause und trifft auf zwei Mädchen, deren eines (Psyche) sogleich von seinen dämonischen Verführungskünsten betört ist. Ebenso rasch verfällt der herbeigeholte Priester Hermes (mit ihm das nachdrängende Volk) den halbreligiösen, die Rückkehr zur Natur verkündenden Lehren. Der Taumel der neugewonnenen Anhänger wird gestört, als der Einsiedler seines «Gottes Bild» zurückverlangt. Die fanatisierte Menge fordert daraufhin den Tod des christlichen «Frevlers», der jedoch durch die Frau des Priesters gerettet wird: Sie lockt den Satyr ins Heiligtum und ruft, als er sie dort verführen will, das Volk herbei – jetzt erkennt man in ihm das «Tier».
Das Stück ist eine Satire auf den Rousseau-Kult und zugleich auf scharlataneske Propheten der Zeit. Ältere Versuche, es auf bestimmte Personen zu beziehen, werden in der neueren Goetheforschung zurückhaltend beurteilt. Der Lobgesang des Satyros auf die Schöpfung, mögen ihm Elemente des Unsinns beigemischt sein, enthält Motive, die sich auch sonst in Goethes Dichtung dieser Zeit finden, und hebt den satirischen Charakter des Stückes partiell auf. Gerade diese Ambivalenz und ‹Offenheit› macht Lesungen möglich, die das (religions-)politische Potential des Textes nutzen.

Lit.: G. Sauder: Dramenfragmente und kleinere Dramen; in: T. Buck: Goethe-Handbuch 2, 1997, S. 43–70. M. Stern: Satyros oder der vergötterte Waldteufel; in: Jahrbuch des Wiener Goethe-Vereins 81–83, 1977–1979, S. 89–102.

Ernst-Peter Wieckenberg

Stella. Ein Schauspiel für Liebende in fünf Akten. Berlin 1776.

UA: Hamburg, 8. 2. 1776

Mit seinem Prosaschauspiel, in dessen Zentrum das Motiv des Mannes ‹zwischen zwei Frauen› steht, folgt Goethe keiner der beiden naheliegenden, mit Weisses *Amalia* und Lessings *Miß Sara Sampson* verbundenen Optionen: Weder komödienhafte Verwicklungen noch Intrigen aus Eifersucht sind hier relevant. Zwar steht Goethes Verlöbnis mit Lili Schönemann in enger Beziehung zur Konzeption des Stückes; daß dennoch kein Schlüsseldrama vorliegt, macht bereits die Unwahrscheinlichkeit der Handlung deutlich:

Cezilie und ihre Tochter Luzie, die Stellas Gesellschafterin werden soll, kommen am selben Tag auf Stellas Landgut an, an dem auch Fernando dorthin zurückkehrt. Weder weiß Cezilie, daß Fernando der langjährige Geliebte Stellas war, noch weiß Stella, daß dieser mit Cezilie verheiratet ist. Bevor sich die Zusammenhänge aufklären, lernen beide Frauen sich kennen und empfinden so viel Sympathie füreinander, daß Stella Cezilie vorschlägt, gemeinsam mit Luzie bei ihr zu bleiben; als Stella aber das Porträt ihres verschwundenen Geliebten zeigt, erkennt Cezilie darin ihren Gatten, Luzie hingegen den vermeintlich Fremden, dem sie bereits begegnet ist. Mit dieser doppelten Anagnorisis setzt eine Verwirrung der Gefühle ein, deren scheinbare Ausweglosigkeit schließlich durch Cezilie gelöst wird, die in Form einer Erzählung (der Legende Heinrichs von Gleichen) das utopische Modell eines Zusammenlebens zu dritt vorschlägt, in das Ferdinand und Stella einwilligen.

Bei der Hamburger Inszenierung 1776 führte der provokative Schluß (den Goethe 1803 durch ein tragisches Ende ersetzt hat: Fernando und Stella nehmen sich das Leben) zu einem Skandal;

dabei ist die ‹Ehe zu dritt› als nur literarisch imaginierbare Synthese zweier kontrastierender Liebeskonzeptionen und Lebensmodelle zu verstehen und nicht als Plädoyer für die ‹ménage à trois›.

Lit.: M. Willems: Stella; in: Aufklärung 9, 1996, S. 39–76. L. Pikulik: Stella; in: W. Hinderer (Hg.): Goethes Dramen, 1992, S. 88–116.

Bernhard Klöckener

Torquato Tasso. Ein Schauspiel. Von Goethe.
In: Goethe's Schriften. Band 6. Leipzig bei Georg Joachim Göschen 1790. S. 1–222 (auch als Einzeldruck mit dem Zusatz: Ächte Ausgabe).
UA: Weimar, 16.2.1807

Das während Goethes Italienaufenthalts überarbeitete Schauspiel in klassizistischer Form (fünf Akte, aristotelische Einheiten, Blankvers), dessen zweiaktige Urfassung in Prosa nicht überliefert ist, begründet das Genre ‹Künstlerdrama› für die deutsche Literatur. Als Hauptquelle liegt die erste zuverlässige Biographie über den in geistiger Umnachtung gestorbenen Renaissancedichter (1544–1595) zugrunde (Pierantonio Serassi: *La Vita di Torquato Tasso.* Roma 1785).
Auf dem Lustschloß Belriguardo bei Ferrara überreicht Tasso seinem Gönner Herzog Alfons II. das Kreuzzugsepos *Gerusalemme liberata.* In schäferlicher Umgebung krönt Leonore von Este, die mit ihrer Freundin Leonore Sanvitale am Hof ihres Bruders weilt, den verehrten Dichter mit dem Lorbeerkranz, mit dem sie vorher die Büste Vergils bekränzt hatte. Tasso mißt dem Spiel überraschenderweise eine so tiefe Bedeutung bei, daß er die Ehrung nicht annehmen will. Zwar hat er ein Heldenepos geschaffen, aber er ahnt, daß er als Dichter die alte elysische Vorstellung von einer Einheit mit dem Heros verloren hat. Tassos zentraler Konflikt entsteht mit Eintreffen des Staatssekretärs Antonio, der Tassos Naivität bloßstellt: Antonio, ein erfolgreicher, pragmatisch handelnder Diplomat, reagiert kühl auf Tassos Annäherung und gibt ihm zu erkennen, wie groß die Kluft zwischen ihnen ist. Endgültig brechen die Gegensätze in einem Gespräch zwischen Tasso

und der Prinzessin über das Goldene Zeitalter sowie über das rechte Verständnis von Liebe und Sitte im Zeichen aristokratischer ‹Schicklichkeit› auf. Tassos Sentenz aus seinem Schäferspiel *Aminta* («Erlaubt ist, was gefällt») wird in das Reich der Kunst verwiesen, und die Prinzessin antwortet mit einer Replik von Tassos Dichter-Rivalen Guarini: «Erlaubt ist, was sich ziemt». Tasso kann die Grenzen des gesellschaftlichen Anstands nicht wahren, befreit sich jedoch nicht zu schöpferischer Erfüllung, sondern versteigt sich in Wahn: Im euphorischen Versuch, sich Antonio zu nähern, vergreift er sich in der Form und zieht schließlich im Affekt den Degen. Milde ahndet Alfonso den Verstoß mit Zimmerarrest. Tassos Verhalten trägt Züge der völligen Selbstzerstörung und isoliert ihn in seinem Verfolgungswahn so weit, daß er sein Verhältnis zum Fürsten abbricht; die Sprache des Hofes gilt ihm nur noch als verlogener Schein. Tasso beschließt, sein Epos in Rom zu vollenden. Ein zweites Mal verletzt er dadurch die Anstandsregeln, daß er die Prinzessin, deren Sympathie er mit Liebe verwechselt, leidenschaftlich umarmt. Sie muß ihn empört zurückweisen. Den Schluß bildet ein Dialog zwischen Tasso und Antonio, der dem verzweifelten Dichter Mut zuzureden sucht. Tasso besinnt sich zwar seiner dichterischen Kraft und entwirft ein neues Bild des Dichters, dem das eigene Leid zum Thema wird; ob er ein neues Ziel findet, bleibt jedoch genauso offen wie die Konzeption des Dramas.

Tassos Vision der Antike wird zurückgewiesen, nicht aber das Ideal heroischer Dichtung. Der Fürstenhof wird weder aus bürgerlicher noch aus künstlerischer Perspektive denunziert: Er ist kein bloßer Ort der Unnatürlichkeit, an der das Genie Tasso scheitern müßte, sondern auch Ort des tatkräftigen Handelns, des Lebens, des rechten Maßes, der Moderne.

Lit.: G. Garmann: Dichterkrone vs. Bürgerkrone; in: The German Quarterly 68, 1995, S. 32–44. W. Hinderer: Tasso. In: W. Hinderer (Hg.): Goethes Dramen, 1992, S. 199–257. P. Michelsen: Goethes Torquato Tasso: *poeta delaureatus*; in: A. Aurnhammer (Hg.): Torquato Tasso in Deutschland, 1995, S. 65–84.

Inka Jörn

Gotter, Friedrich Wilhelm
(1746–1797)

Die Erbschleicher. Ein Lustspiel in fünf Akten von Friedrich Wilhelm Gotter. Leipzig 1789.
UA: Mannheim, 4.5.1788

Das Prosalustspiel ist das erste ganz selbständige Werk des in den 70er und 80er Jahren prominenten Bühnenautors, der zumeist französische Vorlagen bearbeitete; konzeptionell orientiert sich das Stück an dem in Deutschland durch Gottscheds *Critische Dichtkunst* initiierten Genre ‹Typenkomödie›.
Die Hauptfigur, Herr Gerhard, besitzt als geizig-hypochondrischer Junggeselle à la Molière ein beachtliches Vermögen, das mehrere seiner Verwandten mittels verschiedener Intrigen (Heiratspläne, Schmeicheleien) zu erben hoffen. Verleumdungen machen den Hochstapler Weinhold, einen Vetter Gerhards, und dessen Tante, die Witwe Ungewitter, beinahe zu Universalerben. Ihre Quertreibereien werden jedoch – ähnlich wie in *Das Testament* (1745) der Gottschedin – durch eine ‹Komödie in der Komödie› aufgedeckt: Ein inszenierter Scheintod des Erblassers scheidet die intriganten Scharlatane von der tugendhaften Justine (Gerhards Nichte und Haushälterin) und deren Bruder. Von der Selbstlosigkeit seiner Nichte gerührt, hat der reiche Onkel ein Einsehen, verzeiht allen Widersachern und zieht sich zusammen mit Justine und ihrem Angetrauten Bieder, einem Dorfgeistlichen, in die ländliche Idylle zurück.
Die oft sentenzenhaft und schablonenartig vermittelte Moral – potenziert durch die sprechenden Namen der Figuren – sowie Gerhards spontane ‹Bekehrung› und die auf Rührung angelegten Momente (übersteigerte Verzeihensbereitschaft, Verwandtschaftsmotiv) lassen das Werk zwischen dem satirischen Lustspiel Gottschedianischer Provenienz und dem ‹rührenden Lustspiel› Gellerts oszillieren.

Lit.: R. Schlösser: Friedrich Wilhelm Gotter, 1894, S. 269–271.

Martin Koberg

Mariane, ein bürgerliches Trauerspiel in drey Aufzügen für das herzogliche Hoftheater. Gotha 1776.
UA: Gotha, 6. 12. 1775

Stofflich an Jean-François de La Harpes *Mélanie* (1770) orientiert, vollzieht Gotter mit diesem Drama durch die natürlichere Diktion (u. a. Verzicht auf den Alexandriner), die Lokalisierung der Handlung in Deutschland und die Preisgabe der Einheit des Ortes erstmals in seinem Schaffen eine strikte Abkehr vom französischen Klassizismus.
Mariane, Tochter des Präsidenten von Fels, muß seit ihrer frühesten Kindheit zugunsten der kostspieligen Förderung ihres Bruders (des Barons) ein Klosterdasein fristen. Bereits einige Jahre vor der Einkleidung hat sie sich jedoch in ihren Vetter Waller verliebt und verweigert sich der Weihe. Als von Fels dem Protest der Mutter und dem Einspruch eines edel gesinnten Geistlichen zum Trotz an seinem Vorhaben festhält, beschleunigen sich die Ereignisse: Der Baron ermordet Waller und flieht. Im Sterben konnte dieser den Präsidenten zwar noch umstimmen, doch hat Mariane inzwischen Gift genommen und stirbt zu Füßen ihres reumütigen Vaters.
Insbesondere die emotionalistische Charakterzeichnung der Präsidentin, Marianes und Wallers verrät die Zugehörigkeit des Stückes zum bürgerlichen Trauerspiel im Sinne Lessings. Dem zeitgenössischen Publikumsgeschmack entsprechend, variiert Gotter das Motiv des Kampfes der menschlichen Natur gegen gesellschaftliche Konventionen (hier durch die familiale und kirchliche Autorität repräsentiert). In der postum veröffentlichten zweiten Fassung von 1802 gewinnt dieser Widerstreit durch die Einführung eines weiteren Antagonisten in Person des intriganten Klosterpriors noch an Intensität.

Lit.: R. Schlösser: Friedrich Wilhelm Gotter, 1894, S. 211–215.

Martin Koberg

Merope. Ein Trauerspiel in fünf Aufzügen zum erstenmahl aufgeführt auf dem Hoftheater zu Weimar, am Geburtstage der durchlauchtigsten Herzogin = Regentin, den 27. October 1773. Gotha 1774.
UA: Weimar, 27.10.1773

Zwei Adaptionen des seit dem späten 16. Jh. oftmals dramatisierten Stoffes *(Hygini Fabulae,* 137) fungieren als Vorlage: Scipione Maffeis italienische *Merope* (1714) und mehr noch Voltaires gleichnamige Tragödie (1744).
Polyphont, ein ehrgeiziger Sproß des Heraklidengeschlechts, hat Kresphont, den Herrscher von Messenien, sowie zwei seiner Söhne ermordet; Kresphonts dritter Sohn Aegisth ist fern der Heimat aufgezogen worden. 15 Jahre später hält man den Königssohn bei seiner Rückkehr irrtümlich für Aegisths Mörder; seine Mutter Merope will ihren Sohn am vermeintlich Schuldigen rächen und wird erst in letzter Sekunde durch den Pflegevater daran gehindert, den nicht erkannten Aegisth zu töten. Als der zum König gekrönte Polyphont von der Abkunft Aegisths erfährt, mißbraucht er ihn als Druckmittel für eine Heirat mit Merope. Der Prinz tötet den Usurpator jedoch bei der Trauungszeremonie und wird daraufhin vom Volk als rechtmäßiger Herrscher inthronisiert.
Gotters Trauerspiel ist im Spannungsfeld zwischen dem französischen Klassizismus und dessen Kritik in Lessings *Hamburgischer Dramaturgie* (36. – 51. Stück) anzusiedeln. Aufgrund der Ersetzung des Alexandriners durch den Blankvers und der menschlicheren, psychologisch einsichtigeren Gestaltung der Titelheldin (Betonung der mütterlichen Liebe) erscheint das Stück als Kompromißversuch. In der Umarbeitung von 1788 manifestiert sich neben dieser noch verstärkten Emotionalisierungstendenz das Bestreben, dramaturgische Ungereimtheiten auszuräumen.

Lit.: R. Schlösser: Zur Geschichte und Kritik von Friedrich Wilhelm Gotter's *Merope,* 1890.

Martin Koberg

Gottsched, Johann Christoph
(1700–1766)

Agis, König zu Sparta. Ein Trauerspiel. Von Joh. Christ. Gottscheden.
In: Der Deutschen Schaubühne, nach den Regeln und Mustern der Alten, Sechster und letzter Theil, darinnen sechs neue Stücke enthalten sind, ans Licht gestellet von Johann Christoph Gottscheden. Leipzig 1745, S. 205–276.
UA: Wien, 1751 (?)

Die fünfaktige Alexandrinertragödie (nach Plutarchs *Parallelbiographien*) realisiert Gottscheds frühaufklärerisch-neustoizistische Dramaturgie musterhaft: Ein sozial und sittlich herausragender Held scheitert aufgrund eines habituellen Fehlers; seine mangelnde Skepsis gegenüber eigensüchtigen Ratgebern erklärt sich in erster Linie aus dem Enthusiasmus jugendlicher Unreife.
Der junge Spartanerkönig Agis will durch innenpolitische Reformen (Schuldenerlaß, Besitzteilung) eine vermögensrechtliche Gleichstellung aller Bürger erreichen, um den dekadenten Staat im Sinne des legendären Gesetzgebers Lykurg sittlich zu erneuern. Zwar solidarisiert sich Agis' Familie mit den hehren Idealen, nicht jedoch der Mitregent Leonidas, der den Rat der Ephoren hinter sich weiß. Gestützt auf ein Orakel, wird Leonidas mit juristisch legitimen Mitteln verbannt und sein Schwiegersohn Kleombrotus zum Nachfolger ernannt. Auf Betreiben des ebenso egoistischen wie intriganten Agesilaus beschließt Agis zunächst nur das Entschuldungsprogramm. Ein turnusmäßiger Wechsel der Ratsmitglieder blockiert die geplante Bodenreform. Der Rat nutzt die Enttäuschung des Volks zur Wiedereinsetzung des vertriebenen Königs Leonidas, der Agis ebenso wie dessen Mutter und Großmutter gefangennehmen und ermorden läßt.
Die an Intrigen und Glückswechseln reiche, regelkonforme Tragödie ist explizit auch als Fürstenspiegel konstruiert; analog zum Ideal des aufklärerischen Philosophenkönigtums kommt die Reform von oben. In erster Linie aber folgt das Stück – paradig-

matisch – dem Fehlermodell von Gottscheds *Critischer Dichtkunst* (1730; recte 1729). Die in der Forschung wiederholt formulierte These von der sozialen und politischen Dynamik des Dramas ist nicht haltbar: *Agis* redet keinem Umsturz das Wort; er hat jedoch insofern als tendenziös zu gelten, als sich die Antithese zwischen der selbstlos-aufrechten Spartaner-Partei und der egozentrisch-dekadenten Opposition als Folie für die von Gottsched mit Vehemenz geäußerte Alamode-Kritik eignet.

Lit.: A. Meier: Dramaturgie der Bewunderung, 1993, S. 56–74. H. Hollmer: Anmut und Nutzen: die Originaltrauerspiele in Gottscheds *Deutscher Schaubühne,* 1994, S. 257–271.

Heide Hollmer

Atalanta oder Die bezwungene Sprödigkeit. Ein Schäferspiel. in fünf Aufzügen.

In: Die Deutsche Schaubühne nach den Regeln der alten Griechen und Römer eingerichtet, und mit einer Vorrede herausgegeben von J. C. Gottscheden. Dritter Theil. Leipzig 1741, S. 367 bis 442.
UA: Hamburg, 1741

Die Veröffentlichung des fünfaktigen ‹Schäferspiels› in Alexandrinerversen im Rahmen der exemplarischen Dramensammlung rechtfertigt Gottsched mit dem Hinweis auf seinen angekündigten, aber nie publizierten Kommentar zur aristotelischen *Poetik,* für den er «auch diese Art der Nachahmung brauchen werde». Von der Nomenklatur des Lust- und Trauerspiels unterscheidet sich die Pastoralpoesie insofern, als die Ständeklausel Schäfer als Protagonisten und deren Liebesverwirrungen als Thema vorsieht; dabei geht es Gottsched nicht um die Abbildung des dritten Standes, sondern um die Darstellung eines idyllischen Landlebens, «welches in einer gewissen Einfalt und Unschuld vorgestellet werden muß, wie man sichs in dem güldenen Weltalter einbildet».
Während die Schäfer mit ihren Tugenden, aber auch mit List und Prahlerei um die Gunst von Atalanta, Doris und Amaryllis wetteifern, widersetzt sich die umworbene Titelheldin trotzig den diver-

sen Offerten. Anstelle der erhofften Küsse verteilt die Verächterin der «verliebten Narrenpossen» lieber «Maulschellen» und genießt die Jagd. Als im dritten Akt Myrtillus, der vermeintliche Bruder von Doris, zurückkehrt, nehmen die Verwicklungen zu. Myrtillus verliebt sich ebenfalls in die Spröde und schlüpft in die Rolle des Desinteressierten; durch vorgetäuschte Zuneigung zu Doris provoziert er die Eifersucht der Angebeteten. Atalanta läßt sich bekehren, so daß zunächst drei Paare entstehen: Corydon, der bisher Atalanta liebte, heiratet aus Dankbarkeit seine ‹Lebensretterin› Amaryllis und weist Atalanta ab; Atalanta und Myrtillus finden ebenso zueinander wie Doris und Menalkas. Erst in der vorletzten Szene offenbart Vater Damötas, daß Atalanta und Doris im Kindesalter einer ungünstigen Weissagung wegen vertauscht wurden; als Folge dieser Anagnorisis dürfen Atalanta und Menalkas sowie Doris und Myrtillus den Bund der Ehe schließen. Natürlich ist in dieser – formal auf die drei Einheiten verpflichteten – Dramaturgie kein Raum für psychologische Dynamik; die Spannung entsteht vor allem aus den verschiedenen Erkennungen und dem Glückswechsel. In Abweichung von Gottscheds Poetik verzichtet dieses Schäferspiel auf den expliziten Lehrsatz; ähnlich wie in der Komödie werden lediglich extreme Verhaltensweisen abgeschliffen.

Heide Hollmer

Joh. Christ. Gottscheds Prof. der Poes. in Leipzig, Sterbender Cato ein Trauerspiel, nebst einer Critischen Vorrede, darinnen von der Einrichtung desselben Rechenschaft gegeben wird. Leipzig 1732.
UA: Leipzig, 1731

Seit ihrer Publikation gehört die Alexandrinertragödie zu den umstrittensten Texten der deutschen (Bühnen-)Literatur: Gottsched verstand den *Sterbenden Cato* als exemplarisches Trauerspiel seiner Leipziger Schule, die im Verein mit der *Critischen Dichtkunst* (1730; recte 1729) eine neue Epoche des deutschsprachigen Theaters als aufklärerisches Bildungsinstrument initiieren konnte. Demgegenüber galt das – nach heutiger Auffassung

– nur eingeschränkt als Original zu wertende Stück (lediglich zehn Prozent der Verse sind schöpferische Eigenleistung) den Befürwortern einer emotionalistischen, hauptsächlich an englischen Vorbildern geschulten Dramatik als Inkarnation des falschen, am französischen Rationalismus ausgerichteten Paradigmas. Gottsched montierte und variierte zwei Übersetzungen: Die Akte I bis IV orientieren sich an François-Michel-Chrétien Deschamps' regelgerechtem *Caton d'Utique* (La Haye 1715), der Schlußakt folgt Joseph Addisons klassizistischer Erfolgstragödie *Cato* (London 1713). Von Details abgesehen, zeichnet sich die Kompilation vornehmlich in einer Hinsicht aus: Gottscheds Cato ist – in Analogie zur Deutung der aristotelischen Hamartia als Fehlerkonzept und zur Koppelung jedweder poetischen Form an den moralischen Lehrsatz – mit einer habituellen Schwäche ausgestattet; seine übersteigerte Tugendstrenge hat weniger mit Stoizismus zu tun als mit egozentrischem Fanatismus. Dieses charakterliche Defizit macht den Untergang des an sich bewundernswerten Helden (eines ‹herzhaften Stoikers›) als logische Konsequenz aus einem individuellen Fehlverhalten plausibel, so daß Gottscheds *Sterbender Cato* weder einem revolutionären antimonarchistischen Staatsideal noch dem ethisch problematischen Selbstmord das Wort redet.

Marcus Porcius Cato, der republikanisch gesinnte Stadtkommandant im nordafrikanischen Utica, rüstet sich im Jahr 46 v. Chr. zur entscheidenden Schlacht gegen den nach Alleinherrschaft strebenden Cäsar. Die Partherkönigin Arsene, die Cäsar als Tyrannen verabscheut und sich in einen unbekannten Römer (in Wahrheit Cäsar) verliebt hat, sucht bei Cato Schutz vor Pharnaces, dem Mörder ihres Bruders, der ein altes Eheversprechen einklagt. Cato erfährt indes, daß Arsene seine leibliche Tochter Porcia ist, und verweigert sie Pharnaces; dieser sagt sich im Zorn von seinem Verbündeten los und läßt Cäsar das Angebot unterbreiten, Cato zu töten. Nachdem sich Cäsar und Arsene wechselseitig ihre Liebe eingestanden haben, kommt es zur entscheidenden Begegnung zwischen Cato und Cäsar, die sich nur in ihrer politischen Auffassung, nicht aber in ihrem Edelmut unterscheiden: Cäsar bietet Cato Frieden und die Teilhabe an der Macht an – beides

lehnt der Republikaner empört ab. Ebenso strikt verwirft Cäsar Pharnaces' Intrige. Als auch Catos Sohn Porcius seine Liebe zu Arsene/Porcia gesteht, deckt Cato deren wahre Identität auf und verlangt von seiner Tochter, daß sie als freiheitlich gesinnte Römerin sowohl dem Geliebten als auch dem Parther-Thron entsagt; zugleich erklärt er Cäsar den Krieg. Selbst die Nachricht vom Tod seines Sohnes Marcus, der im Kampf gegen Pharnaces gefallen ist, nimmt Cato stoisch-gleichmütig zur Kenntnis; ihm liegt allein die Freiheit Roms am Herzen. Angesichts der Aussichtslosigkeit des militärischen Kampfes begeht Cato Selbstmord. Die Fehlerhaftigkeit dieser Tat bestätigt nicht nur der sterbende Held selbst («Ihr Götter! hab ich hier / Vielleicht zu viel gethan»), sondern auch Gottscheds motivische Ergänzung, daß Catos Truppen unerwartet Waffenbeistand bekommen hätten.
Der Untergang des hohen Helden stellt damit die Vernünftigkeit der Weltordnung keineswegs in Frage. Er verschärft vielmehr den moralischen Nutzen der Tragödie (die Aufforderung zur emotionalen Disziplinierung), indem er den Lehrsatz, daß ‹auch der Beste leicht vom Tugendpfade wanken› könne, auf sinnlichem Weg und daher affektstark vermittelt.

Lit.: A. Meier: Dramaturgie der Bewunderung 1993, S. 96–129. H. Hollmer: Anmut und Nutzen: die Originaltrauerspiele in Gottscheds *Deutscher Schaubühne,* 1994, S. 107–132.

Heide Hollmer

Die parisische Bluthochzeit König Heinrichs von Navarra, ein Trauerspiel.

In: Der Deutschen Schaubühne, nach den Regeln und Mustern der Alten, Sechster und letzter Theil, darinnen sechs neue Stücke enthalten sind, ans Licht gestellet von Johann Christoph Gottscheden. Leipzig 1745, S. 1–80.
UA: 1746

Die Entscheidung, die sog. Bartholomäusnacht (23./24. August 1572) in einer regelkonformen, fünfaktigen Alexandrinertragödie darzustellen, erwies sich als schwieriges Unterfangen im Konfliktfeld zwischen den dramaturgischen Normen der *Critischen*

Dichtkunst, der gebotenen Rücksichtnahme auf die «evangelischen Zuschauer» und der selbst auferlegten Quellentreue (Gottsched orientierte sich an Auguste de Thous *Historiae sui temporis ab Anno Domini 1543. usque ad annum 1607,* Frankfurt 1625–28, und belegt – zu seiner Entlastung und zur Gewährleistung der Authentizität – einzelne Stellen mit Originalzitaten).

Die Partei der Katholiken, der neben dem französischen König Carl IX. die Herzöge von Anjou und Guise sowie – als leidenschaftlichste Gegnerin der Hugenotten – Catharina von Medices angehören, beschließt aus papistischer Loyalität die Ermordung aller reformierten ‹Sektierer›. Diese halten sich zum Teil anläßlich der bereits vollzogenen Eheschließung zwischen Catharinas Tochter und Carls Schwester Margaretha mit König Heinrich von Navarra noch in Paris auf, wähnen sich trotz diverser Warnzeichen aber in Sicherheit. Selbst als Margaretha – im Zwiespalt zwischen den Familienbanden und der Ehepflicht – die Pläne der Gastgeber offenbart, verweigert Heinrich im Vertrauen auf die Schutzgarantien die Flucht. König Carl will die Barbarei zwar in letzter Sekunde stoppen, kann sich jedoch gegen Guise und Catharina nicht durchsetzen, zumal seine machtgierige Mutter den Angriff auf die Hugenotten (auch in den Provinzen) bereits eigenmächtig befohlen hat. Zahlreiche Reformierte finden den Tod, darunter der vorbildliche Admiral Coligny, dessen Leichnam grausam geschändet wird. Das Drama endet indifferent: Carl stellt Heinrich vor die Alternative, sich entweder zum Katholizismus zu bekennen oder das Schicksal seiner Glaubensgenossen zu teilen; die historisch belegte Konversion des späteren Königs wird nicht expressis verbis vollzogen.

Das regelmäßige Trauerspiel zeichnet sich durch eine extrem antithetische Figurenzeichnung aus; der Zuschauer muß zwangsläufig mit den sittlich integer dargestellten Hugenotten sympathisieren. In Abweichung von der *Critischen Dichtkunst* (1730; recte 1729) verzichtet Gottsched auf die von ihm favorisierte Fehlerkonzeption, ebenso aber auf einen poetisch gerechten Verlauf der Handlung – zugunsten eines Abschreckungsmodells, das (namentlich in der Person des Admirals Coligny) um Elemente des Märtyrerdramas bereichert ist. Darüber hinaus weist die Tragödie, die vereinzelt als Parabel auf den religiösen Sonderstatus Sachsens ausgelegt worden ist, eine deutlich politisch-religiöse Tendenz auf: gegen den römischen Katholizismus, vor allem aber gegen Frankreich.

Lit.: H. Hollmer: Anmut und Nutzen: die Originaltrauerspiele in Gottscheds *Deutscher Schaubühne* 1994, S. 241–257.

Heide Hollmer

Gottsched, Luise Adelgunde Victoria (1713–1762)

Die Hausfranzösinn, oder die Mammsell. Ein deutsches Lustspiel in fünf Aufzügen.
In: Die Deutsche Schaubühne, nach den Regeln und Mustern der Alten, Fünfter Theil, darinn sechs neue deutsche Stücke enthalten sind, Nebst einer Fortsetzung des Verzeichnisses deutscher Schauspiele, ans Licht gestellet von Joh. Christoph Gottscheden. Leipzig 1744, S. 67–190.
UA: Breslau, 1744 (?)

Die vielgespielte Adaption von Ludvig Holbergs (1684–1754) *Jean de France* ist teils dem dänischen Vorbild, teils der Dramenpoetik Gottscheds verpflichtet.
Der reiche Kaufmann und nachgiebige Vater Germann duldet als letzten Willen seiner Frau die Erziehung seiner drei Kinder durch eine Französin, der es gelingt, die beiden Jüngsten zu wahren Verächtern alles Deutschen zu machen; sogar der kostspielige Wunsch des erst sechzehnjährigen Franz, in Begleitung der Gouvernante an den französischen Hof zu reisen, soll erfüllt werden. Weder die älteste Tochter Luise, die den Haushalt führt, noch ihr vernünftiger Onkel Wahrmund, der Germanns finanziellen Ruin befürchtet, können den Hausherrn von der Unlauterkeit des Personals überzeugen. Als der Brief eines entfernten Pariser Verwandten die Französin und ihre Landsmänner als steckbrieflich gesuchte Betrüger entlarvt, haben diese die jüngste Tochter

Hannchen bereits entführt, um den Vater zu erpressen. Das Kind, als realistische Figur von Holbergs wie Molières Lustspielübertreibungen gleichermaßen entfernt, wird den ‹Spitzbuben› lästig und kehrt wohlbehalten zurück. Franz, von der ‹Hausfranzösin› zum Narren gemacht, erhält durch seinen strengen Onkel die nötige «Zucht», ehe er deutsche Höfe bereisen darf.

Die ‹Sächsische Typenkomödie› in Prosa entwirft plakativ ein bürgerliches wie nationales Selbstbewußtsein, das der sprachlichen und sittlichen Überfremdung durch Frankreich eigene Werte entgegenzusetzen weiß. Daß der ‹schwache› Vater mit dem Schrecken davonkommt und Franz' Charakterfehler als Zeichen von Unreife – anders als bei Holberg – korrigierbar sind, weist das Stück als frühaufklärerische Satire aus. Die vielgescholtene Verletzung des Decorum geht teils auf die zoten- und klamauklastige Vorlage zurück, teils entspringt sie dem Versuch, kriminelles Milieu sprachlich zu erfassen.

Lit.: W. Hinck: Das deutsche Lustspiel des 17. und 18. Jahrhunderts und die italienische Komödie, 1965, S. 207f. V. C. Richel: Luise Gottsched, 1973, S. 29–38.

Caroline Voigt

Herr Witzling, Ein deutsches Nachspiel in einem Aufzuge.
In: Der Deutschen Schaubühne, nach den Regeln und Mustern der Alten, Sechster und letzter Theil, darinnen sechs neue Stücke enthalten sind, ans Licht gestellet von Johann Christoph Gottscheden. Leipzig 1745, S. 509–551.
UA: ?

Herr Witzling, ein Student, wohnt seit kurzem im Haus des wohlhabenden Leipziger Kaufmanns Reinhart. Voller Selbstüberhebung kritisiert er die Professoren, quält die Wirtsfamilie mit endlosen Rezitationen selbstverfaßter Verse und verkündet großmäulig gar seine Widerlegung der aristotelischen Poetik. Davon zunächst beeindruckt und geblendet, beschließt der alte Reinhart, sein Mündel Lottchen mit Witzling zu verheiraten.

Lottchen begehrt gegen die Absicht ihres Vaters auf und faßt zusammen mit ihrem Bruder den Plan, den geckenhaften Witzling bei einer Zusammenkunft mit dem jungen Dichter Jambus und Rhomboides, einem angeblich aufstrebenden Gelehrten, bloßzustellen.

Das Treffen der drei Herren im Salon Lottchens wird zum satirischen Zentrum des Stücks. Schnell entdeckt man Gemeinsamkeiten, prahlt mit den eigenen Leistungen und begründet eine «denkende Sprachschnitzer-Gesellschaft», die sich die Mißachtung der deutschen Grammatik in die Satzung schreibt. Ebenso rasch beschimpft und entzweit man sich wieder, ohne die eigene Torheit zu bemerken, die sich etwa in fortgesetzt falschem Pronominalgebrauch auf unterhaltsame Weise artikuliert. Witzling, Jambus und Rhomboides entpuppen sich als törichte Versager und heben sich vor dem Hintergrund der ‹guten› Figuren negativ ab. In den vernünftigen Einwendungen von Vater und Sohn Reinhart sowie Lottchen ergreift das Lustspiel Partei gegen abwegige Sprachtheorien und plädiert für die sprachreformerischen Anstrengungen Johann Christoph Gottscheds. Vertauschte Briefe entlarven schließlich Herrn Witzling als boshaft, hochmütig und undankbar: Lottchen erhält den ihrem Vater zugedachten Heuchelbrief, der junge Reinhart entfaltet die Lottchen zugedachten Liebesgedichte, und Witzlings Vater wird ein zweifelhaftes Schäferspiel vorfinden, mit dem der Sohn hatte glänzen wollen. Mit der Bloßstellung Witzlings endet das Stück, Lottchen bleibt schließlich ohne Mann.

Als Prosaeinakter in neun Auftritten war der *Witzling* – stofflich wohl an Molières *Critique de l'école des femmes* (1672) orientiert – als aufheiterndes Nachspiel zu einer Tragödie gedacht und gibt im Sinne der Literaturtheorie Gottscheds die lasterhafte Unvernünftigkeit seiner Titelfigur dem Verlachen der Zuschauer preis.

Lit.: H. von der Heyde: Die frühe deutsche Komödie, 1982, S. 61–83.

Oliver Jahn

Panthea, Ein Trauerspiel, in fünf Aufzügen, von L.A.V.G.
In: Die Deutsche Schaubühne, nach den Regeln und Mustern der Alten, Fünfter Theil, darinn sechs neue deutsche Stücke enthalten sind, Nebst einer Fortsetzung des Verzeichnisses deutscher Schauspiele, ans Licht gestellet von Joh. Christoph Gottscheden. Leipzig 1744, S. 1–66.
UA: Breslau, 1744

Luise Adelgunde Victorie Gottsched, im Rahmen des Gottschedschen Theaterprojekts eigentlich für das komische Fach zuständig, debütierte mit der *Panthea*, dem mutmaßlich ersten (überlieferten) Trauerspiel der Aufklärung aus weiblicher Feder, als Tragödienautorin. Ihr Alexandrinerdrama fußt auf Xenophons *Kyru paideia* (*Kyrupädie*), die Kyros II., den Stifter des persischen Imperiums, als mustergültigen Herrscher darstellt.
Im Zentrum steht die Susianerkönigin Panthea, deren Gatte Abradates von Cyrus bezwungen worden ist und nun als dessen Verbündeter in den Krieg gegen den tyrannischen Lydierkönig Crösus zieht. Cyrus wird als vorbildlicher Regent dargestellt (im Sinne des ethisch rigorosen aufgeklärten Absolutismus), der ein ihm zustehendes Recht aus sittlichen Gründen verweigert: Er lehnt es ab, sich die schöne und tugendhafte Gattin des Besiegten als Sklavin zu unterwerfen, respektiert die Ehe eines Dritten ebenso wie sein eigenes Eheversprechen und führt das getrennte Paar wieder zusammen. Abradates zieht loyal in den Krieg, während sich die zurückbleibende Panthea ihrem Schmerz hingibt und sich zugleich ihrem wollüstigen Bewacher Araspes widersetzen muß. Dessen Intrige – die Ermordung des Konkurrenten in der Schlacht – gelingt. Nach Rückkehr der Sieger begeht Panthea am Leichnam ihres Gatten Selbstmord. Der Intrigant Araspes gesteht seine Verstrickungen ein und tötet sich ebenfalls. Dem als musterhaft konzipierten Cyrus kontrastiert einerseits der lasterhafte Araspes, andererseits die differenziertere Figurenzeichnung Pantheas: Auch sie ist eine herausragende Persönlichkeit, verliert in Extremsituationen ähnlich wie Gottscheds *Cato* jedoch die Kontrolle über ihre Leidenschaften und tötet sich im Affekt. Während in den Tragödien der *Deutschen Schaubühne* in

der Regel der Held den Fehler als kausales Erklärungsmoment der Katastrophe apostrophiert, konstruiert L. A. V. Gottsched eine Nebenhandlung um die Prinzessin Nikothris, die zumindest phasenweise Pantheas Schwächen zur Sprache bringt.
Die allen voran von Johann Jacob Bodmer vehement kritisierte *Panthea*-Tragödie verknüpft dergestalt die beiden Säulen der frühaufklärerischen Tragödienpoetik: das Vorbildmodell (Cyrus, Nikothris) und das Fehlermodell.

Lit.: H. Hollmer: Anmut und Nutzen: die Originaltrauerspiele in Gottscheds *Deutscher Schaubühne,* 1994, S. 194–210.

Heide Hollmer

Die Pietisterey im Fischbein-Rocke; Oder die Doctormäßige Frau. In einem Lust-Spiele vorgestellet. Rostock, Auf Kosten guter Freunde. 1736.
UA: ?

Das anonym publizierte Prosalustspiel kann als erste satirische Verlachkomödie in Deutschland gelten (‹Sächsische Typenkomödie›). Abgesehen von motivischen Übereinstimmungen mit Molières Verskomödien *Les Femmes Savantes* (1672) und *Le Tartuffe ou L'imposteur* (1669, bereits 1664 uraufgeführt), wo auch schon ‹doctormäßige› Frauen bzw. ein religiöser Heuchler vorkommen, beruht das erfolgreichste Werk der ‹Gottschedin› auf einer französischen Vorlage (Guillaume-Hyacinthe Bougeant: *La Femme Docteur ou la Théologie Tombée En Quenouille*; 1730); allerdings wird der Ort der Handlung von Paris nach Königsberg verlegt und statt des französischen Jansenismus der deutsche Pietismus attackiert. Die einseitige Darstellung, die den Pietismus als Schwärmerei bzw. als Gegensatz zum ‹gesunden Menschenverstand› diskreditiert, gehört zum Selbstverständnis der Gattung, die von Parteilichkeit mit Hang zu Überspitzung und Verzerrung lebt. Das Stück entspricht in wesentlichen Aspekten Johann Christoph Gottscheds Vorstellungen von einer regelmäßigen, fünfaktigen Komödie: Einheit des Ortes (Haus der Frau Glaubeleichtin), Einheit der Zeit (wenige Stunden) und Einheit (d.h. Einsträngigkeit) der Handlung.

Frau Glaubeleichtin, deren jüngere Tochter Luischen kurz vor der Heirat mit Herrn Liebmann steht, gerät während der zweijährigen Abwesenheit ihres Mannes unter den Einfluß von Pietisten. Allen voran läßt Magister Scheinfromm nichts unversucht, die leichtgläubige und törichte Frau zu übervorteilen, die sich selbst allerdings in theologischen Fragen außerordentlich gelehrt dünkt. Er hintertreibt die Heirat des jungen Paares, um seinen Vetter (Herr von Muckersdorff) als Bräutigam durchzusetzen, damit diesem per Ehevertrag das gesamte Vermögen der Brautfamilie übertragen wird. Glaubeleichts Bruder, der Obrist Wackermann, kann dies im letzten Augenblick verhindern. Verstellung und Heuchelei des Magisters Scheinfromm werden aufgedeckt, Frau Glaubeleichtin erkennt ihre «Blindheit», und der Hochzeit des liebenden Paares steht nichts mehr im Wege. Das genretypische Happy-End wird schließlich durch die Heimkehr des Herrn Glaubeleicht gekrönt.
Theoretisch und praktisch propagiert die Prosakomödie eine ‹natürliche Schreibart› mit umgangssprachlichen Elementen (lebhaften Wechselreden, Ausrufen, Ellipsen, Kraftausdrücken u. ä.). Insbesondere Frau Ehrlichin – als positiver Charakter eine eigenständige Erfindung der Gottschedin – beherrscht diesen Stil vorzüglich. Die pietistisch-mystische Diktion der ‹Lasterhaften› hingegen fällt dem Spott anheim. Das neue bürgerliche Selbstverständnis bildet die ideologische Grundlage für die moraldidaktische Ausrichtung: Die Figuren erscheinen als Typen, die exemplarisch entweder Laster oder Tugenden verkörpern; ihre ‹sprechenden› Namen sind Ausdruck dieser Schwarzweißzeichnung.
Das Stück endet aufklärungstypisch mit dem Vertrauen auf die Besserungsfähigkeit des Menschen. Aus der lasterhaften Frau Glaubeleichtin wird allerdings nicht schlagartig eine tugendhafte Figur; differenzierter und ‹wahrscheinlicher› erscheint die Protagonistin zum Schluß als eine Person, der der mühsame Weg zur Besserung erst noch bevorsteht.
Die Wirkung dieser dramatischen Satire war beachtlich. Das Stück sorgte gleich nach seinem Erscheinen für Aufsehen in der Öffentlichkeit. Dem Hamburger Pastor Erdmann Neumeister (1671–1756), einem erbitterten Gegner der Pietisten, wurden

die Fenster eingeworfen, da man ihn für den Verfasser des Stücks hielt. In Gottscheds Heimatstadt Königsberg, dem Schauplatz des Stückes und einem Zentrum des Pietismus, wurden alle Exemplare beschlagnahmt und die Lektüre verboten. Daß die *Pietisterey* als einziges Stück der Gottschedin von ihrem Gatten nicht unter die Musterdramen der *Deutschen Schaubühne* aufgenommen wurde und die Verfasserschaft lange geheim blieb, verweist auf die Brisanz des Stoffes. Obwohl das Stück offenbar nie aufgeführt worden ist, hat es die Tradition der regelmäßigen literarischen Komödie in Deutschland begründet.

Lit.: W. Martens: Nachwort; in: W. Martens (Hg.): *Die Pietisterey im Fischbein-Rocke* 1968, S. 151–167. H. Brandes: L. A. V. Gottsched: *Die Pietisterey im Fischbein-Rocke; Oder die Doctormäßige Frau*; in: Interpretationen: Dramen vom Barock bis zur Aufklärung, 2000, S. 200–223.

Helga Brandes

Das Testament, ein deutsches Lustspiel in fünf Aufzügen.
In: Der Deutschen Schaubühne, nach den Regeln und Mustern der Alten, Sechster und letzter Theil, darinnen sechs neue Stücke enthalten sind, ans Licht gestellet von Johann Christoph Gottscheden. Leipzig 1745, S. 81–204.
UA: Hannover, 1747 (?)

Das anerkanntermaßen ‹reifste› Lustspiel der Gottschedin hat lange als schematische Umsetzung der Dramentheorie ihres Mannes gegolten, so daß Subversives wie Eigenes übersehen wurden. Die ‹Sächsische Typenkomödie› in Prosa kritisiert anhand der Erbschleicherei menschliche Schwächen und «Thorheiten» der Zeit: Amalie und ihrem Bruder (Herr von Kaltenbrunn) sind sogar kriminelle Mittel recht, um sich das Erbe ihrer begüterten Tante zu sichern, unter deren Obhut sie als Waisen aufgewachsen sind. Da die reiche Witwe ‹Frau im Hause› bleibt, gestaltet sich das intrigante Spiel dank Schlagfertigkeit, Situationskomik und Sprachwitz als Satire, die bürgerliche Tugenden, aufklärerische Ideale und christliche Werte propagiert.
Die Heiratswut Amalies und die Leichtlebigkeit ihres Bruders

werden von deren Schwester Caroline kontrastiert, die als spöttische ‹Stimme der Vernunft› wesentlich kommentierende Funktion hat. Bis auf Amalie, Verkörperung der Falschheit und Undankbarkeit schlechthin, sind die Figuren im Stil der Commedia dell'arte schematisiert (Hauptmann von Wagehals, Notarius), aber weder eindimensional noch moralisch eindeutig gezeichnet: Wo Caroline durch ihre Wahrheitsliebe vorübergehend an Ansehen verliert, gewinnt ihr Bruder – im Gegensatz zu Amalie – als reflektierter Charakter, der um seine Fehler weiß; der zunächst so verständige Hausarzt wird, obgleich er den «ganzen Molière widerlegen könnte», in seinem gelehrten Berufsethos zur Karikatur. Frühaufklärerischem Optimismus gemäß, erhalten Amalie und ihr Bruder zuletzt eine Chance zur Besserung, und Caroline wird mit der Aussicht auf Erbschaft belohnt. Im Entwurf tendenziell enttypisierter Charaktere und in der Inszenierung eines selbstbestimmten weiblichen Daseins (Caroline bleibt unverheiratet und ihre Tante behauptet in zweiter Ehe ihre finanzielle Unabhängigkeit) geht Luise Gottsched jedoch eigene Wege.

Lit.: A. Bohm: Authority and Authorship in Luise Adelgunde Gottsched's *Das Testament*; in: Lessing Yearbook XVIII, 1986, S. 129–140. S. Kord: Ein Blick hinter die Kulissen, 1992, S. 44–48.

Caroline Voigt

Die ungleiche Heirath, ein deutsches Lustspiel in fünf Aufzügen.

In: Die Deutsche Schaubühne, nach den Regeln und Mustern der Alten, Vierter Theil, darinn sechs neue deutsche Stücke enthalten sind, Nebst einer Fortsetzung des Verzeichnisses deutscher Schauspiele, ans Licht gestellet von Joh. Christoph Gottscheden. Leipzig 1743, S. 69–184.
UA: Schwerin, 1750 (?)

Herr von Ahnenstolz, ein Dorfjunker, möchte seine Tochter Philippine mit Herrn Willibald, dem Sohn eines reichen Kaufmanns, verheiraten, um mit dem Vermögen seines zukünftigen Schwiegersohns den Schuldenberg seines Hauses abzutragen. Während er sich in «heraldischen Alfanzereyen» ergeht, wähnt sich seine

Frau, eine geschwätzige Hypochonderin, unausgesetzt dem Tode nahe.

Zähneknirschend muß Willibald, der sich um nahezu jeden Preis in den Adel einkaufen möchte, Herabsetzungen aus dem Mund der Frau von Ahnenstolz ertragen. Dagegen scheinen die ebenfalls auf die hochmütige Philippine gerichteten Hoffnungen des jungen Herrn von Zierfeld nach einem Zerwürfnis der beiden Familien unerfüllbar geworden zu sein. Trotzdem schleicht der selbstverliebte Stutzer sich in Philippines Zimmer und schlüpft, um unerkannt zu bleiben, auf ihr Geheiß in das Gewand eines Gartenknechtes. Fadenscheinige Erklärungen beruhigen die herbeigeeilten Eltern, nachdem der eifersüchtige Willibald die beiden überrascht hat. Uneinsichtig schlägt er die wohlmeinenden Ratschläge Amalias (Schwester der Frau von Ahnenstolz und Stimme der Vernunft) aus, sein Vermögen nicht an eine demütigende Ehe zu verschwenden.

Nachdem selbst ein Porträt, das dem verkleideten von Zierfeld aus der Tasche fällt, nicht zur Aufklärung führt, lüftet Amalia das Geheimnis der Maskerade. Herr Willibald verzichtet endlich auf die Verbindung, um Amalia einen Heiratsantrag zu machen; sie lehnt das jedoch als unvernünftig ab und empfiehlt freundlich, sich an eine Bürgerliche zu halten. So mag der junge von Zierfeld seine Hoffnungen erneuern, schickt sich doch Herr von Ahnenstolz an, sich bei seiner Gemahlin für eine Hochzeit zu verwenden.

Die entlarvende Tendenz der Prosakomödie, die in Molières *Georges Dandin* (1668) ein Vorbild haben könnte, richtet sich nicht gegen die Differenz von Adel und Bürgertum, sondern kritisiert im Stil einer karikierenden Moralsatire die Torheit des Herrn Willibald und bestätigt die gesellschaftliche Stellung des Bürgers.

Oliver Jahn

Grimm, Friedrich Melchior
Freiherr von
(1723–1807)

Banise ein Trauerspiel. 1743. von N. N. Grimm, aus Regensburg.
In: Die Deutsche Schaubühne, nach den Regeln und Mustern der Alten, Vierter Theil, darinn sechs neue deutsche Stücke enthalten sind, Nebst einer Fortsetzung des Verzeichnisses deutscher Schauspiele, ans Licht gestellet von Joh. Christoph Gottscheden. Leipzig 1743, S. 379–444.
UA: Halle, 1745

Das einzige Drama des späteren Pariser Enzyklopädisten und europäischen Kulturkorrespondenten gestaltet die Schlußepisode von Heinrich Anshelm von Zigler und Kliphausens überaus populärem Barockroman *Die Asiatische Banise Oder Das bluthig-doch muthige Pegu* (Erstdruck 1689) im Stil von Johann Christoph Gottscheds rationalistischer Tragödiendogmatik zu einem fünfaktigen Alexandrinertrauerspiel um.
Der tyrannische Herrscher Chaumigrem, der widerrechtlich in Pegu regiert, will die ebenso schöne wie sittlich integre und standhafte Prinzessin Banise heiraten. Diese widersetzt sich dem Ansinnen des «Wütherichs» und soll deshalb – auch auf Betreiben des intriganten Oberpriesters Rolim – am Altar des Kriegsgottes Karkovita geopfert werden. Nach mehreren fehlgeschlagenen Befreiungsaktionen gelingen ihrem Verlobten in der Verkleidung eines Opferpriesters die Rettung der Geliebten, die Tötung des Gewaltherrschers und damit auch die Wiedererlangung der legitimen politischen Macht.
Grimms Trauerspiel verzichtet auf die von Gottsched favorisierte Fehlerkonzeption und entscheidet sich für das innerhalb der Deutschen Schaubühne unterrepräsentierte Vorbildschema (vgl. Johann Elias Schlegels *Herrmann*) und entsprechend für eine poetisch gerechte Handlungsführung: Die scharfe Antithese von Laster und Tugend läßt die Sittlichkeit triumphieren. Lediglich

in einer Nebenhandlung kommt das Motiv des fehlerhaften tragischen Helden zum Zuge: Banises Bruder Xemin kann im Übereifer seine Affekte nicht beherrschen; sein Versuch, die Schwester zu befreien, mißlingt, er tötet sich selbst, um Chaumigrems Folter zu entgehen.
Mit dieser Schülerarbeit konnte der Operngegner und Barockkritiker Gottsched dem beliebten Opern- und Wanderbühnenstoff endlich ein regelkonformes Schauspiel entgegensetzen, das seiner Poetik insofern entspricht, als es dem Zuschauer vorführt, daß die Vernünftigkeit der Weltordnung auch dann gewährleistet ist, wenn sie dem einzelnen – phasenweise – subjektiv nicht unmittelbar einsichtig ist.

Lit.: H. Hollmer: Anmut und Nutzen: die Originaltrauerspiele in Gottscheds *Deutscher Schaubühne,* 1994, S. 181–193.

Heide Hollmer

Grossmann, Gustav Friedrich Wilhelm (1743–1796)

Nicht mehr als sechs Schüsseln. Ein Familien-Gemälde in fünf Aufzügen von G. F. W. Großmann. Im Jahre 1777 verfertigt, und gedruckt zu Bonn 1780.
UA: Bonn, 6. 4. 1779

Das seinerzeit ungemein populäre Prosadrama, das in mehrere Sprachen übersetzt und auch als Singspiel bearbeitet wurde, inszeniert den Standeskonflikt als familieninterne Auseinandersetzung; es orientiert sich am Genre des sog. ‹bürgerlichen Schauspiels› in der Traditionslinie von Diderot.
Der wohlhabende bürgerliche Hofrat und Justizdirektor Reinhard, in zweiter Ehe mit einer Adligen verheiratet, gerät in heftigen Streit mit deren Anverwandten. Hauptkontrahentin ist die vom Adelsdünkel besessene Tante seiner Frau, die Kontakte zum korrupten Hof unterhält und für die beiden Kinder aus

Reinhards erster Ehe höfische Karrieren plant, denen sich der Vater strikt widersetzt: Dem Sohn Fritz soll eine hohe Offiziersstelle erkauft, die Tochter Wihelmine an einen liederlichen Kammerherrn verkuppelt werden. Dem höfisch-adligen, nur auf äußere Repräsentation abzielenden und letztlich amoralischen Wertesystem der Tante setzt Reinhard bürgerliche Tugenden wie Bescheidenheit, Sparsamkeit (beispielhaft in der Beschränkung auf nur «sechs Schüsseln», d.h. Gänge für ein geplantes Essen) und absolute Gerechtigkeit entgegen. Auf dem Höhepunkt der Auseinandersetzung scheint die intrigante Tante zu triumphieren: Reinhard widersteht dem fürstlichen Ansinnen, zwei Unrechtsurteile zu sprechen, und wird seines Amtes enthoben. Am Ende siegt jedoch der streitbare Hausvater (und mit ihm die bürgerlich-aufgeklärte Moral): Die Tochter heiratet den geliebten adligen, doch armen und tugendhaften Verwandten aus der Familie der Stiefmutter; der Sohn muß seine Militärkarriere als einfacher Musketier beginnen; die Tante wird aus der Familie ausgeschlossen. Der Fürst, der seine Verführung durch falsche Hofschranzen beklagt, rehabilitiert abschließend den Hofrat.

Die auf einem eher simplen ständischen Konfliktschema basierende bürgerliche Ideologie dieses Familiendramas – von Goethe als «Pöbelküche» verspottet (*Dichtung und Wahrheit* II, 13) – wird bühnenwirksam in lebendigen, hochdramatischen und gefühlsintensiven Dialogen inszeniert.

Lit.: M. Krause: Das Trivialdrama der Goethezeit 1780–1805. Produktion und Rezeption, 1982, S. 118–173. G. Steiner: Jakobinerschauspiel und Jakobinertheater, 1973, S. 93–135.

Wolfgang Lukas

Wilhelmine von Blondheim. Ein Trauerspiel in drei Aufzügen. Gotha 1775.

UA: Breslau, 10.3.1778 (?)

Dem bürgerlichen Prosatrauerspiel liegt das Handlungsschema der Verführung der ‹bürgerlichen Unschuld› durch einen lasterhaften Höfling zugrunde.

Wilhelmine, die Tochter des Präsidenten Blondheim, ist von einem Kammerherrn verführt worden, den ihre Mutter – einst selbst verführt und betrogen – in die Familie eingeführt hat; um am männlichen Geschlecht Rache zu üben, hatte die Mutter den Kammerherrn erobern und dann fallenlassen wollen. Wilhelmine gesteht der Mutter den Verlust der Unschuld, während der nichtsahnende Vater sie an einen Freund (General Tromberg) verheiraten will, der im II. Akt nach langjähriger Abwesenheit wieder eintrifft und zugleich, was die Familie jedoch nicht weiß, Oheim des Kammerherrn ist. Wilhelmine willigt in diese Verbindung ein, will aber dem zukünftigen Gatten ihren Fehltritt beichten; bevor sie dies tun kann, wird Tromberg von seinem Neffen informiert, der sich seines Triumphes brüstet. Tromberg bleibt jedoch zur Eheschließung bereit und will das Verbrechen des Neffen strafen. Als dieser in der letzten Szene nochmals öffentlich die Verführung schildert, ersticht ihn Wilhelmine in einem Wutausbruch. Blondheim, der das Ideal eines zärtlichen Vaters verkörpert, hat ihren Fehltritt in einer großen Rührszene bereits verziehen; Tromberg entschuldigt den Mord als gerechte Strafe für ein Verbrechen, welches die Gesetze nicht ahnden, und will beim König persönlich um Gnade für Wilhelmine bitten.
Das Problem der Verführung verknüpft Großmann mit dem neuen Thema der Determination der Kinder- durch die Elterngeneration: Das Schicksal der Mutter wiederholt sich bei der Tochter.

Lit.: C. Mönch: Abschrecken oder Mitleiden: das deutsche bürgerliche Trauerspiel im 18. Jahrhundert, 1993, S. 111–121.

Wolfgang Lukas

Hagemeister, Johann Gottfried Lucas (1762–1806)

Brutus und seine Söhne.
In: Johann Gottfried Lucas Hagemeister: Römische Dichtungen. Bd. 1, Berlin 1794, S. 203–344.

Die heroische Tragödie nach Livius' *Ab urbe condita* II, 3–5 bildet den dritten Teil der *Römischen Dichtungen*, in denen der Autor «den Geist und Charakter der Römer» darstellen will, um angesichts der «Geschichte des Tages» (d. h. der Französischen Revolution) «gewisse politische Wahrheiten zu versinnlichen» (Vorrede).
Die vier Akte dieses Lesedramas (manche Szenenüberleitungen werden erzählt) führen innerhalb von 24 Stunden vor, wie eine Verschwörung königstreuer Patrizier gegen das republikanische Regime des Konsuls Lucius Junius Brutus beschlossen, verraten und bestraft wird. Brutus hat ein Jahr zuvor den Sturz des Königs Tarquinius Superbus maßgeblich initiiert und der neuen Staatsordnung ein ‹demokratisches› Gepräge gegeben (diese aktualisierende Manipulation der historischen Daten wird von der Vorrede mit der beabsichtigten Analogie zur Französischen Revolution legitimiert). Breiten Raum nimmt hier die aristokratische Kritik am asketischen Formalismus bei der Durchsetzung des Gleichheitsprinzips ein, wobei dieses Argument freilich von den moralisch durchweg unwürdigen Verschwörern vorgetragen wird. Demgegenüber tritt der ‹Demokrat› Brutus, der «nicht zur Nachahmung, sondern zur Warnung» dienen soll (Vorbericht), als Figur von zweifelsfreier moralischer Integrität und heroischer Größe auf: Der patriotische Republikaner gerät in einen tragischen Konflikt, als er das antirepublikanische Komplott aufdeckt und dabei erfährt, daß seine beiden Söhne sich aus Charakterschwäche den Verschwörern angeschlossen haben. Angesichts der Notwendigkeit, die Verräter mit dem Tode zu bestrafen, geraten die ‹natürlichen› Bindungen des Vaters an seine Kinder in unüberbrückbaren Widerspruch zum politischen Ethos als Staats-

mann. Obwohl die dankbaren Bürger ihm eine Begnadigung seiner Söhne anbieten, befiehlt Brutus nach schwerem innerem Kampf die Anwendung des Gesetzes und folglich die Hinrichtung seiner Söhne. An diesem Beispiel soll sich zeigen, daß die politische Freiheit die Menschen im Grunde überfordert und nicht «die Bestimmung schwacher, endlicher Wesen sein» kann (Vorbericht). Brutus' übermenschlichen Tugendrigorismus gilt es daher als unmenschlich zu begreifen, woraus sich das Plädoyer für eine monarchische und insofern wirklichkeitsnähere Staatsform ergibt. Dieser konterrevolutionären Botschaft wird der Dramentext allerdings nicht gerecht, weil die Kritiker der republikanischen Staatsform im Stück moralisch diskreditiert sind.

Lit.: A. Meier: Dramaturgie der Bewunderung, 1993, S. 359–362.

Wolfgang Kehn

Der Graf aus Deutschland, ein Lustspiel in fünf Aufzügen. Herausgegeben von Hagemeister. 1791.
In: Deutsche Schaubühne. Dritten Jahrgangs Eilfter Band. Augsburg 1791, S. 179–346.
UA: ?

Das fünfaktige Prosalustspiel, das sich weitgehend an die aristotelischen Einheiten hält (Schauplatzwechsel lediglich im 3. Akt), gestaltet eine frei erfundene Handlung.
Zu Madrid lebt Don Baratto mit seiner Familie. Er hat beschlossen, seine Tochter Maria entweder möglichst reich zu verheiraten oder ins Kloster zu geben, um sich die Aussteuer zu sparen. Drei vornehme Herren bewerben sich um die Hand Marias: der junge und edle, aber mittellose Spanier Diego, den Maria liebt; der Italiener Corbelli, den sie verachtet, ohne zu wissen, daß dieser aus Habsucht selbst vor Verbrechen nicht zurückschreckt; schließlich dessen Gegenbild, der edle und selbstlose Graf Silbach aus Deutschland, den Baratto des unermeßlichen Reichtums wegen sich zum Schwiegersohn wünscht, obwohl Maria ihn nur wie einen Vater verehrt. Ihre Standhaftigkeit erwirbt Maria die Freundschaft des Grafen, versetzt den habgierigen Vater aber dermaßen

in Wut, daß er die Tochter sofort ins Kloster bringen läßt. Während Diego verzweifelt, verhilft der Graf Maria zur Flucht und entlarvt Corbelli als Betrüger und Auftraggeber von Meuchelmördern, vor deren Anschlägen Diego einst den Grafen und kürzlich Don Baratto gerettet hat. Aber nicht Diegos Heldentaten, sondern erst dessen Adoption durch den Grafen, die Einsetzung des Adoptierten als Alleinerben und damit die Befriedigung von Barattos Geldgier bewegen diesen zur Einwilligung in die Vereinigung Diegos mit Maria.

Die Figuren sind als moralisch eindimensionale Charaktere gezeichnet. Dem entspricht in seiner Eindeutigkeit das Konfliktpotential: ‹Liebe oder Tod› lautet die Losung des tugendhaften Liebespaars; ihm stehen die verbrecherische Intriganz des Italieners von der einen Seite und von der anderen der primitive Geiz Barattos entgegen. Die Entscheidung zugunsten der Liebenden führt der von Maria abgewiesene Graf aus Deutschland herbei, und zwar dank seines Edelmuts, der mühelos die verschmähte Liebe gegen selbstlose Freundschaft auswechselt und aufgrund des Handlungsspielraums, den unbegrenzter Reichtum verleiht, den Widerstand seines Gegenspielers Baratto durch Erfüllung von dessen materiellen Wünschen überwindet. Damit erweist sich die zuweilen satirische Überzeichnung der Schwächen Barattos als ziellos: Die Lächerlichkeit der Untugend hat keine Konsequenz; der Geiz wird am Ende nicht gestraft, sondern zufriedengestellt, da nur so die Tugend belohnt werden kann. Signale, die es ermöglichen würden, diesen Bedingungszusammenhang im Sinne sarkastisch-skeptischer Brechung eines oberflächlichen Tugendoptimismus zu verstehen, fehlen wegen der eindeutigen Parteinahme zugunsten der moralisch positiven Figuren völlig.

Wolfgang Kehn

Der Tod des Pausanias. Ein Trauerspiel von Hagemeister. Berlin 1795.
In: Beiträge zur Darstellung des Enthusiasmus von Hagemeister. Berlin 1795, S. 165–204.

Das zweiaktige Lesedrama mit erzählenden Zwischenpassagen stützt sich auf Thukydides' *Geschichte des Peloponnesischen Krieges* I, 128–134.
Korrumpiert durch den Ruhm seiner Siege über die Perser sowie durch orientalischen Luxus und Despotismus, führt der spartanische Feldherr Pausanias Geheimverhandlungen mit dem Perserkönig, um unter dessen Schutz Griechenland zur «Sclavin» zu machen. Das Mißtrauen der Bürger und seiner Mutter Agenore wird bestätigt, als Agenore einen Brief ihres Sohnes abfängt, in dem letzte Verabredungen für den Staatsstreich getroffen werden. Getrieben von ihrem «Eifer als Republicanerin» und ihrer Begier, als solche auch weiterhin durch das Volk bewundert zu werden, zögert Agenore nicht, ihren Sohn durch eine List zur ausdrücklichen Bestätigung des Plans zu verleiten. Einer Verhaftung entgeht Pausanias durch Flucht in den Minerva-Tempel. Der Helotenaufstand, den seine Freunde gegen die Regierung anzetteln, findet die Bürger furchtsam und hilflos, bis Agenores Eingreifen das Blatt wendet. Verzweifelt bricht Pausanias zusammen und erkennt die Ursache seines Scheiterns im Ehrgeiz. Zwar befiehlt Agenore zunächst, ihren Sohn als Staatsverbrecher hinzurichten, überredet ihn dann aber, das Urteil mit ihrem Dolch an sich selbst zu vollstrecken. Die Tragödie schließt mit Agenores Aufruf an das Volk, es ihr an republikanischer Tugend gleichzutun.
In dieser heroischen Tragödie dominieren politische Wertvorstellungen über private Bindungen («Natur und Menschheit»). Verkörpert werden jene Werte in Agenore und Pausanias als zwei «Ungeheuern», die einander das «Gegengewicht» halten. Absoluter Herrschaftswille erweist sich im Falle des Pausanias als unvereinbar mit Freundschaft und Sohnesliebe; aus Freiheits- und Vaterlandsliebe unterdrückt Agenore ihre Liebe zum Sohn. Die vom Text intendierte Bewertung dieser Positionen bleibt unklar:

Zwar wird die Herrschsucht des Pausanias als lasterhafte Entgleisung eines übermäßig leidenschaftlichen Charakters kenntlich gemacht, aber auch Agenores Motive sind ihres Strebens nach persönlichem Ruhm wegen nicht uneigennützig, und die Freiheit des Volkes, die sie so heldenmütig verteidigt, erscheint als durchaus problematische Norm, da die Repräsentanten des Volks von Agenore (wie von Pausanias) als unwürdig verachtet werden und sich selbst auch so darstellen.
Ein dem Text angehängter Vergleich «des ältern und neuern Patriotismus» schafft keine interpretatorische Klarheit, da auch dort die heroisch-republikanische Vaterlandsliebe der Alten als Tugend zwar bewundert, aber auch deren Umschlagen in «große Laster» gefürchtet wird. Die gegenwärtige Staatsform der gemäßigten Monarchie hingegen verhindere mit dem einen auch das andere – ein Zustand, der offenbar als zuträglicher für die schwache Menschennatur angesehen wird. Wie in Hagemeisters *Brutus* läuft die Autorintention auf eine Selbstdemontage der anthropologischen Grundlage des heroischen Trauerspiels hinaus, bleibt allerdings hier wie dort dem Drama äußerlich und kann nur über diskursive Begleittexte erschlossen werden.

Wolfgang Kehn

Halem, Gerhard Anton von
(1752–1819)

Wallenstein, ein Schauspiel. Göttingen 1786.
UA: ?

Der Historiograph von Halem bemüht sich in seinem fünfaktigen Geschichtsdrama zunächst um Korrektheit hinsichtlich der historischen Fakten. Die «Vorerinnerung» nennt als wichtigste Autoritäten zum Dreißigjährigen Krieg u. a. Samuel Pufendorf und Guillaume Hyacinthe Bougeant und macht deutlich, daß es um die Entfaltung eines möglichst detailgetreuen Bildes von Wallensteins Charakter und seiner Rolle als Vermittler zwischen Katholiken und Protestanten sowie zwischen dem österreichischen Kaiser Ferdinand II. und den Fürsten geht. Zentral für die formal wie sprachlich konventionelle Bearbeitung des vielfach dramatisierten Wallenstein-Stoffes ist die von der Geschichtsschreibung nicht geklärte Frage, ob Wallenstein den Kaiser verraten hat, als er nach dem Tod Gustavs II. Adolf eine friedliche Einigung mit dem schwedischen Kriegsgegner anstrebte. Diese historiographische Leerstelle nutzt von Halem, um seine positive Auffassung Wallensteins als «Genie», «Friedensstifter» und «Befreyer» poetisch umzusetzen und den Vorwurf des Verrats weitestgehend zurückzuweisen. Deshalb läßt er – im Unterschied zu Schillers *Wallenstein*-Trilogie, auf die von Halem keinen Einfluß gehabt hat, und entgegen seinen Ankündigungen in der Vorrede – Wallensteins zwielichtige und dämonische Züge sowie seinen astrologischen Aberglauben zurücktreten. Statt dessen wird der Titelheld wie in den Geschichtsdramen des Sturm und Drang zum ‹großen Kerl› stilisiert: Wallenstein verfolgt seine Ideale der Freiheit und Selbstbestimmung sowohl in individueller als auch in politischer Hinsicht mit äußerster Konsequenz, zur Not auch gegen den Kaiser, der ihn auf Rat der Fürsten hin erneut als obersten Befehlshaber abgesetzt hat. Die Fürsten, die ihre eigene Macht durch Wallenstein gefährdet sehen, bezichtigen ihn des Hochverrats und erwirken vom Kaiser seine Ächtung. Indem das Drama mit der heimtückischen Ermordung des ‹Selbsthelfers› Wallenstein durch einen früheren Vertrauten endet, macht es unmißverständlich deutlich, daß der leidenschaftliche politische Held geradezu notwendigerweise an seiner leidenschaftslosen, kalt berechnenden Umwelt scheitern muß.

Anne-Bitt Gerecke

Halle-Wolfssohn, Aaron
(1756–1835)

Leichtßin und Frömmelei, ein Familien Gemählde in drei Aufsügn.
In: Lustspiele zur Unterhaltung beim Purim-Feßte.
Erßteß Bändchen. Breslau 1796, S. 33–111.
UA: ?

Mit seinem stofflich an Molières *Tartuffe* angelehnten, formal den Typenkomödien der deutschen Frühaufklärung verpflichteten Lustspiel macht sich Halle-Wolfssohn – ein Anhänger der jüdischen Aufklärung (Haskala), Mitarbeiter an der von Moses Mendelssohn initiierten Bibelübersetzung und seit 1792 Lehrer an einer jüdischen Schule in Breslau – die Tradition, während des Purimfestes Schauspiele aufzuführen, im Sinne einer aufklärerisch-didaktischen Wirkungspoetik zunutze:
Der reiche, aber ungebildete Chanauch steht unter dem Einfluß des heuchlerischen Rabbi Jaußefchen, mit dem er seine Tochter Jettchen vermählen möchte. Der Frömmelei Jaußefchens korrespondiert als anderes Extrem der Leichtsinn Jettchens; ihre scheinbare Bildung entspringt bloß einer äußeren Anpassung an den Geschmack ihrer (christlichen) Verehrer, deren Interesse an ihr ebenso oberflächlich ist. Als sie vor der drohenden Heirat in die Arme des Herrn von Schnapps flieht, wird sie prompt in ein Bordell abgeschoben. Jettchens Onkel Markuß, der als Vertreter der wahren Aufklärung die positive Figur des Stücks verkörpert und die Geschehnisse stets richtig analysiert, kann Jettchen ausfindig machen, bevor sie ihre Ehre verliert; zugleich enthüllt er die Scheinheiligkeit Jaußefchens, der sich als Stammkunde der Bordellwirtin erweist. Sowohl Chanauch als auch Jettchen sehen zum Schluß ein, daß es zwischen den Extremen «Leichtsinn und Frömmelei» noch einen Mittelweg gibt, den Markuß verkörpert.
Die in hebräischen Lettern gesetzte Komödie verbindet die für die Haskala charakteristischen Bestrebungen zur Verbreitung der Deutschkenntnisse (Chanauch und besonders Jaußefchen spre-

chen das von den jüdischen Aufklärern bekämpfte Jiddisch) mit der moraldidaktischen Intention, «der Nation mit lebhaften Farben anschaulich vorzustellen, welche üblen Folgen der strenge Fanatismus und die Heuchelei unter dem Deckmantel der Religion einerseits, und die falsche oder unechte Aufklärung unsrer jetzigen modischen Jugend, nebst der fehlerhaften Erziehung der Kinder andererseits, hervorbringen können» (*Vorerinnerung*).

Lit.: G. Och und J. Strauss: Nachwort; in: A. Halle-Wolfssohn: Leichtsinn und Frömmelei. Transkribierter Neudruck der in hebräisch gesetzten Ausgabe Breslau (1796), 1995, S. 53–67.

Bernhard Klöckener

Heubel, Johann Georg
(1722–1762)

Die Begebenheiten des Telemachs auf der Insul der Göttin Calypso in einer Tragödie vorgestellt.
Leipzig und Liegnitz 1740.
UA: ?

In der Vorrede vermerkt Heubel, daß er das Schauspiel «bey Gelegenheit der hohen Vermählung Caroli Königs beyder Sicilien mit der Königl. Pohln. und Churfl. Sächs. Prinzeßin Amalia zu Dresden verfertiget» habe. Als Vorlage dient das VII. Buch von Fénelons *Aventures de Télémaque* (1699), wobei zahlreiche Verse aus Benjamin Neukirchs *Telemach*-Übersetzung (1727–39) Verwendung finden. Das Alexandrinerstück in fünf «Abhandelungen» spielt auf der Calypso-Insel Ogygia an verschiedenen Schauplätzen (nur die Einheiten der Zeit und der Handlung sind gewahrt). Telemach, der sich auf der Suche nach seinem Vater Odysseus befindet, hat die Liebe Calypsos erweckt und damit die Gefahr heraufbeschworen, zusammen mit seinem Ratgeber Mentor von ihr auf der Insel festgehalten zu werden. Getroffen von Cupidos Pfeil, entflammt Telemach jedoch in Liebe zur Nymphe Eucharis, was den eifersüchtigen Zorn Calypsos hervorruft. Mentor drängt Telemach, die Wollust zu meiden und auf dem Weg der Tugend nach Ithaka zurückzukehren. Als er bemerkt, daß Telemach sich nicht aus eigener Kraft aus den Verlockungen der Liebe befreien kann, stürzt er diesen und sich selbst ins Meer, um schwimmend ein Schiff zu erreichen. Calypso bittet Neptun, die beiden nicht ertrinken zu lassen. Die Gattungsbezeichnung ‹Tragödie› widerspricht zwar dem guten Ausgang, erklärt sich aber aus dem mythologischen Stoff, der im Sinne der sog. Ständeklausel im ‹genus grande› behandelt wird. Das Schauspiel soll, wie der Verfasser betont, nach den Grundsätzen der horazischen ‹ut pictura poesis›-Poetik einen «Wettstreit zwischen der Wollust und der Tugend» schildern, wobei zu lernen ist, daß Liebe bzw. Wollust «an und vor sich selbst kein Uebel» darstellt, jedoch durch «Mißbrauch allererst zu einem Uebel und Laster» werden kann.

Nicola Graap

Hippel, Theodor Gottlieb von (1741–1796)

Der Mann nach der Uhr, oder der ordentliche Mann. Ein Lustspiel in Einem Aufzuge. 1765.
UA: ?

Hippels erste Komödie wurde über Königsberg hinaus bekannt und konnte sich lange Zeit im Repertoire der Wanderbühnen halten; auch eine (anonyme) Bearbeitung ist überliefert.

Der Prosaeinakter greift das bereits in der frühaufklärerischen Komödie beliebte Problem der mangelnden bzw. übertriebenen Pünktlichkeit auf und inszeniert es nach einem etablierten Schema: Laster bzw. Unvernunft in der Elterngeneration bedrohen die erotische Selbstbestimmung der Kindergeneration. Der von pedantischer Ordnungsliebe besessene Kaufmann Orbil will seine Tochter Wilhelmine nicht dem von ihr geliebten Valer zur Frau geben, weil er diesen für unordentlich hält; er bevorzugt stattdessen den ungeliebten Magister Blasius, den Neffen eines Freundes. Die Konfliktlösung folgt dem frühaufklärerischen Schema: Das Ziel der erotischen Verbindung der zwei Liebenden kann nur auf dem Umweg über eine Intrige erreicht werden, nämlich durch ein Rollenspiel, das sich als Komödie in der Komödie thematisiert. Valer spielt den Pünktlichen, der den Vater in seiner Pedanterie noch zu übertreffen sucht, erwirbt dadurch dessen Wertschätzung, während der Magister sich im Gegenzug als weniger ordentlich herausstellt als vom Vater angenommen. Der leer ausgegangene Rivale wird am Ende kompensatorisch mit einem Freitisch im Hause versorgt.

Empfindsame Strömungen finden kaum Eingang in diese Komödie, die weitgehend dem Muster der sächsischen Typenkomödie verpflichtet bleibt, allerdings unter Verzicht auf deren lehrhaft-moralisierenden Charakter. Lessing rügt die komischen Einfälle des Stücks als allzu vorhersehbar (*Hamburgische Dramaturgie*, 22. Stück). In der pedantischen Ordnungsliebe des Titelhelden hat man z. T. auch eine satirische Anspielung auf Kant oder andere bekannte Königsberger Zeitgenossen erblicken wollen.

Lit.: P. Reimen: Struktur und Figurenkonstellation in Theodor Gottlieb von Hippels Komödie *Der Mann nach der Uhr*, in: J. Kohnen (Hg): Königsberg. Beiträge zu einem besonderen Kapitel der deutschen Geistesgeschichte des 18. Jahrhunderts, 1994, S. 199–263.

Wolfgang Lukas

Hirzel, Salomon
(1727–1818)

Junius Brutus. Ein Trauerspiel, in fünf Aufzügen. Zürich 1761.

Das Lesedrama des Zürcher Patriziers folgt dem Konzept eines ‹Politischen Trauerspiels›, wie es Johann Jacob Bodmer 1774 in Johann Georg Sulzers *Allgemeiner Theorie der schönen Künste* formuliert hat. Anhand einer bei Titus Livius überlieferten und im 18. Jh. häufig gestalteten Episode aus der Familienlegende des historisch nicht belegten Gründers der römischen Republik und ersten Konsuls L. Iunius Brutus propagiert das Prosadrama eine für die Schweizer Stadtstaaten des 18. Jahrhunderts. charakteristische Bürgerethik: Titus und Tiberius, die beiden Söhne des heroischen Republikaners, beteiligen sich an einer Verschwörung zur Wiedereinführung der Monarchie in Rom; obwohl das Volk und einflußreiche Freunde um Begnadigung bitten, läßt Brutus seine Söhne hinrichten, um im Interesse der politischen Freiheit ein Exempel zu statuieren.

Nachdrücklicher als in den als Vorbildern wahrscheinlichen Dramen Voltaires (*Brutus*; 1730) und Antonio Contis (*Giunio Bruto*; 1743) geht es Hirzel um Brutus' Konflikt zwischen Vaterliebe und Freiheitsliebe. Um diesen Widerstreit zu verschärfen, wertet er die beiden Söhne moralisch auf und erklärt ihre Parteinahme für das Königtum mit an sich edlen Motiven: bei Tiberius mit der Liebe zur Königstochter Tarquinia und dem irrigen Glauben, das Leben des Vaters nur durch Kollaboration mit den Tarquiniern retten zu können; bei Titus mit der patriotischen Hoffnung, unter einer Königsherrschaft die Größe Roms mehren zu können. Obwohl die Söhne nicht lasterhaft sind und die republikanische Staatsverfassung nicht ernsthaft bedrohen, fordert ihr Vater standhaft die Todesstrafe und beklagt doch zugleich den Verlust der geliebten Kinder, denen er als Privatperson verzeiht.

Das strikt nach den aristotelischen Einheiten strukturierte Trauerspiel (Ort der Handlung ist Brutus' Wohnhaus) mit seinen langen Repliken und Monologen zeigt Brutus als bewundernswürdigen Staatsführer, der entschlossen und hart zu handeln vermag und dennoch nicht gefühllos ist, sondern seine private Zärtlichkeit der patriotischen Pflicht unterordnet.

Lit.: A. Meier: Dramaturgie der Bewunderung, 1993, S. 228–244.

Albert Meier

Hölderlin, Friedrich
(1770–1843)

Der Tod des Empedokles. Fragmente eines Trauerspiels.
In: Gedichte von Friedrich Hölderlin, herausgegeben von Ludwig Uhland und Gustav Schwab. Stuttgart und Tübingen 1826, S. 198–226 (erste Ausgabe eines Lesetextes auf der Grundlage des überlieferten Materials: *Der Tod des Empedokles. Ein Trauerspiel in fünf Akten*; in: Hölderlin. Sämtliche Werke, hg. v. Friedrich Beissner, Bd. 4, Stuttgart 1961).
UA: Stuttgart, 1916 (Bearbeitung durch Wilhelm von Scholz)

Das Projekt eines am Muster der attischen Tragödie orientierten Trauerspiels über den im 5. Jahrhundert v. Chr. auf Sizilien lebenden griechischen Arzt und Naturphilosophen Empedokles verfolgte Hölderlin in mehreren fragmentarischen Texten zwischen 1797 und 1801.
Der erste Plan skizziert ein fünfaktiges Drama: Der hochgeachtete Philosoph Empedokles flieht aus dem ihm oberflächlich, einseitig und verdinglicht erscheinenden Gesellschaftsleben Agrigents in die Bergeinsamkeit des Ätna, wird von Freunden und Bürgern noch einmal zur Rückkehr bewegt, dann aber wieder verjagt, nachdem sich die verächtlichen Worte herumgesprochen haben, mit denen er Stadt und Bürger geschmäht hat. Um «durch freiwilligen Tod sich mit der unendlichen Natur zu vereinen», springt er schließlich in den Krater des «lodernden Ätna».
Die beiden Akte der ersten, in sehr frei gehandhabten jambi-

schen Versen ausgeführten Fassung weichen erheblich von dieser Konzeption ab. Empedokles hat hier bereits den Gipfel seines öffentlichen Wirkens überschritten, auf dem er sich als das nur seiner eigenen Natur verpflichtete, autonome Individuum zum Gott erklären konnte und ein in seinem traditionellen Glauben erschüttertes Volk bereit war, ihn in solcher Selbstvergötterung zu bestätigen. Tief verunsichert durch die Erkenntnis, daß eine solche Selbstbezüglichkeit die Differenz gegenüber der Natur nicht überwinden, sondern nur radikalisieren kann, hat sich der Philosoph aus dem politischen Leben zurückgezogen. Eben das nutzen die Vertreter der angegriffenen Gewalten von Staat und Religion, um sich des gefährlichen Konkurrenten endgültig zu entledigen. Von ihnen aufgehetzt, verflucht das Volk den einstmals Vergötterten und schickt ihn in die Verbannung. Zwar erreicht ihn im Moment der tiefsten Demütigung die Botschaft von einem erneuten Gesinnungswandel des Volks, das die eigene Verführbarkeit eingesehen und die Demagogen entmachtet hat; Empedokles lehnt die angebotene Königskrone jedoch ab und faßt den Entschluß, sein Leben zu beenden, da er im Freitod – im Gegensatz zur erzwungenen Verbannung – die Voraussetzung für einen radikalen Neubeginn sieht. Empedokles verschwindet in der Naturwildnis des Ätna; das Fragment bricht mit Reflexionen seiner engsten Freunde über den moralischen Wert des Selbstmords ab, ohne daß entscheidbar wäre, ob die geplante Handlung damit im wesentlichen abgeschlossen ist oder ob und wie die im ersten Plan vorgesehene Fünfaktigkeit hätte realisiert werden sollen.

Eine zweite und eine dritte Fassung, die im engen Zusammenhang mit philosophischen und poetologischen Reflexionen entstanden sind, führen weitere Figuren ein, variieren die Handlungsmotivationen sowohl auf seiten Empedokles' als auch bei seinen Gegnern und Freunden und verstärken die Anlehnung an die griechische Tragödie (u. a. durch Einführung eines Chores). Das Ende jedoch bleibt weiterhin offen.

Unterschiedliche Akzentuierungen erfährt in erster Linie das Verhältnis von individueller und staatlich-politischer Dimension. So wie Empedokles eine Überwindung der Entfremdung nur in der Auflösung des Individuums für möglich hält, so scheint auch eine Erneuerung von Staat und Gesellschaft nur denkbar nach radikaler Zerstörung der erstarrten kulturellen und politischen Formen. ‹Agrigent› erscheint dergestalt als eine Gesellschaft am Vorabend einer Revolution und damit als Modell für die historische Situation, in deren Kontext Hölderlin sein Empedokles-Projekt explizit gestellt hat: die Radikalisierung der Französischen Revolution, die Koalitionskriege sowie die Befürchtungen, Hoffnungen und Enttäuschungen, die sie bei deutschen Liberalen und Republikanern auslösten. Innerhalb dieses Modells bietet die Empedokles-Figur vielfältige Möglichkeiten, das Verhältnis von persönlicher Integrität und Dynamik eines historischen Prozesses, die Spielräume individuellen Handelns sowie den riskanten Zusammenhang von Moral und Terror zu reflektieren.

Lit.: U. Gaier: Hölderlin, 1993, S. 287–320. M. Peters / J. Schäfer: Selbstopfer und Repräsentation. Der *Tod des Empedokles* und der Tod des Empedokles; in: Hölderlin-Jahrbuch 30, 1996/97, S. 282–307. K. Grätz: Der *Empedokles*-Text der Großen Stuttgarter Ausgabe und der Frankfurter Ausgabe. Editionskritik und Folgerungen für die Neu-Edition im Deutschen Klassiker Verlag; in: Hölderlin-Jahrbuch 28, 1992/93, S. 264–299.

Wolfgang Struck

Huber, Ludwig Ferdinand (1764–1804)

Das heimliche Gericht. Ein Trauerspiel. Leipzig 1790.

UA: Mannheim, 11.2.1790

Hubers erstes eigenständiges Schauspiel ist eine Mischung aus Ritter- und Weltanschauungsdrama und gilt als frühes Beispiel der bald gehäuft aufgeführten Ritterstücke, in denen ein Femegericht tagt. Seinen Vorläufer hat dieses Motiv in Goethes *Götz von Berlichingen*, worauf in einer Fußnote zu Beginn eines in Schillers *Thalia* vorab veröffentlichten Fragments des *Heimlichen Gerichts* hingewiesen wird.

Heinrich von Westhausen besucht, angeekelt von der Niedertracht seines Standes, seinen alten Freund und Kampfgenossen Konrad von Sontheim. Nachdem der zweideutig gezeichnete Ritter hier wie überall nicht mehr die alte Tugend wiederfindet, sondern einen durch politischen Opportunismus und Liebe zur Gattin bequem gewordenen Schwächling, tritt er dem heimlichen Gericht bei, das sich dem Kampf gegen alle Untugend verschrieben hat. Nach Ablegung des Eids, ohne Rücksicht auf Verwandtschaft oder Freundschaft jedes Verbrechen zu bestrafen, erweist sich, daß sein Freund ein Mörder ist. Unmittelbar vor der Hochzeit mit der von ihm schwangeren Mathilde hatte Sontheim erfahren, daß deren totgeglaubter erster Mann aus Palästina zurückgekehrt war, und diesen auf Wunsch des Machtweibs Mathilde umbringen lassen. Westheim stellt Freundespflicht über Ordenspflicht, verhilft Sontheim zur Flucht und fällt damit sein eigenes Todesurteil. Er kommt dem Gericht durch Selbstmord zuvor, Sontheim wird gefangen und hingerichtet. Obwohl sie ihre Schuld bekennt und bereit ist, die Strafe auf sich zu nehmen, wird Mathilde aus Rücksicht auf ihr Geschlecht nicht verurteilt.

Huber stellt in seiner Prosatragödie den Gegensatz zwischen Geist und weltlicher Macht dar: Während Westheim für die Welt des Geistes steht, irrt Sontheim, aufgerüttelt durch das Vorbild seines Freundes, in einem tragischen Konflikt befangen zwischen beiden Welten hin und her. Außer in dieser vordergründigen Handlung wird der besagte Antagonismus innerhalb des heimlichen Gerichts dargestellt. In schrittweiser Desillusionierung zeigt sich, daß der vom Erzbischof von Köln aus hehren moralischen Motiven gegründete Orden gänzlich unterwandert ist von Machtgier, die am Ende in der Figur Arlheims siegt.

Sowohl beim Publikum als auch bei den Kritikern ist das Trauerspiel durchgefallen: Gedankengehalt und Form überwiegen, die Gestalten bleiben leblos; das auf Deklamation ausgerichtete Gespräch mit häufig verwirrenden Dialogen dominiert das Stück, und Unstimmigkeiten häufen sich.

Lit.: S. D. Jordan: Ludwig Ferdinand Huber (1764–1804). His Life and Works, 1978, S. 61–68.

Andrea Hahn

Juliane. Ein Lustspiel in drei Aufzügen. Berlin 1791. Von dem Verfasser des heimlichen Gerichts.

Das zunächst als Fragment in Schillers *Thalia* erschienene Prosastück war von vornherein nicht auf eine Aufführung hin angelegt, wie der Verfasser in einem umfangreichen Vorwort ausführt, in dem er herbe Kritik am deutschen Theaterwesen und seiner Effekthascherei übt.
Graf Elbau hat aus Familienrücksichten die Gräfin Sophie von Stralen geheiratet, liebt aber seine bürgerliche Mätresse Juliane Holmer, die eine Tochter von ihm hat. Trotz seiner inneren Gegenwehr kann ihn auch Sophie, die ihn schwärmerisch anbetet und sich nicht mit einer Vernunftehe abfinden will, für sich gewinnen, so daß Elbau unentschlossen zwischen beiden Frauen hin- und herpendelt. Geschürzt und letztendlich aufgelöst wird der Handlungsknoten durch das Dazwischentreten von Sophies konventionell denkenden Eltern, des eitlen Stutzers Baron Felser, der die junge Gräfin für sich gewinnen möchte, sowie des gefühlvollen und zugleich vernünftigen Barons Waldorf, der als Vermittler agiert. Juliane erwägt kurz eine Ehe zu dritt, entsagt am Ende aber freiwillig und reist von allen verehrt mit unbekanntem Ziel ab; Elbau und Sophie finden zueinander.
Handlung und Idee des weniger komischen als rührenden Familienstücks Gellertscher Prägung sind klarer und einfacher gestaltet als in Hubers *Heimlichem Gericht.* Trotz starker Psychologisierung erleben die Charaktere keine innere Entwicklung, sind eher typenhaft als lebendig; die Sprache ist oftmals verworren – das eigentliche ‹Spiel› ist dem Gespräch nachgeordnet. Die Verfasserschaft ist in der Forschung umstritten. Als sicher kann gelten, daß Idee, Plan und Aufbau von Huber stammen, die Zeichnung vor allem der Frauen und des Kindes aber maßgeblich seiner Geliebten und späteren Ehefrau Therese Forster zu verdanken sind, die in ihren Erzählungen und Romanen in der Folge immer wieder starke Frauen und die Figur der edlen und geliebten Mätresse gestaltete. Die sprachliche Ausarbeitung wurde von beiden vorgenommen, wobei Huber mutmaßlich der größere Anteil zuzuschreiben ist.

Lit.: S. D. Jordan: Ludwig Ferdinand Huber, 1978, S. 75f.

Andrea Hahn

Hudemann, Ludwig Friedrich
(1703–1770)

Diocletianus der Christenverfolger. Ein Trauerspiel.
In: Diocletianus der Christenverfolger und Phädra. Zwey Trauerspiele. Jenes hat selbst verfertiget, dieses aber aus dem Französischen des berühmten Racine übersetzet D. Ludwig Friedrich Hudemann, der königlich. deutschen Gesellschaft in Greifswald wie auch der deutschen Gesellschaft in Leipzig Mitglied. Wismar und Leipzig 1751, S. 1–68.
UA: ?

Die im Rom Kaiser Diocletians (284–303) spielende Alexandrinertragödie gliedert sich in fünf ‹Handlungen›, die jeweils von einem in Satz, Gegensatz und Einzelstimme unterteilten Chor abgeschlossen werden.
Drei Christen (Mauritius, Heerführer der thebanischen Legion, der Bischof Quirinus und seine Tochter Balbina) sterben den Märtyrertod, obwohl sie dem Kaiser treu ergeben sind und sich nur weigern, Diocletian als gottgleich anzubeten. Diese ‹Treueprobe› geht auf eine Intrige von Galerius, dem Schwiegersohn des Kaisers, zurück, der sich an Balbina für seine Zurückweisung rächen will; Diocletian stimmt zu, da auch ihm die Verführung Balbinas mißlungen ist. Balbina verkörpert die standhafte Tugend, die für das (heidnische) Laster, hier im zweimal beabsichtigten Ehebruch konkretisiert, nicht anfällig ist. Privat-egoistische Motive sind es also, die den Herrscher zu einer ungerechten, lasterhaften Tat verleiten, womit aber weniger die Christen bestraft werden als Diocletian selbst: Sein verlorengeglaubter Sohn Domitius, den Quirinus – als zweite Zeugung metaphorisiert – zum Christen erzogen hat, sagt sich zugunsten der christlichen Gemeinschaft vom leiblichen Vater los.
Der Vorrede zufolge zielt das Trauerspiel auf eine Funktionalisierung des Theaters «zum Vortheile des rechtschaffenen Christentums» ab und entspricht insofern dem aufklärerischen Anspruch auf soziale Nützlichkeit der Dichtung.

Hans Krah

Iffland, August Wilhelm
(1759–1814)

Figaro in Deutschland. Ein Lustspiel in fünf Aufzügen. Für Gesellschaftsbühnen. Berlin 1790.
UA: Mannheim, 1789 (?)

Das Prosalustspiel schließt an den europaweiten Erfolg von Beaumarchais' Drama (*La folle journée ou le mariage de Figaro*) und Mozarts Oper an (*Le nozze di Figaro*).
Figaro, Abgesandter des spanischen Grafen Almaviva und Kosmopolit, gelingt es bei einem Aufenthalt in einer deutschen Grafschaft, die mehr schlecht als recht regierenden, verschwendungssüchtigen Grafen zu Boga sowie eine antideutsche, aber profranzösische Baronesse durch geschicktes, ‹heiteres› Intrigenspiel von der Regierungsmacht abzuziehen und diese statt dessen dem jungen, ernsthaften, aufrichtigen Grafen Bardenrode zu übertragen. Figaro nutzt die enorme Eitelkeit der Baronesse und der Grafen Boga. Die Grafen sind relativ leicht zum Abdanken zu bewegen, da es ihnen nur auf eine ansehnliche ‹Leibrente› ankommt, die ihren Lebensstandard weiterhin garantieren soll; die Regierungsgeschäfte selbst überfordern sie eher. Die Baronesse hingegen muß mittels einer Intrige zum Verzicht auf die reale Macht getrieben werden: Bardenrode gibt auf Figaros Rat hin vor, die Tochter einer Rivalin der Baronesse heiraten zu wollen; um das zu verhindern, willigt diese in die Heirat ihrer Tochter Leopoldine mit Bardenrode ein und dankt außerdem freiwillig ab (unter Zusicherung sowohl eines hohen monatlichen Geldbetrags als auch eines jährlichen Parisbesuches, was beides vom künftigen Machthaber finanziert werden soll). Die Baronesse durchschaut diese Intrige bis zum Schluß nicht, wodurch allen geholfen ist: Jeder hat bekommen, was er sich erhofft hat, einzig Figaro, Bardenrode und Leopoldine (sowie der Leser) begreifen die Zusammenhänge.
Iffland setzt in einem Metadiskurs (Figurenrede im Text) die allzu ernsthafte, tiefsinnige Literatur Deutschlands von der heite-

ren, eher zur Oberflächlichkeit neigenden Dichtung in Frankreich ab; die im Stück selbst beabsichtigte Integration von Tiefsinn und Heiterkeit muß dem Leser als Optimum erscheinen. Die Komödie kommt im wirkungsästhetischen Sinn Gellerts (*Pro commoedia commovente*) zum Einsatz: Nicht das Fehlverhalten des Bürgertums und niederen Adels wird ins Lächerliche gezogen; der Kritik unterliegen vielmehr fehlende Menschlichkeit und Eitelkeit mancher Repräsentanten des Hochadels. Die Form der Komödie bietet die Möglichkeit, bürgerliche Zuschauer anzusprechen und Adelige zu kritisieren, ohne das feudale System grundsätzlich in Frage zu stellen.

Lit.: S. Salehi: A. W. Ifflands dramatisches Werk, 1990, S. 204–215.

Petra Kallweit

Die Jäger. Ein ländliches Sittengemälde in fünf Aufzügen. Auf dem Hochfürstlich-Meiningischen Gesellschaftstheater. Berlin 1785.
UA: Dürkheim, 9. 3. 1785

Als ‹Gemälde› vermeidet das Prosadrama einerseits den tragischen Ausgang zugunsten einer traditionell ‹lustspielhaften› Lösung mit abschließender Versöhnung aller (‹tableau›); andererseits macht es in genrehaften Szenen auf die Probleme des bürgerlichen Mittelstandes in der Abgrenzung zum Adel aufmerksam.
Iffland stellt ständeübergreifende Menschlichkeit anhand der Themen Familie, sozialer Stand und Land/Stadt-Gegensatz dar. Das zu keinem Zeitpunkt in Frage gestellte, patriarchalische Familienoberhaupt Oberförster Warberger verordnet dem Sohn Anton vor der Hochzeit mit Ziehtochter Friederike überraschend eine zweijährige Wartezeit. Aus Enttäuschung verläßt Anton – angestachelt vom Gegenspieler des Oberförsters, einem korrupten, heuchlerischen und verschwenderischen Amtmann ohne echten Familiensinn – das Vaterhaus, wird schließlich unschuldig des Mordes angeklagt und arretiert. Der Konflikt löst sich durch Zufall: Das Opfer hat überlebt und nennt als den wahren Täter ei-

nen eifersüchtigen Rivalen Antons. Als unumstößliche, gottgewollte Weltordnung führen die *Jäger* die patriarchalisch geführte, durch städtische Einflüsse unverdorbene, naturliebende und bescheidene Bürgerfamilie im Gegensatz zum korrupten niederen Beamtenadel vor. Die Feudalherrschaft des Landesfürsten und die damit verbundene Ständepyramide stehen nicht in Frage; vom Fürsten werden indes ‹väterliche› Tugenden im Sinne des aufgeklärten Absolutismus verlangt.

Lit.: M. Krause: Das Trivialdrama der Goethezeit 1780–1805. Produktion und Rezeption, 1982, S. 442–445. S. Salehi: A. W. Ifflands dramatisches Werk, 1990, S. 173–186.

Petra Kallweit

Die Kokarden. Ein Trauerspiel in fünf Aufzügen. Et voluisse sat est! Leipzig 1791.
UA: Leipzig, 14. 10. 1791 (?)

Das fünfaktige Revolutionsdrama in Prosa, das die aristotelischen Einheiten respektiert, zeigt die negativen Auswirkungen eines Aufstandes auf die Familie.
Die Bauern, die den Freiheitskampf gegen die Feudalherrschaft tragen, erscheinen als bloße Werkzeuge der Bürger, die sie aus egoistischen Motiven gegen den ersten Stand aufhetzen; die Ziele des Volksaufstandes sind damit von vornherein diskreditiert. Ein tragisches Moment liegt in der anfänglichen Spaltung der Familie Langenau: Die Söhne des Rates Langenau stehen auf gegensätzlichen Seiten, da sich Franz am Umsturz beteiligt und Bernhard für die Erhaltung des feudalen Herrschaftssystems eintritt. Der aufgeklärt-patriarchalische Fürst stellt in Aussicht, im Zweifelsfall Härte gegen die Aufständischen walten zu lassen. Aufgrund der von den Untertanen als angemessen empfundenen Handlungsweise des Fürsten und auch aufgrund der Unfähigkeit der Volksvertreter, eine funktionierende Gegenregierung zu stellen, scheitert der Aufstand. Die Schuld an der ‹Verirrung des Volkes› schreibt der Fürst allein dem aufrührerischen Magister Hahn zu, der für sein Handeln bestraft wird, während den kurzzeitig Irregeleiteten vergeben wird. In Analogie hierzu verzeiht

Rat Langenau seinem inzwischen reuigen Sohn Franz, dem er seine Jugend und seine mangelnde Lebenserfahrung zugute hält. Als Ursache der Revolution (und entsprechend als verbrecherisch) wird die Weitergabe von nicht adressatengerecht aufbereitetem aufklärerischem Gedankengut gekennzeichnet.

Lit.: M. Krause: Das Trivialdrama der Goethezeit 1780–1805. Produktion und Rezeption, 1982, S. 446–450. S. Salehi: A. W. Ifflands dramatisches Werk, 1990, S. 215–226.

Petra Kallweit

Verbrechen aus Ehrsucht. Ein ernsthaftes Familiegemählde in fünf Aufzügen. Für die Mannheimer Nationalschaubühne. Mannheim 1784.
UA: Mannheim, 9. 3. 1784

In Anlehnung an Diderots Konzept des ‹genre sérieux› gestaltet das Prosadrama die Problematik des bürgerlichen Mittelstandes in der Konkurrenz mit dem Adel und löst den Konflikt abschließend in einem Versöhnungstableau auf: In Anwesenheit aller wichtigen Figuren wird dem fehlgeleiteten bürgerlichen Helden, der seinen Stand verleugnen wollte, von seinem Vorgesetzten vergeben. Der jugendliche Held erkennt die bestehenden Standesgrenzen schließlich reuevoll an, womit diese in ihrer Richtigkeit bestätigt werden.
Die Familie des gutmütigen, aber weichen Rentmeisters Ruhberg ist verarmt, weil seine aus adeligem Haus stammende Frau zur Verschwendung neigt und der Sohn Eduard sich verschuldet hat, um seinen adeligen Freunden zu imponieren. Erst nachdem Eduard die Staatskasse zur Begleichung seiner Schulden entwendet hat, gelingt es dem Kommissär Ahlden, den ‹verlorenen Sohn› in die bürgerliche Tugendhaftigkeit zurückzuführen: Ahlden gibt zunächst vor, Eduard nicht vergeben zu können und ihn hart bestrafen zu müssen; als dieser jedoch Reue zeigt und die Konsequenzen seiner Tat tragen will, gibt er seine vermeintliche Härte als Erziehungsmaßnahme zu erkennen. Der Sieg der Tugend erfolgt damit ohne gleichzeitige Bestrafung des Lasters.
Gerade dieser versöhnliche Schluß ist Iffland später von zeitgenössischen Kritikern – aus ästhetischen wie aus volkserzieheri-

schen Gründen – vorgeworfen worden, woraufhin er den Stoff zur sogenannten ‹Ruhberg-Trilogie› ausgebaut hat, in welcher der Held Eduard seine Taten büßt (*Bewusstseyn. Ein Schauspiel in fünf Aufzügen*, 1786) und zu echter Reue findet (*Reue versöhnt. Ein Schauspiel in fünf Aufzügen*, 1789). Der Vorwurf der mangelnden Härte bei der Führung seiner Frau und seines Sohnes, den Ruhberg sich macht, zeigt, daß Eduards Labilität letztlich auf einen Erziehungsfehler des Vaters zurückzuführen ist.

Lit.: C. Mönch: Abschrecken oder Mitleiden: das deutsche bürgerliche Trauerspiel im 18. Jahrhundert, 1993, S. 286–294. S. Salehi: A. W. Ifflands dramatisches Werk, 1990, S. 138–147.

Petra Kallweit

Katharina II., Kaiserin von Russland
(1729–1796)

Drey Lustspiele wider Schwärmerey und Aberglauben. 1) Der Betrüger. 2) Der Verblendete. 3) Der sibirische Schaman. Von I. K. M. d. K. a R. [= Ihrer Kaiserlichen Majestät der Königin aller Reußen]. Berlin und Stettin 1788.

UA: St. Petersburg, Januar/Februar 1786 [1) und 2)]; 24.7.1786 [3)] (in russischer Sprache)

Die 1786 entstandenen, durch Aleksandr Chrapovickiy bearbeiteten, von Christian Gottlieb Arndt ins Deutsche übersetzten Prosalustspiele der aufgeklärten Autokratin Katharina II. entstammen der zweiten Schaffensperiode der schriftstellerisch sehr produktiven Zarin. Thematisch ist allen in der Nachfolge von Gottscheds Typenkomödie stehenden Stücken die eindringliche Warnung vor dem Irrationalismus gemeinsam. Katharina vermeidet allerdings den zeitgenössischen Gemeinplatz, Frauen seien besonders anfällig für Mystizismus, und läßt die verführten Männer mit Unterstützung lebenskluger Frauen und Dienerinnen in das stabile Gefüge der Familie zurückkehren.

In den beiden ersten Komödien ist der berüchtigte Scharlatan Alessandro Graf von Cagliostro (d.i. Giuseppe Balsamo; 1743–1795) Ziel des entlarvenden Spottes. Unter dem Namen Kalifalksherston verspricht er in *Der Betrüger* dem ehrenwerten Familienvater Samblin, ihn durch Goldkochen vor dem finanziellen Ruin zu retten. Er wird nicht nur dessen Berater, sondern erschleicht sich auch das Vertrauen der Tochter Sophia. Der in Sophia verliebte Dodin durchschaut den Betrüger; als dieser mit kostbarem Schmuck flüchten will, macht Dodin ihn ausfindig, übergibt ihn der Polizei und rettet so die Familie. Die Komödie endet lustspieltypisch mit der Hochzeit zwischen Dodin und Sophia; der Räsoneur Dodin faßt die Moral zusammen: «Weise ist der unter uns, der sich nicht nach der Mode von jedem Vorurteile leiten läßt».

In *Der Verblendete* ist der Familienvater Radotov einer Gruppe von Mystikern aufgesessen, die sich bei ihm eingenistet haben. Ein Freund, der junge Bragin, setzt dem Treiben ein Ende, nachdem er zum Schein dem Geheimbund beigetreten ist; er verhindert so zugleich einen Diebstahl und die Verheiratung der Tochter Taißa sowie der Nichte Sophia mit den verbrecherischen Bandenmitgliedern, die auf der Flucht verhaftet werden. Anstelle des zwar einsichtigen, doch immer noch fassungslosen Familienoberhauptes bringen die Frauen des Hauses, Mutter und Schwiegermutter, die Komödie zu einem guten Ende; beide Mädchen heiraten ihren jeweiligen Favoriten. Im Schlußsatz rühmt die Obrigkeit ihre Ordnungsfunktion und ermahnt das Publikum zur Zufriedenheit darüber, «daß wir zu einer Zeit leben, da man zur Besserung gelinde Mittel erwählt».

Der sibirische Schaman, als einzige der drei Komödien ausdrücklich in St. Petersburg spielend, behandelt wieder die finanzielle Krise einer Familie. Diesmal ist es das Ehepaar Bobin, in dessen Haus der sibirische Schaman Umban Lai, eigentlich ein Stiefelmacher, gesetzwidrig eine Schule errichten will. Aufbau und Auflösung folgen wieder dem bekannten Muster: Umban wird als Dieb entlarvt, und die Tochter des Hauses kommt nach einigen Verwirrungen, die die Nebenbuhlerin Ustinia verschuldet, endlich zum gewünschten Bräutigam. Im Gegensatz zu den vorheri-

gen Komödien entwickeln sich beide Handlungsstränge (Entlarvung der Betrüger und Heirat des jungen Paares) hier jedoch völlig unabhängig voneinander. Die Schlußmoral versucht, dies durch einen Vergleich zwischen dem Charakter des Schamanen und einer der Nebenfiguren des Lustspiels, der Unruhestifterin Ustinia, zu motivieren.
Im Vordergrund aller drei Lustspiele steht die Morallehre, die nachdrücklich Wohlstand, Vernunft und herrschende Macht korreliert und mit Armut, Dummheit und staatsfeindlicher Sektiererei kontrastiert. Eine Abweichung von den Lustspiel-Konventionen der Zeit ist darin zu sehen, daß die negativen Figuren nicht nur lächerlich gemacht, sondern darüber hinaus schon auf der Bühne ihrer Strafe zugeführt werden, worin die schriftstellernde Kaiserin unverhohlen ihrer realen Macht Ausdruck verleiht. Die Lustspiele waren sowohl in Rußland wie in Deutschland Publikumserfolge; von hohen Einnahmen berichtet z.B. Friedrich Nicolai in seinem Vorwort zum Sammeldruck.

Lit.: H. Schmidt: Neophyten der Sprache – Die späten Komödien der Kaiserin Katharina II.; in: M. Fajnstejn / F. Göpfert (Hg.): Katharina II., 1996, S. 103–139.

Inka Jörn

Klein, Anton von
(1746–1810)

Kaiser Rudolf von Habsburg, ein Trauerspiel in fünf Aufzügen. Von Anton Klein. 1787.
UA: ?

Die Geschichtstragödie des seinerzeit schärfsten Gegners des ‹Bürgerlichen Trauerspiels› hält an der dramaturgischen Vorbildlichkeit des Französischen Klassizismus fest und betont das Pathos politisch-historischer Stoffe im Gegensatz zu Lessings fiktiven, in die Privatsphäre verlegten Handlungen. Eine Quelle für den Stoff dieser Prosatragödie wird nicht genannt; der Verfasser hebt in

dem in freien jambischen Versen gehaltenen «Prolog» vielmehr hervor, daß er Fabel wie Form dieser Tragödie der Inspiration durch «die Muse» verdanke.
Graf Rudolf von Habsburg ist nach langer Rivalität mit König Ottokar von Böhmen zum Kaiser gekrönt worden, hat mit seinem Konkurrenten Frieden geschlossen und die Verlobung der beiderseitigen Kinder verabredet; nun aber bereuen Ottokar und seine Gemahlin Kunegunde den als schmählich empfundenen Friedensschluß. Im daraus resultierenden Konflikt stehen sich zwei Herrschaftsideale gegenüber: Ottokar sieht in rücksichtsloser Durchsetzung seines Willens das Recht und die Würde seines Herrscheramts, weshalb er keine Bedenken hat, alle Eide zu brechen und die Kinder des Kaisers als Geiseln zu mißbrauchen. Der Kaiser hingegen orientiert seine Politik an Frieden und Gerechtigkeit, die Gewalt nur gebraucht, um das «Tigerrecht» durch Menschlichkeit zu ersetzen. Während Ottokar einsam, von seinem Volk gehaßt und von seinem edel denkenden Sohn innerlich getrennt, seiner Kraft und Skrupellosigkeit vertrauen muß, nimmt Kaiser Rudolf – unterstützt von seinem Heer und der Vorsehung – den Kampf für «Frieden und Heil» des Vaterlands auf. Ottokar unterliegt dem Kaiser im Zweikampf und erkennt sterbend seine Verirrung. Rudolf setzt Ottokars Sohn als Nachfolger ein und bekräftigt die Verlobungen der Kinder. Der Kaiser wird von Heer und Volk anerkannt als «der Gottheit Bild, mit Gott der Menschen Vater!».
Der Prolog kündigt ein Schauspiel an, das den Deutschen «edle Männer» der Vergangenheit und damit Gegenbilder zu den an Geist und Herz erschlafften Zeitgenossen zeigt. Zugleich soll der Zuschauer in der Tugend des Kaisers das Ideal eines humanen Regenten verehren, in dessen Gegenspieler aber das Schreckbild eines machtbesessenen Tyrannen verabscheuen. In der Abhandlung *Ueber Lessings Meinung vom heroischen Trauerspiel und über Emilia Galotti* (1780) leitet der in Mannheim wirkende Klein die tragische Wirkung aus der ‹Fallhöhe› und der «Wichtigkeit» der Handlung im Sinne des heroischen Trauerspiels ab. Die geringe Resonanz auf diese Schrift wie auf Kleins Trauerspiel entspricht der Antiquiertheit seiner dramaturgischen und ideologischen

Konzeption angesichts von Schillers ungefähr gleichzeitigem Bemühen um das historisch-politische Trauerspiel.

Wolfgang Kehn

Kleist, Ewald Christian von
(1715–1759)

Seneka, ein Trauerspiel.
In: Neue Gedichte vom Verfaßer des Frühlings. Berlin 1758, S. 73–128.

Der kurze Prosaentwurf, der ein dreiaktiges «Trauerspiel in Versen» (seit 1745 geplant) vorbereiten sollte, entstand laut *Vorbericht* unabhängig von Friedrich Karl Kasimir von Creutz' *Seneca* (1754). In Abweichung von der Quelle (Tacitus: *Annales* XV, 60–63) läßt Kleist den Tod des stoischen Philosophen und Staatsmanns nicht auf die Pisonische Verschwörung folgen, sondern dieser vorausgehen.
Die Handlung setzt mit Senekas Rückzug von allen Staatsämtern ein. Weil ihm in Rom seiner deutlichen Kritik an Nero wegen ein politisch sinnloser Tod droht, will Seneka, den Geboten der ‹Weltweisheit› gemäß, sein Leben auf dem Land in Ruhe beschließen. In diese Idylle bricht die Nachricht von der Ermordung Octavias, der verbannten Gattin Neros, ein. Seneka folgt daraufhin der Aufforderung, Nero ein letztes Mal zur Tugend zu mahnen, da andernfalls ein Umsturz durch Verschwörer unvermeidlich sei. Nero verurteilt seinen ehemaligen Lehrer jedoch zum Tode; gemeinsam mit der Gattin Pompeja stirbt Seneka als «Bild aller menschlichen Vollkommenheit». Zuvor fordert er noch zum Sturz des Tyrannen auf und formuliert als Maxime: «Es ist unedel, das Leben zu verachten, so lange man der Welt Nutzen schaffen, und glücklich seyn kann».
Das handlungsarme Stück reiht eine Folge affektstarker Bilder aneinander, um durch das rührende Exempel zur Tugend zu er-

muntern. Salomon Gessner bemerkt in diesem Sinne in einem Brief an Kleist vom 28. 3. 1758: «Der Leser wird hingerissen; die Charactere sind entwickelt, und der Affekt wird aufs Höchste getrieben».

Lit.: H. Aust: Ewald von Kleist; in: B. v. Wiese (Hg.): Deutsche Dichter des 18. Jahrhunderts, 1977, S. 98–114, spez. S. 104–106.

Steffen Martus

Klingemann, Ernst August Friedrich
(1777–1831)

Die Maske. Trauerspiel in 4 Aufzügen. Braunschweig 1797.
UA: Rudolstadt, 8. 9. 1797

Der spätere Braunschweiger Dramaturg, dessen Name vor allem mit den 1804 anonym erschienenen *Nachtwachen des Bonaventura* verbunden ist, kombiniert in seinem Prosadrama das im Sturm und Drang beliebte Motiv des Bruderzwistes (deutliche Bezüge zu Leisewitz' *Julius von Tarent*, Klingers *Die Zwillinge* und Schillers *Die Räuber*) mit Elementen des zeitgenössischen Schauerromans und Ritterdramas zu einem antirevolutionären Lehrstück. Im Italien des 16. Jahrhunderts gerät Julius, der Bruder von Herzog Lorenzo, in einen Kreis von Verschwörern um den heuchlerischen Jesuitenprovinzial Montezumo, der die Frömmigkeit seiner Mitbürger ausnutzt, um die eigene Machtstellung zu sichern. Julius verkennt seinen Bruder und mißdeutet dessen Wohlwollen sowie den Verzicht auf die auch von Julius geliebte Antonie (die freilich ihrem verschollenen Verlobten Franzesko bis zum Schluß die Treue hält) als machiavellistische Heuchelei; nachdem er in Lorenzo aber sowohl den liebevollen Bruder als auch den tugendhaften Herrscher erkannt hat, der abdanken würde, wenn das Volk mit seiner Regierung nicht zufrieden wäre, stirbt Julius bei der Verteidigung des Palastes gegen die von Montezumo aufgewiegelten Rebellen. Dies kann auch der maskierte Fremde nicht verhindern, der immer wieder mit scheinbar übernatürlichen Kräften zum Schutze des Herzogs eingegriffen hat und sich zuletzt als der totgeglaubte Franzesko zu erkennen gibt. Er nimmt den von ihm selbst inszenierten unheimlichen Ereignissen den Nimbus des Bedrohlichen, indem er sie im Sinne des aus dem Schauerroman bekannten ‹explained supernatural› auflöst; gleichzeitig stellt er klar, daß der Aufstand gegen den Herzog keineswegs (wie der um das Wohl seiner Untertanen väterlich besorgte Lorenzo fürchtet) auf einer begründeten Unzufriedenheit des Volks beruht, sondern nur auf den Machinationen weniger eigensüchtiger Personen, mit deren Verschwinden der innere Friede wiederhergestellt ist.

Lit.: H. Burath: August Klingemann und die deutsche Romantik, 1948, S. 49f.

Bernhard Klöckener

Klinger, Friedrich Maximilian (1752–1831)

Damokles; ein Trauerspiel in fünf Akten.
In: F. M. Klinger's neues Theater. Zweyter Theil. St. Petersburg, Leipzig 1790, S. 5–172.
UA: ?

Das fünfaktige Prosatrauerspiel, das an Klingers *Der Tyrann von Syracus* (1777/78 konzipiert) angelehnt ist, gestaltet in seiner im antiken Rhodos spielenden, aber fiktiven Handlung staatsrechtliche Ideen in der Tradition von Montesquieu und Rousseau.
Der aus dem Krieg zurückgekehrte Damokles wird vom Volk bedrängt, den einst gewählten, mittlerweile aber tyrannisch herrschenden Regenten Attalos zu stürzen. Durch Priestertrug, Verrat des Adels und Manipulation des Volkes gelingt es Attalos jedoch, Damokles' Hinrichtung durchzusetzen und das republikanische Ideal scheitern zu lassen. In einer Vision prophezeit Damokles'

Witwe Arate dem Tyrannen den Untergang und dem schuldig gewordenen Volk eine grausame Unterdrückung. Die spätere Befreiung des Volkes, die eine optimistischere Version von 1794 ankündigt, deutet sich mit dem Hinweis auf eine mögliche Rückkehr des verbannten Republikaners Charikles an.

Den Gegenspielern Damokles/Attalos korrespondiert – eine Generation versetzt – ein weiteres Antagonistenpaar, wodurch die politische Problematik von einer privaten Nebenhandlung in typischer Sturm-und-Drang-Manier überlagert wird: Der Patriot Charikles, der Damokles politisch unterstützt und dessen Tochter Ino liebt, nimmt den Platz von Damokles' Sohn Kallias ein, der sich aus Liebe zu Attalos' Tochter auf die Seite des Tyrannen schlug und deswegen von seinem Vater verstoßen wurde.

Die empathieträchtige Fokussierung auf Kallias als gemischtem Charakter, den der Konflikt zwischen Pflicht und Neigung nach dem Verrat am Vater zur Tötung seiner Geliebten und anschließend in den Selbstmord treibt, läßt den stoischen Damokles nahezu rigoristisch wirken und relativiert die im Vorwort entworfene antirationalistische Bewunderungsstrategie; Klingers republikanisches Ethos kollidiert hier mit seiner Sturm-und-Drang-Dramaturgie.

Lit.: E. Harris: *Der Tyrann von Syracus,* An Unknown Version of F. M. Klinger's *Damocles*; in: Archiv für das Studium der Neueren Sprachen und Literaturen 210, 1973, S. 263–278. A. Meier: Dramaturgie der Bewunderung, 1993, S. 349–353.

Astrid Arndt

Elfride. Eine Tragödie von F. M. Klinger in Kaiserlich-Rußischen Diensten. Basel 1783.

UA: ?

Im Gewand eines Historiendramas repetiert *Elfride* das Sturm-und-Drang-Schema vom tatkräftig handelnden Mann und der leidenschaftlich liebenden Frau. Die Anfang der 80er Jahre entstandene Prosatragödie in fünf Akten greift einen in David Humes *History of England* (1762) überlieferten und schon mehrfach dramatisierten (W. Mason, 1752; F. J. Bertuch, 1775) Stoff aus der englischen Geschichte des zehnten Jahrhunderts auf: König

Edgar wollte die schöne und reiche Elfride für sich gewinnen, deren Bildnis ihn faszinierte. Als Brautwerber sandte er seinen Vertrauten, Graf Ethelwood, aus. Dieser verliebte sich jedoch selbst in Elfride und meldete – um diese Frau für sich zu besitzen – seinem König, die wirkliche Elfride werde dem Bild nicht gerecht. Bis zur Aufdeckung dieses Verrats führte Ethelwood mit der reichen Erbin ein zurückgezogenes Leben.
An dieser Stelle setzt die Handlung von Klingers Tragödie ein, die auf dem Schloß von Graf Ethelwood spielt. Der intrigante Ritter Estok entdeckt Elfride, daß er ihr Bildnis entwendet und seinem König gezeigt hat, der sich nun auf dem Weg zum Schloß befindet. Die Titelheldin liebt Ethelwood zwar, aber sie leidet sehr darunter, wie in einem Vogelbauer gehalten zu werden und auf dem entlegenen Schloß auf das Lesen «schwärmerischer Bücher» beschränkt zu sein. Als Ethelwood ihr kurz vor dem Eintreffen des Königs seinen Verrat gesteht, verachtet sie ihren Mann und befolgt dessen Rat, sich besonders häßlich zu präsentierten, nicht. Vielmehr tritt sie in genau jenem «Putz» auf, den König Edgar auf dem Bild von ihr gesehen hat, und provoziert so sein Begehren. Schnell erliegt die sinnliche Frau dem leidenschaftlichen Werben des Königs und nimmt seinen Heiratsantrag an; in ihm begegnet sie dem tatkräftig zupackenden Mann, zu dessen Energie und Entscheidungsfreude sich «das schönste Weib im Reich» hingezogen fühlt. Für die «Empfindeley» ihres bisherigen Gatten hat Elfride keinen Sinn mehr und entscheidet sich für das «wilde, tolle Leben». Ethelwood fällt bei einer Hirschjagd der Rache seines Königs zum Opfer.

Lit.: K.-H. Hartmann u. U. Profitlich (Hg.): Einleitung; in: F. M. Klinger: *Der Derwisch. Die falschen Spieler. Elfride,* 1984 (= Friedrich Maximilian Klinger: Werke, Historisch-kritische Gesamtausgabe, Bd. 5), S. XXXII-L.

Hans-Ulrich Wagner

Das leidende Weib. Ein Trauerspiel. Leipzig 1775.
UA: ?

Die anonym publizierte Prosatragödie in fünf Akten steht formal wie inhaltlich J. M. R. Lenz nahe (*Der Hofmeister*, 1774; *Der neue Menoza*, 1774); expliziter Anspielungen wegen ist sie lange Zeit sogar Lenz zugeschrieben worden.
In rasch wechselnder Szenenfolge werden drei verschiedene Handlungsstränge nur partiell eng geführt, wobei die Haupthandlung um den Ehebruch kreist, den die Gesandtin mit ihrem Jugendgeliebten von Brand begeht. Obwohl beiden die Sündhaftigkeit ihres Normverstoßes bewußt ist, können sie ihre Leidenschaft nicht unterdrücken, woraus ein innerer Konflikt erwächst. Indem von Brand in Graf Louis einen Nebenbuhler findet, der den intriganten, höfischen Adel repräsentiert, ergibt sich zusätzlich eine soziale Konfliktdimension: Zur privat-erotischen Motivation des Grafen tritt die politische hinzu, sich an der bürgerlich-revolutionär gesinnten Familie des Geheimderats (des Vaters der Gesandtin) für die vom Sohn Franz offen geäußerte Hofkritik zu rächen. Zudem vermittelt sich über Franz die literatur- und philosophiekritische Dimension des Stückes, die sich gegen die Schöngeisterei richtet und ausdrücklich Partei für den Sturm und Drang ergreift. Während eines Landfestes kommt es schließlich zum dramatischen Höhepunkt: Von Brand erschießt zunächst seinen Rivalen Louis; nachdem der Geheimderat einem Schlaganfall erlegen und die Gesandtin als ‹leidendes Weib› an ihren Gewissensqualen gestorben ist, tötet sich von Brand auf dem Grab der Geliebten. Dem von Franz vertretenen Ideal getreu, lebt die Restfamilie künftig eine ländliche Existenz fernab des korrupten Hofes.
Carl Sternheim hat das Trauerspiel 1915 unter Beibehaltung des Titels frei bearbeitet (UA 1916).

Lit.: Ch. Hering: Friedrich Maximilian Klinger, 1966, S. 53–61.

Olaf Schwarz

Die Neue Arria. Ein Schauspiel. Berlin 1776.
UA: ?

Die fünfaktige Prosatragödie verweist in ihrem Titel auf die bei Plinius (*Epistolae* III, 16) überlieferte Anekdote von Arria, der Gemahlin des römischen Konsuls Paetus, und faßt zwei nur lose miteinander verbundene Handlungen zusammen.
Zunächst steht Laura, die Tochter des Malers Paulo, im Mittelpunkt. Die Liebesgeschichte zwischen ihr und dem sich als untreu erweisenden Julio ist jedoch auf wenige Szenen beschränkt (I/1 und 3; II/1 und 6; III/2), in denen sich Laura vor Gram verzehrt und stirbt, während Paulo schließlich erblindet und der Malerlehrling Amante sich mit seinem Laura-Bildnis als großer Künstler erweist. Die davon kaum berührte Haupthandlung besteht in einem höfischen Intrigenspiel um die ‹neue Arria› Donna Solina, die sich als ein für den Sturm und Drang typisches ‹Kraftweib› erweist. In der Absicht, an Prinz Galbino – dem Usurpator – Rache zu nehmen und die verwitwete Herzoginmutter wieder in ihre angestammten Rechte einzusetzen, zieht sie alle Register ihres Könnens. Vor allem spannt sie Julio für ihre Ziele ein, indem sie sich zur «Schöpferin» des jungen Mannes aufschwingt; obwohl Julio zunächst eine Stelle am Hof erhält und Solina den Prinzen umgarnen kann, scheitert die geplante Revolte an Graf Drullo. Der zynisch-intrigante Höfling, der sich seinerseits als Meister in einem «Puppenspiel» versteht und die Fäden der «Leidenschaften, Narrheiten und Heucheley» geschickt zu lenken weiß, agiert als ebenbürtiger Gegenspieler von Donna Solina. In der Schlußszene wird dieser Handlungsstrang zugunsten der Liebesgeschichte zwischen Donna Solina und Julio aufgegeben: Donna Solina und Julio sterben den selbstgewählten Liebestod.
Das 1775 entstandene, zur Ostermesse 1776 anonym publizierte Trauerspiel in fünf Akten hat bei den Zeitgenossen große Beachtung gefunden, obwohl die Rezensionen überwiegend negativ ausfielen und sprachlich-motivische Überspanntheiten monierten.

Lit.: Ch. Hering: Friedrich Maximilian Klinger, 1966, S. 76–81.

Hans-Ulrich Wagner

Prinz Seiden-Wurm der Reformator oder die Kron-Kompetenten, ein moralisches Drama aus dem fünften Theil des Orpheus. Genf und Basel 1780.
Zeitgleich erschienen in: Orpheus, eine tragisch-komische Geschichte. Fünfter Theil. Genf 1780, S. 9–136.

Das satirische Prosadrama ist in den ersten Akt von Klingers phantastisch-erotischem Staatsroman *Orpheus* eingebunden und als Lesedrama konzipiert (u. a. in der Tradition der ‹Hanswurstiaden›); im Separatdruck verliert das im Romanzusammenhang durch den intriganten Höfling Ali zur Unterhaltung des Hofes improvisierte Volkstheater wichtige intertextuelle Bezüge.
Die Handlung beginnt mit einer makabren Szene in der Fürstengruft, wo sich zunächst die toten Herrscher als Tyrannen bloßstellen; anschließend werden die Alternativen zur Erbmonarchie (Wahlmonarchie und Volkssouveränität) vorgeführt. Sowohl die Nachfolger des Herrschers von Trilinik, die um die Gunst des Volkes buhlen, als auch das Volk machen sich lächerlich beim Versuch, den schwachen Prinzen Seiden-Wurm von der Thronbesteigung abzuhalten, ihre Gegner auszustechen und sich Einfluß zu sichern. Die Farce endet pessimistisch. Ein Gegenentwurf zu den gescheiterten Herrschaftsformen wird nicht präsentiert; das absurde Chaos einer Massenszene im blutigen Kampf um die Krone, in die das Spektakel schließlich ausufert, führt zu keiner Lösung. Die regierungsunfähigen Prinzen, Dummköpfe oder liebestolle Weichlinge, tragen offensichtlich die Verantwortung dafür, daß Höflinge wie der Harlequin und seine Frau Colombine sowie der teuflisch-geniale Demagoge Gleba, ein vagabundierender Bettler, ihre Intrigen spinnen können. Harlequin und seine Frau Colombine, die Mätresse des verstorbenen Königs Caromasko, von dem ihre Tochter Pedrilla stammt, verfolgen verschiedene Pläne: Harlequin sieht Zed, den Bruder des Prinzen, als möglichen Thronfolger, indem er ihn mit Pedrilla verkuppelt; seine Frau drängt ihn, sich an den Prinzen selbst zu halten. Er arrangiert ein Treffen, Zed verliebt sich in Pedrilla und tritt Harlequin unter der Bedingung Namen und Stand ab, daß sie Seiden-

Wurm stürzen werden. Gleichzeitig hat Harlequin den Bettler Gleba angeheuert, damit er das Volk durch demagogische Reden gegen Seiden-Wurm aufhetzt. Gleba nutzt seine Chance, verspricht dem Volk die Königswahl und stellt sich selbst als Anwärter auf. Colombine bringt nun Pedrilla mit Seiden-Wurm zusammen und verrät ihren Mann und den Bettler als Staatsfeinde. Der Tumult bricht aus. Harlequin erfährt, daß Gleba sich zum Thronanwärter erklärt hat, und verspricht ihm sofort seine Tochter, falls er König wird. Harlequin wird als Aufwiegler verhaftet, aber vom Volk wieder befreit und als potentieller Kandidat gefeiert, weil er sich als Gesandter Jupiters zu erkennen gibt. Aber auch Gleba versucht, als unbekannter Prinz Stimmen zu gewinnen. Die bevorstehende Königswahl zieht schließlich noch zahlreiche weitere Kandidaten an.
Die Deutung wird durch die Trennung des Lustspiels vom Romangeschehen erschwert. Dort ist das Schauspiel die direkte Spiegelung eines Hofes, und die Harlekinade verharmlost in diesen Verweisen – anders als im Einzeldruck – nicht die republikanische Absolutismuskritik. Klinger vollzieht mit dem Stück, das er aus Finanznot beginnt und das oft als Modeliteratur abgetan wird, auf der Basis einer pessimistischeren Anthropologie seine Loslösung vom Sturm und Drang (thematisch mit der Abkehr vom Genieideal und formal durch Aufnahme von Märchenmotiven, Burleske, Puppenspiel).

Lit.: Ch. Hering: Friedrich Maximilian Klinger, 1966, S. 113–120.

Inka Jörn

Simsone Grisaldo. Ein Schauspiel in fünf Akten. Berlin 1776.
UA: ?

Das anonym erschienene Prosaschauspiel (eventuell von Ariosts *Orlando Furioso* angeregt) verschmilzt die Figur des alttestamentarischen Simson (Ri 13–16) mit Zügen der treuen Gattin Griseldis aus Boccaccios 100. *Dekameron*-Novelle zu einem Helden im Stil der zeitgenössischen Märchenspiele Carlo Gozzis; exotischer

Schauplatz der nur locker aneinandergereihten Episoden ist Kastilien zur Zeit der Kämpfe zwischen Christen und Mauren.
Im Mittelpunkt steht der kastilische General Simsone Grisaldo, der die Sarazenen besiegt hat. Mit Berichten über die Taten des königstreuen Volkshelden setzt das Stück ein: Die Bezwungenen beugen sich seinem Edelmut, seiner Güte und Einfachheit; sogar sein Liebesverhältnis mit der Tochter des Königs, Almerine, wird geduldet. Politisch-stoizistische Ethik und erotisch-geniehaftes Verhalten sind in Grisaldo vereint: Simsone ist wie sein biblischer Namenspatron ein Frauenheld, der sich ungezwungen dem Sinnengenuß hingibt; die Rolle der Delila ist hingegen auf zwei Frauen verteilt, und zwar auf Almerine und Isabella von Aragonien: Almerine verrät Simsone allerdings nicht, und auch seine Geliebte in Kastilien, Isabella, die ihn zweimal töten will, befreit ihn zweimal reumütig wieder. In Valladolid erwarten den Siegreichen die Neider. Der König, aufgehetzt durch die machtgierigen Intriganten Truffaldino, Bastiano und Curio, empfängt ihn kühl; Grisaldo verteidigt seinen Herrscher jedoch demütig und hilft im Kampf gegen die Aragonier. Dort gerät er zum ersten Mal in einen Hinterhalt, in den ihn seine Geliebte Isabella aus Eifersucht gelockt hat und aus Liebe wieder rettet. Als Bastino und seine Helfer Grisaldo durch eine Blendung unschädlich machen wollen, erklärt sich Isabella ein zweites Mal bereit, ihn zu verraten, um dann kurz vor der Tat ihr Verhalten erneut zu bereuen. Jetzt rettet ihn Almerine, die ihm ebenfalls aus Liebe nach Kastilien gefolgt ist. Die politische Dimension des Stückes wird ernsthaft nur in III, 2 gestreift, als Grisaldo für die Monarchie eintritt. Seiner resignativen Skepsis gegenüber Reformen entsprechen die Zwischenszenen am Hof, die als Grotesken alle staatsrechtlichen Aspekte des Stückes parodistisch spiegeln. Doch auch das antikisierende Treueideal Grisaldos fällt der Persiflage anheim, als der Schelm Truffaldino die Schlußutopie, in der der reuevolle König sich auf Grisaldos rousseauistische Weltanschauung verpflichtet, in das Reich der Phantasie verweist.
Mit dieser ironischen Volte greift Klinger auf seine späteren Satiren vor. Das politische Stück wird durch die dazwischengeschalteten Episoden parodiert, das Prinzip der Parallelisierung von

Haupthandlung und den Satiren bildet eine Zwischenstufe in Klingers Produktion: Später werden die ernsten, tragischen Aspekte ganz fehlen.

Lit.: Ch. Hering: Friedrich Maximilian Klinger, 1966, S. 81–89.

Inka Jörn

Stilpo und seine Kinder. Ein Trauerspiel in fünf Akten. Basel 1780.
UA: Mannheim, zwischen dem 23. 2. und 9. 5. 1779 (?)

Das 1777 – während Klingers Engagement als Theaterdichter bei der Seylerschen Schauspieltruppe – entstandene Prosatrauerspiel verknüpft zwei Handlungsstränge zu einem charakteristischen Sturm-und-Drang-Konflikt.
Zwei Parteien stehen sich in Florenz unversöhnlich gegenüber. Die Macht des tyrannischen Fürsten Hilario stützt sich auf den ehrgeizigen General Pandolfo sowie auf den intriganten Staatsrat Pomponius; die Gegenpartei schart sich um den alten Stilpo, einen einst gefeierten und mittlerweile entmachteten General, dem die Gattin Antonia und der Neffe Rinaldo treu zur Seite stehen. Rinaldo, ein ungestümer jugendlicher Held, will seinen Vater (Stilpos Bruder) rächen, den der Fürst vor einiger Zeit hat hinrichten lassen. Daraus entwickelt sich einerseits die ‹Haupt- und Staatsaktion›: Der von Stilpo und Rinaldo angeführte Volksaufstand wird zwar verraten, erreicht aber dank der beherzten Tat Antonias, die Hilario erdolcht, doch noch sein Ziel. Auf familiärer Ebene entwickelt sich parallel dazu der Konflikt zwischen Stilpos Kinder und ihrem greisen Vater: Der zweitgeborene Sohn Piedro hat sich von Beginn an auf die Seite des Fürsten geschlagen und als willfähriges Werkzeug von Pomponius Stilpos Aufstandsplan verraten; der erstgeborene Sohn Horazio ist zwar ein kühner junger Mann, doch so sehr in Pomponius' Tochter Seraphine verliebt, daß er sich dem gewaltsamen Konflikt der Elternhäuser entziehen möchte. Dies gelingt ihm nicht: Horazio fällt im Kampf gegen den Fürsten. So endet der Aufruhr zwar mit dem Sieg der Volkspartei, aber Stilpo und Antonia stehen am Ende ohne Kinder da.

Typisch für den Sturm und Drang sind zum einen der Vater/Sohn-Konflikt sowie der Bruderzwist von Horazio und Piedro, zum anderen aber der nahezu revolutionäre Geist, der den «freyen Staat» beschwört, obwohl das Volk selbst noch nicht auf der Bühne erscheint und die politischen Ziele insgesamt unscharf bleiben.

Lit.: Ch. Hering: Friedrich Maximilian Klinger, 1966, S. 98–105.

Hans-Ulrich Wagner

Sturm und Drang. Ein Schauspiel von Klinger. 1776.
UA: Leipzig, 1.4.1777 (?)

Das fünfaktige Prosadrama mit Anleihen bei Petrarca, Rousseau, Goethe und vor allem Shakespeare, das wohl nach Klingers Zerwürfnis mit Goethe und ungefähr zeitgleich mit seinem Eintritt in Abel Seylers Schauspieltruppe entstanden ist, sollte ursprünglich *Wirrwarr* heißen. Der zuletzt gewählte Titel folgt, wie Klinger in einem Brief an Goethe vom 26.5.1814 angibt, einem Vorschlag von Christoph Kaufmann und dient seitdem als Epochenbezeichnung der ‹Geniezeit› zwischen ca. 1770 und 1780.
Prototyp des Klingerschen Stürmers und Drängers ist der innerlich zerrissene Wild, der eigentlich Carl Bushy heißt und sich und seine Gefährten, den Phantasten La Feu und den Melancholiker Blasius, rastlos durch die Welt treibt. In einem Gasthaus in Amerika, wo er im Unabhängigkeitskrieg den Tod sucht, trifft er auf seine Jugendliebe Jenny Caroline; von ihr war er zehn Jahre zuvor getrennt worden, weil ihr Vater Lord Berkley die Schuld am Überfall auf sein Haus und am Tod seiner Frau dem Vater von Carl zuschrieb. Der harmonische Schluß wird durch einige Konflikte und Wiedererkennungen verzögert: Der unerwartet aufgetauchte Seekapitän Boyet, der Wild bei zufälligen Begegnungen bereits mehrfach unmotiviert zum Duell gefordert hat, entpuppt sich als Berkleys verschollen geglaubter Sohn Harry und berichtet, den alten Bushy getötet zu haben. Ein erneutes Duell zwischen Harry und Wild wird dadurch verhindert, daß der den Kapitän begleitende Mohrenjunge in Wahrheit Bushy gerettet hat

und diesen nun herbeiführt. Als Bushy seine Unschuld bekundet, steht der Versöhnung der Familien sowie Wilds und Carolines Liebe nichts mehr im Weg.

In formaler Hinsicht überwiegt trotz einiger konventioneller Elemente (z. B. Einheit des Ortes, teilweise stark typisierte, mit sprechenden Namen versehene Charaktere) der Bruch mit der traditionellen Dramaturgie (evident vor allem an den eklatanten Motivationsdefiziten). Die zentralen Figuren (namentlich Wild) sind in ihrer Zerrissenheit und ihrem Getriebensein typische Sturm-und-Drang-Charaktere. Anders als bei Goethe oder Schiller wird die Außenwelt weitgehend ausgeblendet bzw. fungiert lediglich als Spiegel der eigenen Seelenproblematik. Indem Klinger Wild mit Hilfe der empfindsamen Caroline zu sich selbst finden läßt, setzt er sich von den scheiternden Helden bei Lenz und Goethe ab.

Da im Stück «das tiefste tragische Gefühl» mit «Lachen und Wiehern» (Klinger an Schleiermacher, 4.9.1776) wechselt, galt lange Zeit als strittig, ob der Genietypus Wild positiv oder parodistisch gemeint sei. Durch die groteske Überzeichnung zweier supplementärer Figurenpaare werden Caroline und Wild jedoch als Repräsentanten der wahren «Fülle des Herzens» (Friedrich Stolberg) bestätigt: In dem Anakreontiker La Feu, der mit Lady Kathrin das Leben «in einen poetischen, arcadischen Traum verwandeln» will, verspottet Klinger die rokokohafte Empfindelei; in dem «verdrüßlichen und langweiligen» Blasius, dem die muntere Louise entgegensteht, übt er Kritik an der gesteigerten Introversion des Sentimentalismus. Klingers damaliges Lieblingsstück wurde allerdings kaum gespielt und diente den zeitgenössischen Rezensenten meist als Anlaß für Invektiven gegen das Geniewesen schlechthin.

Lit.: G. Kaiser: Friedrich Maximilian Klingers Schauspiel *Sturm und Drang*; in: Untersuchungen zur Literatur als Geschichte. Festschrift für Benno von Wiese, 1973, S. 15–35. H. Scheuer: Friedrich Maximilian Klinger: *Sturm und Drang*; in: Interpretationen. Dramen des Sturm und Drang, 1987, S. 57–98. M. Luserke: Sturm und Drang, 1997, S. 199–210.

Astrid Arndt

Die Zwillinge. Ein Trauerspiel in fünf Aufzügen.
In: Hamburgisches Theater. Erster Band. Hamburg 1776, S. 1–88.
UA: Hamburg, 23. 2. 1776

Am 28. Februar 1775 schrieb die Schauspieltruppe von Sophie Charlotte Ackermann in Hamburg einen Wettbewerb für «gute und brauchbare» Originaldramen aus, den der vierundzwanzigjährige Gießener Student Klinger vor Leisewitz' *Julius von Tarent* gewann (November 1775). Obwohl Klinger sein Trauerspiel später zurückdatierte, spricht vieles dafür, daß er es im Sommer 1775 gezielt für das Preisausschreiben verfaßte und von Informationen über Leisewitz' Stück profitierte: Beide Trauerspiele gestalten das Motiv der feindlichen Brüder und benutzen mit den *Historien* des Jacobus Augustus Thuanus und dem darin berichteten Tod der Söhne des Herzogs Cosimo I. von Florenz dieselbe Quelle.
Klinger stellt Guelfo, den zweitgeborenen Zwillingssohn einer reichen, angesehenen italienischen Adelsfamilie, als überragende Figur in den Mittelpunkt. Der «Löwe Guelfo» neidet seinem Bruder Ferdinando das ererbte Vermögen, die Ländereien, den politischen Erfolg sowie das Ansehen bei Hof und geht aggressiv der Frage nach, ob das Erstgeburtsrecht nicht ihm selbst zukomme. Als Ferdinando sogar die Gräfin Kamilla als Braut heimführt, auf die sich auch Guelfo einst Hoffnung gemacht hatte, ohne ihr jedoch seine Liebe zu gestehen, kennt der Haß keine Grenzen mehr. Guelfo überwirft sich mit seiner auf Ausgleich bedachten Mutter Amalia und seinem strengen, aber auf beide Söhne stolzen Vater. Die zentrale, auf Shakespeares *Hamlet* anspielende Szene bei «Sturm und Nacht» (III/1) macht Guelfos Zerrissenheit, die Obsessionen und den abgrundtiefen Haß deutlich. Sein «böser Geist» treibt ihn um, und der weitere Handlungsgang wird vorweggenommen, wenn Guelfo die für den nächsten Tag geplante Heirat von Ferdinando und Kamilla verflucht: «Guelfo wird ein blutiges Brautlied singen!» Am Hochzeitsmorgen setzt Guelfo seinen Fluch um, indem er Ferdinando im Wald erschlägt, woraufhin der Vater an seinem mörderischen Sohn blutige Rache nimmt.
Mit ihrer außerordentlichen Affektsprache und Guelfo als dem

Inbegriff des kraftstrotzenden ‹Genie›-Wesens gelten die *Zwillinge* als Prototyp des Sturm-und-Drang-Dramas. Allerdings weist Guelfos ich-befangener, neiderfüllter Charakter weniger prometheische als vielmehr pathologische Züge auf und verkörpert als Nachfolger des biblischen Brudermörders Kain eher die Schattenseiten des genialen ‹Kraftkerls›. Bestätigt wird dies durch die Nebenfigur des Grimaldi: Guelfos Freund ist ein zutiefst verletzter Mann, nachdem ihm Ferdinando die Heirat mit Juliette, der Schwester der beiden Zwillingsbrüder, verwehrt hat und diese daraufhin in den Tod gegangen ist. Grimaldi richtet seine selbstzerstörerische Energie ganz auf sich selbst und sieht in der «Apologie des Todes» den einzigen Ausweg. Auch in Hinblick auf die insgesamt konventionelle, vergleichsweise regelmäßige Struktur fällt es schwer, von den *Zwillingen* als einem typischen Sturm-und-Drang-Drama zu sprechen. Hierzu haben sicherlich auch die Entstehungsbedingungen beigetragen, da im Wettbewerb auf Bühnentauglichkeit, wenige Szenenwechsel und kleine Personenzahl Wert gelegt worden war. Das «Preißstück» erfüllt diese formalen Voraussetzungen, und so waren *Die Zwillinge* nach ihrer Premiere bei der Ackermannschen Truppe in Hamburg auch auf anderen Bühnen relativ erfolgreich. Nicht nur verschiedene Parallel- und Nachdrucke aus dieser Zeit, sondern darüber hinaus auch Klingers lebenslange Beschäftigung mit seinem Jugenddrama führen schließlich zu einer Vielzahl von Textfassungen und späteren Bearbeitungen.

Lit.: C. Blasberg: Ein «kopirendes Original». F. M. Klingers Trauerspiel *Die Zwillinge* zwischen Geniekult und Traditionsbindung; in: Jahrbuch der Deutschen Schillergesellschaft 38, 1994, S. 39–64. E. P. Harris, E. Haack u. K.-H. Hartmann (Hg.): Einleitung; in: F. M. Klinger: *Die Zwillinge*, 1997 (= Werke. Historisch-kritische Gesamtausgabe. Bd. 2), S. IX-XLVI.

Hans-Ulrich Wagner

Klopstock, Friedrich Gottlieb
(1724–1803)

David, ein Trauerspiel von Klopstock. Hamburg 1772.

Quelle des Dramas in variablen reimlosen Versen und fünf ‹Handlungen› ist das Alte Testament (speziell 2 Sam 24 und 1 Chr 21). Aus Mißtrauen gegen Gottes Verheißung, sein Volk zu mehren, und vor allem aus Stolz auf seine Macht läßt König David den widerstrebenden Feldherrn Joab eine Volkszählung durchführen, die der fromme Joab jedoch verzögert. Ungeduldig und ärgerlich erwartet David das Ergebnis; als ihn die ersten Zahlen erreichen, erfaßt David die Furcht, die Kontrollmaßnahme werde Gottes Zorn erregen, seine Rache auch das Volk treffen. Der Prophet Gad überbringt Gottes Urteil. David kann zwischen drei Strafen wählen: sieben Jahren Hungersnot, drei Monaten Krieg, in dessen Verlauf David verwundet oder getötet werde, oder einer dreitägigen Pest im ganzen Land. Je nach eigenen Interessen raten die Freunde, von denen David stets umgeben ist. David wählt die Pest und organisiert einen Nachrichtendienst: Im Staffettenlauf melden Boten die Opferzahlen, Umkehrung des Frevels der Volkszählung. Erst als die Todeswolke sichtbar vor Jerusalem über Arafnas Tenne steht, wagt David, durch ein Opfer die Gnade Gottes beeinflussen zu wollen. Aus der Ferne beobachten der zwölfjährige Salomo und der Prophet Nathan, wie Gott das Opfer annimmt. Schon nach einem Tag hört das Sterben auf.

Unter strikter Einhaltung der drei Einheiten des Ortes, der Zeit (24 Stunden) und der Handlung gestaltet Klopstock in seinem dritten biblischen Drama die Geschichte von Davids Frevel als Lehrstück: David steht für sein Volk, aber auch für die Menschen allgemein. Ist im alttestamentarischen Buch der Chronik Satan der Verführer, so kommt – bei einem kurzen Auftritt Satans und Molochs – in Klopstocks Stück der Antrieb zur Sünde von David selbst.

Lit.: G. Kaiser: Klopstock, 1963, S. 259–275.

Ulrike Leuschner

Hermanns Schlacht. Ein Bardiet für die Schaubühne. Mit Römischkaiserl. und Churfürstl. Sächsis. allergnädigsten Privilegiis. Hamburg und Bremen 1769.

Mit den Hermannsdramen erschließt Klopstock der zeitgenössischen Hochliteratur die nationale Geschichte. Seinem primär poetologischen Interesse gemäß, inszeniert er Geschichte als sprachlichen Vorgang. Die Barden werden zu Medien des teichoskopisch mitgeteilten Geschehens; der Barde ist Propagandist, Kommentator und Panegyriker der politischen und kriegerischen Helden und Handlungen. In den ‹Anmerkungen› leitet Klopstock den Begriff ‹Bardiet› (germanischer Kampfgesang) für sein neues Dramengenre etymologisch her: indem er ‹Barde›, die Bezeichnung für den keltischen Hofdichter, mit dem ‹barditus› des Tacitus verbindet. Diesem fruchtbaren ‹misreading› der lateinischen Quellen entspricht eine Religionsklitterung, die den Germanen einen christlich geprägten Monotheismus mit Wodan als oberstem Gott und einem ‹Jüngsten Gericht› des ‹Allvaters› zuschreibt; erst Fremdeinflüsse hätten durch die Einführung von «Untergöttern» den Anschein von Polytheismus erzeugt.
Das erste der drei ‹Bardiete› Klopstocks behandelt in 14 Szenen, wechselnd zwischen Prosareden und dithyrambischen Gesängen, den Kampf gegen die römischen Besatzungstruppen unter Varus. Schauplatz ist ein felsiger Hügel über dem Tal, in dem Römer und ‹Deutsche› zur Entscheidungsschlacht angetreten sind. Der Oberdruide Brenno lenkt die Dramaturgie des Kampfs, indem er die Barden zu anschwellendem Kriegsgeschrei, Hörnerklang oder Schweigen dirigiert. Die eigentliche Schlacht wird durch ‹Mauerschau› berichtet: Den Sieg, der Hermanns Vater Siegmar das Leben kostet, nimmt man vom Hügel aus mit Staunen wahr. Spannung entwickelt sich aus den antagonistischen Positionen innerhalb des ‹deutschen› Lagers: Einige Fürsten kämpfen auf seiten der Römer, Neid und Mißtrauen spalten die Stämme. Hermanns Bruder Flavius wird gefangen und als Parteigänger der Römer von Brenno und dem Bardenführer Werdomar gedemütigt. Erst in der 11. Szene erscheint Hermann selbst. Nach längeren wilden Verrichtungen erblickt er seine Frau Thusnelda, die mit

ihren «Jungfrauen» den Sieger empfangen will und den Vollzug des Todesurteils an Flavius verhindert. Inmitten der Siegesfeiern entdeckt Hermann den toten Vater. Anstatt, wie es seine Mutter Bercennis verlangt, die gefangenen Römer zu Siegmars Totenfeier zu opfern, verpflichtet Hermann in einer gewaltigen Anstrengung alle Stämme zum gemeinsamen Racheschwur gegen die künftigen Legionen der Römer.

Trotz des vordergründigen Pathos wird die nationale Sache mit negativer Symbolik behandelt: Todesphantasien begleiten die Beobachtung des Sieges, und Thusnelda träumt unheilvoll von einem wilden Ur. Die germanischen Helden erscheinen als blutrünstige, todessüchtige Prahler, formelhaft wie die Wendungen der Gesänge ist ihre Verständigung untereinander. Selbst religiöse Rituale unterliegen der Beliebigkeit. Es ist der Abgesang des heroischen Zeitalters, der ersehnte Sieg nur noch dessen Ende, nicht der Beginn einer besseren Zukunft. Was in Klopstocks Bibeldramen zur Ausdifferenzierung ambivalenter Seelenlagen dient, wird im Nachvollzug historischer Fakten zur skeptischen Projektion. Die Widmungsvorrede «An den Kaiser» (Joseph II., 1764–1790) bezieht *Hermanns Schlacht* tendenziös auf den ‹Wiener Plan› (Klopstock: *Fragment aus einem Geschichtsschreiber des neunzehnten Jahrhunderts,* 1768), durch den Klopstock den Kaiser zu einer umfassenden Unterstützung der Künste und Wissenschaften aufforderte.

Unter Verzicht auf bardisches Dekor wurde das Stück zum Vorbild für Heinrich von Kleists antinapoleonisches Politdrama *Die Hermannsschlacht* (1808).

Ulrike Leuschner

Hermann und die Fürsten. Ein Bardiet für die Schaubühne. Mit Churfürstlich. Sächsischer Freiheit. Hamburg 1784.

Klopstocks zweites ‹Bardiet› rückt in sechzehn Szenen die bereits in *Hermanns Schlacht* thematisierten Rivalitäten zwischen den ‹deutschen› Fürsten ins Zentrum der Handlung (unter dem Titel *Hermann und Ingomar* lagen 1767 bereits zwei Drittel des Stücks vor); als Quellen dienen nach Auskunft der ‹Anmerkungen› die römischen Historiker Tacitus, Dio Cassius und Velleius Paterculus

lus. Rührende Familienauftritte binden den nationalgeschichtlichen Stoff an das zeitgenössische Genre des bürgerlichen Schauspiels.

Zwei Tage lang haben die Germanen unter Hermanns Führung den römischen Heeren des Cäcina siegreich standgehalten. Am dritten Tag führen die Fürsten Gambriv, Arpe und Ingomar beim «Siegsmahl» auf einem Hügel über dem Schlachtort, der Autorität Hermanns eifersüchtig trotzend, den Mehrheitsbeschluß herbei, der reicheren Beute und des vermeintlich leichteren Sieges wegen die Römer in ihrem Lager anzugreifen. Mit Hilfe des Druiden Brenno und des jungen Marsenfürsten Katwald gelingt es Hermann, die übrigen Fürsten von den Vorteilen einer Waldschlacht zu überzeugen; als die Barden aber ein Preislied auf Hermann anstimmen, bricht der alte Neid wieder auf, zumal Hermann den Plan entwickelt, die vereinigten Germanenheere über die Alpen gen Rom zu führen. Obwohl Erfahrung und Vorzeichen dagegen sprechen, greifen die Fürsten das Lager an. Die letzten beiden Szenen schildern teichoskopisch – Klopstock wahrt auch hier die drei Einheiten der Zeit, der Handlung und des Orts – die Niederlage der Germanen.

Durch den Vorabdruck von drei der Bardengesänge (*Auf die Schlacht mit dem Germanikus, Auf Winfelds Schlacht, Der kattische Tanz «Das Mädchen bringt des Haines Kranz»*) im *Göttinger Musenalmanach auf das Jahr 1774* bekannten sich die Mitglieder des ‹Göttinger Hain› in Klopstocks Namen zu einem emphatischen Patriotismus, der Klopstocks sprachexperimentellen Anspruch allerdings vernachlässigt.

Ulrike Leuschner

Hermanns Tod. Ein Bardiet für die Schaubühne. Hamburg.

Das dritte, 1787 erschienene ‹Bardiet› vollendet die «negative Klimax» (H. Zimmermann) der *Hermanns*-Trilogie. In den ‹Anmerkungen› beruft sich Klopstock erneut auf römische Geschichtsschreiber, vor allem auf Tacitus; schon die 1767 entstandene Ode *Hermann,* ein Rollengedicht dreier Barden, enthielt in komprimierter Form das Geschehen.

Nach der fatalen Niederlage gegen Cäcina wollte Hermann die Fürsten unter seinen Oberbefehl zwingen, um Rache an den Eroberern zu nehmen. Schauplatz der Handlung ist nun die Halle in Hermanns Burg, wohin sich der im Bürgerkrieg schwerverwundete Hermann gerettet hat. Eben kehrt die nach Rom verschleppte Thusnelda heim, was Hermann, der im Fieber vom Marsch der vereinten germanischen Stämme auf Rom phantasiert, nur allmählich realisiert. Effektsicher gestaltet Klopstock die Spannung: Die 18. der 23 Szenen führt die Peripetie vor – die mit bardischen und volksliedhaften Einlagen zelebrierte Wiedersehensfreude zwischen Hermann und Thusnelda schlägt in Gewalt und Untergang um. Die Fürsten Gambriv, Ingomar und Segest, Hermanns verräterischer Schwiegervater, dringen mit ihrem Gefolge in die Burg ein und verurteilen Hermann in einem Schauprozeß zum Tode. Ein großes Blutbad folgt: Hermanns Sohn Theude erdolcht auf offener Bühne seinen Großonkel Ingomar und wird selbst getötet; Gambriv erkennt zu spät Hermanns lautere Gesinnung und richtet sich selbst; Katwald und Stolberg stellen sich beim letzten Kampf im Wald auf Hermanns Seite und werden tödlich verwundet; Thusnelda stirbt bei der Nachricht von Hermanns Tod. Der Freiheitskampf der labilen ‹deutschen› Helden endet in Verrat und Mord. Einer ‹Machtphantasie Deutschland› leisten die insgesamt düsteren Helden, leistet insbesondere der pessimistische Schluß entgegen neuerdings geäußerter Forschungsmeinung nur sehr bedingt Vorschub.

Lit.: H. P. Herrmann: «Ich bin fürs Vaterland zu sterben auch bereit»; in: H. P. Herrmann (Hg.): Machtphantasie Deutschland, 1996, S. 32–65. H. Zimmermann: Freiheit und Geschichte, 1987, S. 234–268.

Ulrike Leuschner

Salomo, ein Trauerspiel von Klopstock. Magdeburg 1764.

Dem Versdrama in fünf ‹Handlungen› liegt eine Episode des Alten Testaments zugrunde (1 Kön 11). In der *Vorrede* erklärt Klopstock die Versstruktur: Von überwiegend fünffüßigen Jamben wechselt die Metrik in andere Formen, wenn dies «nothwendige Abwechselung oder der Inhalt» erfordern. Die *Anmerkungen zu Salomo,* die kryptische Bibelzitate auflösen, indizieren das Stück als Lesedrama.

Salomo verzweifelt an der Größe Gottes, da sie jedes menschliche Maß übersteigt, und läßt sich durch die jüngste Königin Semira zum Molochkult verleiten. Als zwei Knaben geopfert werden sollen, versuchen die Freunde Darda, Chalkol und Sarja vergeblich, Salomo zur Umkehr zu bewegen; der Freund Heman stirbt vor Gram über die Empfindungslosigkeit des Königs. Zu spät gibt der erschütterte Salomo den Gegenbefehl. Von den Götzenpriestern verlangt er eine Weissagung über das künftige Geschick des Reichs. Moloch, ein Teufel in Menschengestalt, entflieht, als sich seine Ohnmacht erweist; der alte Prophet Nathan dagegen enthüllt eine alte Verheißung Gottes an David, wonach Salomo immer schon gerettet sei. Geborgen im Kreis der Freunde und geliebt von seinem Volk, kehrt Salomo zum Glauben der Väter zurück.

In Erkenntnis der poetischen Virulenz biblischer Sujets nahm Klopstock in der 1754 publizierten Abhandlung *Von der heiligen Poesie* für sich in Anspruch, von den «Materien der Religion» dichten zu dürfen, da diese «höhere Poesie [...] unsere ganze Seele in Bewegung» setze. Die Vorrede zu *Salomo* beharrt gegen die Offenbarungskritik auf der genuinen Wahrheit der Dichtung. Gedankenschwere, eigentlich dem Trauerspiel abträglich, lasse sich aufgrund von Salomos Intellektualität nicht ganz vermeiden, doch sei das Zusammenspiel von Denken und Empfinden im höchsten Maße tragisch: «Im Herzen ist des Elends Ursprung. Spielt / Nicht das Herz mit diesem folgsamen Verstande?»

Lit.: G. Kaiser: Klopstock, 1963, S. 259–275.

Ulrike Leuschner

Der Tod Adams. Ein Trauerspiel. Kopenhagen und Leipzig 1757.

UA: Halberstadt, Dezember 1767 (in der 1766 von Gleim versifizierten Fassung)

1753, etwa gleichzeitig mit der Sterbeszene auf Golgatha im VIII. Gesang des *Messias,* in deren Verlauf Adam das große Versöhnungswerk Jesu preist, entwarf Klopstock die Urfassung seines ersten Dramas, das – bei strikter Beachtung der aristotelischen Einheiten – zugleich die erste deutsche Prosatragödie bildet. 1755 entdeckte Meta Klopstock den Entwurf unter den Papieren ihres Mannes, der ihn in der Folgezeit ausarbeitete. War das Epos als höchste literarische Gattung dem Leiden des Erlösers vorbehalten, so wählte Klopstock zur Darstellung von Adams Todesangst mit der Tragödie die rangnächste poetische Form.
Im ‹Vorbericht› macht Klopstock zwei programmatische Anliegen deutlich: Zum einen will er die Gattung Trauerspiel durch den religiösen Gegenstand von den Zufälligkeiten historischer Aktualisierung reinigen und der «schönen Natur» zurückgewinnen; zum anderen will er den «großen Männern der Offenbarung» den Diskurs erhabener «Weltlichkeit» öffnen. Weil die «äußerste Einfalt» des Stoffs einer genuinen Theatralität im Wege stehe, schreibt Klopstock ein Lesedrama in drei Handlungen.
Entfaltet wird eine gestörte patriarchale Idylle: Am Tag der Hochzeit der Enkelin Selima mit dem Sohn Heman und der zeremoniellen Segnung dreier dreijähriger Knaben durch den Stammvater tritt der Todesengel an Adam heran. Kain stört die Tröstung durch den guten Sohn Seth und den empfindsamen Abschied Adams von der Erde, indem er den Vater für alle Schuld der Menschheit verantwortlich macht. Im Vertrauen auf Gott überwindet Adam jedoch die Todesangst und scheidet mit vielen guten Lehren von den Seinen. Der Urgewalt des Todes korrespondiert die Natur durch berstende Felsen.

Lit.: G.-M. Schulz: Tugend, Gewalt und Tod, 1988, S. 208–215.

Ulrike Leuschner

König, Johann Ulrich von
(1688–1744)

Der Dreßdner Frauen Schlendrian in einem Nachspiel verfertiget von Herrn J. U. von König. Königl. Polnischer und Kurfürstl. Sächsischer Hof- und Ceremonialrath. 1725.
UA: Leipzig, 1724/25

Der aus zwölf Auftritten bestehende Prosaeinakter kombiniert Sittensatire mit Liebes- bzw. Heiratsspiel und karikiert Verhaltensweisen des Dresdener Bürgertums: das neurotische Bedürfnis nach sozialer Anerkennung, die vom Adel abgekupferten Moden bürgerlicher Frauen, neue Gepflogenheiten der Geselligkeit sowie Unsitten beim Theaterbesuch. Dabei sind die verlachenden Figuren – insbesondere Frau Rechts und Links, eine ‹galante› Witwe – die eigentlich Verlachten. Ein Einfluß der italienischen Commedia dell'arte manifestiert sich in der Dienerfigur Valentin, die dem Stück Komik und Dynamik verleiht.

Die Handlung wird vom Liebesspiel dominiert: Herr Ohnesorge buhlt um die Gunst der Jungfer Sittsam; sie ist ihm ebenfalls zugetan, wird jedoch von ihrem ebenso sittenstrengen wie mißtrauischen Bruder Bedachtsam buchstäblich unter Verschluß gehalten. Es folgt eine kurze Intrige: Ohnesorges Diener Valentin verkleidet sich als Hausiererin mit Toilettenutensilien, um heimlich einen Liebesbrief seines Herrn an die Jungfer Sittsam zu übergeben, was jedoch an deren Naivität scheitert. Empört eilt ihr selbstgerechter Bruder daraufhin zu Frau Rechts und Links, Ohnesorges Schwester, um sich zu beschweren; zugleich will er die eigenen Heiratspläne hinsichtlich Ohnesorges Schwester befördern. Aufgrund einer Lappalie fühlt diese sich aber von Bedachtsam in ihrer Ehre gekränkt. Gleichwohl gelingt es dem verzweifelten Ohnesorge, die eitle Schwester um seines Glückes willen umzustimmen. Nach allseitiger Aussprache wird noch für denselben Tag eine Doppelhochzeit angesetzt, und auch der frivole Diener will heiraten. In den letzten Szenen tritt die Bürgersatire völlig hinter das Heiratsspiel zurück.

Lit.: W. Hinck: Das deutsche Lustspiel des 17. und 18. Jahrhunderts und die italienische Komödie, 1965, S. 142–167.

Harald Bock

Die verkehrte Welt, ein Lustspiel von einem Aufzuge. Verfertiget von Herrn Johann Ulrich von König, Hof- und Ceremonien Rathe in Dresden. 1725.
UA: Leipzig, 1724/25

Die sechs Auftritte der phantastischen Sittenkomödie in Prosa gehen auf ein gleichnamiges Stück des französischen ‹théâtre de la foire› zurück, das wiederum von der Commedia dell'arte beeinflußt ist. Auch der Aufbau des Stücks ist der Commedia dell'arte geschuldet, da die Hauptfiguren mit jedem Auftritt in neue, verblüffende Situationen gestellt werden, deren Anzahl und Reihenfolge allerdings von König gegenüber dem Original geändert wurde. In Übereinstimmung mit dem ‹théâtre de la foire› verzichtet König auf jede Form von Intrige und gewährleistet die Einheit des Stücks durch den – im Spiel mit dem Motiv der verkehrten Welt ironisch gebrochenen – Kontrast zwischen der Schlechtigkeit der wirklichen Welt und der Vollkommenheit der utopischen Gegenwelt.
Harlekin und Scaramutz, zwei deutsche ‹Comödianten› aus Dresden, gelangen nach einer Luftreise in die ‹verkehrte Welt›. Das in der wirklichen Welt närrisch gewordene Duo trifft hier auf moralisch vorbildliche Menschen, durch die die Vorurteilsbeladenen Schritt für Schritt aufgeklärt werden: Von den Jungfrauen Neu-Münze und Alt-Münze erfahren sie zum Beispiel, was wahre Liebe und eheliche Treue bedeuten; eine schöne, junge Ärztin kuriert allein auf der Basis von natürlicher Vernunft und Erfahrung; Herr von Erbarsheim erweist sich als zuvorkommender, ehrlicher und schuldenfreier Stutzer. Geheilt werden Harlekin und Scaramutz schließlich durch den Zaubergesang Merlins, der ihnen in der verkehrten Welt die Chance auf ein neues Leben gibt.

Königs Satire zielt auf Stände- bzw. Sittenkritik und enthält sowohl ein Plädoyer für die deutsche Komödie als auch eines für die Natürlichkeit des guten Geschmacks.

Lit.: W. Hinck: Das deutsche Lustspiel des 17. und 18. Jahrhunderts und die italienische Komödie, 1965, S. 142–167.

Harald Bock

Kotzebue, August von
(1761–1819)

Adelheid von Wulfingen. Ein Denkmal der Barbarey des dreyzehnten Jahrhunderts. Reval und Leipzig 1783.
UA: ?

Kotzebues frühes Ritterdrama in vier Akten verbindet das Motiv des ungewollten Geschwisterinzests, dessen Aufdeckung ins Verderben führt, mit der Auseinandersetzung zwischen aufgeklärter, vernunftorientierter Humanität, abergläubischem Gefühlsüberschwang und pfäffischem Intrigenspiel.
Aufgestachelt durch seinen Beichtvater, den Abt Cyrillus, überfällt Theobald von Wulfingen heidnische Wenden. Aus Entsetzen über die Greueltaten seiner Soldaten und aus Hochachtung vor der Würde des wendischen Stammesoberhaupts bricht er den Feldzug angewidert ab. Zuvor befreit er Bertram, den vor Jahren entführten Vater seiner Frau. Dieser stellt fest, daß Adelheid und Theobald unwissentlich Inzest begangen haben, da Adelheid in Wirklichkeit die uneheliche Tochter von Theobalds Vater Hugo von Wulfingen ist. Am selben Tag kehrt Hugo, der seit mehr als zwanzig Jahren in Palästina vermißt wird, zurück. Bertram unterrichtet ihn von der fatalen Situation, dieser wiederum erzählt seinem Sohn die Geschichte seiner verirrten Leidenschaft. Da die Liebe zur tugendhaften Adelheid und seine wohlgeratenen Söhne die Grundlage für Theobalds Integrität darstellen würden, Gott außerdem die Familie und ihr Land mit Glück und Wohlstand gesegnet habe, können Theobald und Hugo in dem unbewußten In-

zest keine Sünde sehen; sie wollen Bertram zum Schweigen verpflichten. Religiöser Skrupel wegen vertraut dieser sich jedoch dem Abt Cyrillus an, der dadurch eine Chance sieht, endlich die seit langem begehrte Adelheid zu verführen. Er entdeckt ihr alles und verflucht angesichts der sich standhaft verweigernden Angebeteten ihre gesamte Familie. Adelheid verfällt nach einem spannungsgeladenen Hin und Her zwischen Vernunft und Aberglauben dem Wahnsinn und tötet ihre beiden Söhne.
Das empfindsame, im Zeitalter der Kreuzzüge angesiedelte Drama übt scharfe Kritik an dem – Kotzebue zufolge – von blindem Eifer, lüsternen Begierden und eigennützigen Intrigen geprägten katholischen Klerus. Dagegen stellt er den aufgeklärten Humanismus der beiden Wulfinger und des Wendenoberhaupts Mistivoi als vorbildhaft hin. Nicht der Inzest, sondern egoistische Interessen und schwärmerische Religiosität führen zum Untergang eines Geschlechts, dessen Geschichte von Anfang an von Distanz zur Kirche gekennzeichnet ist.

Andrea Hahn

Bruder Moritz, der Sonderling, oder die Colonie für die Pelew-Inseln. Lustspiel in drey Aufzügen von August von Kotzebue. Leipzig 1791.
UA: wahrscheinlich Reval, 1790 (erste nachweisbare Aufführung: Pyrmont, 5.8.1790)

Das Familienstück zeigt das an Voltaires Aufklärungsmaximen von Gerechtigkeit und Humanität orientierte Leben des reichen und unabhängigen Moritz im Kreis seiner beiden Schwestern Nettchen und Julchen, einer dünkelhaften Tante und seines arabischen Freundes Omar. Er verliebt sich in das Kammermädchen Marie, das er trotz der Standesdifferenz und eines unehelichen Kindes heiraten will. Das temperamentvolle, entfernt an Shakespeares widerspenstige Katharina erinnernde Nettchen verlobt sich schließlich mit dem ‹edlen Wilden› Omar, während ihr Gegenbild, das sittsame, schüchterne Julchen, nach einigen Mißverständnissen den redlichen Assessor und Maler Wilhelm von Moll heiraten kann. Am Ende beschließt die Gesellschaft, sich – die

Anklänge an Schnabels Utopie *Insel Felsenburg* (1731–43) sind nicht zu übersehen – ein neues Leben aufzubauen, und zwar auf den ‹arkadischen› Pelew-Inseln (heute Inseln von Palua; dem deutschen Publikum seit 1789 durch Georg Forsters Übersetzung einer englischen Reisebeschreibung bekannt).
Trotz Wohltätern und Lebensrettern, schöner Seelen, schrulliger Tanten, von sich selbst überzeugten Poeten und stutzerhaften Adeligen, trotz rosenumwundener Putten im Frühling und hilfreicher Zufälle, komischer und rührender Szenen war diesem Lustspiel Kotzebues nicht der Erfolg beschieden, den seine Stücke in der Regel ernteten; nicht selten wurde es wegen Unsittlichkeit kritisiert. Der Sonderling Moritz, eigentlich ein Graf von Eldingen, muß mit seinem radikal-aufklärerischen Glauben an die Gleichheit aller Menschen (Frauen und Nicht-Europäer eingeschlossen) und dem Kampf gegen gesellschaftliche Zwänge und Vorurteile ebenso auf Kritik gestoßen sein wie das sympathisch gezeichnete Nettchen mit seiner Tendenz zu Blaustrümpfigkeit und Männerfeindlichkeit. Vor allem aber die Tatsache, daß eine verführte Dienstmagd allein ihrer Schönheit und Tugend wegen zur Gattin eines Adeligen aufsteigen konnte, dürfte dem Publikum unverdauliche Speise gewesen sein.

Lit.: D. Maurer: August von Kotzebue, 1979, S. 114–120.

Andrea Hahn

Die Indianer in England. Lustspiel in drey Aufzügen von August von Kotzebue. Mit Kurf. Sächs. Privilegio. Leipzig 1790.

UA: Reval, 6.4.1789 (Julianischer Kalender: 26.3.1789); erste Aufführung in Deutschland: Berlin, 16.10.1789

Kotzebues erstes Erfolgslustspiel (Prosa) stellt das im 18. Jahrhundert modische Motiv des ‹edlen Wilden›, der im Gegensatz zu den verbildeten Europäern die wahre Menschennatur repräsentiere, in den Mittelpunkt.
Der liebenswürdige Kaufmann Sir John Smith und seine adelsstolze, ewig unzufriedene deutsche Frau müssen nach ihrem

Bankrott ein Zimmer an den reichen Inder Kaberdar, dessen Tochter Gurli und einen treuen Diener vermieten. Der wohltätige Kaberdar, in Wirklichkeit der vertriebene Nabob von Mysore, wirbt um die schöne Seele Liddy, Tochter des Hauses, die den Antrag annimmt, um ihrer Familie zu helfen; ihr habgieriger und übervorsichtiger Bruder Samuel begehrt die naive Gurli zur Frau. Als Gurli den von zwei dumm-dreisten Notaren ausgefertigten Heiratskontrakt unterzeichnen will, um in Liddys Nähe bleiben zu können, kommt Robert, der zweite Sohn der Smiths, von einer Reise zurück. Gurli verliebt sich augenblicklich in den warmherzigen und hilfsbereiten Schiffskapitän, der ihre Gefühle erwidert. Währenddessen erkennen Kaberdar und Gurli in Roberts Freund Fazir den Sohn bzw. Bruder wieder. Zugunsten Fazirs, den schon seit einiger Zeit eine unausgesprochene Liebe mit Liddy verbindet, verzichtet Kaberdar, so daß am Ende alle falschen Verlobungen gelöst und alle Liebenden vereint sind.

Beim Publikum beliebte Typen und gängige Motive, ein fremdländisch angehauchtes Kolorit und das popularphilosophische Gerechtigkeitsprinzip, vermischt mit einem dramaturgisch geschickt aufgebauten Spannungsbogen, fanden zwar nicht die Zustimmung der Kritiker, sorgten aber für den sicheren Erfolg an den Theaterkassen – allein in Wien stand das Stück bis 1844 auf dem Spielplan und wurde neunzigmal gegeben.

Lit.: D. Maurer: August von Kotzebue, 1979, S. 135–142.

Andrea Hahn

La Peyrouse. Ein Schauspiel in zwei Akten. Leipzig 1798.

UA: Berlin, 9. 6. 1796 (?)

Ausgangspunkt für das Familienrührstück in Prosa ist die Geschichte des französischen Seefahrers Jean François de Galaup de la Pérouse, der 1785 im Auftrag Ludwigs XVI. zu einer Entdeckungsreise um die Welt aufbrach, von der er nie zurückkehrte; eine 1791 von der französischen Nationalversammlung ausgerüstete Suchexpedition, an der auch die Frau von La Pérouse beteiligt war, verlief ergebnislos. Kotzebue verbindet die historische

Vorlage mit dem Motiv des Mannes zwischen zwei Frauen, wie es in der Sage vom Grafen von Gleichen vorgegeben und sowohl in Goethes *Stella* als auch in v. Sodens *Ernst Graf von Gleichen* gestaltet worden war. Darüber hinaus erinnert das geschilderte Inseldasein entfernt an Defoes Erfolgsroman *Robinson Crusoe* (1719) und endet in der Gründung einer idealen Gesellschaft à la Schnabels *Insel Felsenburg* (1731–43).
La Peyrouse hat sich dank der jungen Wilden Malwina, die sich für ihn mit ihrer Familie überwarf, nach dem Schiffbruch auf eine verlassene Insel retten können; das empfindsame Mädchen ist seine Lebensgefährtin geworden. Zusammen mit ihrem Sohn Carl führen beide ein einsames, aber glückliches Dasein. Auf der Suche nach ihrem Mann kommt eines Tages La Peyrouses Frau Adelaide auf die Insel, wodurch die Bigamie aufgedeckt wird. La Peyrouse, beiden Frauen verbunden, kann sich nicht entscheiden; Malwine und Adelaide durchleben die gesamte Gefühlsskala von Eifersucht und Haß, wetteifern um die alleinige Gunst des Mannes bis hin zu Entsagung und Selbstmordgedanken. Als Adelaides Bruder berichtet, daß die Revolution in Frankreich eine Rückkehr unmöglich mache, beschließt man, La Peyrouses legitime Kinder aus dem englischen Exil zu holen und gemeinsam eine Kolonie auf der Insel zu gründen. La Peyrouse beabsichtigt, in ein rein brüderliches Verhältnis zu beiden Frauen zu treten.
Aufgrund seines als unmoralisch kritisierten Endes war dem dramaturgisch spannend aufgebauten und mit beliebten Versatzstücken des rührseligen Familiendramas versehenen Schauspiel kein Erfolg beschieden; in Berlin erlebte es nur drei Aufführungen, in Wien wurde es von vornherein von der Zensur verboten. Kotzebue arbeitete aus diesem Grund 1818 das Stück zu einem Einakter um, in dem Malwina Selbstmord begeht.

Lit.: D. Maurer: August von Kotzebue, 1979, S. 61–66.

Andrea Hahn

Menschenhass und Reue. Schauspiel in fünf Aufzügen. Berlin 1790.
UA: Reval, 4.12.1788 (Julianischer Kalender: 23.11.1788)

Das empfindsame Familienschauspiel in Prosa bringt ein neues Sujet auf die Bühne: die Versöhnung einer Ehebrecherin mit ihrem Ehemann. Auffällige Parallelen finden sich nur in Jean-Jacques Rousseaus Fragment *Émile et Sophie, ou Les Solitairs* (1780); darüber hinaus sind Anklänge an Lessings *Miss Sara Sampson* (1755) und Klingers *Das leidende Weib* (1775) zu beobachten.
Ohne einander zu kennen, unterstützen auf einem abgelegenen Landgut ein misanthropischer Unbekannter und Madame Eulalia Müller, Hausdame bei der gräflichen Familie von Wintersee, verschiedene Bedürftige. Als die gewollte Einsamkeit durch die Ankunft der gräflichen Familie gestört wird, erkennt der Bruder der Gräfin im Unbekannten seinen Jugendfreund Horst von Meinau wieder, der sich wegen ungerechter Behandlung aus der Öffentlichkeit zurückgezogen hat; Madame Müller gesteht der Gräfin, die im Namen ihres Bruders um sie wirbt, daß sie die untreue Baronin von Meinau sei, die in kurzem Rausch für einen nichtswürdigen Ehemann Kinder und Vater verlassen habe und nun aus Reue ein einsames, tätiges Leben führen wolle. Nachdem sich die Gatten wiedergefunden haben, ist Meinau von der schönen Seele seiner Frau und ihrer Liebe überzeugt; mit Rücksicht auf seine Ehre kann er sich jedoch erst zur Versöhnung entschließen, als die beiden unbemerkt ins Zimmer geholten Kinder die Eltern darum bitten.
Das Schauspiel, das beim Publikum Begeisterung und bei den Kritikern Ablehnung hervorrief, bewegt sich innerhalb der Grenzen eines auf Unterhaltung ausgerichteten Familienrührstücks: Eine verwässerte aufklärerische Moral, gängige Topoi wie Adels- und Stadtkritik sowie der Lobpreis des einfachen Landlebens verbinden sich mit pathetischen Wiedererkennungs- und komischen Dienerszenen, der Überstrapazierung des Zufalls und einem rührenden Familientableau am Ende. Dank seiner virtuosen Effekte gehörte *Menschenhass und Reue* im 19. Jahrhundert zu den meistgespielten Stücken und wurde in mehrere Sprachen

übertragen, fortgesetzt und parodiert. Eine kurz vor Kotzebues Tod erstellte Überarbeitung (veröffentlicht 1919) hat keine Bedeutung erlangt.

Lit.: D. Maurer: August von Kotzebue, 1979, S. 50–61.

Andrea Hahn

Krüger, Benjamin Ephraim
(1719–1789)

Mahomed der IV. ein Trauerspiel.
In: Die Deutsche Schaubühne, nach den Regeln und Mustern der Alten, fünfter Theil, darinn sechs neue deutsche Stücke enthalten sind, Nebst einer Fortsetzung des Verzeichnisses deutscher Schauspiele, ans Licht gestellet von Joh. Christoph Gottscheden. Leipzig 1744, S. 381–448.
UA: Hamburg, 1747

Die Alexandrinertragödie des Leipziger Medizinstudenten Krüger gestaltet den historischen Stoff einer gescheiterten Palastrevolution der Janitscharen gegen Sultan Mahomed IV., der 1648 – erst sechsjährig – den osmanischen Thron bestiegen hatte. Die Ausgestaltung folgt den Vorgaben der rationalistischen Poetik Gottscheds (Fünfaktigkeit, aristotelische Einheiten) und löst den Konflikt in poetischer Gerechtigkeit auf.
Unter Führung der herrschsüchtigen Kiosem, der Großmutter des 14jährigen Mahomed, bildet sich eine Verschwörung gegen den Regenten, der mit Hilfe der Janitscharen entmachtet werden soll. Nach Aufdeckung der Putschpläne und Verhaftung Kiosems gerät der als guter, empfindsamer Herrscher gezeichnete Sultan in einen Wertekonflikt: Die privaten Empfindungen legen die Schonung der Großmutter nahe, während politische Notwendigkeit und öffentliche Pflicht die Hinrichtung der Verschwörer fordern. Nachdem der Aufstand endgültig niedergeschlagen ist, läßt sich Mahomed dazu hinreißen, ein vom Diwan verhängtes To-

desurteil zu übergehen und Kiosem zu begnadigen. Diese politisch unkluge, die Gesetze mißachtende Entscheidung wird jedoch durch das loyale Volk korrigiert, das den Sultan zur Hinrichtung Kiosems zwingt.

Das Exempel des osmanischen Sultans, der die politische Wirkungsdimension seines Handelns als Fürst zugunsten eines auf privater Ebene tugendhaften Verhaltens vernachlässigt, veranschaulicht den Grundsatz, daß ein Fürst sich vorbehaltlos für das Gemeinwohl einzusetzen und seine privaten Empfindungen der höherrangigen Pflicht unterzuordnen habe. Darüber hinaus bestätigt die Tragödie die grundsätzliche Notwendigkeit politischer Kontrollorgane, deren korrigierendes Eingreifen den Fürsten vor politischen Fehlern bewahrt und damit Schaden vom Staat abwendet. Die Moral der Handlung besitzt ständeübergreifende Gültigkeit: Auch der gemeine Untertan soll seine Leidenschaften disziplinieren, um so in seiner Lebenswelt pflichtbewußt handeln zu können.

Lit.: H. Hollmer: Anmut und Nutzen: die Originaltrauerspiele in Gottscheds *Deutscher Schaubühne*, 1994, S. 227–240.

Scharief El Samadoni

Vitichab und Dankwart, die Allemannischen Brüder. Ein Trauerspiel. Leipzig 1746.

UA: 1746

Der frühaufklärerischen Alexandrinertragödie in fünf Aufzügen, die Krüger während seines Medizinstudiums in Leipzig verfaßte, ist eine Widmung an Gottscheds Gattin vorangestellt, in der die auf Gottscheds rationalistischer Poetik basierenden Gestaltungsprinzipien darlegt werden; das an Gottsched adressierte Vorwort expliziert den im Stück illustrierten Lehrsatz, «daß übereilte Handlungen das größte Unglück nach sich ziehen».

Der Allemannenherzog Vitichab belagert mit seinen Verbündeten das Heer des römischen Kaisers Valentinian. Er weist ein durch Valentinians Gesandten Tiber überbrachtes Friedensangebot ab, woraufhin Tiber beim Fürsten Siegmar, mit dessen Tochter Fredegund Vitichab verlobt ist, Zweifel an dessen Heiratsabsichten schürt. Diese wachsen noch, als Vitichabs Mutter Adelheid darauf drängt, die Hochzeit erst nach der Entscheidungsschlacht auszurichten. In der Schlacht rettet Siegmar den in Bedrängnis geratenen Herzog, flieht aber anschließend, wofür Vitichab ihn zum Duell mit dem gefangenen Tiber verurteilt. Siegmar stirbt im Kampf, den Tiber gegenüber Siegmars Sohn Radogast, dem besten Freund Vitichabs, als Intrige darstellt. Beim Versuch, den Vater zu rächen, verwundet Radogast Vitichab tödlich, der ihm jedoch vergibt. In diesem Augenblick erfahren beide von Wilibald, Siegmars Freigelassenem und Vertrauten, ihre wahre Identität: Radogast ist Vitichabs Bruder Dankwart, dem ein Orakel bei seiner Geburt den Brudermord prophezeite. Wilibald hatte damals seine Tötung verhindert und ihn Siegmar anstelle von dessen in seiner Obhut verstorbenem leiblichem Sohn untergeschoben. Vitichab stirbt, Dankwart verübt Selbstmord, und Adelheid und Fredegund bleiben erschüttert zurück. Krüger verstößt mit der Implantation des Brudermordmotivs gegen die zentrale Gottschedsche Regel von der Einheit der Handlung. Keine der Figuren handelt aus dem Wissen um das Orakel, und auch der Lehrsatz steht in keiner Beziehung dazu. Der tragische Konflikt ist vielmehr durch die Anfälligkeit Siegmars und Radogasts für die Intrigen Tibers motiviert.

Olaf Petersenn

Krüger, Johann Christian
(1723–1750)

Der blinde Ehemann. Ein Lustspiel von drey Aufzügen.
In: Schauspiele, welche auf die von Sr. königl. Majestät in Preussen und von Ihro Hochfürstl. Durchl. Zu Braunschweig und Lüneburg privilegirten Schönemannischen Schaubühne aufgeführet werden. Fünfter Theil, Braunschweig und Leipzig 1751.
UA: Hamburg, 8.7.1747

Das Prosalustspiel begründet als dramatisiertes Feenmärchen eine neue Komödiengattung in Deutschland, die sich mit märchenhaften Elementen über das rationale Gebot der Wahrscheinlichkeit hinwegsetzt. Das von Marivaux inspirierte Stück, das auch Anleihen bei der italienischen Stegreifkomödie nimmt, thematisiert Liebe, Eifersucht und Rache in der Verbindung von irdischem Menschenreich und mystischer Feenwelt. Indem ein Prinz in die Lustspielhandlung integriert ist, wird die Regel der Ständeklausel übertreten. Schauplatz ist die Insel des Prinzen.
Der blind geborene Astrobal, dem die Liebe seiner schönen Frau Laura die Blindheit erträglich macht, wird von dem befreundeten Prinzen wirtschaftlich unterstützt (Astrobal und Prinz wissen nicht, daß sie Halbbrüder sind). Auch der Prinz liebt Laura ob ihrer Tugend und will sie deshalb nicht zum Ehebruch animieren. Crispin, Astrobals Nachbar und Stallmeister des Prinzen, hat die Neigung seines Herrn jedoch bemerkt. Indem er Astrobal auf dessen mangelndes Seh- und Kontrollvermögen hinweist, will er ihn mißtrauisch machen – zugleich wird der ahnungslose Crispin jedoch von seiner Frau Florine betrogen und damit als ebenfalls ‹blinder› Ehemann charakterisiert.
Marottin ist die Schnittstelle zwischen Feen- und Menschenreich: stummer Diener des Prinzen, Florines Liebhaber und Diener der Fee Oglivia. Oglivia, die Mutter des Prinzen, hat, nachdem dessen Vater sie mit Orlane betrogen und einen Sohn, Astrobal, gezeugt hat, diesen aus Rache erblinden lassen. Für den Mißbrauch ihrer Fähigkeiten wurde sie durch einen Orakelspruch mit Häßlichkeit

bestraft, die nur durch eine lasterhafte Handlung ihres Sohnes aufgehoben werden kann. Von Marottin zur Fee geführt, gibt sie sich dem Prinzen als Mutter zu erkennen. Er ist daraufhin bereit, Marottins Intrige zu folgen: Astrobal soll von Lauras vermeintlicher Untreue überzeugt und diese daraufhin in die Arme des Prinzen getrieben werden. Astrobal erliegt der Intrige; Laura aber bleibt in ihrer Tugend standhaft, obwohl sie mit der Ungnade des Herrschers rechnen muß, dessen Zuneigung sich in lasterhafte Liebe verwandelt hat. Die Fee erscheint abschließend in voller Schönheit und schenkt Astrobal die Sehkraft; die übermenschlich tugendhafte Laura wird zugleich zur «Fee der Erde» ernannt.

Lit.: W. Hinck: Das deutsche Lustspiel des 17. und 18. Jahrhunderts und die italienische Komödie, 1965, S. 237–244. K. Schneider: Vielleicht, daß wir also die Menschen fühlen lehren: Johann Christian Krügers Dramen und die Konzeption des Individuums um die Mitte des 18. Jahrhunderts, 1996, S. 172–187.

Nicole Gerstenfeldt

Die Candidaten, oder: Die Mittel zu einem Amte zu gelangen. Ein Lustspiel in fünf Handlungen.
In: Schauspiele, welche auf der von Sr. königl. Majestät in Preussen und von Ihro Hochfürstl. Durchl. Zu Braunschweig und Lüneburg privilegirten Schönemannischen Schaubühne aufgeführet werden. Zweiter Theil. Braunschweig und Leipzig 1748.
UA: Braunschweig, 8. 2. 1748

Das formal an Gottscheds Regelpoetik (‹Sächsische Typenkomödie›) orientierte Prosalustspiel übt offene Gesellschafts- und Adelskritik, indem es die Folgen der adeligen Willkürherrschaft einerseits mit satirischer Schärfe darstellt, andererseits aber auch empfindsame Elemente in der Art Gellerts integriert.
Die Handlung konzentriert sich auf Begegnungen des herrschenden Adels mit dem dienenden Bürgertum; als Schauplatz dient der Palast des Grafen, wo sich verschiedene Bewerber um eine Ratsherrnstelle einfinden. Entscheidendes Auswahlkriterium ist jedoch nicht die berufliche Qualifikation eines Kandida-

ten, sondern dessen Bereitschaft (bzw. die seiner Gattin), jeweils mit der Gräfin (bzw. dem Grafen) eine Liaison einzugehen. Unter dem Deckmantel gesellschaftlich legitimierter Galanterie, die als Verhaltenskodex das Ansehen der Figur wahrt, wird Sexualität auf diese Weise instrumentalisiert, und die Chancen eines Kandidaten steigen oder sinken entsprechend dem Maß seiner moralischen Integrität. Da Herrmann, der Sekretär des Grafen, auf die Ratsherrnstelle angewiesen ist, um Caroline ehelichen zu können, steht er im Zwiespalt zwischen den amoralischen Bewerbungspraktiken und seinen der bürgerlichen Tugendmoral verpflichteten Prinzipien.

Die Wahl der dominanten Gräfin fällt auf den charmanten Valer, der sich jedoch als Fähnrich zu erkennen gibt; er hat sich im Auftrag seines Obristen, den die Gräfin öffentlich beleidigt hat, beworben, um diese zu brüskieren und ihr unmoralisches Handeln bloßzustellen. Valer tritt die Ratsherrnstelle an Herrmann ab und entdeckt zufällig eine verwandtschaftliche Beziehung zu Caroline, die – nachdem ihr adeliger Vater seine Güter an Valers Vater verloren hat – im Dienst der Gräfin steht. Valer saniert Caroline wirtschaftlich und rehabilitiert sie gesellschaftlich, so daß sie als adelig geborene, aber bürgerlich denkende Frau beide Stände in sich versöhnt. In Herrmanns Verzicht auf die adelige Caroline zeigt sich die mangelnde Autonomie des einzelnen gegenüber der Ständeordnung. Carolines Entscheidung für Herrmann wiederum indiziert einen Umbruch, indem sie (früh-)aufklärerische Postulate im emotionalen, privaten Bereich verwirklicht, um die Standesunterschiede zunächst vom Moralischen her aufzulösen. Darüber hinaus zeigt sich bei Herrmann wie bei Caroline die empfindsame Tugend der ‹Großmuth›, wodurch sich das Gute zuletzt als optimistischer Gegenentwurf zur Ständegesellschaft durchsetzt.

Lit.: K. Schneider: Vielleicht, daß wir also die Menschen fühlen lehren: Johann Christian Krügers Dramen und die Konzeption des Individuums um die Mitte des 18. Jahrhunderts, 1996, S. 127–149.

Nicole Gerstenfeldt

Die Geistlichen auf dem Lande. Ein Lustspiel in drey Handlungen. Zu finden in der Franckfurter und Leipziger Michaelis = Messe. 1743.
UA: ?

Das an Gottscheds frühaufklärerischer Poetik orientierte Typenlustspiel in Prosa setzt sich mit seiner an Molières *Tartuffe* (zuerst 1644) angelehnten Figurenkonstellation kritisch mit der Institution Kirche, ihren rangniederen Vertretern und der Ständeordnung auseinander. Die satirische Tendenz hat zum Verbot des Erstdrucks und etwaiger Aufführungen geführt, starkes Publikumsinteresse ermöglichte dennoch einen zweiten Druck.
Die Handlung spielt im Haus des pietistischen Landgeistlichen Muffel, der mit seinem Kollegen Tempelstolz um die Hand Wilhelmines, der Tochter der Landadeligen Frau von Birkenhayn, konkurriert. Obwohl sich die vernünftige Wilhelmine zum bürgerlichen Philosophen Wahrmund hingezogen fühlt, wird sie von ihrer frömmelnden Mutter demjenigen Landgeistlichen versprochen, dem die Bekehrung gelingt. Während sich die unvernünftigen Rivalen, in Ermangelung guter Argumente für den Glauben, dadurch ausstechen wollen, daß sie sich in der Kriminalisierung der Vernunft überbieten, werden durch Nebenfiguren ihre Verstöße gegen den kirchlichen Moralkodex aufgedeckt: Muffel hat seine Haushälterin Cathrine geschwängert, Tempelstolz ist bereits verlobt. Daraufhin sieht Frau von Birkenhayn ihre Verblendung ein und befürwortet abschließend Wilhelmines Liebe zu Wahrmund; für Cathrine gibt es keine Lösung des Konfliktes.
Rationale Moral steht hier im Gegensatz zu rigiden Glaubensauffassungen wie dem Pietismus, der vom aufklärerischen Deismus abweicht. Durch die Dämonisierung der Vernunft versetzen die Fanatiker unreflektiert Gläubige in Angst und verhindern deren geistige Mündigkeit. Auffällig ist die intellektuelle Stärke der jungen Frauen: Wilhelmines rationales Handeln hat im Privaten Erfolg, bleibt aber ohne gesellschaftsrelevante Folgen; Cathrine durchschaut die Doppelmoral der Landgeistlichen, deren Opfer sie ist, ohne sich als Frau aus niederem Stand aber deren sozialer Macht entziehen zu können.

Lit.: K. Schneider: Vielleicht, daß wir also die Menschen fühlen lehren: Johann Christian Krügers Dramen und die Konzeption des Individuums um die Mitte des 18. Jahrhunderts 1996, S. 104–120.

Nicole Gerstenfeldt

Der Teufel, ein Bärenhäuter. Ein Lustspiel in einer Handlung in Versen.

In: Schauspiele, welche auf der von Sr. königl. Majestät in Preussen und von Ihro Hochfürstl. Durchl. Zu Braunschweig und Lüneburg privilegirten Schönemannischen Schaubühne aufgeführet werden. Zweiter Theil. Braunschweig und Leipzig 1748.
UA: Breslau, 27. 5. 1748

Der possenhafte, im bäuerlichen Milieu angesiedelte Einakter in Alexandrinern übernimmt das Hahnreimotiv der Commedia dell'arte, zeigt in der Darstellung von Liebeskonflikten den Einfluß von Marivaux und setzt sich über Gottscheds Regelpoetik hinweg. Neben der Dreiecksgeschichte um den Pächter Wilhelm, seine Frau Hannchen und den Soldaten Valentin konzentriert sich ein zweiter Handlungsstrang um Ruthe, den Küster des Dorfes.

Wilhelm, Vertreter des dörflichen Mittelstandes, hat Hannchen aus Liebe geheiratet, während diese eigentlich Valentin liebt und nur aus sozialem Aufstiegsinteresse heraus verheiratet worden ist. Daraus resultiert ein Dilemma, weil sich Hannchen weiterhin Valentin verbunden fühlt und Wilhelm an seiner einseitigen Liebe leidet: Weder wird diese von Hannchen erwidert, noch kann er deren tugendhafte Zuneigung zu Valentin unterbinden, ohne seine Frau unglücklich zu machen. Nach Valentins Rückkehr aus dem Krieg setzt sich das platonische Verhältnis fort, und Wilhelm fürchtet, öffentlich als hintergangener Ehemann verspottet zu werden. Seine Eifersucht und Angst werden von Ruthe geschürt, der Valentin im Teufelskostüm verjagen will. Indes beginnt Hannchen, ihren Mann ob seiner Toleranz zu lieben, wodurch ein freundschaftliches Zusammenleben zu dritt möglich wird. Demgegenüber wird der eigennützige Ruthe, der ebenfalls ein Auge auf Hannchen geworfen hat, bloßgestellt: Nachdem Valentin ihn in seinem Teufelskostüm übermannt und gefesselt hat, muß dieser dem Liebesspiel zwischen seiner Frau und seinem Knecht beiwohnen, worin das traditionelle Motiv der Koppelung von betrogenem Ehemann und betrogenem Betrüger zum Tragen kommt. Auffällig trennt Wilhelm zwischen privater und öffentlicher Lebensweise: Er ist zugleich empfindsamer Liebhaber und brutaler Pächter. Während er Maximen der empfindsamen Gesellschaft im Privaten realisiert, bleibt das soziale Umfeld davon unberührt.

Lit.: K. Schneider: Vielleicht, daß wir also die Menschen fühlen lehren: Johann Christian Krügers Dramen und Konzeption des Individuums um die Mitte des 18. Jahrhunderts, 1996, S. 149–162.

Nicole Gerstenfeldt

Lafontaine, August Heinrich Julius (1758–1831)

Antonie oder das Klostergelübde. Ein Trauerspiel. Halle 1789.

UA: ?

Die vieraktige Prosatragödie mit kirchenkritischer Tendenz kombiniert das Genre des rührenden Familienstücks mit Motiven des Schauerdramas.

Als Wilhelm von Sellberg nach längerer Abwesenheit heimkehrt, erfährt er, daß seine Verlobte Elise von Bentheim inzwischen in ein besonders strenges Kloster eingetreten ist, weil die Mutter sie glauben gemacht hat, Sellberg sei gestorben. Die zur ‹Schwärmerei› neigende Elise (als Nonne unter dem Namen Antonie) betrauert in ihrer Zelle bei Totenkopf und «Sarg als Bette» den Verlust ihres Lebensglücks, als Wilhelm erscheint und das vermeintliche Verhängnis als Betrug entlarvt. Unter schwersten Gewissenskämpfen läßt sich Antonie in der folgenden Nacht von Wilhelm entführen, wird in dessen Familie mit überschwenglicher Liebe aufgenommen und erkennt, daß ihre Bestimmung die

«Allmacht» von Wilhelms Liebe sei. Bevor das Paar über die Landesgrenze fliehen kann, erscheint Elises Bruder, der seine Schwester dem Kloster ausliefern will, um die mit einem Bruch des Gelübdes verbundene Schande zu vermeiden. Unbeabsichtigt tötet er Wilhelm im Handgemenge; Elise stirbt an gebrochenem Herzen, während ihre Mutter die Schuld erkennt und den Sohn verzweifelnd verflucht.
Der Einleitung zufolge ist das Drama als Gegenstück zu François Thomas Marie de Baculard d'Arnauds *Euphemie, ou le triumphe de la religion* (1768) gemeint, dem der «Triumpf des Herzens» entgegengehalten wird. Eindimensionale Charaktere und unlogische Motivierung sollen durch psychologische Wahrscheinlichkeit der Figurenzeichnung und Handlungsbegründung, die Unnatürlichkeit der Alexandrinerrede durch die Prosarede als natürlichen Gefühlsausdruck ersetzt werden; im Gegensatz zu «Helden- und Staats-Aktionen» entspringt der dramatische Konflikt im privaten Raum zweier Familien und findet hier sein tragisches Ende. Mit diesen Vorsätzen bewegt sich der Autor im Rahmen der Tragödientheorie der Empfindsamkeit, deren Postulaten er mit seinen mehr widersprüchlichen als ‹gemischten› Charakteren freilich nicht gerecht zu werden vermag.

Wolfgang Kehn

Leisewitz, Johann Anton
(1752–1806)

Julius von Tarent. Ein Trauerspiel. Leipzig 1776.
UA: Berlin, 19.6.1776

Die fünfaktige Prosatragödie ist mit großem Beifall aufgenommen worden. Als Stoffquelle scheinen die *Historien* des Jacobus Augustus Thuanus gedient zu haben, wo von einem Brudermord und väterlicher Rache im mittelalterlichen Florenz berichtet wird.

Julius, erstgeborener Sohn Constantins, des guten Fürsten von Tarent, ist ein gebildeter junger Mann mit intensiven Gefühlen. Weil die Liebe zu Blanca, die seine Neigung erwidert, für Julius den höchsten Wert darstellt, wird er von seinem Bruder Guido für einen empfindsamen Schwächling gehalten. Guido ist ebenfalls ein affektiver Charakter, den aber eifersüchtiger Ehrgeiz auszeichnet. Da er seinem Bruder die Liebe neidet, behauptet Guido, Blanca zu lieben. Um einer Mesalliance Julius' vorzubeugen und den Schwärmer nicht von den künftigen Staatsgeschäften abzulenken, vor allem aber um den Konflikt der Brüder zu entschärfen, hat der Fürst Blanca in ein Kloster bringen lassen; er plant, Julius mit der schönen und klugen Cäcilie zu verheiraten. Cäcilie verweigert sich allerdings der Liebe, die sie nur in der institutionalisierten Form als Ehe kennt, in der die Frau ihre Freiheit verliert; Julius lehnt eine Vernunftheirat ab und beharrt auf der Einmaligkeit seiner Zuneigung zu Blanca. Blancas Versuch, im Kloster ihre verhinderte Liebe durch Glauben zu ersetzen, wird durch einen Besuch Julius' zunichte gemacht, der sie – dem Rat des besonnenen Freundes Aspermonte zuwider – entführen möchte, um in der Ferne ein ungestörtes Liebesidyll zu verwirklichen. Aspermonte hält dieser Utopie die Pflicht gegenüber Vater und Volk entgegen, worin Julius aber nur Zwang sieht. Julius verschiebt zunächst seinen Plan, wird dann aber durch eine Konfrontation mit Guido, der sich Blancas bemächtigen will, zum Handeln getrieben. Bevor Julius mit seinen Helfern das Kloster erreicht, wird er von seinem Bruder erstochen, was Blanca in den Wahnsinn treibt. Nach Julius' Tod wird sich Guido seiner Schuld bewußt. Da positiver Ruhm für ihn nicht mehr zu erlangen ist, ist ihm sein Leben sinnlos geworden; zudem fürchtet er um seine ewige Seligkeit. Er bittet seinen Vater, ihn mit dem Tod zu bestrafen, was dem Wunsch des Fürsten entspricht, der Guido richten und Julius rächen möchte. Nachdem Constantin seinem Sohn verziehen hat, ersticht er ihn und gibt die Herrschaft über Tarent auf, um als Mönch zu sterben. Ein Despot wird sein Nachfolger werden.

Leisewitz, ein Mitglied des Hainbunds, zeigt sich in seinem einzigen Drama als Schüler Lessings. Formal ist das Trauerspiel regelgerecht (fünf Akte; Einheit von Zeit, Raum und Handlung), und die Sprechweise der Personen, die als gemischte Charaktere positive und negative Züge in sich vereinen, bleibt trotz heftiger Affekte meist kontrolliert. Analog zu *Emilia Galotti* wirkt *Julius von Tarent* vor allem emotional und läßt diesen Affekt zugleich als fragwürdig erscheinen. Typische Motive wie der Generationenkonflikt, das Streben nach freier Selbstverwirklichung und die emphatisch der Rationalität entgegengesetzte Affektivität prägen den Sturm-und-Drang-Charakter des Trauerspiels; da sie, wie auch die Pflicht- und Vernunftprinzipien, vertreten durch Aspermonte und Constantin, als problematisch erscheinen, steht das Stück im Spannungsfeld zwischen Aufklärung, Empfindsamkeit und Sturm und Drang.

Lit.: U. Karthaus: J. A. Leisewitz: *Julius von Tarent*; in: Interpretationen. Dramen des Sturm und Drang, 1987, S. 99–127.

Olaf Meier

Lenz, Jakob Michael Reinhold
(1751–1792)

Die Freunde machen den Philosophen. Eine Komödie. Lemgo 1776.
UA: ?

Die fünfaktige Prosakomödie ist am Ende von Lenz' Straßburger Jahren 1775/76 entstanden und weist deutliche autobiographische Bezüge auf.

Strephon wird in Cadiz von seinen angeblichen Freunden, die ihn kommandieren und in Abhängigkeit halten, ausgenutzt. Er kann sich dennoch nicht zur Rückkehr in seine Vaterstadt entschließen, da er die reiche spanische Adelige Seraphine liebt. Die Akte II-V zeigen Strephon als Trabanten dieser Dame sowie als Philosophen, Komödianten und Narren der adeligen Gesellschaft. Mit der angebeteten Seraphine und deren Bruder Alvarez reist er nach Marseille, um die Geliebte den Heiratswünschen von

Don Padro zu entziehen. In Frankreich stellt sich allerdings der Marquis La Fare als neuer Nebenbuhler ein. Als Strephon aufgrund eines Briefes glauben muß, Seraphine wolle diesen heiraten, benutzt er eine Liebhaberaufführung, um ihr in der Rolle eines Komödianten seine Liebe zu gestehen. Das Spiel im Spiel wird verstanden: La Fare entfernt sich, und Seraphine stellt Strephon zur Rede, weil er ihren Plan durchkreuzt hat, La Fare standesgemäß zu heiraten, aber weiterhin Strephon zu lieben. Unfreiwillig wird Strephon durch seinen Vorstoß sogar zum ‹Kuppler› von Seraphines Verbindung mit Don Padro in Cadiz. Noch einmal aber hält der Schluß der ‹Komödie› eine überraschende Wendung bereit: Strephon will sich nach der Hochzeit von Seraphine und Don Padro umbringen, doch Don Padro, der von Seraphines Liebe zu Strephon weiß, zeigt Großmut. Er will «das Werkzeug des Himmels» sein, Seraphine nur formal heiraten und sie mit Strephon glücklich werden lassen.

Das stark autobiographisch eingefärbte Stück (Lenz als schreibender Lakai für die Herren von Kleist in Straßburg; seine Rolle als mittelloser Intellektueller; seine am Standesunterschied scheiternde Liebe zu Henriette von Waldner) findet in der Forschung kaum Beachtung. Dabei führen zwei Aspekte ins Zentrum von Lenzens Dramentheorie: Zum einen dominiert der Begriff des ‹Handelns›. Das Stück kreist unaufhörlich um die Frage, welche der Figuren eigenständig handeln kann und welche auf eine passive Rolle festgelegt ist, ‹gemacht› von den Launen der Mitmenschen und den Zwängen der Umwelt. Zum anderen zeigt sich, daß *Die Freunde machen den Philosophen* durchaus als ‹Komödie› im Lenzschen Sinne gelten kann. Denn obwohl Strephons tragische Liebesgeschichte den Verlauf der Handlung bestimmt, ist er weder ein aktiver Protagonist noch ein tragischer Held. Er ist – wie sein aus dem griechischen Wort für ‹drehen, wenden› abgeleiteter Name verdeutlicht – Objekt in einer ‹Begebenheit›, die vom Autor «komisch und tragisch zugleich» geschildert wird. Dieses Spiel um Strephon wird bei Lenz zu einem in grotesk-satirischen Farben gezeichneten Psycho- und Soziogramm der jungen Stürmer-und-Dränger-Generation.

Lit.: H.-G. Winter: J. M. R. Lenz, 1987, S. 74–76.

Hans-Ulrich Wagner

Der Hofmeister oder Vortheile der Privaterziehung. Eine Komödie. Leipzig 1774.
UA: Hamburg, 22.4.1778

Das im Frühjahr 1774 anonym publizierte Prosadrama bedeutete für J. M. R. Lenz den literarischen Durchbruch. Obwohl es mit insgesamt 35 Szenen in fünf Akten, häufigen Ortswechseln und Zeitsprüngen sowie einer bunten Fülle von Nebenhandlungen und Kürzestszenen den Bühnenkonventionen drastisch widerspricht, rezensierten zahlreiche Kritiker das Werk dennoch enthusiastisch und schalteten sich angesichts der ungewöhnlich ‹offenen› Form dieser ‹Komödie› in die dramenästhetische Diskussion ein.
Ein erster Handlungsfaden in diesem «Raritätenkasten» (Lenz) kreist um die Figur von Läuffer. Der Predigersohn muß sich nach dem Studium bei einem Major als Hofmeister verdingen und wie ein Domestik behandeln lassen. Es kommt zu einer Verführungsszene mit Gustchen, der schwärmerischen Tochter der Familie. Ihre in Romeo-und-Julia-Pose erklärte Liebe zu ihrem Neffen Fritz von Berg findet schon bald nach dessen Weggang an die Universität in Halle im Hofmeister eine neue Bezugsperson. Als Gustchen schwanger wird, flieht Läuffer zu Wenzeslaus, einem schrulligen Dorfschullehrer, um sich zu verstecken. Nach einem gewaltigen Zeitsprung beim Übergang zum vierten Akt überstürzen sich die Ereignisse: Gustchen hat gerade bei Marthe, einer alten Frau, in einer «Bettlerhütte im Walde» entbunden; bei einem Selbstmordversuch im See wird sie von ihrem herbeieilenden Vater gerettet, der Läuffer soeben in der Dorfschule ausfindig gemacht und im Handgemenge angeschossen hat. Als Marthe ihm sein Kind zeigt, entmannt sich Läuffer aus Reue selbst. Wenig später sieht sich Wenzeslaus in seinem Lob auf den «zweiten Origines» – als Nachfolger des antiken Kirchenlehrers, der sich aus asketischem Übereifer entmannte – enttäuscht: Läuffer und die naive Gänsemagd Lise gestehen sich ihre Liebe und wollen heiraten.
Parallel zu dieser Handlung verläuft die Szenenfolge um das studentische Treiben des Fritz von Berg und seines Freundes Pätus.

Fritz sitzt für die Schulden des Freundes im Gefängnis ein, entwischt aber und macht Pätus Vorhaltungen über dessen Verhältnis mit der Jungfer Rehaar. Als Fritz durch einen Brief vom Schicksal Gustchens erfährt, gibt er sich die Schuld an deren Untreue, eilt nach Hause und erkennt das Kind als eigenes an. Pätus gewinnt inzwischen in der Lotterie, kann seine Schulden bezahlen und will die Tochter des Musiklehrers Rehaar heiraten.
In mehreren Dialogszenen werden daneben die Vor- und Nachteile der Privaterziehung bzw. der öffentlichen Schule diskutiert (I/2, II/l, III/4, V/12), ohne eine klare Entscheidung herbeizuführen: Das Prinzip der öffentlichen Dorfschule hat in Wenzeslaus keinen überzeugenden Vertreter, und auch der Geheime Rat von Berg verstrickt sich mit seiner idealistisch-aufgeklärten Kritik vielfach in Widersprüche. Lediglich die wiederhergestellten Vater/Sohn- bzw. Vater/Tochter-Verhältnisse (Geheimer Rat – Fritz; Fritz – sein Kind; Major – Gustchen; Rehaar – seine Tochter; Pätus – sein Sohn; Marthe erweist sich als die Mutter des alten Pätus) scheinen am Schluß für ein glückliches Ende zu sorgen.
Eine erste Fassung des Dramas ist bereits 1771 entstanden, als Lenz in Königsberg eigene Erfahrungen als Hofmeister sammelte. Nach seiner Ankunft in Straßburg setzte Lenz die Arbeit an seinem Stück bis zum Sommer 1772 fort. Goethe vermittelte Mitte Oktober 1772 das Stück an seinen Verleger Weygand. Die Gattungsbezeichnung «Komödie» verdient besondere Beachtung, da ihr Äußerungen von Lenz gegenüberstehen, die von einem «Trauerspiel» sprechen. In der vom Erstdruck mehrfach abweichenden Handschrift des Dramas lautet die ursprüngliche Bezeichnung sogar «Lust- und Trauerspiel». Diese vermeintliche Unentschiedenheit erklärt sich vor dem Hintergrund der ästhetischen Diskussion, an der sich Lenz im Straßburger Sturm-und-Drang-Kreis intensiv beteiligte. Sein Verständnis als Dramatiker zielt auf eine Wirklichkeitskonzeption, die ein «Gemälde der menschlichen Gesellschaft» zeichnen will. Nicht einzelne Figuren sind lächerlich oder tragisch, sondern die Gesellschaft in ihrer «Mannigfaltigkeit der Charaktere und Psychologien» ist «ein solcher Mischmasch aus Kultur und Rohigkeit, Sittigkeit und Wildheit». Lenz geht es im *Hofmeister* um «Begebenheiten», die er in

einer bemerkenswerten Spanne zwischen sozial verursachten Situationen (zum Beispiel die Hofmeistererziehung und die daraus entwachsenden Mißstände) und metaphysisch verankerten Verhältnissen (etwa der Vater-Sohn-Konflikt in seiner biblischen Grundgestalt) benennt. Diese Spannung erklärt zum einen die nachhaltige Wirkung des Stückes als soziales Drama, die über Georg Büchner und die Naturalisten bis zu Bertolt Brechts Bearbeitung des *Hofmeister* 1950 reicht. Sie schärft zum anderen aber auch den Blick für die autobiographisch begründete Dichtung des livländischen Pastorensohnes und den intertextuell als ständige «Wiederkehr der exemplarischen Begebenheit» (Albrecht Schöne) auf mehreren Ebenen ausgestalteten Vater-Sohn-Konflikt.

Lit.: B. Greiner: Der Fluchtpunkt des Aufklärungs-Theaters als Leerstelle: J. M. R. Lenz' Komödie *Der Hofmeister*, in: O. Gutjahr u. a. (Hg.): Gesellige Vernunft, 1993, S. 43–55. D. Arendt: J. M. R. Lenz: *Der Hofmeister* oder Der kastrierte ‹pädagogische Bezug›; in: Lenz-Jahrbuch 2, 1992, S. 42–77.

Hans-Ulrich Wagner

Der neue Menoza. Oder Geschichte des cumbanischen Prinzen Tandi. Eine Komödie. Leipzig 1774.
UA: Frankfurt am Main, 4. 2. 1963

Die Prosakomödie um Tandi, einen «Prinzen aus einer andern Welt, der unsere Europäische Welt will kennen lernen», greift auf Eric Pontoppidans Roman *Menoza, Ein Asiatischer Printz, welcher die Welt umher gezogen Christen zu suchen* zurück (1747 in deutscher Übersetzung erschienen). Die Parallelen beschränken sich jedoch weitgehend auf das Motiv des ‹edlen Wilden›, das die Möglichkeit bot, in der positiven Figur eines Exoten der europäischen Zivilisation einen kritischen Spiegel vorzuhalten.
Prinz Tandi, der als Gast in das Haus der von Biederlings kommt, ist ein solcher aufmerksamer Kritiker. Er führt Gespräche mit Biederling, der vorrangig an seine Seidenwürmerzucht denkt, mit dem bildungsstolzen Bakkalaureus Zierau sowie mit Magister Beza, der aller Lebensfreude und Emotionalität feind ist. Tandis Urteil über diese Vertreter eines aufgeklärten Europas, die «viel

wissen», aber «nichts tun», steht einem turbulenten Reigen von Ereignissen gegenüber, den das adelige Paar Graf Chamäleon und Donna Diana auslöst: Als der Graf Biederlings Tochter Wilhelmine bedrängt, muß Tandi mit seinem Degen dazwischenfahren; Donna Diana überlebt zunächst ein Attentat ihres Dieners Gustav, erfährt sodann, daß sie als Kind vertauscht worden ist, und geht schließlich gegen den Grafen mit einem Dolch vor, als dieser sie auf einem Ball mit Wilhelmine verwechselt und vergewaltigen will. Der zweite Handlungsfaden, Wilhelmines Liebe zu Prinz Tandi, entwirrt sich erst, als zu der ersten Nachricht, Tandi sei der in die Jesuitenmission nach Asien gegebene leibliche Sohn Biederlings und damit der Bruder von Wilhelmine, eine zweite hinzukommt, der zufolge Donna Diana die Tochter Biederlings ist und Wilhelmine die Tochter eines spanischen Grafen, so daß der Heirat von Tandi und Wilhelmine nichts mehr im Wege steht. Die Druckfassung schließt mit einem poetologischen Streitgespräch zwischen Zierau und seinem Vater über das «Püppelspiel», worin die aristotelische Dramenkonzeption mit dem Unterhaltungswert der Verlachkomödie und der Commedia dell'arte kontrastiert wird. Die handschriftlich überlieferte Schlußfassung hingegen zeigt Graf Chamäleon, der selbst noch auf dem Krankenbett an die Verführung Wilhelmines denkt und daraufhin von Donna Diana getötet wird.

Daß die typisierten Figuren mit ihren sprechenden Namen, die situationshafte Komik sowie die ruckartige Handlungsführung in den insgesamt 36 Einzelszenen des fünfaktigen Dramas nicht dem Unvermögen seines Autors anzulasten sind, zeigt sich, wenn man Lenzens *Menoza* vor dem Hintergrund seiner eigenen dramentheoretischen Ansätze sieht. Der Autor selbst reagierte auf die zeitgenössische Kritik mit der *Recension des ‹neuen Menoza›, von dem Verfasser selbst aufgesetzt* (in: Frankfurter gelehrte Anzeigen, 11. Juli 1775), in der er sich explizit von der aristotelisch-lessingschen Komödiendefinition abwendet und eine Mischform postuliert, wonach der Komödienautor «komisch und tragisch zugleich» schreiben müsse: ein dramentheoretisches Postulat, das Lenz in den wenig später entstehenden Komödien *Der Hofmeister* und *Die Soldaten* weiterverfolgte.

Lit.: W. Hinck: Das deutsche Lustspiel des 17. und 18. Jahrhunderts und die italienische Komödie, 1965, S. 328–348. M. Rector: Götterblick und menschlicher Standpunkt; in: Jahrbuch der Deutschen Schillergesellschaft 33, 1989, S. 185–209.

Hans-Ulrich Wagner

Pandaemonium germanicum. Eine Skizze von J.M.R. Lenz. Aus dem handschriftlichen Nachlaße des verstorbenen Dichters herausgegeben. Nürnberg 1819.

UA: ?

Die dreiaktige Literatursatire in Prosa entstand im Frühsommer 1775 in Straßburg, wurde jedoch aufgrund der Einwände von Goethe nicht publiziert. Überliefert sind zwei handschriftliche Fassungen des *Pandaemonium Germanikum* sowie der von Georg Friedrich Dumpf stark bearbeitete Erstdruck von 1819.
Der erste Akt entwickelt sich um die Figuren ‹Goethe› und ‹Lenz›. Während sich Goethe mühelos auf den Musenberg hinaufschwingt und Lenz ihm – wenngleich unter Anstrengungen – als einziger folgen kann, bleibt den Philistern und Journalisten der Aufstieg versagt: Die Philister rutschen wie Ameisen ab; die Journalisten, die in einem Luftschiff zu Goethe hinauffliegen wollen, werden von diesem als «Schmeißfliegen» abgeschüttelt.
Der zweite Akt spielt im «Tempel des Ruhms». In diesem *Pandaemonium Germanikum,* dem Aufenthaltsort von Halbgöttern, herrscht ein lächerliches und obszönes Treiben unter den anwesenden Dichtergrößen, bis Goethe hereinstürzt und Wieland – in den Augen der Stürmer und Dränger Vertreter einer frivolen französisch-galanten Literatur – «an den Haaren herumzieht». Vergeblich protestieren Pfarrer und Küster gegen Goethe und vergleichen seinen *Werther* mit dem Antichrist. Die letzten beiden Szenen gehören den «Dramenschreibern»: Lessing, Klopstock und Herder treten umarmt vom Geist Shakespeares auf. Im Gespräch mit Lenz finden dessen Ideen für das Trauerspiel einer ‹kommenden Zeit› ihre Zustimmung, doch bleibt es Goethe vorbehalten, Lenz' Pläne in die Tat umzusetzen.
Der dritte Akt enthält eine Gerichtsszene unter Geistern und

Stimmen, in der der «Ewige Geist» die Auseinandersetzung um «Künst' und Wissenschaften» mit Verweis auf die Vorbilder Klopstock und Herder entscheidet. Hierauf erwacht die Figur ‹Lenz› aus ihrem Traum und bietet sich als Künder eines kommenden Aufbruchs an.
Das skurrile Dramolett nimmt unter den Literatursatiren des Sturm und Drang einen besonderen Platz ein. Zum einen dokumentiert es Lenz' Ringen um die eigene poetische und persönliche Existenz in seinem Verhältnis zu Goethe, zum anderen erweitert es die Möglichkeiten der Literatursatire insofern, als es über polemische Kritik hinaus Lenz' eigenes dramenpoetisches Programm literarisch expliziert.

Lit.: W. Rieck: Poetologie als poetisches Szenarium; in: Lenz-Jahrbuch 2, 1992, S. 78–111.

Hans-Ulrich Wagner

Die Soldaten. Eine Komödie. Leipzig 1776.
UA: Wien, 9. 12. 1863 (K. K. Hof-Burgtheater; Textbearbeitung von Eduard von Bauernfeld unter dem Titel *Das Soldatenliebchen. Schauspiel in vier Akten*)

Nach dem literarischen Durchbruch mit dem Schauspiel *Der Hofmeister* (1774) veröffentlichte Lenz im Frühjahr 1776 die fünfaktige Prosakomödie *Die Soldaten.* Die Publikation erfolgte anonym – mutmaßlich aufgrund der deutlich autobiographischen Züge und aus Rücksicht auf das Verfahren der Familie Fibich gegen Baron Friedrich Georg von Kleist, der sein Eheversprechen gegenüber der Straßburger Juwelierstochter Cleophe Fibich gebrochen hatte (Lenz war bis 1774 Gesellschafter der beiden baltischen Adeligen Ernst Nikolaus und Friedrich Georg von Kleist gewesen).
Authentische Erfahrungen im adeligen Soldatenmilieu, die Lenz in seinen Straßburger Jahren gesammelt hatte, fanden Eingang in das Stück. Im Mittelpunkt der Handlung steht Marie Wesener (in der handschriftlichen Fassung: Mariane Wesener), die unerfahrene Tochter eines Galanteriehändlers in Lille. Der Wunsch, die engen Grenzen der wohlbehüteten Bürgerwelt zu überschreiten,

läßt Marie den Werbungen des Edelmannes Desportes erliegen. Auch ihr Vater, der seine Tochter zunächst vor den adeligen Verführungskünsten gewarnt hatte, glaubt an Desportes' ehrliche Absicht und fördert die Liaison: «Kannst noch einmal gnädige Frau werden närrisches Kind». Doch Marie ist kein Glück beschieden. Als Desportes plötzlich die Garnisonsstadt Lille verläßt, bleibt Vater Wesener – sonst ein kluger Kaufmann – völlig blind gegenüber der Situation und bürgt sogar für die hinterlassenen Schulden des erhofften Schwiegersohns. Marie sucht in ihrer Verzweiflung Hilfe bei dem Offizier Mary, der Briefkontakt zu Desportes herstellen soll. Doch auch Mary sieht in der Bürgerstochter nur ein Abenteuer. Vollends zur «Soldatenhure» soll das hübsche Mädchen werden, als Desportes einen seiner Soldaten beauftragt, Marie auf dem Weg zu ihm abzufangen. Am Ende begegnen sich Vater und Tochter Wesener, verarmt und heruntergekommen, auf der Straße, erkennen einander und wälzen «sich halb tot auf der Erde».

In diese Handlung um Marie Wesener sind zusätzliche Handlungsstränge und diskursive Szenen verwoben. Mit Stolzius, einem biederen Bürgersohn aus Armentières, der als ihr Verlobter gilt, treibt Marie zunächst ein perfides Spiel, als sie ihn immer wieder hinhält. Doch Stolzius, auch er vom Offizierskorps verachtet und lächerlich wirkend, übt Rache. Er verdingt sich bei Mary als dessen Bursche und tötet Desportes und sich selbst mit Rattengift. Illustrativen bzw. diskursiven Charakter haben schließlich die Szenen, die das Offizierskorps zeigen, wie es sich mit seinen amourösen Eskapaden unterhält, bzw. die Szenen um die Figur der Gräfin La Roche. Zwar scheitert die adelige Dame mit ihrem Versuch, Marie dadurch zu helfen, daß sie das Mädchen als Gesellschafterin zu sich nimmt und dem Intrigenspiel der Männer entzieht; der Schlußdialog gehört jedoch ihr und dem Obristen von Spannheim, die beide die eben beobachteten «Folgen des ehlosen Standes der Herren Soldaten» bedauern. Während in der handschriftlichen Fassung dieser Schlußszene der Plan ausgesprochen wird, der Staat müsse «Konkubinen» besolden, «die sich auf die Art dem äußersten Bedürfnis seiner Diener aufopferten», präzisiert Lenz auf Anraten von Johann Gottfried Herder für den

Druck diese Position geringfügig. Der Obrist führt jetzt den Gedanken aus, eine «Pflanzschule von Soldatenweibern» zu errichten (also gewissermaßen ein Staatsbordell), die das Problem der Ehelosigkeit der Soldaten lindern soll.

Die Soldaten fanden bei den Zeitgenossen wenig Beachtung, obwohl die Komödie einen der wichtigsten Beiträge zur Dramenentwicklung und -diskussion des Sturm und Drang liefert und direkt mit Lenz' antiklassizistischer Dramenpoetik zusammenhängt (*Anmerkungen übers Theater*, 1774). Wie im *Hofmeister*, so begegnet auch in den *Soldaten* eine ‹offene› Dramenform, die vom ständigen Ortswechsel lebt und einen Zeitraum von mehr als zwei Jahren umfaßt. Besonders fällt die stakkatohafte Abfolge von Kurz- und Kürzestszenen auf, die auf einen einzigen Satz reduziert sein können. Mit Hilfe solcher charakteristischer Äußerungen fokussiert Lenz zentrale Momente des Geschehens. Die Personen treten gleichsam für einen Moment ins Scheinwerferlicht und verschwinden wieder. Damit hängt zusammen, daß keine Dramenfigur als selbstbestimmter Herr der Handlung gelten kann. Lenz zufolge geht es in einer ‹Komödie› nicht um Charaktere, sondern jeweils um eine «Begebenheit» bzw. eine soziale Situation (hier die Folgen der Ehelosigkeit der Soldaten und das müßiggängerische Leben des adeligen Offizierskorps). Lenz läßt in den *Soldaten* eine mögliche Lösung dieses Mißstandes nur in der Schlußszene anklingen, die gesellschaftliche Frage wird aufgeworfen und zur Diskussion gestellt.

Daß sich der Autor nach dem Erscheinen seines Dramas noch einmal sehr intensiv mit den ‹Soldatenehen› auseinandersetzte und dabei sogar den Übergang vom Söldnerheer zu einer Volksarmee vorschlug, belegt eine Fülle von handschriftlichen Entwürfen, Notizen und Exzerpten im Nachlaß. Lediglich eine Fassung dieser Reformschriften mit dem Titel *Über die Soldatenehen* wurde 1913/14 veröffentlicht und zeigt, mit welchen sozialreformerischen Projekten Lenz 1776 versuchte, sich für eine Stelle am Weimarer Fürstenhof zu empfehlen.

Lit.: Paul Michael Lützeler: Jakob Michael Reinhold Lenz: *Die Soldaten*; in: Dramen des Sturm und Drang. Interpretationen, 1987, S. 129–159. E. McInnes (Hg.): J. M. R. Lenz: *Die Soldaten*, Text, Materialien, Kommentar, 1977. K. R. Scherpe: Dichterische Erkenntnis und ‹Projektmacherei›, Widersprüche im Werk von J. M. R. Lenz; in: Goethe-Jahrbuch 94, 1977, S. 216–235.

Hans-Ulrich Wagner

Der verwundete Bräutigam. Von Jacob Michael Reinhold Lenz. Im Manuscript aufgefunden und herausgegeben von K[arl] L[udwig] Blum Dr. Berlin 1845.

UA: Gut Meyershof bei Dorpat, 25.8.1766 (?)

Das vieraktige Prosadrama ist eine Gelegenheitsdichtung aus Anlaß der Hochzeit des Freiherrn von Igelström am 25. August 1766, zu der Christian David Lenz, der Vater des 15jährigen Autors und Beichtvater des Landadeligen, eingeladen war. Zwei Monate zuvor hatte der deutschstämmige Kammerdiener des livländischen Barons seinen Herrn überfallen, diesen schwer verwundet und sich so für eine übermäßige Bestrafung gerächt. Dieser Vorfall bildet den stofflichen Ausgangspunkt: Tigras fühlt sich aufgrund einer harten Bestrafung in seiner Ehre gekränkt und pocht darauf, als lohnabhängiger Diener gleichwohl ein freier Mensch zu sein. Des Nachts sticht er seinen Herrn, Baron von Schönwald, mit einem Degen nieder. Im Mittelpunkt steht dennoch nicht der Lakai, sondern die Vorbereitung der Hochzeit zwischen Schönwald und Lenchen sowie deren empfindsame Liebe. Zunächst erhalten die Liebenden vom Brautvater die frühzeitige Einwilligung zur Hochzeit, die dieser gerührt gibt. Der dramatische Zwischenfall verzögert die Eheschließung: Als Lenchen von dem Attentat hört und glaubt, ihr Geliebter sei tot, will sie ihm in den Tod folgen. Auf dem Krankenlager versichert ihr der schwerverwundete Bräutigam, seine «empfindliche Liebe in ihrer ganzen Größe» zeigen zu wollen. Den Abschluß bildet die «Rührung» der gesamten Hochzeitsgesellschaft zusammen mit dem theologischen Hinweis auf die gütige Vorsehung.

Lit.: M. E. Müller: «Der verwundete Bräutigam»; in: Lenz-Jahrbuch 3, 1993, S. 7–33.

Hans-Ulrich Wagner

Lessing, Gotthold Ephraim
(1729–1781)

Emilia Galotti. Ein Trauerspiel in fünf Aufzügen.
In: Trauerspiele von Gotthold Ephraim Lessing. Berlin 1772, S. 241–394.
UA: Braunschweig, 13.3.1772

Lessings zweites bürgerliches Trauerspiel überträgt die hauptsächlich in Titus Livius' *Ab urbe condita* (III, 44ff.) berichtete Verginia-Episode aus der mythischen Frühzeit Roms in die Gegenwart; die entscheidenden Arbeitsphasen liegen in den Jahren 1757/58, 1767/68 und 1771.
In diese «modernisierte, von allem Staatsinteresse befreiete Virginia» (Brief an Karl Lessing, 1.3.1772) ist nur der Kern der historischen Handlung um die durch einen Gewaltherrscher bedrohte Tugend eines Mädchens eingegangen, weil Lessing auf den vom Stoff vorgegebenen «Umsturz der ganzen Staatsverfassung» (Brief an Nicolai, 21.1.1758) verzichtet hat: Im Fürstentum Sabionetta steht die Tochter des Offiziers Odoardo Galotti vor der Hochzeit mit dem Grafen Appiani. Der empfindsame Fürst Hettore Gonzaga hat sich in Emilia verliebt und versucht, die Eheschließung zu hintertreiben. Auf Anraten des Höflings Marinelli läßt der Prinz Emilia durch Räuber entführen und auf sein Lustschloß Dosalo bringen; Appiani kommt im Kampf ums Leben. Gräfin Orsina, die vernachlässigte Mätresse des Prinzen, informiert Emilias Vater und händigt ihm einen Dolch aus, mit dem er den Prinzen töten soll. Emilia drängt den Vater, sie zu töten, um in Nachahmung des Römers Verginius ihre Tugend aller Gefährdung zu entziehen – sie fürchtet, der Verführung durch den Prinzen nicht widerstehen zu können, und sieht das einzige sichere Mittel zum Widerstand im Tod. Der Vater ersticht die Tochter im Affekt und zitiert den Prinzen vor Gottes Gericht; der Prinz will alle Schuld auf Marinelli abwälzen.
In der Terminologie von Lessings Diderot-Übersetzung verweist die Gattungsbezeichnung ‹Trauerspiel› unmißverständlich dar-

auf, daß das Prosastück vorrangig «häusliches Unglück zum Gegenstande» hat (*Theater des Herrn Diderot*). Lessing bringt hier die Theorie zur Anwendung, die er 1767–69 in seiner *Hamburgischen Dramaturgie* entworfen hat. Er verlagert den Konflikt in die Psyche seiner Figuren und läßt deren Handeln in emotionaler Kausalität deutlich werden, um die Schlußkatastrophe als Fehlverhalten sämtlicher Beteiligten zu erklären; die Dramenpersonen sind als ‹gemischte Charaktere› mit habituellen Schwächen gezeichnet; die Handlung zielt auf die ‹Reinigung› der tragischen Affekte ‹Furcht› und ‹Mitleid› beim Zuschauer. Alle Charaktere handeln affektiv überzogen: der Prinz, dessen Empfindsamkeit à la Gellert allzu leicht in Unbesonnenheit umschlägt, ebenso wie Emilias Vater, dessen Stoizismus ihn nicht vor unkontrollierten Taten bewahrt; Marinelli, dessen Tücke sozialpsychologisch begreiflich ist, nicht anders als Emilia, deren Angst vor Verführbarkeit ihre Hilflosigkeit der eigenen Emotionalität gegenüber belegt.
Mit *Emilia Galotti* hat Lessing ein Gegenmodell zum Gefühlskult der *Miß Sara Sampson* entworfen: Nicht das Höchstmaß an Mitleidsfähigkeit macht den sittlich guten Menschen aus, sondern erst das – im aristotelischen Sinn – ausgewogene Mittelmaß der Affekte führt zu sozialverträglichem Handeln. In dramaturgischer Hinsicht weist Lessings letztes Trauerspiel eine deutliche Tendenz zur offenen Form auf, wie sie in den Tragödien des Sturm und Drang realisiert werden sollte: Die Szenenabfolge verzichtet ansatzweise auf strikte Kausalität, da Episoden wie die um den Maler Conti an anderer Stelle plaziert sein oder fehlen könnten. Zahlreiche sprachliche Fehlleistungen (Versprecher, Redepausen u. ä.) bereiten die affektbedingte Sprechweise des Sturm und Drang vor.
Beim zeitgenössischen Publikum wurde *Emilia Galotti* überwiegend mit Enttäuschung aufgenommen, da es neben der emotional wirksameren *Miß Sara Sampson* als «kalt» galt. Dennoch hat *Emilia Galotti* von Anfang an intensive Diskussionen ausgelöst und sich zum poetologischen Referenztext entwickelt (insbesondere in Goethes *Werther* und Schillers *Kabale und Liebe*); seit Herders feudalkritischer Deutung ist das Stück in seiner politischen Bedeutung umstritten.

Lit.: A. Meier: Dramaturgie der Bewunderung, 1993, S. 280–302. R. Meyer: *Hamburgische Dramaturgie* und *Emilia Galotti*, 1973. G. Ter-Nedden: Lessings Trauerspiele, 1986, S. 164–237.

Albert Meier

Der Freygeist. Ein Lustspiel in fünf Aufzügen. Verfertiget im Jahre 1749.
In: G. E. Leßings Schrifften. Fünfter Theil, Berlin 1755, S. 1–188.
UA: Königsberg, (nach März) 1756 (früheste belegte Aufführung)

In Anlehnung an L. F. Delisle de la Drevetières *Les caprices du cœur et de l'esprit* gestaltet das Prosalustspiel die im 18. Jahrhundert kontrovers diskutierte Frage, inwieweit ein atheismusverdächtiger ‹Freigeist› moralisch vorbildlich sein kann. Indem der *Freygeist* einen Charakter «ohne Religion, aber voller tugendhafter Gesinnungen» zeichnet (so Lessing im ‹Entwurf›), legt Lessing den für eine satirische Typenkomödie erforderlichen ‹Fehler› nicht in das philosophische Denken seines Protagonisten Adrast, sondern in dessen grundsätzliches Mißtrauen gegen seine Umgebung. In diesem Sinne ist das Lustspiel weniger auf die ‹Heilung› eines irregeleiteten Individuums ausgerichtet als vielmehr auf die ‹Erziehung› der Gesellschaft, die ihrerseits zu einer vorurteilsfreien Beurteilung der Freigeisterei befähigt werden soll.
Der Konflikt wird in der Auseinandersetzung zwischen dem Freigeist Adrast und dem Geistlichen Theophan ausgetragen. Beide sind aber nicht nur in weltanschaulichen Fragen Konkurrenten, sondern auch in der Liebe: Während Adrast sich für Theophans fromme Braut Juliane interessiert, fühlt sich Theophan zu deren Schwester Henriette hingezogen, die mit Adrast verlobt ist. Strukturiert wird der Komödienverlauf durch Theophans einerseits ehrliche, andererseits aber auch eigennützige Versuche, Adrasts Freundschaft zu gewinnen. Die harmonische Schlußgebung, in der die sympathetisch füreinander bestimmten Paare zusammenfinden, bestätigt Adrasts Lauterkeit auf dreifache Weise: Sein Verhalten hat mit dem ‹ruchlosen› Lebenswandel eines ‹praktischen Atheisten› nichts gemein; Theophans Freundschaft läßt ihn alle

Vorbehalte dem geistlichen Stand gegenüber vergessen; selbst die Großmutter wird durch Julianes Liebe zu Adrast von dessen Ehrlichkeit überzeugt.
Das negative Potential beider Positionen bildet, verzerrt ins Derb-Komische, die Ebene der Diener ab: Frömmigkeit wird hier zur Dummheit, Freigeisterei zur Niedertracht. Gleichzeitig erhält die Typenkomödie durch diese Verbindung von ‹Possenspiel› (Diener-Ebene) und ‹weinerlichem Lustspiel› (Herren-Ebene) in gattungstypologischer Hinsicht eine neue Qualität: Sie entspricht Lessings Forderungen an eine «wahre Komödie», die sowohl für den ‹Pöbel› als auch für ‹Leute von Stand› interessant ist und darum von «allgemeine[m] Nutzen» sein kann *(Abhandlungen von dem weinerlichen oder rührenden Lustspiele)*.

Lit.: W. Barner u. a.: Lessing, Epoche-Werk-Wirkung, [5]1987, S. 124–134.

Claudia Stockinger

Die Juden. Ein Lustspiel in einem Aufzuge. Verfertiget im Jahre 1749.
In: G. E. Leßings Schrifften. Vierter Theil, Berlin 1754, S. 225–312.
UA: Nürnberg, 4. 9. 1766 (früheste belegte Aufführung)

Das regelmäßig gebaute Prosalustspiel nimmt sich im Unterschied zur zeitgenössischen Typenkomödie nicht den Charakterfehler eines einzelnen vor, sondern behandelt am Beispiel des Antisemitismus einen allgemeinen Mißstand. Dabei steht nicht die Rehabilitation der ‹jüdischen Nation› im Zentrum des Interesses; die Kritik zielt vielmehr darauf, die Aussagekraft kollektiver Meinungen grundsätzlich zu problematisieren, wenngleich die ‹komische› Dimension des Genres dabei an den Rand gedrängt wird. Durch konsequente Schwarzweißmalerei und komödientypische Übertreibung soll der Zuschauer die Fragwürdigkeit «allgemeiner Urtheile über ganze Völker» (6. Auftritt) erkennen und zu einer toleranten Grundhaltung finden; in diesem Sinne kann das frühe Lustspiel als eine Vorstufe zu *Nathan der Weise* gelten.
In den ersten Szenen wird die Vorgeschichte referiert: Ein fremder

Reisender, im weiteren Verlauf zur Personifikation der Humanität stilisiert, ist einem Baron zu Hilfe gekommen, als dieser überfallen wurde. Die Täter sind geflohen, und der Baron hat seinen Retter auf sein Landgut eingeladen. In der Folge geht es darum, die Täter zu finden und zu überführen, die der Baron ihrer Bärte wegen für Juden hält. Daß die Räuber, der Vogt Martin Krumm und der Schulze Michel Stich, in Wahrheit aber seit Jahren zum Personal des Landguts gehören, stellt sich heraus, als dem Reisenden eine Tabaksdose gestohlen wird und bei der Untersuchung des Diebstahls die falschen Bärte zum Vorschein kommen. Der Baron bietet dem Fremden aus Dankbarkeit sein Vermögen sowie die Hand seiner Tochter an, was dieser jedoch nicht annimmt: Der fremde Reisende gibt sich jetzt als Jude zu erkennen. Christoph, der Diener des Fremden, und der Baron werden durch diese Erfahrung von ihrem antisemitischen Vorurteil ‹geheilt› (letzterer durch Einsicht, ersterer durch die Schenkung der Tabaksdose); antisemitisches Denken hat sich überdies dadurch diskreditiert, daß der kriminelle Vogt Krumm zuvor alle Juden als «Betrüger, Diebe und Straßenräuber» bezichtigt hat. Die Entlarvung der Täter geht so mit der Entlarvung des Vorurteils einher.

Lit.: W. Barner: Lessings *Die Juden* im Zusammenhang seines Frühwerks; in: E. Bahr u.a. (Hg.): Humanität und Dialog, 1982, S. 189–209. W. Trautwein: Zwischen Typenlustspiel und ernster Komödie; in: Jahrbuch der Deutschen Schillergesellschaft 24, 1980, S. 1–14.

Claudia Stockinger

Der junge Gelehrte. Ein Lustspiel in drey Aufzügen. Auf dem Neuberischen Schauplatze in Leipzig, im Jenner 1748, zum erstenmal aufgeführt.

In: G. E. Leßings Schrifften. Vierter Theil, Berlin 1754, S. 1–224.
UA: Leipzig, Januar 1748

Lessings frühestes Lustspiel ist stofflich Holbergs Gelehrtensatire *Erasmus Montanus* verpflichtet. Das Prosadrama reproduziert und problematisiert zugleich das Strukturmuster der seit Gottscheds Theaterreform etablierten ‹Sächsischen Typenkomödie›, indem es die zeitgenössische Konvention formaler Strenge (Einheit von Ort, Zeit und Handlung; überschaubares Personal; liaison des scènes) zumindest partiell unterläuft und formal wie thematisch neue Akzente setzt.

Die Titelfigur Damis soll nach dem eigennützigen, auf materiellen Zugewinn ausgerichteten Wunsch seines Vaters, des Kaufmanns Chrysander, dessen Pflegetochter Juliane heiraten. Die den Handlungsfortgang bestimmende Intrige richtet sich nicht darauf, Damis' Eitelkeit zu entlarven und ihn von seinem Fehler der Scheingelehrsamkeit zu ‹heilen›. Julianes Dienerin Lisette versucht vielmehr, Chrysanders Heiratspläne zu durchkreuzen und Julianes Verbindung mit Valer, einem Studienkollegen von Damis, zu ermöglichen. In diesen Zusammenhang sind unterschiedliche Gelehrsamkeitskonzeptionen eingebunden: Neben der bloß vordergründigen Gelehrsamkeit Damis' wird auch der küchenlateinernde Bildungsbürger Chrysander verspottet; als positives Gegenbild fungiert Valer, der «seit einigen Jahren die Bücher bey Seite gelegt» hat, um «durch die Kenntniß der Welt» dem «Staate nützliche Dienste zu leisten» (II,12).

Das Finale schließt zwar komödientypisch mit dem Ausblick auf eine Doppelhochzeit (Juliane wird Valer, Lisette Damis' Diener Anton heiraten); diese geht aber nicht auf Lisettes Intrige, sondern auf Valers Uneigennützigkeit zurück, der zugunsten Chrysanders auf Julianes etwaiges Vermögen verzichtet. Der Handlungszusammenhang bleibt gewahrt, ohne daß die Szenenfolge darum straff motiviert sein müßte; dysfunktionale Szenen wie II,14, die die Unvereinbarkeit der Positionen im verwirrenden Nebeneinander einzelner ‹Stimmen› gestaltet und so der Freude am Chaos Raum gibt, rücken den Text in die Nähe des Singspiels. Die Ebene der Diener bildet die Haupthandlung ab und vermittelt zwischen Bühne und Publikum: Lisettes pantomimische Nachäffung Damis' in III,14 thematisiert und relativiert zugleich den geläufigen Spiegelmechanismus von Herren- und Dienerszenen; Anton agiert wie der ideale Zuschauer der Verlachkomödie Gottscheds, wenn er immer wieder über Damis «lachen» muß, doch wird dieser Komödientypus in Valers Absage an das ‹Auslachen› gerade in Frage gestellt.

Lit.: C. Wiedemann: Polyhistors Glück und Ende; in: H. O. Burger u. K. v. See (Hg.): Festschrift Gottfried Weber, 1967, S. 215–235. R. C. Zimmermann: Die Devise der wahren Gelehrsamkeit; in: Deutsche Vierteljahrsschrift für Literaturwissenschaft und Geistesgeschichte 66, 1992, S. 283–299.

Claudia Stockinger

Minna von Barnhelm, oder das Soldatenglück. Ein Lustspiel in fünf Aufzügen. Verfertiget im Jahre 1763.

In: Lustspiele von Gotthold Ephraim Lessing. Zweyter Theil. Berlin 1767, S. 253–442.
UA: Hamburg, 30. 9. 1767

Lessings bedeutendstes Lustspiel, das 1767 in noch zwei weiteren, geringfügig veränderten Einzelausgaben erschien, verarbeitet einen aktuellen Stoff von nationalem Interesse. Erste Pläne reichen bis 1763 zurück (der Entstehungshinweis auf dem Titelblatt gilt als gezielte Rückdatierung) und verweisen so auf das Ende des Siebenjährigen Krieges, den das Stück mit der Darstellung restriktiver Polizeimaßnahmen in Preußen oder der Brüskierung eines verdienten preußischen Offiziers kommentiert. Gleichwohl läßt sich das an den aristotelischen Einheiten orientierte Prosalustspiel (Ort der Handlung ist ein Berliner Gasthof) nicht auf seine zeitgeschichtliche Aktualität reduzieren: Lessing nutzt vielmehr das identifikatorische Potential eines Stoffs, der einem ‹kollektiven Erfahrungsraum› entnommen ist («Einheimische Sitten [...] befördern bey dem Zuschauer die Illusion»; *Hamburgische Dramaturgie*, 97. Stück).

Der erste Aufzug exponiert die Figur Tellheims, die im Modus der sächsischen Typenkomödie zunächst auf eine – wenn auch sympathische – Schwäche festgelegt wird: Obwohl der ehemalige Offizier zahlungsunfähig ist, zeigt er sich Schuldnern gegenüber großzügig und lehnt jede finanzielle Hilfe von Freundesseite ab. In Kontrast dazu stellt der zweite Aufzug zum einen den Reichtum von Tellheims sächsischer Braut Minna von Barnhelm heraus, zum anderen ihre Zuversicht, den Bräutigam in der preußischen Hauptstadt wiederzufinden. Als sich beide als Nachbarn im Gasthof begegnen, will Tellheim sein Eheversprechen nicht ein-

lösen – «der verabschiedete [Offizier], der an seiner Ehre gekränkte, der Kriepel, der Bettler» (II, 9) ist nach eigener Einschätzung nicht länger heiratsfähig. Minna akzeptiert diese Entschuldigung nicht, da sie die Ehe als Liebesgemeinschaft versteht und Tellheims Auffassung auf seinen ‹Charakterfehler› zurückführt. Sie bedient sich daher einer List, die Tellheims Argumentation aufgreift, gegen diesen richtet und so die Verhältnisse umkehrt: Minna löst zum Schein die Verlobung mit Tellheim; Tellheims Verhalten habe sie, die Unverheiratete, gesellschaftlich kompromittiert, eine Rehabilitation durch Verehelichung aber (zu der sich Tellheim umgehend bereit erklärt) lehne sie ab. Daß es Minna damit nicht ernst ist, zeigt die Ring-Intrige: Indem Minna Tellheim nicht ihren, sondern seinen eigenen, aus Geldnot versetzten Verlobungsring zurückgibt, den sie zuvor ausgelöst hatte, hebt sie die Verbindung nicht auf, sondern bestätigt Tellheim vielmehr als Bräutigam.
Im Unterschied zur Typenkomödie funktioniert die Intrige hier allerdings nicht: Zum einen erkennt Tellheim den Ring nicht, den er von Minna erhält; Minna muß die Zusammenhänge erklären. Zum anderen wird die finale Doppelhochzeit, die gattungstypisch parallel auf der Herren- und der Dienerebene stattfindet, extern begründet: Nicht Minnas Intrige, sondern die Rehabilitation Tellheims durch den König führt den positiven Ausgang herbei (‹deus ex machina›-Lösung). Auf diese Weise spielt der Text mit etablierten Komödienformationen: Die sächsische Typenkomödie wird mit dem Possenspiel (Wirt, Riccaut) ebenso zusammengeschlossen wie mit der ‹comédie larmoyante›, die sich in der Figur Tellheims zur ‹Tragikomödie› ausweitet: Die zentrale Szene IV,6, in der Tellheim sich ausführlich erklärt, macht deutlich, daß er nicht einfach einer ‹fixen Idee› folgt, wenn er auf Wiederherstellung seiner Ehre beharrt: Weil er seine Unbescholtenheit in Frage gestellt sieht, kann er gar nicht anders handeln.
Lessings Lustspieltheorie zufolge dient die Komödie der Einübung in die Fähigkeit, «das Lächerliche zu bemerken» und daraus Konsequenzen für ein verträgliches Sozialverhalten zu ziehen (*Hamburgische Dramaturgie*, 29. Stück). Auch wenn der morali-

sche Nutzen des Theaters empirisch nicht nachweisbar ist, gilt die Komödie doch als ein zuverlässiges «Preservatif», sie wirkt (und ‹bessert›) nicht mehr «durch Verlachen», sondern «durch Lachen» (ebda.). Der Zuschauer erkennt den Fehler Tellheims und sympathisiert zugleich mit der Figur; an die Stelle des lächerlichen Typus tritt so der mitleidsfähige Charakter. Analog zur ‹Reinigung› tragischer Affekte durch das Trauerspiel fördert auch die psychologisch motivierte Darstellung habitueller Fehler in der Komödie ihre Verwandlung «in tugendhafte Fertigkeiten» (78. Stück).

Lit.: P. Michelsen: Der unruhige Bürger, 1990, S. 221–280. G. Saße: Der Streit um die rechte Beziehung; in: W. Mauer u. G. Saße (Hg.): Streitkultur, 1993, S. 38–55. H. Steinmetz: *Minna von Barnhelm* oder die Schwierigkeit, ein Lustspiel zu verstehen; in: A. v. Bormann (Hg.): Wissen aus Erfahrungen. Festschrift für H. Meyer, 1976, S. 135–153.

Claudia Stockinger

Der Misogyne. Ein Lustspiel in einem Aufzuge. Verfertiget im Jahre 1748.

In: G. E. Leßings Schrifften. Sechster Theil. Berlin 1755, S. 217–288.
UA: Hannover, 15. 1. 1768

Thema der in der Tradition von Menanders *Mysogynes* stehenden sächsischen Typenkomödie, die Lessing später unter Hinzufügung weiterer Szenen zu einem Dreiakter erweitert hat *(Der Misogyn. Ein Lustspiel in drey Aufzügen. Verfertiget im Jahr 1748)*, ist die Bloßstellung einer satirisch überzeichneten Charakterschwäche der Hauptfigur Wumshäter (‹woman's hater›): seiner Frauenfeindlichkeit. Indem dieser Fehler lebensgeschichtlich begründet wird (drei Ehen Wumshäters sind gescheitert), erhält er psychologische Plausibilität; der Misogyn erscheint dadurch sympathisch und nicht einfach nur lächerlich, sondern wird ‹mitleidsfähig›.
Die Handlung konstituiert sich aus zwei teils parallelen, teils verknüpften Intrigen, mit deren Hilfe zum einen die Verehelichung Leanders mit Wumshäters Tochter Laura, zum anderen Hilarias

mit seinem Sohn Valer gelingen soll. In letzterem Fall führt das komödientypische Motiv des Geschlechtertauschs dazu, daß Wumshäter die prinzipielle Gleichheit von Mann und Frau akzeptieren muß (Hilaria tritt als ihr Bruder Lelio auf, wobei die Täuschung so gut gelingt, daß sich Valers Schwester Laura für kurze Zeit in sie/ihn verliebt). Im ersten Fall nutzt der Advokat Solbist Wumshäters ‹Fehler› dadurch für die Zwecke des Paars aus, daß er den Frauenfeind davon überzeugt, die Heirat mit einer Frau wie Laura müßte für jeden Mann, speziell jedoch für Wumshäters Gegner Leander, die größte Strafe sein. Am Ende zeigt sich Wumshäter zwar nicht geheilt, aber überwunden. Er stimmt der Doppelhochzeit zu, weil er das Interesse am anderen Geschlecht als ‹condition humaine› akzeptiert («Weil denn der Mensch verliebt und närrisch seyn soll, so sey es auch du, mein Sohn», 17. Auftritt). In der fortgesetzten Skepsis des Frauenhassers begründet sich die eigentümliche Komik dieses Lustspiels.

Lit.: W. Hinck: Das deutsche Lustspiel des 17. und 18. Jahrhunderts und die italienische Komödie, 1965, S. 266–287.

Claudia Stockinger

Miß Sara Sampson. Ein bürgerliches Trauerspiel, in fünf Aufzügen.

In: G. E. Leßings Schrifften. Sechster Theil. Berlin 1755, S. 1–216.
UA: Frankfurt an der Oder, 10. 7. 1755

Lessings erstes bürgerliches Trauerspiel initiiert ein Genre, das – ausgehend vom ‹weinerlichen Lustspiel› (Steele, La Chaussée, Gellert) – in der zweiten Hälfte des 18. Jahrhunderts zu einer der maßgeblichen deutschen Dramenformen avancierte. Die Wiederauflage des Textes in Lessings *Trauerspielen* (1772) kann im Untertitel auf das Attribut ‹bürgerlich› bereits verzichten, weil das zeitgenössische Gattungsverständnis ohnehin differenziert zwischen dem Prosatrauerspiel mit fiktionalen Stoffen aus der Privatsphäre und der historisch fundierten Verstragödie im Hofmilieu (vgl. Lessing: *Das Theater des Herrn Diderot*).

Unter strenger Wahrung der aristotelischen Einheiten spielt das Stück in einem Gasthof, wo die dem englischen Landadel entstammende Sara Sampson mit dem Geliebten Mellefont auf der Flucht vor ihrem Vater Station macht. Sie ist nicht einfach nur die ‹verführte Unschuld› und Mellefont ihr ‹skrupelloser Verführer›; Sara kann ihre Entscheidung für die Liebe (d. h. gegen die väterliche Autorität) durchaus vor sich rechtfertigen, möchte das Zusammenleben mit Mellefont aber kirchlich legitimieren; der sittenschwache Mellefont hingegen will die Ehe umgehen, um die «Seligkeiten» einer Liebesbeziehung nicht in der festen Bindung zu verlieren.

Alles scheint sich zu Beginn der Handlung glücklich zu wenden: Sir William Sampson bietet seiner Tochter – nicht als Akt seiner Gnade, sondern seiner «Schuldigkeit» – die Hand zur Versöhnung, weil er ihr Verhalten als «Fehler eines zärtlichen Mädchens» billigen gelernt hat. Obwohl Sara ihrer Schuldgefühle wegen zunächst nicht fähig ist, das Verzeihen des Vaters anzunehmen, scheint dem guten Ende nichts mehr im Weg zu stehen, als überraschend Mellefonts ehemalige Geliebte Marwood auftritt. Sie will den Vater ihrer Tochter Arabella mit allen Mitteln zurückerobern und hat zu diesem Zweck schon Sir William über Saras Aufenthaltsort informiert, der freilich die erwartete Rächerrolle nicht spielt. Marwood will Mellefont zunächst verführen und schließlich mit dem Hinweis auf das gemeinsame Kind erpressen, was jedoch nichts fruchtet. Immerhin gelingt es Marwood, sich bei Sara als Lady Solmes, eine Verwandte des Mellefont, einzuführen, um ihre Nachfolgerin im Gespräch von den älteren Rechten der ehemaligen Geliebten Mellefonts zu überzeugen. Im Verlauf der Begegnung wehrt sich Sara dagegen, mit der lasterhaften Marwood «in einen Rang» (IV, 8) gesetzt zu werden, verkennt aber in ihrem Tugendhochmut die tatsächliche Gleichheit der Situation. Die dadurch gedemütigte Marwood vergiftet daraufhin ihre Rivalin und flieht, wobei sie Arabella als Geisel mitnimmt. Im Sterben führt Sara christusgleich den Freund mit dem Vater zusammen, und Sir William umarmt Mellefont als seinen Sohn. Mellefont ersticht sich jedoch aus Schuldgefühl, Sir William bleibt nur die Hoffnung auf Arabella als «Vermächtnis meiner Tochter».

Die theoretische Begründung für die neue, auf englische und französische Anregungen (Lillo/Diderot) zurückgehende Dramenform hat Lessing nachgeliefert: «*Der mitleidigste Mensch ist der beste Mensch,* zu allen gesellschaftlichen Tugenden, zu allen Arten der Großmuth der aufgelegteste. Wer uns also mitleidig macht, macht uns besser und tugendhafter, und das Trauerspiel, das jenes thut, thut auch dieses» (Lessing an Nicolai, November 1756). Die ‹dramatis personae› werden deshalb von den Empfindungen beherrscht, die *Miß Sara Sampson* beim Publikum hervorrufen will: Weil Lessings Anthropologie ‹vollkommene› (= eindimensionale) Charaktere für unnatürlich hält (an Mendelssohn, 18. Dezember 1756), gestaltet er alle Protagonisten als ‹vermischte› Charaktere, die sich einer eindeutigen ethischen Zuordnung (‹tugendhaft› vs. ‹lasterhaft›) entziehen und in ihrem Verhalten stets verstehbar bleiben. Die Forderung nach Rührung des Zuschauers wird mehrfach eingelöst: Nicht nur bringt die edelmütige Tat Sir Williams das katastrophale Finale zu einem versöhnlichen Abschluß; zudem überträgt sich, den Aufführungsberichten zufolge, die das Textganze leitmotivisch konstituierende Tränenseligkeit der Protagonisten auch auf das Publikum, das bei der Uraufführung «drei und eine halbe Stunde zugehört, stille gesessen wie Statuen, und geweint» haben soll. In dieser Begeisterung der Zeitgenossen für das ungemein erfolgreiche Stück geht Lessings Konzept auf, zumal dieses nicht die ästhetische Qualität, sondern die ethische Wirkung des Textes betont («Gesetzt auch, daß mich der Dichter gegen einen unwürdigen Gegenstand mitleidig macht, nehmlich vermittelst falscher Vollkommenheiten, durch die er meine *Einsicht* verführt, um mein Herz zu gewinnen. Daran ist nichts gelegen, wenn nur mein Mitleiden rege wird»; an Mendelssohn, 18. Dezember 1756).

Lit.: W. Barner: ‹Zu viel Thränen – nur Keime von Thränen›; in: Das weinende Saeculum, 1983, S. 89–105. K. S. Guthke: Das deutsche bürgerliche Trauerspiel, [4]1984, S. 36–65. P. Michelsen: Der unruhige Bürger, 1990, S. 163–221.

Claudia Stockinger

Nathan der Weise. Ein dramatisches Gedicht, in fünf Aufzügen, Berlin 1779.
UA: Mannheim, 15.10.1779 (Privataufführung); Berlin, 14.4.1783 (erste öffentliche Aufführung)

Lessings letztes Drama ist im Umkreis seiner Auseinandersetzung mit der protestantischen Orthodoxie entstanden. Der Streit mit dem Hamburger Hauptpastor Johann Melchior Goeze um die Legitimität einer vernunftorientierten Begründung des Glaubens hatte zu einem Publikationsverbot durch die braunschweigische Obrigkeit geführt, das Lessing auf seiner «alten Kanzel, auf dem Theater» (an Elise Reimarus, 6.9.1778) zu umgehen suchte: Das (gemessen an klassizistischen Vorgaben) unregelmäßige ‹dramatische Gedicht› im shakespeareschen Blankvers setzt den ‹Kampf› mit anderen Mitteln fort. Zwischen Tragödie und Komödie stehend, verhandelt *Nathan der Weise* ein ernstes Thema, findet jedoch auf durchaus unwahrscheinliche Weise zu einem glücklichen Ende und enthält zahlreiche komische Elemente.
Das ‹analytisch› strukturierte Drama versammelt in Jerusalem zur Zeit der Kreuzzüge Vertreter der drei großen monotheistischen Religionen Judentum, Christentum und Islam. Der von einer Geschäftsreise zurückkehrende Jude Nathan erfährt, daß seine (Pflege-)Tochter Recha bei einem Brand durch einen christlichen Tempelherrn gerettet worden ist, den Sultan Saladin zuvor überraschend begnadigt hat (einer merkwürdigen Ähnlichkeit mit Saladins verstorbenem Bruder Assad wegen). Der in Vorurteilen befangene Tempelherr verweigert zunächst jeden Kontakt zur jüdischen Familie und gibt seinen Widerstand erst auf, als Nathan ihn davon überzeugt, daß der Wert eines Menschen nicht von dessen Religionszugehörigkeit abhängig sei («Sind Christ und Jude eher Christ und Jude, / Als Mensch?»; II, 5).
Unterdessen plant der Sultan auf Veranlassung seiner Schwester Sittah einen «Anschlag» (II, 3) auf den reichen Nathan, um mit dessen Vermögen die zerrütteten Staatsfinanzen zu konsolidieren. Auf die Probe gestellt, beantwortet Nathan Saladins Fangfrage nach der wahren Religion mit der ‹Ringparabel› (inspiriert durch Boccaccios *Il Decamerone*): Wie bei den drei äußerlich glei-

chen Ringen, die vielleicht alle nur Imitate sind, weil das Original verloren ist, soll es bei den monotheistischen Religionen nicht auf Konkurrenz um die Wahrheit ankommen; die Legitimität eines Glaubens, über die Menschen nicht entscheiden können, erweise sich vielmehr an der Fähigkeit der Gläubigen zu Humanität und Toleranz. Keine Religion darf deshalb einen exklusiven Wahrheitsanspruch erheben, sondern muß sich jeweils an der sittlichen Praxis bewahrheiten. Daß der christliche Patriarch von Jerusalem als Inkarnation von Inhumanität und Intoleranz auftritt, wendet sich nicht gegen das Christentum als solches, sondern nur gegen dessen Pervertierung im Dogmatismus der Amtskirche.

Das Schlußtableau führt die drei Religionen symbolisch in einer Familie zusammen: Recha (eigentlich Blanda von Filneck) und der Tempelherr (Leu von Filneck) erweisen sich als Geschwister, die Saladins und Sittahs Bruder Assad (Wolf von Filneck) zum Vater haben; Nathan ist als einzige der Hauptfiguren nicht blutsverwandt, bildet aber in seiner überragenden Humanität den geistigen Mittelpunkt. Die finale Utopie «*allseitiger Umarmungen*» (V, 8) verweist zugleich auf die «Zeit eines *neuen ewigen Evangeliums*», in der der Mensch «das Gute tun wird, weil es das Gute ist» (*Die Erziehung des Menschengeschlechts,* §§ 85f.). Lessings geschichtsphilosophische Begründung der Theodizee wird so in *Nathan* poetisch gestaltet. Die hier vorgeführten ‹wunderbaren› Zusammenhänge offenbaren das Wirken der göttlichen ‹Vorsehung›; daß Nathan sich ihr unterwirft, macht seine ‹Weisheit› aus.

Lit.: K. Eibl: Lauter Bilder und Gleichnisse; in: Deutsche Vierteljahrsschrift für Literaturwissenschaft und Geistesgeschichte 59, 1985, S. 224–252. Th. Koebner: *Nathan der Weise*; in: Lessings Dramen, 1987, S. 138–207.

Claudia Stockinger

Philotas. Ein Trauerspiel, Berlin 1759.

UA: Berlin, 24. 1. 1774 (früheste belegte Aufführung)

Der anonym veröffentlichte, aus acht Auftritten bestehende Einakter schließt an eine zentrale Gattung des frühaufklärerischen Theaters an: die heroische Bewunderungstragödie, die

Lessing in frühen Stücken wie dem *Samuel Henzi*-Fragment bereits erprobt hatte und die er jetzt verabschiedet. Entstanden ist *Philotas* zum einen im Rahmen von Lessings Mitleidsdramaturgie (vgl. den Briefwechsel mit Mendelssohn und Nicolai 1756/57), die das empathetische Interesse des Publikums an ‹vermischten Charakteren› der distanzierten Bewunderung von Heroen entgegensetzt; zum anderen steht das Stück unter dem Eindruck des Siebenjährigen Krieges, in dessen Umfeld patriotische Literatur (z.B. Gleims *Preussische Kriegslieder*) Hochkonjunktur hat. Die Zeitgenossen (u.a. Gleim) haben auch *Philotas* dieser patriotischen Richtung zugerechnet.

Diese affirmative Lektüre scheint auf den ersten Blick berechtigt zu sein: In seiner «aktualisierten und modernisierten Version» des sophokleischen *Aias* (Ter-Nedden) entwirft Lessing einen jugendlichen Helden, dessen Opferbereitschaft das allgemeine wie das persönliche Interesse an Ehre und Sieg bedient. Das regelkonforme Stück zeigt den Königssohn Philotas als Gefangenen der feindlichen Truppen des Aridäus (Schauplatz der sich über wenige Stunden erstreckenden ‹einfachen› Handlung ist das Zelt des Gefangenen). Aus Philotas' Perspektive wird in den ersten beiden Szenen die Vorgeschichte nachgeholt: Dem ehrgeizigen Jüngling ist die Situation unerträglich, da er schon bei seinem ersten Kampfeinsatz (überdies nur geringfügig verwundet) gefangengenommen wurde und davon ausgehen muß, durch sein Ungeschick die Niederlage der eigenen Partei zu verschulden (der König wird mit der Kapitulation seinem Sohn die Freiheit erkaufen). Als Philotas aber erfährt, daß sein Vater Polytimet, den Sohn des gegnerischen Königs, in seiner Gewalt hat, wendet sich das Blatt. Philotas beschließt, dem eigenen Heer durch seinen Selbstmord ebenjenen Vorteil zu verschaffen, der sich aus der Gefangennahme Polytimets notwendig ergeben muß. Philotas ersticht sich und bereitet damit den Sieg seiner Partei vor.

Die dem klassizistischen Schema verpflichtete Heroenhandlung wird allerdings auf verschiedenen Ebenen ironisch gebrochen. Im Interesse einer Entlarvung des Heroismus kommen Kontrastverfahren zum Zug, wie sie aus der Komödie geläufig sind: Indem das heroische Potential der Kriegsgefangenschaft durch die Bequemlichkeit des Gefängnisses oder die pathetische Selbsterhebung des Todesbereiten durch die pragmatische Einsicht in technische Hindernisse konterkariert werden («Ich habe kein Schwerd», 6. Auftritt), verkleinert der Text den Heros zum Kind und macht ihn – wie den «Kopf eines Kindes in einer großen Staatsperükke» – zu einem «lächerliche[n] Gegenstand» (Lessing an Mendelssohn, 13.11.1756). In der Hauptsache aber stellen Gegenfiguren wie Parmenio und vor allem Aridäus den Vollkommenheitsanspruch des jungen Helden in Frage: Der von Philotas idealiter verkörperte «Held ohne Menschenliebe» (7. Auftritt), das «schöne Ungeheuer» der heroischen Tragödie (Lessing an Mendelssohn, 28.11.1756), wird durch die humanitäre Haltung des Königs widerlegt; dramengeschichtlich interessieren fortan die Könige nicht mehr ‹als Könige›, sondern ‹als Menschen› (*Hamburgische Dramaturgie*, 14. Stück). Weil Aridäus über seiner öffentlichen Funktion die familiäre Verantwortung nicht vergißt, geht er statt Philotas als der eigentliche Sieger vom Platz. Wenn er sich abschließend aus der Politik zurückzieht, gibt er den Thron frei für seinen Sohn Polytimet. Die gegnerische Partei gewinnt zwar den Krieg, verliert aber mit Philotas ihren zukünftigen König. Daß sich zum Schluß der sterbende Philotas mit Aridäus versöhnt, hat rezeptionsgeschichtlich zu konträren Interpretationsansätzen geführt. Zwar steht die antiheroische Tendenz des Stücks schon längst nicht mehr zur Debatte; die Frage aber, ob das Finale einen (aus dessen Perspektive) ‹triumphierenden Heros› oder einen ‹menschlichen Helden› darstellt, bleibt offen.

Lit.: W. Barner: Produktive Rezeption, 1973, S. 53–72. G. Ter-Nedden: Lessings Trauerspiele 1986, S. 114–163. C. Wiedemann: Ein schönes Ungeheuer; in: Germanisch-Romanische Monatsschrift N. F. 17, 1967, S. 381–397.

Claudia Stockinger

Samuel Henzi. Ein Trauerspiel.
In: G. E. Leßings Schrifften. Zweyter Theil. Berlin 1753, S. 148–181 und S. 188–214 (im 22. und 23. der *Briefe*).

Die Fragment gebliebene Dramatisierung der Verschwörung Berner Bürger gegen ihren quasi-feudalen Stadtrat (1749), beinahe zeitgleich mit den Ereignissen selbst entstanden, folgt den Genrekonventionen der klassizistischen Bewunderungstragödie: Soweit der Text (die beiden ersten Aufzüge mit je drei Auftritten) und die der Erstveröffentlichung beigefügte Konzeption erkennen lassen, sollten die aristotelischen Einheiten von Ort, Zeit und Handlung gewahrt werden; dem hohen Stoff entsprechend, sind die Alexandriner im ‹genus sublime› gehalten; die Handlung, deren Bestandteile Lessing neben «mündlichen Erzehlungen» der laufenden Berichterstattung in der *Berlinischen privilegirten Zeitung* entnommen hat (22. Brief), entwickelt sich auf der staatspolitisch-rechtlichen Ebene und verzichtet ganz auf erotische Nebenhandlungen.
Die ausgearbeiteten Szenen gestalten das Spannungsverhältnis zwischen dem tugendhaften Helden Samuel Henzi und seinem lasterhaften Gegenspieler Dücret. Verwicklung (Dücrets Verrat) und Katastrophe (Scheitern des Komplotts, Hinrichtung der Verschwörer) deuten sich schon anfangs an: Weil Dücret die aufrührerischen Pläne nicht aus Patriotismus, sondern aus Eigennutz unterstützt und zudem in radikaler Gewalt das einzig taugliche Mittel sieht, bringt er die republikanischen Verschwörer gegen sich auf, die Henzi als Oberhaupt bestätigen. Ob Lessings Trauerspiel der Märtyrertragödie Corneilles oder Gottscheds Lehrsatzdramatik folgt, muß nach Textlage offenbleiben; der Entwurf eines aristotelischen Helden, dessen Zögern einen aus Sicht der Aufständischen verhängnisvollen ‹Fehler› bezeichnet, legt aber letzteres nahe. Der Fragmentcharakter des Textes wäre danach pragmatisch zu begründen: Der – wenngleich implizite – Aufruf zum gewaltsamen Vorgehen gegen eine legitime Regierung ist politisch nicht opportun, zumal Lessing, wie ihm Albrecht von Haller vorwirft, in maßgeblichen Details von der historischen Überlieferung abweicht *(Göttingische Anzeigen von*

Gelehrten Sachen, 1754). In der Frage nach dem Verhältnis von historischer Wahrheit und poetischer Wahrscheinlichkeit gibt Lessing ein eindeutiges Votum ab: Im Vordergrund steht die Anwendung der ‹doctrine classique› auf ein Ereignis der Tagespolitik – nicht jedoch das Ereignis selbst, das als ebenso exemplarisch gilt wie antike mythische oder historische Stoffe. Erste Tendenzen zur Auflösung der frühaufklärerischen Gattungskonventionen (Individualisierung, Affektrhetorik) stellen die gattungstypologische Zuweisung nicht in Frage.

Lit.: A. Meier: Dramaturgie der Bewunderung, 1993, S. 161–180.

Claudia Stockinger

Der Schatz. Ein Lustspiel in einem Aufzuge. Verfertiget im Jahre 1750.

In: G. E. Leßings Schrifften. Fünfter Theil. Berlin 1755, S. 189–296.
UA: Königsberg, (nach März) 1756 (erste belegte Aufführung)

An der freien Bearbeitung von Plautus' *Trinummus* läßt sich die Bedeutung des Théâtre italien (einer gemäßigten Variante der Commedia dell'arte in Frankreich) für das ansonsten von Gottscheds Dramenreform geprägte Frühwerk Lessings nachweisen. Im Unterschied zur sächsischen Typenkomödie geht es hier nicht um die Bloßstellung einer exemplarisch vorgeführten Charakterschwäche; frühaufklärerischer Vereinnahmung von Literatur im Interesse des gesellschaftlichen Nutzens setzt Lessing das ‹reine Vergnügen› entgegen, das auch vor dem Spiel mit den Gattungskonventionen nicht haltmacht (wenn etwa die Installation der Einheit des Ortes deren Auflösung impliziert: «Die Scene ist auf der Straße»). Für das ‹Possenhafte› bzw. ‹Niedrigkomische›, das Lessing selbst in den Vordergrund rückt *(Hamburgische Dramaturgie,* 9. Stück), garantieren weniger tradiertes Personal und überkommene Motivik als vielmehr die strukturelle, der ‹Schnelligkeit› des Stegreiftheaters angenäherte Disposition des Stücks. Zeitgenössische Forderungen nach streng komponierter Handlungsführung werden nur scheinbar erfüllt, indem die Beseitigung von Ehehindernissen nicht auf ‹wahrscheinlichem› Weg gelingt, sondern eine fortgesetzte Aneinanderreihung ‹wunderbarer› Konfliktlösungen das positive Finale herbeiführen muß. Weil Camilla keine Mitgift besitzt (ihr Bruder Lelio hat das gesamte Vermögen verschwendet), verweigert Leanders Vormund Staleno seine Zustimmung zur Heirat. Am Ende sind alle erdenklichen Voraussetzungen für die Eheschließung gegeben, ohne daß Camilla in die Handlungszusammenhänge involviert worden wäre (Leander wiederum taucht nur in der ersten Szene auf): Zunächst macht ein geheimer Schatz, der im Haus ihres Vaters verborgen liegt, Camilla wieder attraktiv, dann entpuppt sich der allseits verteufelte Lelio als reuiger Sünder, der das Glück seiner Schwester befördern will, und schließlich kehrt – als ‹deus ex machina› – auch noch Anselmo, der verschollengeglaubte Vater von Camilla und Lelio, aus der Fremde zurück. Anselmo ist nicht nur reich, sondern hat einem sterbenden Freund versprochen, dessen Sohn (Leander!) mit der eigenen Tochter zu vermählen. Das Spiel mit dem ‹Wunderbaren› unterläuft Gottscheds Komödientheorie, die *Der Schatz* selbst thematisiert: «Wenn das in einer Komödie geschähe, jedermann würde sagen, es ist nicht wahrscheinlich [...]. Und doch ist es wahr!» (9. Auftritt).

Lit.: W. Hinck: Das deutsche Lustspiel des 17. und 18. Jahrhunderts und die italienische Komödie, 1965, S. 256–301.

Claudia Stockinger

Lessing, Karl Gotthelf
(1740–1812)

Die Mätresse. Ein Lustspiel in fünf Aufzügen.
In: Schauspiele von Karl Gotth. Leßing. Zweyter Theil. Berlin 1780, S. 153–344.
UA: Breslau, 4. 1. 1781

Die ernste Prosakomödie weist deutliche Sturm-und-Drang-Merkmale auf: so u. a. die Sprengung der Einheiten von Ort und Zeit, die Mischung des Komischen und Tragischen sowie die Themen der ‹Verführung› und des ‹Ständekonflikts›, wobei Elemente aus empfindsamen Romanen (Richardson: *Pamela* und *Clarissa*; Rousseau: *Julie, ou la Nouvelle Héloïse*) verarbeitet werden.
Der junge Graf Mannhof hat die bürgerliche, tugendhafte Julie verführt und mit einem falschen Eheversprechen betrogen; er wirbt jetzt um seine Cousine Elisabeth, die ihrerseits aber Baron von Hochthal liebt. Die Zentralfigur des Stücks ist Mannhofs Onkel Otto von Kronfeld, der in seiner Familie als Sonderling gilt. Aufgeklärt und frei von ständischen Vorurteilen, hat er in Amerika eine schwarze Sklavin, hinter der sich freilich eine afrikanische Königstochter verbarg, geheiratet, ist nach deren Tod nach Europa heimgekehrt und übt sich nun, selbst kinderlos, in der Rolle des optimalen ‹Vaters› und Ehestifters. Während es ihm gelingt, Elisabeth und ihren Geliebten mit Zustimmung der Eltern zu verbinden, schlagen seine Versuche, den Neffen zur Heirat mit der verführten Julie zu bewegen, fehl: Mannhof hat keinerlei Unrechtsbewußtsein gegenüber seiner ehemaligen «Mätresse», die er zusammen mit dem gemeinsamen Kind verschleppen läßt, weil sie seinem Heiratsprojekt hinderlich sind. In der Zuordnung Mannhofs zur Klasse der «gesetzmäßigen Bösewichter», die formal keine Gesetze verletzen, artikuliert sich die Gesellschaftskritik dieser ernsten Komödie. Der Konflikt zwischen Oheim und Neffe endet im völligen Zerwürfnis. Enterbt, von seiner Cousine abgewiesen

und von seinem Freund verlassen, wird Mannhof zuletzt aus seinem sozialen Raum gleichsam ausgeschlossen.

Lit.: E. Wolff: Karl Gotthelf Lessing, 1886, S. 62–78.

Wolfgang Lukas

Löwen, Johann Friedrich
(1727–1771)

Hermes und Nestan, oder das Orakel. Ein prosaisches Trauerspiel in zween Aufzügen.
In: Johann Friedrich Löwens Schriften. I. Theil. Hamburg 1765, S. 189–226.
UA: ?

Mythos und antiker Götterglaube, irrationale und übersinnliche Elemente prägen das Stück des Theaterpraktikers (1767/68 erster Direktor des neu gegründeten ‹Nationaltheaters› in Hamburg), das bereits Züge des im frühen 19. Jahrhundert populären Schicksalsdramas aufweist.
Priester hatten dem lydischen König Dorus bei der Geburt seines Sohnes Nestan als Orakel verkündet, er würde durch ein von ihm erzogenes «Ungeheuer» getötet werden, «wofern nicht Wachsamkeit und Klugheit es verhinderten». Der Knabe mußte daraufhin fern vom Hof in einer Wüstenei aufwachsen; nach fünfzehn Jahren und vermeintlich überstandener Gefahr ist er in Begleitung seines Freundes Hermes zum Vater zurückgekehrt. Kurz danach setzt die Handlung ein: Nestan verliebt sich in Osmire, die Tochter Orxus', eines Vertrauten und Ministers des Königs. Osmires Herz gehört jedoch Hermes. Als Nestan von dieser Liebe erfährt, bezichtigt er seinen Freund des Verrats, der aber zum Verzicht bereit ist; Nestan ist dadurch besänftigt und gönnt beiden ihr Glück. Inzwischen hat der ehrgeizige Orxus beschlossen, Hermes durch eine Intrige ums Leben zu bringen. Er macht Dorus glauben, das Orakel habe sich auf Hermes bezogen, der

daraufhin im Tempel ‹geopfert› werden soll. Als der maskierte Nestan den Freund retten will, tötet ihn die Wache auf Geheiß des Königs, der nach dem Abnehmen der Maske über seinen Mord am Sohn entsetzt ist. Abschließend stellt sich allerdings heraus, daß nicht Nestan, sondern Hermes der wahre Sohn von Dorus ist, weil die Mutter ihr Kind zu dessen Schutz mit einem fremden Kind vertauscht hatte.

Die unheilvolle Weissagung hat sich zwar im wörtlichen Sinne nicht erfüllt, aber doch ein Ersatzopfer gefordert. Die fatalistische Auffassung der Geschehnisse wird damit letztlich nicht überwunden. Im Zeichen des Rousseauismus bringt die verschwiegene Liebesbeziehung die ‹natürlichen› Leidenschaften zum Ausdruck; zudem kommen in der unverbrüchlichen Freundschaft zwischen Nestan und Hermes auch empfindsame Züge zum Tragen.

Lit.: K. Waentig: Johann Friedrich Löwen und sein Ansehen als Journalist und Bühnenschriftsteller; in: Zeitschrift des Vereins für Hamburgische Geschichte 54, 1968, S. 21–47.

Helga Brandes

Das Räthsel, oder Was dem Frauenzimmer am meisten gefällt. Ein Lustspiel in einem Aufzuge, mit einem Divertissement. Hamburg 1766.

In: Johann Friedrich Löwens Schriften. IV. Teil. Hamburg 1766, S. 339–367.
UA: ?

Das Prosalustspiel knüpft mit dem Kampf guter und böser Feen an die populäre Tradition französischer Märchen des 17. Jahrhunderts an (‹contes de fées›). Das zentrale Motiv des Einakters basiert auf einer Erzählung aus Geoffrey Chaucers *The Canterbury Tales* (vor 1380; um 1478 erschienen): *The Wife of Bath's Tale.*

Die Handlung spielt in einem Wald nahe dem Lustschloß von Königin Bertha, der Witwe des Königs Dagobert. Durch ein Mißgeschick gerät Ritter Robert, der eine unbekannte Schöne liebt, deren Porträt er im Wald gefunden hat, in Not: Um sein Leben zu

retten (so der Urteilsspruch der Königin), muß er binnen sechs Monaten ein Rätsel lösen (hinter allen Verwicklungen wird die Fee Fanferlüsch vermutet). Robert begibt sich gemeinsam mit seinem Waffenträger Pedrillo auf Reisen, um das Geheimnis zu entdecken: «Was dem Frauenzimmer am meisten gefällt». Niemand weiß Rat, bis Robert kurz vor Ablauf der Frist auf eine häßliche Alte stößt, die die Antwort kennt. Robert muß ihr jedoch zuvor versprechen, sich ihren Wünschen zu fügen. Der Ritter willigt schweren Herzens ein und erfährt die richtige Lösung: Die Frauenzimmer wollen «die Herrschaft über ihre Männer und Liebhaber führen». Als Gegenleistung begehrt ihn die ‹Retterin› zum Ehemann. Auf Befehl der Königin umarmt Ritter Robert schließlich die Alte, die sich in dem Moment «in eine junge Schönheit verwandelt» und als die gesuchte Dame des Porträts erweist. Es handelt sich um die Tochter der Königin Bertha, die von der ‹grausamen Fee› Moustache in ein häßliches Weib verzaubert worden war. Nun siegt im Kampf der Feen die ‹wohlthätige› Radiante, der die Schöne ihre Rettung zu verdanken hat, und der «zärtlichsten Ehe» steht nichts mehr im Wege.
Das leichte Unterhaltungsstück läßt in der Schwebe, ob Züge des gängigen Frauenbildes (Herrschsucht im Privaten u. ä.) ironisiert oder bestätigt werden. Es ist reich an volkstümlichen Stilformen (Redensarten und Sprichwörtern) sowie burlesken Elementen (um Pedrillo und seine Frau Magotine). Den Abschluß bildet ein beschwingtes Divertissement, das «Amors Sieges-Wagen» besingt und den Lyriker Löwen von seiner besten Seite zeigt.

Lit.: O. D. Potkoff: Johann Friedrich Löwen, 1904.

Helga Brandes

Martini, Christian Leberecht
(1728–1801)

Rhynsolt und Sapphira. Ein prosaisches Trauerspiel in drei Handelungen aus dem Jahre 1755.
Altona und Leipzig 1755.
UA: Hamburg, 1755

Die Handlung basiert auf burgundischen Chronikberichten aus dem Jahr 1447. Veröffentlicht wurde das Trauerspiel, das die aristotelischen Einheiten wahrt, erst nach seiner Hamburger Aufführung durch die Schumannsche Truppe, der Martini als Schauspieler zeitweise angehörte.
Rhynsolt, ein Vertrauter Karls des Kühnen von Burgund und Gouverneur in Seeland, begehrt in frevelhafter Weise die tugendhafte Sapphira, die mit dem ehrlichen Kaufmann Danfeld verheiratet ist. Er stiftet seinen Sekretär dazu an, mit gefälschten Briefen Danfeld des Landesverrats zu beschuldigen, was den Herzog, der bislang an Danfelds Treue nicht gezweifelt hat, dazu bewegt, das Schicksal des Angeklagten in Rhynsolts Hände zu legen. Sapphira könnte das Leben ihres Mannes retten, wenn sie Rhynsolt zu Willen wäre; in Übereinstimmung mit Danfeld beharrt sie jedoch auf ihrer vorbildlichen Treue, und Danfeld wird grausam zu Tode gefoltert. Als Herzog Karl von den verbrecherischen Machenschaften erfährt, zieht er Rhynsolt zur Rechenschaft: Dieser muß Sapphira sein gesamtes Vermögen überschreiben, und sie heiraten, um unmittelbar darauf hingerichtet zu werden.
Das Trauerspiel thematisiert den Gegensatz zwischen bürgerlich-keuscher Empfindsamkeit und höfisch-frevelhafter Wollust. Herzog Karl, den lasterhafte Höflinge umgeben, wird dem empfindsam-moralischen Ehepaar Danfeld und Sapphira zugeordnet. Er verkörpert die Hoffnung auf den guten Herrscher, der die Unschuld schützt. Martinis Schauspiel kann so als ein Beispiel für «die Expansionstendenzen der Empfindsamkeit in den gesellschaftspolitischen Raum» (J. Greis) angesehen werden.

Lit.: J. Greis: Drama Liebe, 1991, S. 66–68. J. Schulte-Sasse: Drama, in: R. Grimminger (Hg.): Deutsche Aufklärung bis zur Französischen Revolution 1680–1789, 1980. S. 455–458.

Nicola Graap

Der Vormund.
In: Deutsche Schauspiele von M. Dreßden und Leipzig 1765, S. 7–98.
UA: 1763

Das Prosaschauspiel setzt, wie Martini im Vorwort erläutert, Diderots Forderung eines ‹genre sérieux› konsequent und unter strikter Einhaltung der drei Einheiten von Zeit, Ort und Handlung um; es stellt eines der im deutschen Sprachraum frühesten Beispiele einer völlig komikfreien Komödie dar. Die im Aufklärungslustspiel beliebte Figur des Vormunds ist daher nicht in der konventionellen Weise lasterhaft bzw. lächerlich gezeichnet, sondern nach dem Vorbild von Gellerts *Zärtlichen Schwestern* und Barthélemy-Christophe Fagans *La Pupille* (1734) als tugendhaft gestaltet. Anhand des Titelhelden werden zentrale Leitsätze der zeitgenössischen Aufklärungspädagogik exemplifiziert.
Der Witwer Philoklet ist mehrfacher Vormund und erscheint in dieser Rolle als zärtlicher Vater im Sinn der Empfindsamkeit. Während Philoklet sein Mündel Erast verurteilt, weil dieser aus Leidenschaft eine illegitime Beziehung mit der übel beleumundeten Dorimene eingegangen ist und mit ihr ein Kind gezeugt hat, gerät er gegenüber dem zweiten Mündel selbst in Versuchung: Er macht Julie, die ihren einstigen Jugendgeliebten Valer für tot hält und Philoklets fünfjähriger Tochter als Ersatzmutter dient, einen Heiratsantrag, den das Mädchen auch annimmt. Die Schicksale der beiden Mündel gestalten sich komplementär: Erasts illegitime Beziehung wird durch den plötzlichen Tod der Geliebten und des Kindes beendet; Julie indes erhält im vierten Akt einen Brief Valers, der wieder aufgetaucht ist und nun ebenfalls um sie wirbt. Philoklet entschließt sich zur Entsagung und macht damit den Weg für die Verbindung der beiden tugendhaft Liebenden frei. Gleichzeitig verzeiht er dem gewandelten Erast, der seine Reue wortreich artikuliert. Sowohl das Scheitern als

auch das Gelingen von erotischen Beziehungen erfolgt damit strikt nach dem Prinzip der poetischen Gerechtigkeit.

Lit.: A. Birk: Bürgerliche und empfindsame Moral im Familiendrama des 18. Jahrhunderts, 1967, S. 47f., 134f., 171f. W. Schaer: Die Gesellschaft im bürgerlichen Drama des 18. Jahrhunderts, 1963, S. 17, 79f.

Wolfgang Lukas

Möller, Heinrich Ferdinand (1745–1798)

Der Graf von Walltron, oder die Subordination. Ein Originaltrauerspiel in fünf Aufzügen, von H. F. Möller. Frankfurt am Mayn 1776.
UA: Prag, 25. 1. 1776

Die jahrelang sehr erfolgreiche, den aristotelischen Einheiten verpflichtete Prosatragödie spielt in einem zeitgenössischen Kriegslager. Hier verkörpert der Capitain Graf von Walltron alle soldatischen Tugenden: Bescheidenheit, Pflichterfüllung, Kameradschaft, Ordnung. Dennoch unterläuft ihm, bedingt durch den «Naturfehler» eines sanguinischen Temperaments, eine Insubordination gegenüber seinem Vorgesetzten und Schwager Graf von Bembrock. Aufgrund des jüngst ergangenen königlichen Befehls, Vergehen gegen die Subordination «ohne Ansehn der Person, ohne alle Gnade» standrechtlich zu bestrafen, soll er exekutiert werden, obwohl er mit der bravourösen Rettung des Prinzen aus Feindeshand eigentlich die Beförderung verdient hätte. Alle Beteiligten bedauern den Vorfall, fügen sich jedoch in die Notwendigkeit, und auch Walltron selbst ist mit seinem Schicksal einverstanden. Das Drama endet tendenziell offen: Einerseits kann der Prinz die Hinrichtung gerade noch verhindern, zumal mit der bereits vor Tagen ergangenen Beförderung der Tatbestand der Insubordination hinfällig geworden ist; andererseits findet zugleich ein Angriff des Feindes statt. Walltrons abschließende

Worte verdeutlichen, worin die wahre Subordination besteht: im Akzeptieren sämtlicher Gegebenheiten und Möglichkeiten. Konflikt und Spannung erfährt das Drama, als mit der Gräfin (Walltrons Frau und Bembrocks Schwester) ein störendes Element von außen eindringt (und den Ablauf der Exekution behindert). Mit dem leidenschaftlich vorgetragenen, unbedingten Anspruch der Gräfin auf Glück (und auf das Leben des Gatten) wird als Gegenmodell zur auf Harmonie und Mitleiden beruhenden Männerwelt der Soldaten eine Sturm-und-Drang-Konzeption entworfen, die letztlich aber schwärmerisch bleibt und keine wirkliche Alternative zum stoisch-männlichen Entwurf bildet.

Hans Krah

Moritz, Karl Philipp
(1756–1793)

Blunt oder der Gast. Fragment. Von Carl Philipp Moritz.
In: Litteratur- und Theater-Zeitung [hg. von Christian August von Bertram]. 3. Jahrgang. Berlin 1780: No. XXV vom 17. Juni 1780, S. 385–399; No. XXIX vom 15. Juli 1780, S. 449–456; No. XXXIII vom 12. August 1780, S. 513–527 *(Journalfassung)*.
Blunt oder der Gast. Ein Schauspiel in einem Aufzuge von Carl Philipp Moritz. Berlin 1781 *(Buchfassung)*.
UA: Heidelberg, 12.12.1986

Karl Philipp Moritz' einziges vollständig überliefertes Trauerspiel gehört zum Frühwerk des Pädagogen und vielseitigen (popularwissenschaftlichen) Schriftstellers; es variiert das mehrfach und in verschiedenen Genres bearbeitete Motiv des unerkannt zurückkehrenden Sohnes. Das – jeweils als Einakter konzipierte – Prosadrama liegt in zwei Drucken mit unterschiedlichen Schlußlösungen vor: Die Journalfassung von 1780 mit dem Untertitel «Fragment» knüpft an das eigentliche Geschehen (den Sohnesmord durch den Vater, die Aufdeckung der Tat und der Identität der Getöteten) einen Anruf an die Phantasie (in einem vom Vater initiierten und szenisch dargestellten Wunschtraum wird die Bluttat durch die rechtzeitig und energisch dazwischentretende Mutter Gertrude verhindert, der Sohn kann sich zu erkennen geben, die Katastrophe wird vermieden); das 1781 publizierte «Schauspiel in einem Aufzuge» verzichtet auf diesen visionären Epilog und mündet direkt in ein gutes Ende.

In der Journalfassung tötet der verarmte und sozial isolierte Vater Blunt aus Habgier und Verwirrung, aus «Stolz und Verzweiflung» einen fremden, reichen Gast: seinen Sohn, der vor Jahren zur See gegangen ist, verunglückt sein soll und nun – wohlhabend geworden – zurückkehren wollte. Als der Bürgermeister mit seiner Tochter Mariane, Wilhelms (Jugend-)Geliebter, den Rückkehrer aufsucht, kommt die grausige Tat ans Licht. Die Eltern Blunt erwarten im Gefängnis ihre gerechte Strafe. An der Bahre des Ermordeten spult der Vater das Geschehene zurück und imaginiert einen glücklichen Ausgang: Die Mutter Gertrude kann den Sohnesmord vereiteln, Blunt versöhnt sich mit seinem Bruder, dem Bürgermeister, Mariane und Wilhelm verloben sich.

In der deutlich geglätteten Buchfassung verhindern Gertrudes Intervention und Wilhelms Erwachen die Bluttat, so daß die Katastrophe vermieden und unmittelbar eine glückliche Lösung herbeigeführt wird.

Umstritten ist, ob sich Moritz an die reiche Stofftradition, namentlich aber an George Lillos (1693–1739) *The Fatal Curiosity* (1736) angelehnt hat, ob er demnach den Typus der ‹Schicksalstragödie› lediglich aus der englischen Dramatik adaptiert oder für das deutsche Theater eigenständig begründet hat. Ebenfalls kontrovers diskutiert werden der Standort der *Blunt*-Texte in der deutschen Literatur (von der Sturm-und-Drang-Dramatik bis zur antizipierten romantischen Ironie), psychologische Fragestellungen (Bewältigung des eigenen Vaterkonflikts) sowie die metaphysische und anthropologische Positionsbestimmung.

Lit.: H. Hollmer: Karl Philipp Moritz' *Blunt oder der Gast* – ein umstrittenes Nebenwerk; in: W. Griep (Hg.): Moritz zu ehren, 1996, S. 53–63.

Heide Hollmer

Möser, Justus
(1720–1794)

Arminius. Ein Trauerspiel. Von J. Möser, Advoc. Patriae, Secret. der H. Ritterschaft des Hochstiffts Oßnabr. und Mitglied der Königl. deutschen Gesellschafft zu Göttingen. Hannover und Göttingen 1749.
UA: Wien, 1750 (?)

Die in heroischen Alexandrinern verfaßte, regelkonforme fünfaktige Tragödie hält sich streng an den Arminius-Stoff, wie er in Tacitus' *Annales* überliefert ist.
Arminius möchte sich nach erfolgreichen Jahren als Heerführer zum Herrscher über alle germanischen Stämme ausrufen lassen, um die Stammesfehden zu beenden. Das Volk begrüßt diese Absicht, da es in Arminius das Ideal des aufgeklärten, der Gemeinschaft verpflichteten Herrschers erkennt; unter Führung von Arminius' Schwiegervater Sigestes leisten jedoch die Fürsten Widerstand, weil sie unter dem Vorwand, die Freiheit der Deutschen gegen einen künftigen Tyrannen zu verteidigen, ihre Machtpositionen erhalten wollen. Obwohl sein Berater Adelbert empfiehlt, den Widerstand gewaltsam zu brechen, möchte Arminius die Gegner durch Großmut auf seine Seite ziehen. Der von blindem Haß getriebene Sigestes setzt seinen wankelmütigen Sohn Sigismund so lange unter Druck, bis dieser schwört, seinen Freund Arminius zu töten oder zu sterben; Sigismund wählt den Selbstmord, nicht ohne Arminius vor einem Anschlag seines Vaters gerettet zu haben. Arminius läßt Sigestes daraufhin gefangennehmen, wird aber von seiner Gattin Thusnelde zur Milde angehalten. In seiner übertriebenen Großmut liegt Arminius' tödlicher Fehler: Um Sigestes nicht zu demütigen, wendet er den Blick ab, was diesem die Gelegenheit gibt, sich loszureißen und den arglosen Arminius zu töten.
Obwohl Möser in seiner Vorrede versucht, sich von Gottsched punktuell abzusetzen, entspricht *Arminius* dessen Dramenpoetik nicht bloß in formaler Hinsicht weitgehend: Der ‹moralische

Lehrsatz› postuliert vernunftgelenkte Gerechtigkeit und warnt zugleich vor deren Übersteigerung.

Lit.: U. Lochter: Justus Möser und das Theater, 1967, S. 55–79, 174–203.

Olaf Meier

Die Tugend auf der Schaubühne; oder: Harlekin's Heirath. Ein Nachspiel in einem Aufzuge.

In: Vermischte Schriften von Justus Möser. Herausgegeben von Friedrich Nicolai. Zweyter Theil. Mit vollständigem Register über alle Mösersche Schriften. Mit Königl. Preußischem allergnädigsten Privilegium. Berlin und Stettin 1798, S. 30–66.
UA: Osnabrück, April 1765 (?)

Das Nachspiel (das Bezugsstück ist nicht erhalten) gestaltet die aus dem Théâtre italien bekannten Motive der Tugendprobe und der Selbstdarstellung bzw. Selbstrechtfertigung des Theaters.
Der Schauspieler Harlekin möchte seine Kollegin Kolombine heiraten, zweifelt jedoch an ihrer Tugend: Als Schauspielerin werde sie von vielen Verehrern begehrt und könne vermutlich nicht immer widerstehen. Kolombines Vater, der Prinzipal, schlägt Harlekin vor, in einer Komödie mit ihr Braut und Bräutigam zu spielen, um sie als Braut zu erproben. Weil Kolombine nun aber als Schauspielerin agiert, gelangt Harlekin nicht zu letzter Sicherheit über ihre Tugend: Wo Kolombine ihre Rolle als begehrte Frau beherrscht, deutet Harlekin das als negativen Charakterzug; wo sie in dieser Rolle Schwächen zeigt, sieht er darin schauspielerische Täuschungsabsicht. Um Kolombine außerhalb ihres professionellen Rahmens zu prüfen, folgt Harlekin einem Rat seines Kollegen Scapin: Er verkleidet sich als Hauptmann und macht Kolombine eindeutige Angebote, worüber sie sich entrüstet und dafür sorgt, daß der ‹Hauptmann› von der Bühne geprügelt wird. Da ihm auf diese Weise Kolombines Tugend bewiesen wird, freut sich Harlekin über seine Schläge. Nachdem er sich für sein Mißtrauen entschuldigt hat, verzeiht Kolombine ihm unter der Bedingung, «alle Tage Braut und Bräutigam zu spielen».
Harlekins Heirat ist nur begrenzt als Harlekinade im Sinne von

Mösers vielbeachteter *Verteidigung des Groteske-Komischen* zu bezeichnen. Es enthält kaum groteske Darstellungsmittel und verfehlt daher die von Möser geforderte «Einheit des Tons». Inhaltlich zeigt sich Groteskes in der Verwirrung der Realitätsebenen: Häufig erhebt sich auf der Bühne und beim Leser/Zuschauer die Frage, ob es sich beim Dargestellten um ein Spiel oder um ein Spiel im Spiel handelt. Zum Teil werden die Ebenen auch ineinander verschränkt, indem etwa die Charaktere einiger Schauspieler mit ihrem jeweiligen Rollentyp aus dem Théâtre italien übereinstimmen – so wird die angeprangerte Identifizierung von Schauspieler und Rolle von Möser ironisiert, indem sie gleichfalls auf der Bühne stattfindet.

Lit.: U. Lochter: Justus Möser und das Theater, 1967, S. 80–140, 204–215.

Olaf Meier

Müller, Friedrich
(1749–1825)

Fausts Leben dramatisirt vom Mahler Müller. Erster Theil. Mannheim 1778.

Wie die bereits 1776 veröffentlichte *Situation aus Fausts Leben* (mit der Widmung «An Shakespears Geist»), der erste *Faust* aus dem Kreis der Stürmer und Dränger, besteht auch das Fragment *Fausts Leben* aus einer lockeren Folge von Prosaszenen. Die literarische Legitimation für Stoff und Form ist in Lessings 17. Literaturbrief (16.2.1759) enthalten; die Faust-Figur selbst entstammt dem Volksbuch und dem Jahrmarktstheater; vollendet hat Müller seine Dichtung erst im Alter als versifiziertes Lesedrama in acht Aufzügen und einem Nachspiel mit überraschendem Plot.
Nach dem Muster von Lessings *D. Faust* beginnt die Handlung mit einer Teufelsversammlung in der Ruine einer gotischen Kirche. Mephistophiles hat Faust, Lehrer an der Universität Ingolstadt, mit einer fingierten Erbschaft zu Reichtum und Macht ver-

holfen. Der am Mittelmaß seines Daseins verzweifelnde Faust wird in der seit Marlowes Volksstückvorlage obligaten Studierzimmerszene eingeführt. Durch eine Intrige läßt Mephistophiles eine von Faust großzügig übernommene Bürgschaft platzen. Faust versucht vergebens, sein Vermögen am Spieltisch zu retten. Nach der Vernichtung seiner bürgerlichen Existenz ist er reif für den Teufelspakt um Mitternacht am Kreuzweg. Zugleich entfaltet das Szenario satirisch deutsches Kleinstadtleben.
Obwohl die Widmungsvorrede den Titelhelden zur zeittypischen Selbsthelfergestalt stilisiert, wird der «grosse Kerl» dramatisch nicht ausgestaltet. Autonomes Handeln in der politischen Situation des späten 18. Jahrhunderts erscheint dem Realisten Müller undenkbar.

Lit.: J. Mahr: Nachwort; in: Maler Müller: Fausts Leben. Nach Handschriften und Erstdrucken hrsg. von J. Mahr, 1979, S. 221–237.

Ulrike Leuschner

Müller von Friedberg, Carl
(1755–1836)

Das gerettete Helvetien oder Orgetorix. Ein Staats-Trauerspiel in fünf Aufzügen. Meinen minderjährigen Geschwisterten gewidmet. [Sankt Gallen 1779].
UA: ?

Die klassizistische Prosatragödie mit ausführlichen Regieanweisungen, die erst in der zweiten Fassung 1804 bühnentauglich gemacht werden sollte, gestaltet eine in Caesars *De bello gallico* überlieferte Episode aus der helvetischen Frühgeschichte (61/60 v. Chr.) und bereichert den historischen Kern um eine heroische Liebeshandlung.
In bewußter Absetzung von Shakespeare entwickelt der Schweizer Politiker und Historiker nach dem Vorbild Voltaires ein patriotisches Freiheitsdrama mit empfindsamen Zügen: Der weniger

lasterhafte als wankelmütige Stammesfürst Hordrich (lat. Orgetorix) will den Auswanderungsplan der Helvetier nach Gallien dazu nutzen, die Alleinherrschaft über die freiheitlich verbundenen Schweizer Stämme an sich zu reißen, wobei ihn sein skrupelloser Ratgeber Lucius beeinflußt; auf republikanischer Seite stehen den Verschwörern drei charakterlich differenziert gezeichnete Tugendhelden entgegen, denen die Vereitelung des Plans gelingt. Hordrich sieht seinen Fehler ein, vergiftet sich und formuliert im Sterben sein politisches Vermächtnis: das Bekenntnis zur republikanischen Freiheit auf der Grundlage bürgerlicher Gleichheit.

Wie alle ‹Schweizer Trauerspiele› der Bodmer-Tradition geht es auch im *Geretteten Helvetien* anhand eines geschichtlichen Vorbilds um die Darstellung republikanischer Tugenden in poetisch eindringlichen Bildern, die ‹vernünftige Affekte› (J. I. Zimmermann, 1773) hervorrufen und auf diese Weise zur Schulung der staatsbürgerlichen Sitten beitragen sollen.

Lit.: A. Meier: Dramaturgie der Bewunderung, 1993, S. 333–338.

Albert Meier

Mylius, Christlob
(1722–1754)

Die Aerzte, ein Lustspiel in fünf Aufzügen. Zu finden in den Buchläden. 1745.
UA: ?

Die anonym erschienene, klassizistisch-regelkonforme Typenkomödie in Prosa beruht wie alle Stücke aus dem Gottsched-Kreis auf der Leitdifferenz ‹Vernunft›/‹Unvernunft› bzw. ‹Tugend›/‹Laster›.

Damon, ein junger Mediziner mit allen Vorzügen, verliebt sich auf seiner Heimreise von der Universität in einer fremden Stadt in Luisgen. Deren Vater, der reiche Kaufmann Vielgut, befindet sich seit fünf Jahren auf einer Ostindienreise und gilt als ver-

schollen; seine Gattin ist seitdem in die Hände der Ärzte Pillifex und Recept geraten, die ihr Krankheiten einreden, um sie finanziell ausbeuten zu können. In ihrem unvernünftigen «Eigensinn» (einer übersteigerten Hochschätzung des Ärztestandes) will Frau Vielgut ihre Tochter mit einem der beiden Ärzte verheiraten. Luisgen aber zeichnet sich durch den spiegelbildlichen Eigensinn aus, sämtliche Ärzte zu verachten. Dies bedingt die doppelte Verstellung Damons, der sich vor Luisgen als Jurist ausgibt, durch sie aber bei Frau Vielgut als Mediziner eingeführt wird. Als ‹Betrachter› von außen versucht Damon, im Hause Vielgut im Sinne der Vernunft einzugreifen.
Die Entscheidung, welchem der beiden Ärzte Luisgens Hand gehören soll, wird einem medizinischen Wettstreit überlassen: Es gilt die Krankheit von Dorchen, Frau Vielguts Köchin, zu diagnostizieren und zu heilen. Gleichzeitig bemühen sich Damon, Herrn Vielguts Diener Fridrich und Luisgen, Frau Vielgut von der Scharlatanerie und Niedertracht ihrer Leibärzte zu überzeugen. Dies mißlingt zunächst, weil nicht einmal ein von beiden Ärzten unterschriebener Vertrag, der insbesondere den gemeinschaftlichen sexuellen ‹Gebrauch› Luisgens regeln soll, deren Mutter zur Einsicht bringt. Erst als sich Dorchens Krankheit nicht als die diagnostizierte Wassersucht (deren Ursache in einem «vor drey Vierteljahren» gesetzten «Clystir» liegen soll), sondern als Schwangerschaft erweist, kommt Frau Vielgut zur Vernunft. Dorchen, die von Recept verführt worden ist, bringt einen Knaben zur Welt. Pillefex wird des Hauses verwiesen, Recept gezwungen, Dorchen zu heiraten.
Die ‹Heilung› Frau Vielguts, deren ‹Krankheit› letztlich dem «tugendhaften Triebe» des Vertrauens entsprungen ist, führt zu einem Normenwandel der Heiratsprämissen: Nicht mehr die elterliche Autorität, sondern die Neigung des Kindes soll entscheiden. Dieser Verzicht auf das Elternrecht scheint abschließend nochmals in Frage gestellt zu werden, als Herr Vielgut überraschend nach Hause zurückkehrt und die von Vater zu Vater beschlossene Heirat von Luisgen und einem reichen Kaufmannssohn verkündet. Die gerechte und harmonische Weltordnung wird dadurch aber nicht gestört, da sich Damon als ebendieser Sohn entpuppt.

In Ordnung gebracht werden muß nun nur noch das eigensinnige Vorurteil Luisgens gegen alle Ärzte: «Verachte alle unvernünftigen Aerzte, und verehre die vernünftigen.»

Lit.: G. Wicke: Die Struktur des deutschen Lustspiels der Aufklärung, 1965, S. 13–46.

Hans Krah

Nagel, Anton
(1742–1812)

Der Bürgeraufruhr in Landshut. München 1782.

Dem Selbstverständnis des Autors entsprechend, der – hauptberuflich Pfarrer – intensive Nachforschungen zur bayerischen Geschichte betrieb, beruht die ausnehmend komplexe Dramenhandlung auf historischen Dokumenten (etwa Oefeles *Rerum boicarum scriptores*) zur Erhebung Landshuter Bürger gegen Herzog Heinrich (Ostern 1410). In der Konsequenz einer vorwiegend episch ausgerichteten Konzeption (die Unterteilung in fünf Akte erscheint eher als Konzession an die Bühnenkonvention) werden mehrere Handlungsstränge kunstvoll miteinander verflochten, die zusammen das Bild einer vergeblichen und vor allem theologisch prekären Rebellion ergeben.
Das hierarchische Zentrum besetzt Herzog Heinrich, der unter dem Einfluß verbrecherischer Ratgeber zum Tyrannen geworden ist und am Ende – ein Topos bayerischer Patriotendramen – von Kaspar dem Thorringer (hier in der Rolle eines kaiserlichen Gesandten) zur Vernunft gebracht wird. Auf bürgerlicher Seite steht dem Herzog der Münster-Baumeister Reckel, ein tugendhafter Hausvater, gegenüber, der den zunächst mit legalen Mitteln, dann mit Waffengewalt betriebenen Widerstand der Stadt anführt und nach dessen Niederschlagung gemeinsam mit seiner Frau zu den Todesopfern zählt. Zwischen diesen Antipoden agiert eine ganze Reihe von Bürgern und Hofschranzen, deren

Schicksal teils eng an der Überlieferung, teils in freier Invention nachgezeichnet wird.
Nagels Lesedrama, das sich keiner Genretradition fügt, stellt den Bürgeraufruhr ins Zwielicht. Keinesfalls als vorrevolutionäres ‹in tirannos› zu lesen, trägt das Stück von Anfang an restaurative Züge: Die Bürger um Reckel bemühen sich, einen Status quo ante wiederherzustellen; ihre Gegner sind die Ratgeber des Herzogs, nicht dieser selbst. Der Parallelisierung von Aufruhr und ‹passio Christi› (die Dramenhandlung, und damit das Leiden der Bürger, setzt am Gründonnerstag ein und endet am Karsamstag) entspringt ein theologisches Problem: Wäre nicht Duldung besser gewesen als der – Gottes Gebot verletzende – bewaffnete Aufstand?

Lit.: W. Konrad: Patriotendrama – Fürstendrama, 1995, S. 108–219.

Werner Konrad

Neuber, Friederike Karoline (1697–1760)

Das Schäferfest oder die Herbstfreude. Ein deutsches Lustspiel in Versen an dem glorreichen allerhöchsten Namensfeste Maria Theresia Ihro Röm. Kaiserl. auch zu Hungarn und Böheim Königl. Majestät K. K. aufgeführet auf der Kaiserl. Königl. priveligirten Stadtschaubühne in Wien nächst dem Kärtnerthor.
UA: Wien, 15.10.1753

Das komödiantische Schäferspiel im Rokokostil ist entstanden, als die berühmte Schauspieltruppe der ‹Neuberin› bereits aufgelöst war und die von Gottsched protegierte Theaterreformerin sich als einfache Schauspielerin verdingte. Das Lustspiel in Alexandrinern setzt das im 17. Jahrhundert entwickelte Genre der Schäferoper im Sinne von Gottscheds Regelpoetik fort (Fünfaktigkeit, Ausschluß der höfischen Maskerade und des Wunderbaren).

Im Zentrum der Handlung stehen die Liebesturbulenzen unter dem lustigen und braven Schäfervolk, die im Rahmen der aristotelischen Einheiten einem harmonischen Ende zugeführt werden. In die emsig-sittsame Doris sind der reiche, aber unbeherrschte Stadtmensch Mirtillo und der melancholische Schäfer Seladon verliebt. Mirtillo seinerseits wird von Doris' liebestoller Schwester Galathe bedrängt, deren Faulheit, Eigennutz, Widerspenstigkeit und Falschheit dem aufklärerischen Frauenideal widersprechen.

Aus Liebe zu Seladon lehnt Doris einen Antrag Mirtillos ab; weil Galathe ihr aber ein Liebesverhältnis mit Mirtillo unterstellt, versagt der Vater die Heirat von Doris und Seladon. Fügsam gehorcht Doris der Autorität. Indes trachtet der rasend eifersüchtige Seladon Mirtillo nach dem Leben, und nur der weise Philemon – Oberhaupt der Schäfer und Sprachrohr der Vernunft – kann das Unheil noch aufhalten. Wie der Philemon der griechischen Sage um *Philemon und Baucis*, der die unerkannt auf Erden weilenden Götter Zeus und Hermes trotz ihrer scheinbaren Armut bei sich aufnimmt, läßt er sich vom Äußerlichen nicht trügen, sondern handelt vorurteilsfrei. Als einziger glaubt er Doris, daß sie ihrem Verlobten treu geblieben ist, und überzeugt auch Seladon von der aufrichtigen Liebe seiner künftigen Gattin. Die universale Versöhnung wird durch eine Doppelhochzeit (Doris – Seladon; Galathe – Mirtillo) und das Versprechen Galathes gekrönt, sich von nun an zu bessern.

Im didaktisch angelegten Stück verkörpert Philemon die christliche Ethik im Gewand des aufklärerischen Toleranz- und Vernunftethos. An den übrigen Figuren wird die Gefahr wilder, nicht vernünftig kontrollierter Leidenschaften exemplifiziert: Eifersüchtige, blinde Liebe führt zu Pflichtvergessenheit und Ungerechtigkeit. Leitbegriff ist das rechte Maß, Bestimmung des Menschen die Geselligkeit. Die komischen, z. T. zotigen Zwischenpossen erinnern an Shakespeares *A Winter's Tale*, die sittliche Überlegenheit der Schäfer über die moralisch korrupten Städter an den der antiken Bukolik entstammenden Topos von der sittlichen Überlegenheit des Landes über die Stadt.

Lit.: R. Möhrmann: Von der Schandbühne zur Schaubühne: Friedericke Caroline Neuber als Wegbereiterin des deutschen Theaters; in: S. Friedrichsmeyer und B. Becker-Cantarino (Hg.): The Enlightenment and its Legacy, 1991, S. 61–72.

Kirsten Okun

Patzke, Johann Samuel (1727–1787)

Virginia. Ein Trauerspiel. Von J. S. Patzke. Frankfurt und Leipzig 1755.
UA: ?

Die fünfaktige, regelkonforme Alexandrinertragödie über die republikanische Märtyrerin Verginia führt den hauptsächlich bei Livius überlieferten und außerhalb Deutschlands seit langem vielfach dramatisierten Stoff aus der altrömischen Historie in die deutsche Tragödiengeschichte des 18. Jahrhunderts ein, hat allerdings schon bei den Zeitgenossen wenig Interesse gefunden.

Der mächtigste Dezemvir und autokratische Herrscher Appius begehrt Virginia, die Tochter des Feldherrn Virginius und Verlobte des vormaligen Volkstribuns Icilius. Der wollüstige Appius will Virginia dadurch in seine Gewalt bringen, daß sein Vertrauter Claudius ihre freie Geburt bestreitet und sie als seine Sklavin beansprucht. Die Handlung setzt damit ein, daß Icilius durch Virginias Onkel Numitor von Appius' Machenschaften und einem ersten Übergriff auf Virginia erfährt. Der besonnene Numitor rät dem hitzigen Icilius, sich abwartend und damit taktisch-klug zu verhalten, bis eine Revolte gegen die Tyrannei des Dezemvirs Aussicht auf Erfolg verspricht. Icilius steht damit im Zwiespalt zwischen politisch-öffentlicher Pflichterfüllung als Freiheitskämpfer und individuell-erotischem Interesse als Liebender. Virginius zeigt bei seinem Eintreffen in Rom wenig Interesse an einer Verschwörung gegen Appius, da sie ihm die Rettung seiner Tochter nicht garantieren kann. Der Vater ordnet das Ideal der Freiheit dem der Tugend unter und versichert sich des Mutes seiner Tochter, dem Laster nötigenfalls durch den Tod zu entgehen. Nachdem Appius sein Richteramt mißbraucht und Virginias Befreiung unmöglich geworden ist, ersticht Virginius seine Tochter, um auf diese Weise ihre Tugend, Unschuld und Reinheit zu bewahren. Daß die geschichtlich belegte Reaktion auf Verginias Tod, der gewaltsame Sturz von Appius' Gewaltherrschaft durch einen Volksaufstand, bei Patzke ausgespart bleibt, dürfte in erster Linie durch das Prinzip der Einheit der Handlung motiviert sein.

Lit.: A. Meier: Dramaturgie der Bewunderung, 1993, S. 210–227.

Olaf Schwarz

Pelzel, Joseph Bernhard (1745–1804)

Yariko. Ein Trauerspiel in einer Handlung. Wien 1770.
UA: Wien, 1.6.1771

Das Prosatrauerspiel greift einen für die Zivilisationskritik des 18. Jahrhunderts charakteristischen Stoff auf, der das Ideal des ‹edlen Wilden› mit den verderbten Sitten Europas kontrastiert. Richard Steele hatte die seit 1617 (J. Mocquet, *Voyages en Afrique, Indes orientales et occidentales*) als wahre Begebenheit tradierte Geschichte 1711 im *Spectator* weithin bekannt gemacht (unter Hinzufügung des Motivs vom erhöhten Kaufpreis). Chamforts *La jeune Indienne* (1764) bereitete dann auch in Deutschland den Weg für dramatische Adaptionen. Zuletzt wurde der Stoff Gegenstand diverser Singspiele, Operetten und anderer ‹niederer› Genres.
Nachdem der englische Kaufmann Inkle sein Vermögen verloren hat und ihm eine Rückkehr in die Heimat ehrenhalber nicht möglich scheint, versucht sein Kollege Begley ihn zu überreden, die Amerikanerin Yariko als Sklavin zu verkaufen. Inkle lehnt dieses aus Liebe zu Yariko, die ihn nach seinem Schiffbruch vor

ihren Stammesgenossen beschützt hat, ab. Schließlich gibt er aber, durch Begley und die Finanzmisere genötigt, nach. Begley übernimmt den Verkauf und kann den Preis sogar noch steigern, als bekannt wird, daß Yariko schwanger ist. Yariko gelingt die Flucht vom Sklavenschiff; sie kehrt zu Inkle zurück und verzeiht dem von Gewissensbissen Gequälten. Da sich der Verkauf aber nicht rückgängig machen läßt, ersticht sie sich, woraufhin Inkle seinen Verführer Begley und sich selbst erschießt.
Pelzels Trauerspiel, das die klassizistischen Einheiten wahrt und durch die affektbedingte Sprechweise auf den Sturm und Drang verweist, unterscheidet sich von Bearbeitungen anderer Autoren durch Yarikos Selbstmord, Ausdruck sowohl ihres Widerstandes als auch der in Ansätzen vorhandenen Moral Inkles: Inkle, der Begley schon die Verkaufsverhandlungen überlassen hatte, kann Yarikos Wunsch, sie zu töten, nicht entsprechen («Er fühlt den Greul der That, und erzittert»). Pelzels Drama, trotz negativer Kritiken (Häufung des Tragischen, abgedroschenes Pathos, wenig überzeugende Charaktere) eine der beliebtesten Bearbeitungen dieses Stoffes in Deutschland, wurde auch unter dem Titel *Inkle und Jariko* nachgedichtet.

Lit.: L. M. Price: Quod genus hoc hominum?; in: L. M. Price (Hg.): Inkle and Jarico Album, 1937, S. 75–134.

Kerstin Timmermann

Pfaiffenberger, (Friedwart) Konrad Kasimir (1733–1805)

Gottgetreu, oder die verhinderte Unthat. Von Friedwart Pfaiffenberger. 1787.
UA: ?

Die dreiaktige Prosakomödie des fränkischen Internatslehrers erschien 1787 in einem Privatdruck («für meine Freunde»). Sie nimmt Anleihen bei der Commedia dell'arte, steht aber durch ihren moralisierenden Gestus auch in der Tradition Gottscheds.
Das Fürstenpaar Albrecht und Adelheid regiert über Weitzenburg, wo die Ausstellung neu entdeckter Reliquien erwartet wird. Unter den vielen Ankömmlingen befinden sich eine hochangesehene Gruppe von fünf Männern aus dem fernen Räubarabien sowie aus Lichtendorf der verwahrloste Gottgetreu. Am Abend vor der Reliquienausstellung wird ein karnevalesker Maskenball veranstaltet, zu dem sich der ungeladene Gottgetreu hereinschleicht. Es stellt sich heraus, daß die fünf Fremden den Diebstahl der Reliquien geplant haben. Gottgetreu belauscht den intriganten Hofdiener Habichtnas im Gespräch mit den Räubarabiern, erfährt so von dem Vorhaben und dem verabredeten Gegenlohn: Die Nichte Albrechts und Adelheids soll entführt werden, damit sie mit Habichtnas verheiratet werde. Gottgetreu überführt die Männer, indem er die Reliquienstätte mit Nägeln ausstreut. Als am nächsten Morgen das Fürstenpaar mit dem Volk erscheint, liegen die Verräter jammernd am Boden. Gottgetreu inszeniert sich als Stimme des Heiligen und läßt, zur Belustigung des Volkes, die unaufgeklärten Räubarabier um Gnade flehen. Während Habichtnas Stalljunge bei der grimmigen Irmtraud werden muß, einer Figur einer komischen Nebenhandlung, erhält Gottgetreu die Hand der Nichte.
Didaktische Momente wie die auffallende Lichtmetaphorik stehen unmotiviert neben märchenhaft-exotischen, oft burlesken Elementen, wie zum Beispiel dem Bericht über eine Drachenjagd. Als nicht mehr zeitgemäß mußte die übersteigert moral-

pädagogische Absicht gelten, welche auf die höhere Gerechtigkeit eines tugendhaft-aufgeklärten Lebens verweist. Somit fand die Komödie wohl auch zeitgenössisch keinen Anklang.

Lit.: K. Schimper: Pfaiffenbergers *Gottgetreu*; in: ders.: Frühe moralische Lustspiele, 1913, S. 44–53.

Johannes Kurst

Pfeffel, Gottlieb Conrad (1736–1809)

Der Einsiedler. Ein Trauerspiel in Versen von einem Aufzuge. Karlsruhe 1761.

UA: ?

Die erste Auflage des Einakters in Alexandrinerversen zeichnet sich durch eine Reihe von Mängeln aus; so fehlt etwa die *Nacherinnerung*, die Pfeffel, bekannt vor allem durch seine sozialkritischen Fabeln, schließlich mit einer Korrektur der Druckfehler seinem *Schatz* beigefügt hat. In diesem *Schreiben an einen Freund* erklärt Pfeffel die Absicht seines Nachspiels damit, nach einem rührenden Stück «das Gemüthe in seiner melancholischen Wollust» zu erhalten – eine Lessing zufolge (*Hamburgische Dramaturgie*, 14. Stück) gute Absicht, «aber wir wollen vom Weinen doch noch lieber zum Lachen, als zum Gähnen übergehen».

Der Adlige Theodor lebt mit seiner Tochter Seraphine, die er aus Sicherheitsgründen in dem Glauben läßt, sie sei eine arme Waise, im politischen Exil. Kurz vor seinem Tod will er Seraphine in die Stadt schicken und zuvor über ihre Herkunft aufklären. Dabei wird er aber von ihrer Tugend überwältigt und läuft davon; Seraphine ist entschlossen, die lasterhafte Stadt nicht gegen das Hügelidyll einzutauschen. Als Theodor von seiner politischen Rehabilitation erfährt und somit gefahrlos in die Stadt zurückkehren kann, klärt er Seraphine endgültig auf, die mehrfach ihre Sittlichkeit unter Beweis stellt. Als ihr der junge Adelskron seine Liebe gesteht, zeigt sich Seraphines Unfähigkeit, mit dieser Form

der Zuneigung umzugehen; erst Theodors Zustimmung macht es möglich, daß Seraphine die Gefühle von Adelskron erwidert.
Ein affektstarker Sprachstil, die Konzentration auf Personen hohen Standes, die Alexandrinerverse sowie das Respektieren der aristotelischen Einheiten verweisen auf die klassizistische Tradition Gottscheds, während die ‹empfindsamen› Motive Pfeffels Nähe zu Lessing belegen.

Kerstin Timmermann

Der Schatz, ein Schäferspiel. Frankfurt 1761.
UA: ?

Der Gellert gewidmete Einakter in Alexandrinerversen rückt ein sittliches Vorbild in den Mittelpunkt: Der Schäfer Hylas stellt das hohe Maß seiner Tugendhaftigkeit nicht allein durch die rührende Fürsorge für seinen Vater und als ehrlicher, jede Belohnung ablehnender Finder eines Schatzes unter Beweis; in der Hoffnung auf den Segen der Götter gönnt er sogar seinem reichen Nebenbuhler Damon die Ehe mit der eigenen Braut. Durch den Unfalltod Damons aber wird Margaris wieder frei für Hylas, den der reuig sterbende Damon zuletzt als Erben einsetzt. Den spiegelbildlichen Weg vom Reichtum zur Armut geht dagegen der Stadtbürger Chrysant, dem der von Hylas gefundene Schatz gehört. Tief beeindruckt von der Tugendhaftigkeit der armen Landbevölkerung, verschenkt er sein Gold an bedürftige Schäfer und zieht sich in die ländliche Einsamkeit zurück, um dort tugendhaft zu leben.
Im Gegensatz zu herkömmlichen Schäferspielen, in denen eine Liebeshandlung im Vordergrund steht, hebt Pfeffel das Primat der Sittlichkeit hervor, die in topischer Weise mit Armut und Natürlichkeit korreliert wird. Im *Schreiben an einen Freund,* das dem Druck von 1761 folgt, begründet Pfeffel dieses Vorgehen mit der Absicht, «etwas mehr Contrast und Interesse in unser Schäferspiel zu bringen, ohne seine wesentliche Einfalt zu verletzen».

Lit.: H. Funck: G. K. Pfeffels erste dramatische Versuche; in: Vierteljahrsschrift für Litteraturgeschichte 6, 1893, S. 37–67.

Kerstin Timmermann

Pfeil, Johann Gottlob Benjamin
(1732–1800)

Lucie Woodvil. Ein bürgerliches Trauerspiel in fünf Handlungen. Leipzig 1756.
UA: Danzig, August 1756

Die Prosatragödie eröffnet – ungefähr zeitgleich mit Lessings *Miß Sara Sampson* – das Genre ‹Bürgerliches Trauerspiel› in Deutschland, steht der englischen Gattungstradition jedoch näher als Lessings Mitleidsdramaturgie.
Sir Willhelm Southwell hat sich der elternlosen Lucie Woodvil angenommen, verschweigt aber aus Stolz, daß es sich bei ihr um seine uneheliche Tochter handelt. Als er zu ahnen beginnt, daß Lucie seinen Sohn Karl liebt, versucht er, den drohenden Inzest durch Karls Ehe mit Amalie zu verhindern. Karl liebt beide Frauen und wird auch von Amalie geliebt, die aber zugunsten ihrer von Karl schwangeren Freundin auf die Ehe verzichtet. Unter dem Einfluß ihrer Zofe vergiftet die verzweifelte Lucie schließlich Sir Willhelm aus Rache und erfährt im Augenblick seines Todes, daß sie zur Vatermörderin geworden ist und ein Kind von ihrem Halbbruder erwartet. Sie erdolcht ihre Zofe und sich, Karl verfällt dem Wahnsinn.
Pfeil bemüht sich, die Regeln der klassizistischen Poetik nach Möglichkeit zu wahren (vgl. seine *Abhandlung vom bürgerlichen Trauerspiele*, 1755): Auf offener Bühne wird kein Mord gezeigt, die Einheit von Zeit und Handlung wird eingehalten, der dritte Akt bringt Glückswechsel, am Schluß steht die umfassende Anagnorisis. Die ‹mittleren› Charaktere sind mit einem Fehler ausgestattet, der schließlich zum tragischen Ende führt: Der Stolz Sir Willhelms ist Auslöser der Katastrophe und treibt auch Lucie an, die sich ihrerseits als Mischung aus Sara Sampson und Marwood verstehen läßt (mit Marwood teilt sie die ungezügelte Emotionalität, mit Sara die moralische Grundhaltung). Aus der Diskrepanz zwischen Anspruch und Wirklichkeit entspringt ihr Leiden, das sie zu destruktiven Handlungen und Rache verleitet.

Lit.: P.-A. Alt: Tragödie der Aufklärung, 1994, S. 210–222.

Kerstin Timmermann

Picander
[= Henrici, Christian Friedrich (1700–1764)]

Die Weiber = Probe oder die Untreue der Ehe = Frauen in einem Schau = Spiele vorgestellet. 1725.

Die dreiaktige Prosakomödie behandelt mit den Verfahren und dem Personal der Commedia dell'arte sowie des französischen Théâtre italien in charakteristischer Zusammenführung von Satire und Komik das traditionelle Motiv der ehelichen Untreue (zumal im Fall einer Verbindung junger Frauen mit älteren Männern).

Nillhorn und Ohnesafft verteidigen gegenüber dem Wirt Buonconto ihren Glauben an die Treue ihrer Ehefrauen. Da das Verhalten des Juristen Dr. Rübezahl und des Arztes Dr. Wurmsaamen jedoch auf das Gegenteil schließen läßt, rät Buonconto den beiden ungläubigen Betrogenen, ihre Gattinnen auf die Probe zu stellen. Obwohl die Ehefrau des Wirtes den Plan verrät, werden Frau Nillhorn und Frau Ohnesafft sowie deren Liebhaber durch einen zufällig aufgefangenen Brief entlarvt und schließlich bestraft: Als Pariser Arzt verkleidet, bringt Buonconto Dr. Wurmsaamen dazu, sich auf einem Stuhl fesseln zu lassen, auf dem er nacheinander von einem Zahnarzt behandelt, von einem Franzosen mit Schnupftabak traktiert, von einem Barbier mit einem Küchenmesser und Sägespänen rasiert und von einem ‹Spitzbuben› ausgeraubt wird. Die beiden Frauen und Dr. Rübezahl werden von dem als Magd verkleideten Buonconto bei einem Schäferstündchen während der Umarmung aneinandergenäht und ebenso wie die Wirtin und Dr. Wurmsaamen von ihren betrogenen Ehemännern und Buonconto verprügelt.

Als Aufgabe der «Comödie» bestimmt Henrici im *Vorbericht* zu seinen *Teutschen Schau=Spielen* (1726) – gegen den «kahlen Geschmack» der «sogenannten Haupt = und *Staats = Actionen*» gerichtet – die Vorstellung der «Laster in einer lebhafften Farbe und heßlichen Kleidung», und zwar mit «lachendem Munde» und unter Verzicht auf «safftige und unflätige Redens = Arten». Als «fruchtbarer Qvell aller Schwachheiten» gilt ihm dabei die Liebe, und tatsächlich stehen am Ende alle Ehemänner als Betrogene da: Auch Buonconto entlarvt seine Frau durch eine «Weiber-Probe», was die beiden anderen betrogenen Ehemänner mit «grausam grossem Gelächter» quittieren.

Lit.: W. Hinck: Das deutsche Lustspiel des 17. und 18. Jahrhunderts und die italienische Komödie, 1965, S. 159–161.

Steffen Martus

Pitschel, Friedrich Lebegott (1714–1785)

Darius, Ein Trauerspiel in fünf Aufzügen von D. Friedrich Lebegott Pitscheln.

In: Die Deutsche Schaubühne nach den Regeln der alten Griechen und Römer eingerichtet, und mit einer Vorrede herausgegeben von J. C. Gottscheden. Dritter Theil. Leipzig 1741, S. 195–262.

UA: Wien, 1751 (?)

Die fünfaktige Alexandrinertragödie des sächsischen Mediziners ist mutmaßlich um 1738 entstanden und beruht auf einer historisch beglaubigten Episode: dem Tod des Perserkönigs Dareios III. (330 v. Chr.) vor der endgültigen Niederlage seines Heeres gegen Alexander.

Die Intriganten Bessus (Statthalter von Baktra) und Nabarzanes (General der asiatischen Völker) planen Darius' Sturz, da er ihnen weder als vorbildlicher Krieger noch als guter Staatsmann gilt. Die königstreuen Generäle der persischen und der griechischen Völker, Artabazus und Patron, können die Verschwörung rechtzeitig aufdecken und den Aufstand der Streitkräfte niederschlagen. Der milde, gerechte, aber charakterlich schwache Darius läßt sich jedoch von den inhaftierten Rebellen täuschen; er glaubt einem gefälschten Brief, durchschaut die Machenschaften nicht und läßt die Aufständler frei, die ihrerseits den König gefangennehmen. Darius' Anhänger gehen aus dem Gefecht der rivalisierenden Truppenverbände zwar als Sieger hervor und töten den Putschisten Nabarzanes; der verhaftete Bessus aber verletzt den König lebensgefährlich. In einem fiktiven Nebenstrang um Darius' Geliebte, die griechische Prinzessin Thamiris, wird die antithetische Figurenkonzeption zusätzlich akzentuiert: Thamiris trägt zur Entlarvung der Gegenspieler bei, weil sie die Intrige der Kontrahenten durchschaut; sie agiert als nachahmenswertes Vorbild und lenkt dergestalt zugleich die Sympathie des Zuschauers. Pitschels Trauerspiel folgt Johann Christoph Gottscheds Modell der heroischen Tragödie: Das Scheitern des ständisch hochstehenden Protagonisten wird mit einem habituellen Fehler begründet, einer charakterlichen Schwäche des Königs. Darius' Tod gefährdet dergestalt weder die vernünftige Weltordnung, noch stellt er das Ideal des aufgeklärten Absolutismus in Frage. Die Selbstanalyse des sterbenden Königs entspricht Gottscheds Lehrsatzschema, wonach das Trauerspiel nicht nur Affekte (Mitleid und Schrecken) provozieren und zivilisieren soll, sondern zugleich der Sittlichkeit des Bürgers ebenso wie der des Staatsmannes förderlich sein will, weil es die grundsätzliche Vernünftigkeit der Weltordnung affirmiert.

Lit.: H. Hollmer: Anmut und Nutzen, 1994, S. 132–143.

Heide Hollmer

Plümicke, Carl Martin
(1749–1833?)

Henriette, oder der Husarenraub. Ein Schauspiel, in fünf Akten, von C. M. Plümicke. Nach dem Roman gleiches Namens. Berlin 1780.
UA: Berlin, zwischen dem 24. und 28. 5. 1779

Das Prosarührstück des Berliner Theaterhistorikers und Bühnendichters der Döbbelinschen Schauspieltruppe dramatisiert den empfindsam-didaktischen Familienroman *Henriette oder der Husarenraub. In Briefen bey Gelegenheit des gegenwärtigen Krieges* (3 Bde. 1779) von Adam Beuvius, der ein Familienschicksal aus dem rauhen Alltag des Bayerischen Erbfolgekrieges entfaltet.
Ein preußisches Husarenregiment quartiert sich Mitte Februar 1779 in ein oberschlesisches Dorf ein. Einziger Schauplatz der Handlung ist das Haus des Pastorenehepaars Ulrich und der Pflegetochter Henriette (Jette). Major Leopold von Volkmar findet hier herzliche Aufnahme, faßt rasch Zuneigung zu Jette und zieht sich so die Eifersucht ihres Geliebten zu. Statt aber zu dieser Liebe in Konkurrenz zu treten, erprobt sie der Major durch ein Spiel im Spiel, um Jette sodann nach Kräften in ihrer Liebe zu bestärken. Gleichwohl bleibt die seltsame Anziehung zwischen ihm und der achtzehnjährigen Waise das geheimnisvolle Zentrum des Geschehens, das nach und nach zur Aufklärung kommt: Der Major war schon im Winter 1758 in der gleichen Gegend eingesetzt und hatte in Ulrichs einstigem Pfarrort geheiratet, der im Siebenjährigen Krieg in Schutt und Asche versank, wobei die Frau des Majors ums Leben kam und nur ihr gemeinsames Kind zufällig aus der Feuersbrunst gerettet werden konnte – anhand des Eherings erkennt der Major nun in Jette seine Tochter. Die Anagnorisis verschafft allen Beteiligten ein Happy-End, das durch die Friedensbotschaft und die Verleihung des Ordens ‹Pour le mérite› an den Major noch überboten wird. Der sentimentale Zeitgeschmack wird so durch die Vereinigung

christlicher Moral, soldatischer Tugend, ständeübergreifender Toleranz und patriotischer Huldigung Friedrichs befriedigt.

Alexander Košenina

Lanassa. Trauerspiel in fünf Akten, von C. M. Plümicke. Nach der Veuve du Malabar des le Mierre. Berlin 1782.
UA: Berlin, kurz vor dem 10.11.1781

Die Prosatragödie ist eine Bearbeitung von Antoine-Marin Lemierres *La veuve de Malabar* (1770, dt. 1788); eine weitere Adaption von Johann Nepomuk Komareck unter dem Titel *Marie von Montalban, oder Lanassas zweiter Theil* folgte 1792. Schauplatz ist eine Seestadt an der Malabarküste Westindiens zur Zeit der Kolonialkämpfe.

Die Titelheldin soll, entsprechend den heiligen Gebräuchen der Brahmanen, lebendig verbrannt werden, um ihrem verstorbenen Gatten ins Reich des Todes zu folgen. Zunächst scheint Lanassa dazu bereit; im Verlauf der Handlung wird dieses Martyrium aber von säkularen Indern sowie von den europäischen Kolonialisten als Verstoß gegen die Menschenrechte immer nachdrücklicher problematisiert. Die dramatische Zuspitzung ergibt sich aus der die Handlung vorantreibenden Vorgeschichte: Lanassas Jugendliebe zu einem Europäer ist einst durch eine Zwangsheirat vereitelt worden; ihren Bruder hat man einem alten Brauch gemäß in den Ganges geworfen, weil er dreimal die Mutterbrust verschmähte. Die erste Anagnorisis schenkt Lanassa den glücklich erretteten Bruder wieder, der sich als reformerischer Brahmanenpriester ihrer Befreiung verschreibt, die zweite den verlorengeglaubten Geliebten Montalban, der als General den Angriff der europäischen Truppen leitet. Im letzten Augenblick wird sie vom bereits brennenden Scheiterhaufen gerettet, bekennt sich zum Christentum und verspricht dem General die Ehe.

Das Stück übt harsche Kultur- und Religionskritik aus eurozentristischer Perspektive und stellt zugleich poetologisch das überkommene Märtyrerdrama in Frage.

Lit.: A. de Zoysa: «Blutrünstige Braminen am Heiligen Strome», 1997, S. 245–251.

Alexander Košenina

Quistorp, Theodor Johann
(1722–1776)

Quistorp, Theodor Johann: Aurelius, oder Denkmaal der Zärtlichkeit, ein Trauerspiel.
In: Johann Christoph Gottsched: Die Deutsche Schaubühne.
4. Teil. Leipzig 1743, S. 185–262.
UA: Wien, 1762

Das fünfaktige Alexandrinerdrama dramatisiert nach den klassizistischen Regeln Gottscheds einen vermutlich legendären Stoff aus der Regierungszeit des römischen Kaisers Trajan (98–117 n. Chr.).
Der loyale Höfling Aurelius ersticht nach kurzem Disput seinen Freund Valerius, um eine von diesem angeführte Verschwörung gegen den Kaiser zu verhindern; er verweigert jedoch jede Auskunft über das Motiv seiner Tat, um den Ruf des Freundes zu schonen. Die Handlung der vier Folgeakte kreist um das durch drohenden Aufruhr und die Racheforderung der Mutter des Ermordeten, Fulvia, vom Kaiser erwirkte Gerichtsverfahren. Die blutige Ausübung seiner politischen Pflicht zuungunsten der Freundschaft stürzt Aurelius in tiefe Verzweiflung; in stoischer Todesbereitschaft schlägt er den Beistand des Vertrauten Maximinus ebenso aus wie die Gunst seines Kaisers und schweigt beharrlich. Als Maximinus, der als Richter zur Unparteilichkeit verpflichtet ist, eine Wachstafel entdeckt, welche die Schuld des getöteten Verschwörers beweist, vernichtet Trajan angesichts der mittlerweile akuten Aufruhrgefahr das Beweisstück und verurteilt den scheinbar hochmütigen Aurelius im Jähzorn zum Tode. Die Lösung des Konflikts erfolgt im Schlußakt von außen, indem Fulvia, nunmehr vom todeswürdigen Verbrechen ihres Sohnes überzeugt, Aurelius verzeiht und ihn als Sohn annehmen will; ein Götterzeichen besiegelt den untragischen Schluß.
Der dramatische Konflikt wird sowohl durch Aurelius' kompromißlosen Stoizismus, der sich bis zur Gefährdung staatlicher Ordnung verhärtet, als auch durch die affektbedingte Unkontrol-

liertheit Trajans geschürt. Demgegenüber exemplifiziert Maximinus die politisch vorbildliche Vereinigung von Sittlichkeit und Klugheit. Auf der Zuschauerseite intendiert die emotionsintensive Darstellung eine Affektläuterung, die der Dramenschluß mit der ‹zärtlichen› Versöhnung von Rationalität und Emotionalität modellhaft vorführt.

Lit.: H. Hollmer: Anmut und Nutzen: die Originaltrauerspiele in Gottscheds *Deutscher Schaubühne,* 1994, S. 166–180. T. Wirtz: Gerichtsverfahren, 1994, S. 267–339.

Christoph Deupmann

Der Bock im Processe, ein Lustspiel von fünf Aufzügen.
In: Johann Christoph Gottsched: Die Deutsche Schaubühne.
5. Teil. Leipzig 1744, S. 245–380.
UA: ?

Die Richterkomödie des Rostocker Juristen und Gottschedianers steht in einer Stofftradition, die bis auf *Die Wespen* des Aristophanes zurückreicht und über Racines *Les Plaideurs* (UA: 1668), aus dem das Rahmenmotiv und die Figur einer prozeßsüchtigen Dame übernommen werden, vermittelt ist.
Der abgesetzte Richter Zanckmann unterzieht alle häuslichen Angelegenheiten einem ‹prozeßordnungsmäßigen› Hausgerichtsverfahren; dabei wird er durch den ehemaligen Sachwalter Scheinklug beeinflußt, dem er seine Tochter Suschen verheiraten will. Deren gerade zurückgekehrter Verlobter Zierlich hat von einer einjährigen Reise einen Bock mitgebracht, der in einem unbeaufsichtigten Moment in Scheinklugs Zimmer eindringt, den Schreibtisch umwirft und das Corpus Juris verdirbt. Den daraufhin anberaumten Prozeß gegen den Ziegenbock kompliziert dessen Besitzer durch eine Gegenklage, die sich gegen Suschens Verehelichung mit Scheinklug richtet und vom Sohn Zanckmanns juristisch vertreten wird; außerdem verklagt die prozeßsüchtige Frau von Eigensinn den entlaufenen Diener des Richters, der sie zu Beginn der Komödienhandlung gewaltsam zur Tür hinausgeworfen hatte. Eine Intrige heilt die Prozeßmanie Zanckmanns, indem sie ihn mit seinen eigenen juristischen Waffen schlägt: Die

Gegenkläger denunzieren Scheinklug, den Hinauswurf befohlen zu haben, der daraufhin abgeführt wird; nachdem das Urteil diesem den Bock und Zierlich die Braut zusprechen muß, gibt Zanckmann das Prozessieren auf.
Das von Lessing (17. Literaturbrief, 1759) als ‹französierend› kritisierte Lustspiel vereinigt Merkmale der satirisch-aufklärerischen Typenkomödie (eindimensionale Charaktere bürgerlich-kleinfeudalen Standes als Träger übertriebener Torheiten, sprechende Namen, Intrige) mit Kritikmomenten der aufklärerischen Gelehrtensatire: Streitsucht, Scharlatanerie, Pedantismus und lateinisch-deutsches Sprachgemenge. Die Figuren der komischen Alten und des gewitzten Bedienten zeigen die Nähe zur Commedia dell'arte.

Lit.: H. Friederici: Das bürgerliche Lustspiel der Frühaufklärung, 1957, S. 126–129. W. Hinck: Das deutsche Lustspiel des 17. und 18. Jahrhunderts und die italienische Komödie, 1965, S. 209f.

Christoph Deupmann

Der Hypochondrist. Ein deutsches Lustspiel. In fünf Aufzügen.

In: Johann Christoph Gottsched: Die Deutsche Schaubühne.
6. Teil. Leipzig 1745, S. 277–396.
UA: Hannover, 1747 (?)

Die sächsische Typenkomödie (Prosa) geht mit ihrem Sujet der Hypochondrie als einer ‹Modekrankheit› des 18. Jahrhunderts auf Molières *Le Malade Imaginaire* (UA: 1673) zurück.
Kaufmann Gotthard konsultiert zwecks Heilung seines Sohnes vom ‹malum hypochondriacum› zwei Ärzte, deren einander widersprechende, tautologische Rezepte ihn zu einer heilsamen Intrige greifen lassen: Gebhard jr. soll durch die lebenslustige Tochter seines Vetters, des Kaufmanns Fröhlich, von seinem Leiden kuriert werden. Seine selbstquälerischen Einbildungen, die durch die gleichfalls hypochondrische Witwe Kreuzinn noch verstärkt werden, geben Gelegenheit zu komischen Szenen zwischen ihm und seinem lebenspraktischen Diener Heinrich (einer Figur im Stil der Commedia dell'arte); sie gipfeln im Suizidversuch, als

sich der junge Gebhard mit ebender Huttresse erhängen will, die ihm die Jungfer Fröhlichinn geschenkt hatte und durch deren vermeintlichen Verlust er zur Verzweiflung getrieben worden war. Der Hypochonder erkennt seine Lächerlichkeit und gewinnt sowohl durch den vernünftigen Zuspruch als auch durch die erotische Anziehungskraft der jungen Frau die Herrschaft über seine Gedanken zurück.
Als Ärztesatire karikiert Quistorps dramatische Posse Vetternwirtschaft, Pedantentum und Streitlust zeitgenössischer medizinischer Schulen. Die erfolgreiche Therapie der auf die bloße Torheit seiner ‹närrischen› Einbildungen reduzierten Figur des Hypochondristen demonstriert die Überlegenheit skeptisch-natürlichen Witzes und rationaler Selbstbeherrschung. Die ‹einfache› Fabel impliziert zudem ein poetologisches Modell der intendierten Komödienwirkung selbst: die Erkenntnis eines auf der Bühne isolierten lächerlichen Verhaltens führt den Zuschauer, den sie ‹belustigt› und ‹erbaut›, wie die Komödienfigur zur ‹gesunden› Vernunft zurück.

Lit.: H. Steinmetz: Die Komödie der Aufklärung, [3]1978, S. 43f. F. Brüggemann: Einführung; in: Deutsche Literatur in Entwicklungsreihen, Reihe: Aufklärung VI, 1933, S. 19–24.

Christoph Deupmann

Reitzenstein, Carl Freyherr von
(Lebensdaten unbekannt)

Die Negersklaven. Ein Trauerspiel in fünf Aufzügen. Jamaika [d. i. Wien] 1793.
UA: ?

Die Prosatragödie führt exemplarisch und in warnender Absicht die Folgen moralisch fehlgeleiteter Handlungen vor.
Auf einer unter englischer Herrschaft stehenden Insel will der englische Plantagenbesitzer Donald die Sklaven von der un-

menschlichen Herrschaft europäischer Kolonialherren befreien und stellt damit seine humanitäre Moral über die anderslautenden Gesetze seines Vaterlands. Er erkennt seinen Fehler, als aus England die Nachricht überbracht wird, daß das Parlament die stufenweise Abschaffung des Sklavenhandels beschlossen habe: Als Anführer hat er den blutigen Aufstand, der den Sklaven kurzfristig zur Freiheit verholfen hatte, zu verantworten; allein die neue gesetzliche Regelung hätte den mittlerweile mordend über die Insel ziehenden Sklaven soziale Sicherheit gewährt. Die Sklaven stechen Donald nieder, als dieser sich weigert, ihr Anführer zu bleiben.

Auf privater Ebene wiederholt sich Donalds Schicksal am englischen Statthalter Osdal: Als dieser von der heimlichen Eheschließung seiner Tochter Julie mit dem ehemaligen Sklaven Tado erfährt, tötet er beide. Daß seine Tat moralisch nicht zu rechtfertigen ist, begreift er erst in dem Augenblick, in dem ihm berichtet wird, daß Julie Tado seiner Tugendhaftigkeit wegen liebte. Bevor Osdal sich dem Gericht überantworten kann, wird er von aufrührerischen Sklaven erstochen.

Der Dramatiker und Lyriker Reitzenstein *(Lotte bey Werthers Grab*, 1775) bezieht sich sowohl in der englischsprachigen Widmung als auch in der Vorrede auf Großbritanniens Rolle im Sklavenhandel. Gewidmet ist die Tragödie, die auf die Einheit des Ortes verzichtet, dem britischen Politiker William Wilberforce (1759–1833), der sich für die stufenweise Abschaffung der Sklaverei in den britischen Kolonien einsetzte. In der Vorrede verweist Reitzenstein zwar darauf, daß er in seinem Trauerspiel ein Zitat aus einer Diskussion des englischen Parlaments eingeflochten habe («Die niederträchtige Negerbrut muß durch unsere Herrschaft noch geehrt seyn, wenn wir sie auch tyrannisieren»), betont aber zugleich die Gefährlichkeit der Anarchie.

Kerstin Timmermann

Reuter, Christian
(1665 – nach 1712)

Graf Ehrenfried in einem Lust-Spiele vorgestellet und mit Ihr: Königl. Majestät in Pohlen etc.etc. und Churfürstl. Durchl. zu Sachsen etc.etc. allergnädigsten Special-Bewilligung und Freyheit zum Druck befördert. 1700.
UA: Leipzig, 13.5.1700

Titelfigur des mutmaßlich in Leipzig gedruckten Lustspiels in drei Akten mit drei Balletten ist der heruntergekommene Graf Ehrenfried. Je nach Laune gutmütig oder brutal, jedenfalls töricht und völlig verschuldet, lebt er inmitten seines Gefolges von nicht minder einfältigen oder diebischen Lakaien, die «Staat» machen und Geld beschaffen sollen. Unterdessen möchten Grete – die Köchin des Grafen – und der junge Courage heiraten, während Leonore, die verlassene Geliebte des Grafen, diesen durch königlichen Befehl zur Ehe zwingen will. Obwohl sich die Hilfe des geldgierigen Advokaten Injurius fast als Hindernis erweist, ist der Heiratsbefehl sogar mit einer königlichen Mitgift versehen, weshalb sich Leonore der Gefügigkeit des Grafen sicher sein darf. Ehrenfried ist seiner finanziellen Mißerfolge wegen zwischenzeitlich melancholisch geworden. Er kleidet sich und sein Gefolge geistlich, schwört in weltflüchtigen Versen dem Hofleben ab und will «ein Pietiste» oder ein «Abt» werden. Kurz darauf legt er den geistlichen Habit aus Angst vor der Verachtung des Königs jedoch wieder ab. So kommt der Ehebefehl gerade recht: Großzügig werden Grete und Courage geladen, am folgenden Tage ihre Hochzeit zugleich mit der gräflichen zu feiern und so Kosten zu sparen. Der Graf und die Seinen malen sich die Freuden von Hochzeit und Beilager aus und verfallen erneut in gereimte Rede.
Die Deutungen des Stücks schwanken zwischen der Einschätzung als tendenzielle Charakterkomödie und der Abqualifizierung als anspruchsloser Spaß. Am ehesten läßt es sich als eine Satire auf den törichten Umgang mit Geld verstehen. Als positives Gegen-

bild fungieren die bürgerlich-pragmatische Tüchtigkeit Leonores und Gretes sowie die weise Freigiebigkeit des Monarchen, dessen Geschenk der glücksverhindernden Armut rechtschaffener Bürger abhilft und dem lebensuntüchtigen Grafen eine praktisch denkende Ehehälfte verschafft.

Lit.: W. Hecht: Christian Reuter, 1966, S. 44–51. G. Jäckel: Einleitung; in: G. Jäckel (Hg.): Christian Reuters Werke, 1980, S. XXV-XXVIII.

Wolfgang Kehn

Romanus, Karl Franz
(1731–1787)

Crispin als Vater.

In: [Karl Franz Romanus:] Comödien. Dreßden und Warschau 1761, S. 163–262.
UA: Leipzig (?), April 1756

Die dreiaktige Prosakomödie um eine Dienerfigur, die J. F. Löwen in seiner *Geschichte des deutschen Theaters* 1766 als «eins von unsern guten comischen Stücken» lobt, ist ein Bravourstück mit starken Einflüssen der Commedia dell'arte. Die dem französischen Théâtre italien entnommene und in J. C. Krügers *Der blinde Ehemann* erstmalig ins deutsche Lustspiel eingeführte Figur des Crispin, eine Abart des Harlekin bzw. Hanswurst, verkörpert hier den Typus des halb schurkischen, halb liebenswerten Dieners.

Zwei Väter haben durch einen gemeinsamen Freund die Heirat ihrer Kinder Erast und Lucile vereinbart, können sich aber aus Geiz nicht über die Mitgift einigen. Angesichts des drohenden Scheiterns der Verbindung versucht Erasts Diener Crispin, die beiden Liebenden durch eine List zu retten: In einem ingeniösen Rollenspiel spielt er beiden Vätern, die sich persönlich noch nicht kennen, jeweils den anderen vor, sagt die Erfüllung aller Geldforderungen zu und bewegt damit beide zur Unterschrift unter den Ehekontrakt. Nach Enthüllung des Betrugs lassen sich die wütenden Väter nur dadurch besänftigen, daß der gemeinsame vernünftige Freund Dorante seine Bereitschaft erklärt, Lucile aus eigener Tasche mit der geforderten Mitgift auszustatten. Das von empfindsamen Tendenzen weitgehend freie Stück brilliert durch eine im zeitgenössischen deutschen Lustspiel ungewöhnliche Situationskomik.

Lit.: R. Regeniter: Karl Franz Romanus, 1901, S. 23–28, 61. W. Hinck: Das deutsche Lustspiel des 17. und 18. Jahrhunderts und die italienische Komödie, 1965, S. 237f.

Wolfgang Lukas

Schikaneder, Emanuel
(1751–1812)

Hanns Dollinger, oder das heimliche Blutgericht. Ein Schauspiel in 3 Aufzügen.
In: Emmanuel Schikaneders sämmtliche theatralische Werke, Erster Band, Wien und Leipzig 1792, S. 5–104.
UA: Regensburg, 20. 7. 1788

Der Stoff des im 10. Jahrhundert spielenden Ritterdramas in Prosa, das Schikaneder während des zweijährigen Regensburger Gastspiels seiner Truppe verfaßte und in einer monumentalen Freilichtaufführung inszenierte, entstammt der Regensburger Lokalgeschichte; hauptsächliche Quelle sind Anton Wilhelm Ertels *Relationes curiosae bavaricae* (1685).
Ritter Harz hat seine unschuldige Frau Anna, Dollingers Schwester, als Ehebrecherin einsperren lassen, um ungestört sein zügelloses Leben führen zu können, über dem er seine Pflichten als Landesherr vernachlässigt. Dollinger entdeckt das auf falschen Zeugenaussagen beruhende Komplott, befreit Anna und will seinen Schwager beim Kaiser verklagen. Harz aber kommt ihm zuvor: Mit Hilfe eines korrupten Höflings stellt er ihn als Hochver-

räter hin. Nachdem ein «heimliches Blutgericht», das Schikaneder unter Verwendung bekannter Schauermotive (dunkles Gewölbe, vermummte Richter) auf die Bühne bringt, Dollinger zum Tode verurteilt hat, ersticht dessen Kampfgefährte Schwed aus Rache Ritter Harz und findet bei ihm Dokumente, welche die beiden Intrigen aufklären. Vom frommen und gerechten Kaiser wird Dollinger gerade zur rechten Zeit freigelassen, um mit Hilfe seines unerschütterlichen Gottvertrauens den gefährlichen heidnischen Ritter Krako, der Frieden und Religion bedroht und dessen Herausforderung kein anderer deutscher Ritter anzunehmen wagt, im Zweikampf zu besiegen.

Am Schluß der Handlung ist das Ideal eines patriarchalischen Verhältnisses des Kaisers zu seinen Untertanen verwirklicht, das nunmehr weder durch intrigante Berater noch durch despotische Territorialherrscher gestört wird und die Einheit des Reiches garantiert. Diesen simplen patriotisch-politischen Gehalt (der zumal in Regensburg, dem Sitz des Immerwährenden Reichstags, Anklang finden mußte) verbindet Schikaneder mit spektakulären Massenszenen, rührenden Elementen und Sturm-und-Drang-Pathos.

Lit.: K. Honolka: Papageno, 1984, S. 84–87.

Bernhard Klöckener

Philippine Welserinn, die schöne Herzoginn von Tyrol. Ein Schauspiel in fünf Aufzügen.

In: Emmanuel Schikaneders sämmtliche theatralische Werke, Zweiter Band, Wien und Leipzig 1792, S. 119–242.
UA: 1780

Das Ritterdrama in Prosa, dessen trotz unheilschwangerer Vorzeichen glücklicher Ausgang dem Publikumsgeschmack entgegenkam, lehnt sich deutlich an Törrings Erfolgsstück *Agnes Bernauerin* an.

Vor sieben Jahren hat König Ferdinand seinen Sohn Herzog Ferdinand nach dessen Heirat mit der ebenso schönen wie sittsamen Philippine Welserin verstoßen; Anlaß war nicht Philippines bürgerliche Herkunft (daß Tugendhaftigkeit mangelnden Geburtsadel ersetzen kann, steht außer Frage), sondern ihre Verleumdung durch einen intriganten Höfling, der seinen Einfluß auf den König durch Ferdinand bedroht sah. Als Herzog Ferdinand jetzt seinen Vater aufsucht, um sich mit ihm zu versöhnen, will der Höfling Philippine ermorden und bedient sich dazu der Hilfe zufällig auftauchender Räuber, die das Schloß plündern und Philippine entführen. Sie kann (u. a. mit Hilfe eines Berggeistes) fliehen und entkommt einem erneuten Anschlag nur knapp. In diesem Augenblick erscheint Ferdinand mit der Nachricht, daß der Vater ihm beim Anblick ihrer beiden Söhne vergeben hat: «Eine Mutter, die so schöne Kinder gebährt [...], kann kein unedles Leben führen.» Die zahlreichen dramaturgischen Unstimmigkeiten dieses anspruchslos-trivialen Unterhaltungsstücks werden mit rührenden Auftritten (Wiedersehen Philippines mit ihrem Vater; Abschied Philippines von Ferdinand) und imposanten Massenszenen kaschiert, deren effektvolle Inszenierung dem Theaterpraktiker Schikaneder besonders wichtig war.

Lit.: K. Honolka: Papageno, 1984, S. 63.

Bernhard Klöckener

Schiller, Friedrich
(1759–1805)

Dom Karlos Infant von Spanien.
Leipzig, bei Georg Joachim Göschen, 1787.
UA: Hamburg, 29. 8. 1787

Schillers erstes, regelmäßiges Blankversdrama markiert den Übergang zu einem neuen gehobenen Stil und zum klassischen Geschichtsdrama.
Prinz Karlos, Sohn König Philipps II. von Spanien, liebt seine junge Stiefmutter Elisabeth, mit der er vor der Wiederverheiratung seines Vaters verlobt war. Marquis Posa, Karlos' Jugend-

freund und heimlicher Vertrauter, will ihn überreden, sich für die religiöse Freiheit der unter spanisch-katholischer Herrschaft stehenden Niederlande einzusetzen. Karlos bemüht sich bei seinem Vater vergeblich darum, anstelle des rücksichtslosen Herzogs von Alba nach Flandern geschickt zu werden. Unterdessen hat er seine Liebe zu Elisabeth ungewollt der Prinzessin Eboli verraten, welche aus Eifersucht Karlos' Feinde (Domingo, den Beichtvater des Königs, und Alba) davon unterrichtet. Alba und Domingo wollen den aufklärerisch denkenden Karlos aus Angst vor Machtverlust in Mißkredit bringen und quälen den König mit der möglichen Untreue der Königin. Philipp sucht ‹einen Menschen›, mit dem ein offenes Gespräch möglich ist; er erwählt Posa, der zunächst den königlichen Dienst umgehen will, Philipp dann durch seine Freimütigkeit imponiert, so daß Posa einen direkten Appell für die bedrängten Flandern wagt. Als neuer Vertrauter des Königs hofft er, den Verdacht von Karlos und Elisabeth abzulenken; Karlos glaubt aber fälschlich, von Posa zugunsten des Königs aufgegeben worden zu sein. Im Begriff, sich gegenüber der Prinzessin Eboli ein zweites Mal zu verraten, wird Karlos von Posa inhaftiert. Letzterer schreibt jetzt fingierte Briefe, die in Philipps Hände fallen sollen, um den Verdacht auf sich zu ziehen und so Karlos zu entlasten. Während Posa dem inhaftierten Freund seinen Plan anvertraut, der Karlos die Gelegenheit zur Flucht aus Madrid verschaffen soll, wird er auf Befehl Philipps erschossen. Obwohl er seinen Vater über Posas Selbstopfer aufklärt, versucht Karlos dennoch die Flucht; der durch Posas Verrat verbitterte Philipp gewinnt die Unterstützung des Großinquisitors für sein Vorhaben, Karlos auszuschalten. Als Karlos von Elisabeth Abschied nimmt, erscheint Philipp und überantwortet ihn der Inquisition.
Der Impuls zu *Don Karlos* kam von Dalberg, dem Intendanten des Mannheimer Nationaltheaters, der 1782 dem Dichter die *Histoire de Dom Carlos, fils de Philippe II. roy d'Espagne* (1672) des Abbé de St.-Réal als unmittelbare Quelle für die Liebesintrige zwischen Karlos und Elisabeth empfahl. Trotz Schillers anfänglicher Begeisterung für den Karlos-Stoff stockte die Arbeit zunächst. 1785 veröffentlichte er den ersten Akt der ersten Fassung in seiner eigenen Zeitschrift, der *Rheinischen Thalia.* 1786 erschienen in der

Thalia ein zweiter Akt und der Anfang eines dritten. Die revidierte Buchfassung, um etwa 1000 Verse länger als die letzte Ausgabe von 1805, erschien 1787. Trotz Überarbeitung und Straffung sind Akzentverschiebungen zu beobachten, in denen sich die langwierige Entstehung des Stücks verrät: Die Leiden des jungen Karlos, die Schillers Einbildungskraft in der Bauerbacher Phase so entflammt hatten, treten immer mehr in den Hintergrund; Karlos selber ist eine eher passive Figur, zumal seine Bitte, an Albas Stelle nach Flandern geschickt zu werden, abgeschlagen wird, wodurch er im Vergleich zu Posa und Philipp an Rang und Interesse verliert. Im Laufe der Arbeit hatte sich Schiller immer mehr in die Geschichte der niederländischen Rebellion vertieft, und die daraus gewonnenen Einsichten in die Entwicklung der Staatsformen ließen sich im Rahmen eines einzigen Dramas nur schwer mit der Liebesintrige verschmelzen.

In seinen *Briefen über Don Karlos*, die 1788 in Wielands *Teutschem Merkur* erschienen, verteidigt Schiller die Einheit des Stücks durch den Verweis auf das Humanitätsideal. Im Widerspruch zu den Kritikern, die die Idealisierung Posas tadelten, betont er dessen Extremismus und die ungleiche erzieherische Freundschaft mit Karlos. Über die innere Einheit des Stücks sowie über die Deutung Posas besteht bei den Interpreten kein Konsens.

Lit.: Ch. Maillard (Hg.): Friedrich Schiller: *Don Carlos*, 1998.

Lesley Sharpe

Ich habe mich rasieren lassen. Ein dramatischer Scherz von Friedrich von Schiller. Aus der Original-Handschrift, im Einverständniß mit der Familie Schillers, zum ersten Male herausgegeben von Carl Künzel.
Wien, Dresden, Berlin 1862.
UA: Dresden, 2.7.1787 (?)

Das unter dem Titel *Körners Vormittag* bekannte Scherzspiel in Prosa verfaßte Schiller zur Feier des 31. Geburtstages von Christian Gottfried Körner; es wurde vermutlich im Familien- und Freundeskreis uraufgeführt.

1785 hatte der unbemittelte Dichter auf Einladung von vier Bewunderern (Körner und seine Braut Minna Stock, Ludwig Ferdinand Huber und seine Braut Dora Stock) Mannheim verlassen und war nach Leipzig bzw. später Dresden übersiedelt, wo er bis zu seinem Aufbruch nach Weimar am 20. Juli 1787 bei Körner wohnte. Das charmante kleine Spiel (Impromptu) über Körners Schwierigkeiten, zu seiner schriftstellerischen Tätigkeit zu kommen, stellt einen der wenigen humoristischen Texte Schillers dar. Die leicht und liebevoll satirisierte Hauptfigur, Konsistorialrat Körner, hat endlich einen freien Vormittag, der dem Schreiben gewidmet sein soll. Als erster besucht ihn Schiller, der Körners Beitrag zu den *Philosophischen Briefen* abholen und an Göschen, den Verleger seiner Zeitschrift *Thalia,* senden will. Leider hat Körner nur einen einzigen Satz zu Papier bringen können. Von seiner Frau wird er ständig ermahnt, ins Konsistorium zu gehen, woran ihn bis Mittag ein unaufhörlicher Strom von Besuchern hindert – um ein Uhr ist es dann zu spät für das Konsistorium. Alles, was er an diesem Vormittag zustande gebracht hat, faßt Körner im Schlußwort zusammen: «Ich habe mich rasieren lassen.»

Lit.: K. Holl: Schiller und die Komödie 1925.

Lesley Sharpe

Kabale und Liebe, ein bürgerliches Trauerspiel in fünf Aufzügen von Fridrich Schiller. Mannheim 1784.

UA: Frankfurt am Main, 13.4.1784

Das bürgerliche Trauerspiel sollte ursprünglich den genretypischen Titel ‹Luise Millerin› tragen, den Schiller schließlich auf Vorschlag des Mannheimer Schauspielers August Wilhelm Iffland aufgab.

Ferdinand von Walter, Sohn des ruchlosen Präsidenten eines absolutistischen Staates, will Luise Miller, Tochter eines Hofmusikus, heiraten. Von diesem Umstand durch seinen Sekretär Wurm, Ferdinands heimlichen Rivalen, unterrichtet, versucht der Präsident im Interesse der eigenen Machterhaltung, seinen Sohn zu einer Heirat mit Lady Milford, der Mätresse des Fürsten, zu zwingen. Ferdinand verteidigt die Familie Miller zunächst dadurch gegen Verfolgung, daß er droht, die Schuld seines Vaters an der Ermordung von dessen Vorgänger bekannt zu machen. Während Ferdinand vergeblich versucht, Luise zur Flucht zu überreden, schmiedet Wurm einen Plan, die Liebenden durch Eifersucht zu entzweien: Luises Eltern werden verhaftet, damit das Mädchen erpreßt werden kann; sie muß einen Liebesbrief an den Hofmarschall von Kalb schreiben und schwören, den Betrug nicht aufzudecken. Verzweifelnd wünscht sich Luise einen gemeinsamen Selbstmord mit Ferdinand, doch ihr Vater bringt sie mit religiöser Begründung von diesem Gedanken ab. Der Brief wird in Ferdinands Hände gespielt, der daraufhin Luise und sich selber vergiftet. Sterbend erklärt Luise das Zustandekommen des Briefes; der Präsident will die Schuld auf Wurm abwälzen, kann sich mit Ferdinand noch versöhnen und liefert sich schließlich der Justiz aus. Die Handlung deutet auf die starke Nachwirkung von Lessings bürgerlichem Trauerspiel *Emilia Galotti* hin, das viele Motive – vor allem die Tugendhaftigkeit der Heldin und den Gegensatz zwischen dem Zynismus und der moralischen Verdorbenheit des Hofes und der Aufrichtigkeit des Bürgertums – geliefert hat. Viel offenkundiger als bei Lessing ist jedoch die Kritik am absolutistischen Machtmißbrauch. Der Fürst erscheint zwar nicht auf der Bühne, aber sein Einfluß ist überall fühlbar. Im Vergleich zu den *Räubern* und zur *Verschwörung des Fiesko zu Genua* ist die Handlung straffer und konsequenter geführt. Der Einfluß Shakespeares läßt sich an der Einfügung von komischen Szenen (vor allem im Zusammenhang mit dem geckenhaften Hofmarschall von Kalb) beobachten, obwohl sie anders als bei Shakespeare einem satirischen, zeitkritischen Zweck dienen. Trotz imponierender realistischer Züge (Millers derbe Sprache, Schilderung des höfischen Milieus, Soldatenverkäufe) deutet das Stück, vor allem durch die Figur des Ferdinand, auf Schillers Talent für die hohe Tragödie hin. Ferdinands Verzweiflung, seine Infragestellung der moralischen Grundlage des Universums, seine Rhetorik erinnern an Karl Moor und sprengen den realistischen Rahmen des Stücks. Anders als viele bürgerliche Trauerspiele basiert *Kabale und Liebe* nicht auf der Verführung der weiblichen Hauptfigur und deren unglücklichen Folgen. Vielmehr weicht die anfängliche Opposition von Kabale (Hof) und Liebe (Privatsphäre) einer Analyse der Liebe selber und ihrer Ansprüche auf das Individuum. Die Schlüsselszene in dieser Akzentverschiebung ist III 7, als Ferdinand mit Luise fliehen will. Ihre Weigerung legt die verschiedenen Liebeskonzeptionen an den Tag: Ferdinand erkennt keine Pflicht außer seiner Liebe zu Luise, während sie ihre und seine Bindung zum Vater und zur bürgerlichen Ordnung betont. Unter den Schiller-Interpreten herrscht Dissens darüber, ob dieser Unterschied in der sozialen Herkunft Ferdinands und Luises wurzelt oder auf kontrastierende Charaktereigenschaften zurückzuführen ist. Uneinigkeit besteht auch darüber, ob Luises Entsagung als Heldentum oder als Mangel an Mut zu deuten ist. Klar ist, daß das Paar die Ansprüche der Liebe unterschiedlich einschätzt. Ferdinand, der junge Idealist, der dem tyrannischen Staat den Rücken kehren will, wird selber zum Tyrannen und zerstört den Gegenstand seiner Liebe – eine Ironie, die auf Schillers Skepsis gegenüber dem Idealismus deutet.

Lit.: K. Guthke: *Kabale und Liebe*; in: W. Hinderer (Hg.): Schillers Dramen, Neue Interpretationen, 1979, S. 58–86. R.-P. Janz: Schillers *Kabale und Liebe* als bürgerliches Trauerspiel; in: Jahrbuch der Deutschen Schillergesellschaft 20, 1976, S. 208–228.

Lesley Sharpe

Die Räuber. Ein Schauspiel. Frankfurt und Leipzig 1781.

UA: Mannheim, 13. 1. 1782

Schillers ungemein erfolgreiches Erstlingsdrama gehört zu den exemplarischen Werken des Sturm und Drang. Es verstößt gegen alle klassizistischen Formkonventionen (Einheit von Ort, Zeit und Handlung, Stilreinheit), fügt sich jedoch als Zergliederung des Lasters und der menschlichen Verirrungen dem aufklärerischen Anspruch an sittliche Nützlichkeit (vgl. Schillers Vorrede). Karl Moor, der sein wildes Studentenleben in Leipzig bereut und auf Verzeihung durch seinen Vater hofft, erfährt aus einem Brief des jüngeren Bruders Franz, daß ihn der Vater wider Erwarten verstoßen habe (das Publikum weiß in diesem Augenblick bereits, daß Franz den Fluch des Vaters erlogen hat). Als Karls Mitstudenten eine Räuberbande gründen, läßt sich der Verzweifelte zum Hauptmann wählen. Parallel dazu unternimmt der materialistisch-nihilistisch argumentierende Franz den Versuch, den gebrechlichen Vater durch Verzweiflung und Selbstvorwürfe zu töten: Als ein Bote die fingierte Nachricht vom Tod des desperaten Karl auf dem Schlachtfeld bringt, bricht der Vater scheinbar tot zusammen. Unterdessen verstrickt sich Karl durch sein Verbrecherleben immer tiefer in moralische Widersprüche. Er erwägt Selbstmord, wird aber zu erneuter Tätigkeit angestachelt, als die Bande von Soldaten umstellt wird und um ihr Leben kämpfen muß; Moor verspricht nun, die Räuber nie mehr zu verlassen. Dennoch will er plötzlich seine Braut Amalia wiedersehen und besucht inkognito das Moorsche Schloß, wobei er im Wald seinen blinden Vater entdeckt, der nur zum Schein begraben und von Franz in ein Verlies eingesperrt worden ist. Der Gottesleugner Franz, der Karl erkannt hat, erdrosselt sich, als die Räuber sein Schloß stürmen. Der alte Moor stirbt, als Karl ihm seine eigentliche Identität als Räuberhauptmann gesteht. Als Amalia erscheint, wird Karl durch die Räuber an seine Verpflichtung erinnert; Amalia fleht die Räuber an, ihr Leben zu beenden, worauf Karl sie selber tötet. Damit ist er von seinem Eid gelöst und liefert sich abschließend selbst der Justiz aus.

Die Bühnenfassung des Stücks, die im Mannheimer Soufflierbuch überliefert ist, auf das sich die legendäre Uraufführung stützte, unterscheidet sich beträchtlich von der Schauspielversion und stellt eine Verschmelzung der vom Freiherrn Heribert Dalberg, dem Intendanten des Mannheimer Theaters, verlangten Revisionen und dessen eigenen Eingriffen dar. Einige gewichtige Änderungen hat Schiller in seiner Trauerspielversion beibehalten: Die Handlung ist in das ausgehende Mittelalter zurückversetzt, viele Reden sind verkürzt, die derbe Räubersprache ist stilistisch gemildert; am Schluß begeht Franz nicht Selbstmord, sondern die Räuber sperren ihn nach einer Konfrontation mit Karl in dasselbe Verlies, aus dem sein Vater befreit wurde. Statt Selbstmord zu begehen, wie in der Bühnenfassung, stirbt Amalia im Trauerspiel wieder als Opfer Karls.

Das Prosaschauspiel zeigt in Inhalt und Stil mehrere Merkmale des Sturm-und-Drang-Dramas des vorigen Jahrzehnts: das Motiv der feindlichen Brüder, die rousseauistische Kritik an der Verdorbenheit der Sitten, die mehrjährige Dauer der Handlung bei häufig wechselnden Schauplätzen, die oft drastische Sprache, die heftigen Leidenschaften. Ganz originell ist jedoch die Konzeption der beiden Brüder, welche zwei entgegengesetzte Tendenzen des Zeitalters verkörpern: prometheischen Individualismus (Karl) und konsequenten Materialismus (Franz). Der amoralische Franz verliert in der Todesangst die Souveränität des rationalen Kalküls; der überschwengliche Karl fühlt sich schließlich gezwungen, sein eigenes Handeln zu überdenken und sich der staatlichen und moralischen Ordnung zu fügen. Die seit den späten 70er Jahren forcierte Beschäftigung mit Schillers medizinisch-anthropologischen Jugendschriften hat zur Deutung der Brüder als parallel konzipierte Extremfälle beigetragen, wobei die einstige Idealisierung Karl Moors zurückgenommen wird.

Lit.: P. Michelsen, Der Bruch mit der Vater-Welt. Studien zu Schillers Räubern, 1979. W. Riedel, Die Aufklärung und das Unbewußte; in: Jahrbuch der Deutschen Schillergesellschaft 37, 1993, S. 198–220.

Lesley Sharpe

Die Verschwörung des Fiesko zu Genua. Ein republikanisches Trauerspiel von Friederich Schiller. Mannheim 1783.

UA: Bonn, 20. 7. 1783; Mannheim, 11. 1. 1784 (Mannheimer Bühnenfassung)

Schillers zweites Theaterstück und erstes historisches Drama, das der Vorrede nach vor allem auf Berichten vom Kardinal de Retz, von de Mailly, von Duport du Tertre und von William Robertson basiert, sollte «ein ganzes groses Gemählde des würkenden und gestürzten Ehrgeizes werden» (an Dalberg, 16. 11. 1782).
Der genuesische Adel will seine alten Verfassungsrechte vom Dogen Andreas Doria, dem tatsächlichen Alleinherrscher, zurückgewinnen. Als Doria seinen brutalen Neffen Gianettino zu seinem Erben ernennt, verschwören sich einige Adelige – darunter Ver-

rina, dessen Tochter von Gianettino vergewaltigt wird – zum Sturz Dorias. Der hochbefähigte Fiesko, Graf von Lavagna, scheint anfangs vor allem an Vergnügungen interessiert zu sein (insbesondere an Gianettinos Schwester Julia), während er seine Gattin Leonore vernachlässigt. Als die Verschwörer ihn dennoch für ihre Sache zu gewinnen suchen, enthüllt Fiesko, daß er unter der Maske des Wollüstlings bereits einen eigenen Befreiungsplan vorangetrieben hat. Von seinem imposanten Auftritt begeistert, erwägt Fiesko, ob er selber nach der Macht greifen soll, entscheidet sich zunächst dafür, «glücklichster Bürger» eines republikanischen Genua zu sein, und strebt dann doch nach der Herzogswürde. Verrina hat die Gefahr, die von Fieskos Ehrgeiz droht, erkannt und weiht Bourgognino, den Verehrer seiner Tochter in den Plan ein, Fiesko nach gelungenem Staatsstreich zu töten. Obwohl der Mohr Muley Hassan, Fieskos rechte Hand in der Unterwelt Genuas, die Verschwörung an Andreas Doria verrät, wird sie dennoch ausgeführt: Bourgognino ersticht Gianettino, und Fiesko tötet in der Verwirrung des Straßenkampfes irrtümlich seine Gattin Leonore. Als Fiesko nach dem Sieg der Rebellen im herzoglichen Purpur erscheint, fordert ihn Verrina zum Verzicht auf die Macht auf; Fiesko weigert sich, wird von Verrina ins Meer gestürzt und ertrinkt (der historische Fiesko ist durch einen unglücklichen Zufall ums Leben gekommen). Verrinas Schlußworte lauten: «Ich geh zum Andreas.»
Als die Buchfassung des Stücks erschien, hatte Dalberg, der Intendant des Mannheimer Theaters, die erste, nach seinen Forderungen angefertigte Bühnenfassung bereits abgelehnt. Nachdem Schiller als Theaterdichter angestellt wurde, lieferte er für die Uraufführung des Stücks die sog. ‹Mannheimer Bühnenfassung›, die allerdings wenig Beifall fand. Hier wird die Handlung gestrafft und die sprachliche Drastik gemildert; vor allem aber endet das Stück jetzt untragisch: Nach der gelungenen Verschwörung erscheint Fiesko im Senat, wo Verrina ihn zum Verzicht auf die Alleinherrschaft auffordert und einen Attentatsversuch unternimmt; Fiesko entsagt freiwillig der Macht (auch Leonore bleibt, dem nichttragischen Konzept gemäß, am Leben). Unklar ist der Einfluß Schillers auf die sog. ‹Leipziger Bühnen-

fassung›, in der zwar die bühnengerechten Änderungen der ‹Mannheimer Bühnenfassung› beibehalten werden, wo die Konfrontation im Senat jedoch mit Verrinas Tyrannenmord an Fiesko endet.
Schillers Versuch, in deutlicher Anlehnung an Shakespeare Elemente einer Charaktertragödie mit der schlüssigen Handlung eines historischen Dramas zu verbinden, ist nur teilweise gelungen. Fiesko dominiert die Handlung und besitzt keinen gewichtigen Gegenspieler. Außerdem ist die politische Ebene schwer zu entschlüsseln, da der genuesische Republikanismus mit der Bedeutung des Wortes im späten 18. Jahrhundert nicht ohne weiteres gleichzusetzen ist.

Lit.: P. M. Lützeler: «Die große Linie zu einem Brutuskopf»: Republikanismus und Cäsarismus in Schillers *Fiesko*; in: Monatshefte 70, 1978, S. 15–28. A. Meier: Des Zuschauers Seele am Zügel. Die ästhetische Vermittlung des Republikanismus in Schillers *Die Verschwörung des Fiesko zu Genua*; in: Jahrbuch der Deutschen Schillergesellschaft 31, 1987, S. 117 bis 136.

Lesley Sharpe

Wallenstein, ein dramatisches Gedicht von Schiller. Erster Theil. Tübingen 1800. Wallenstein, ein dramatisches Gedicht von Schiller. Zweyter Theil. Tübingen 1800.

UA: Weimar, 12. 10. 1798 (*Wallensteins Lager*); Weimar, 30. 1. 1799 (*Die Piccolomini*); Weimar, 20. 4. 1799 (*Wallensteins Tod*)

Mit dem dreiteiligen Drama über den wichtigsten katholischen Feldherrn des Dreißigjährigen Kriegs beendete Schiller die mehr als zehn Jahre lange Pause, in der er keine Theaterstücke schrieb und sich statt dessen der Geschichte, Philosophie und Ästhetik widmete.
Das in Knittelversen verfaßte Vorspiel *Wallensteins Lager* vermittelt ein lebhaftes, von Shakespeare geprägtes Bild vom Lagerleben, von Wallensteins geradezu mythischem Prestige bei seiner Armee und von der Entschlossenheit der Soldaten, jeder Schwächung der Armee und damit der Macht Wallensteins zu

widerstehen. Wallenstein fürchtet seine Absetzung und plant in Geheimverhandlungen mit den protestantischen Mächten Schweden und Sachsen, sein Heer zum Feind hinüberzuführen, einen Frieden zu erzwingen und sich die Krone Böhmens zu sichern. Am Anfang der *Piccolomini* hat er seine Offiziere und Familie nach Pilsen zusammengerufen, wo der kaiserliche Legat Questenberg darauf besteht, daß acht Regimenter nach den Niederlanden geschickt werden. Die in die Pläne eingeweihten Offiziere Illo und Terzky versuchen, Wallenstein zum raschen Handeln zu bewegen; als Anhänger der Astrologie will er aber die Gunst der Sterne abwarten. Obwohl Illo und Terzky vor Octavio Piccolomini warnen, von dem der Zuschauer schon weiß, daß er Wallenstein mißtraut und hintergeht, ist Wallenstein überzeugt, daß die Sterne ihm Octavios Treue demonstrieren. Octavios Sohn Max, für den Wallenstein ein Held und zweiter Vater ist, hat sich in Wallensteins Tochter Thekla verliebt. Als Octavio Max in seine Gegenintrige einweiht, kommt die Nachricht von der Gefangennahme von Wallensteins Unterhändler Sesina, was Octavio zu sofortigen Schritten gegen Wallenstein veranlaßt. Von der Hinterlist seines Vaters entsetzt, will Max die Wahrheit von Wallenstein selber hören. *Wallensteins Tod* beginnt mit Wallensteins astrologischen Beobachtungen. Ironischerweise hält er die Stunde für günstig, als ihn die Nachricht von Sesinas Gefangennahme erreicht. Endlich läßt er sich von seiner Schwägerin Gräfin Terzky zum Handeln überreden, doch weiß Octavio die Loyalität der Offiziere gegenüber dem Kaiser zurückzugewinnen. Die Regimenter fallen von Wallenstein ab, der auch Max nicht zu halten vermag; dieser muß sich von Thekla trennen und kommt in einem verzweifelten Kampf mit den Schweden ums Leben. Als Octavios Verrat entdeckt wird, schenkt Wallenstein sein Vertrauen dem Obersten Buttler, der jedoch unter Octavios Einfluß steht und – entgegen Octavios Befehl – Wallenstein aus Rache ermorden läßt. Thekla ist verschwunden, um das Grab von Max aufzusuchen, wo sie sich vermutlich das Leben nimmt, Gräfin Terzky nimmt Gift. Octavio wird abschließend zum ‹Fürsten› ernannt.
Die Idee zu einem Wallenstein-Drama entstand während Schillers Arbeit an seiner *Geschichte des Dreißigjährigen Krieges* (1790–92).

Erst 1796 ging er mit dem Entschluß ans Werk, die strukturellen Probleme von *Don Carlos* durch gründliches Quellenstudium und durch Planung einer im klassischen Sinne geschlossenen Handlung zu vermeiden. Zunächst war eine fünfaktige Tragödie in Prosa mit Prolog beabsichtigt; erst 1798 griff Schiller Goethes Vorschlag auf, die Blankvers-Hauptaktion in zwei Stücke zu teilen, woraufhin er den Prolog zu *Wallensteins Lager* erweiterte.
Mehr als in jedem anderen seiner Stücke der historischen Wahrheit folgend, klagt Schiller während der Arbeit häufig über seine «Kälte» der Hauptfigur gegenüber, die jedoch von einer alle anderen Schillerschen Figuren übertreffenden Komplexität ist und für die er durch den geschickten Gebrauch von tragischer Ironie, welche vor allem durch Octavios Intrigen geschaffen wird, Sympathie gewinnt. Der astrologische Glaube des historischen Wallenstein war für ihn lange ein schwieriges, jedoch unentbehrliches Moment (vgl. den Briefwechsel mit Goethe vom 4. bis 11.12.1798). Im Widerspruch zur historischen Überlieferung wendet sich Schillers Wallenstein erst nach seiner ersten Absetzung zu Regensburg der Astrologie zu; somit drückt dieser Aberglaube sowohl Wallensteins Überzeugung aus, ein außerordentlicher Mensch zu sein, als auch seine tiefe Unsicherheit, ob er seinem eigenen Urteilsvermögen trauen kann. Die wichtigste frei erfundene Figur ist Max Piccolomini, der die idealistische Seite Wallensteins illuminiert und einen Gegensatz zu seinem Vater, dem Realisten Octavio, bildet.
Die großen Themen des Dramas – Treue, Legitimität, Machtausübung, Selbstbetrug – gewinnen eine tiefere Bedeutung im Rückblick auf die Umwälzungen der Französischen Revolution; der, wenn auch bedingte, historische Optimismus des *Don Karlos* weicht einer düstereren Vision, in der der Usurpator zwar zugrunde geht, die legitime Herrschaft jedoch ihre moralische Autorität eingebüßt hat.

Lit.: D. Borchmeyer: Macht und Melancholie. Schillers *Wallenstein*, 1988. F. Heuer / W. Keller: Schillers *Wallenstein*, 1977.

Lesley Sharpe

Schink, Johann Friedrich
(1755–1835)

Adelstan und Röschen. Ein Trauerspiel mit Gesang. Berlin 1776.
UA: ?

Das zweiaktige Rührstück beruht auf Ludwig Christoph Heinrich Höltys gleichnamiger Ballade (1771; erschienen 1774) um die schaurige Rache einer verlassenen Geliebten, deren Geist ihrem treulosen Verführer allnächtlich erscheint und ihn so in Melancholie und in den Selbstmord treibt.
In ihrem stimmungsvoll vom Mondschein erleuchteten Zimmer, wo bereits ihr Sarg auf sie wartet, nimmt die von Adelstan verlassene, vor Kummer todkranke Amtmannstochter Röschen tränenreich Abschied von Vater, Schwester und Bruder, kündigt dem Treulosen Rache an und stirbt. Unmittelbar darauf, um Mitternacht, erscheint ihr Geist dem ohnehin bereits von seinem Gewissen gequälten, schlaflosen Adelstan und ruft ihn «zu Gottes Richtstuhl». Verzweifelt eilt er (unerkannt) zu Röschens Haus, findet seine Befürchtung bestätigt und trifft auf dem Friedhof Röschens kleinen Bruder, dessen Schmerz Adelstan erst recht in Verzweiflung stürzt. Nachdem der Trauerzug erschienen und Röschen beigesetzt worden ist, erschießt sich der Ungetreue am offenen Grab.
Die Vergebungsbereitschaft, die Röschen in einer prophetischen Vorwegnahme des Selbstmords angedeutet hat, Adelstans Gewissensbisse und seine exaltiert zur Schau gestellte Reue lassen das Ende als Wiedervereinigung des Paares im Tod erscheinen, so daß die Zuschauer außer mit «Erstaunen und Schrecken» (das die Trauergesellschaft auf der Bühne laut Regieanweisung befällt) auch mit Mitleid auf den Sühnetod des sich selbst strafenden Verführers reagieren können. Durch den Einsatz neuer, im Melo- und Monodrama entwickelter Möglichkeiten der Integration von Musik und Gesang (Röschens Geist erscheint singend; ein Kinderchor begleitet den Trauerzug)

sollen die emotionalen Reaktionen des Publikums noch verstärkt werden.

Lit.: R. Bitterling: Joh. F. Schink, 1911, S. 7f.

Bernhard Klöckener

Gianetta Montaldi. Ein Trauerspiel in fünf Aufzügen.
In: [Friedrich Ludwig Schröder (Hg.)]: Hamburgisches Theater. Zweyter Band, Hamburg 1777, S. 117–190.
UA: Hamburg, 1775

In seinem ganz in der Tradition des bürgerlichen Trauerspiels stehenden Bühnendebüt, mit dem er den 1775 in Hamburg ausgeschriebenen Preis für das beste Theaterstück erlangen konnte, integriert Schink zahlreiche dramatische Versatzstücke (insbesondere aus *Othello* und *Emilia Galotti*), greift aber für die Hauptidee auf die Dreieckskonstellation aus *Miß Sara Sampson* zurück, wobei er die moralische Komplexität von Lessings Figuren vereinfacht, um die Aufmerksamkeit der Zuschauer ganz auf die Gefahren lenken zu können, die der Titelheldin und ihrem Mann drohen.
Nur um den bis zum Wahnsinn gesteigerten Liebeskummer der Gräfin da Capri zu lindern, hat Cotta Montaldi ihr einst ein Heiratsversprechen gegeben, das sie nun – acht Tage nach seiner Trauung mit Gianetta – einfordert. Ihre Zurückweisung rächt sie mit Hilfe von Graf Paduano, Cottas ehemaligem Nebenbuhler, durch ein an Shakespeares *Othello* angelehntes Komplott: Cotta wird von der angeblichen Untreue seiner Frau überzeugt. Rasend vor Eifersucht, hält Cotta deren Unschuldsbeteuerungen für Verstellung, will sie vergiften und erkennt erst im letzten Moment, Opfer einer Intrige geworden zu sein. Paduano gibt den Betrug zwar zu, gefährdet aber das durch Gianettas großmütige Vergebung gerade erst tränenreich wiederhergestellte Eheglück durch eine Forderung zum Duell, das hinter der Bühne damit endet, daß Cotta Paduano das Leben schenkt. In die darauf folgende rührende Versöhnung zwischen Paduano, Cotta und Gianetta scheint auch die Gräfin integriert werden zu können; diese nutzt

ihren geheuchelten Reueauftritt jedoch dazu, Gianetta zu erdolchen. Cottas Aufschrei benennt zugleich die erwünschte Publikumsreaktion: «Entsetzen!.»

Lit.: R. Bitterling: Joh. F. Schink, 1911, S. 6f.

Bernhard Klöckener

Schlegel, Johann Elias
(1719–1749)

Canut. Ein Trauerspiel in fünf Aufzügen. Copenhagen 1746.
UA: 1745 (?)

Das im Sommer 1746 in Dänemark entstandene Trauerspiel gestaltet mit einer Episode aus der Regentschaft (1016–1035) des Dänen-Königs Knut II. einen dänischen Nationalstoff, der insbesondere in den *Gesta Danorum* des Saxo Grammaticus überliefert ist. Damit befolgt Schlegel eine wirkungsästhetische Empfehlung Pierre Corneilles, an dessen klassizistischer Dramaturgie er sich auch formal orientiert (Alexandrinerverse, aristotelische Einheiten, Ständeklausel, ‹bienséance›, Beschränkung auf wenige Figuren).

Die Handlung setzt ein mit der Rückkehr des Vasallen Ulfo an den Hof des Königs Canut. Ulfo hat in Norwegen Esthrite, die Statthalterin und Schwester des Königs, zur Gattin gewonnen, indem er ihr eine gefälschte Heiratsaufforderung Canuts zukommen ließ, woraufhin Esthrite ihrer Liebe zu Godewin, einem Gefolgsmann Canuts, entsagte. Nach einem gescheiterten Aufstand will Ulfo vorgeblich Canuts Verzeihen erlangen, sucht aber in Wahrheit nach Bundesgenossen für eine Erhebung. Godewin widersetzt sich den Verschwörungsplänen und fordert ein Duell, das Canut unterbindet. Als Beweis seines ungebrochenen Vertrauens übergibt Canut Ulfo die Führung der Truppen Godschalks, eines vertriebenen slawischen Prinzen. Ulfo nutzt die Gelegenheit zu erneuter Rankünе und will Canut bei dessen

Truppenbesuch festnehmen lassen, was Godschalk aber verhindert. Nun muß Canut Ulfo zum Tod verurteilen, bietet im Fall eines Reuebekenntnisses jedoch die Begnadigung an. Ulfo weist dies zurück und richtet sich nach einem gescheiterten Fluchtversuch selbst.

Eine schon von den Zeitgenossen diskutierte Besonderheit des Stückes liegt in der beherrschenden Rolle von Canuts Gegenspieler Ulfo, der in der Forschung oft als Antizipation der Sturm-und-Drang-Helden gedeutet wird. Die Grundlage dafür bildet sein vorzivilisatorischer Charakter, der statt des Rechtsprinzips die Stärke anerkennt; dabei wird jedoch übersehen, daß dem heroisch-archaischen Ulfo mit Canut ein an der Staatsräson orientierter Souverän als Repräsentant eines neuen Rechtssystems gegenübergestellt wird. Das Thema des seine historische Situation transzendierenden Stückes ist die Zäsur zwischen der anachronistischen Welt feudal-aristokratischer Werte und der auf Menschenliebe und Empfindsamkeit verpflichteten Staatsmoral des aufgeklärten Absolutismus. Die damit verbundene Abwertung Ulfos zeigt sich nicht nur in seinem jämmerlichen Ende (er stürzt blind in das Schwert Godewinds), sondern auch in seiner Isolation. Mit dem Verzicht auf einen tragischen Schluß, der Gestaltung vollkommener Charaktere und der Konzentration auf einen staatsrelevanten Stoff (ohne Liebeshandlung) steht J. E. Schlegels erfolgreichstes Trauerspiel in der Tradition der Corneilleschen Dramentheorie. Besondere Bedeutung kommt dem Werk dadurch zu, daß es als erstes nationalhistorisches Drama der dänischen Literatur gegen die deutsche Partei in Kopenhagen Stellung bezieht.

Lit.: H. Detering: Die Nation der Poesie – Johann Elias Schlegel und die Seinen; in: Skandinavistik 24, 2, 1994, S. 85–102. A. Meier: J. E. Schlegel: *Canut*; in: Interpretationen: Dramen vom Barock bis zur Aufklärung, 2000, S. 251–274.

Olaf Petersenn

Dido, ein Trauerspiel, von Joh. Elias Schlegeln.
In: Die Deutsche Schaubühne, nach den Regeln und Mustern der Alten, Fünfter Theil, darinn sechs neue deutsche Stücke enthalten sind, Nebst eines Fortsetzens des Verzeichnisses deutscher Schauspiele, ans Licht gestellet von Joh. Christoph Gottscheden. Leipzig 1744, S. 191–244.
UA: ?

Die 1739 auf der Kursächsischen Landesschule Pforta entstandene Alexandrinertragödie, die in der von Johann Heinrich Schlegel postum herausgegebenen Ausgabe der *Werke* Johann Elias Schlegels (I. Teil, Kopenhagen und Leipzig 1761) mit stark verändertem V. Akt veröffentlicht wurde, konzentriert die in Vergils *Aeneis* überlieferte Liebesepisode um Dido und Aeneas auf die Geschehnisse unmittelbar vor der Flucht der Trojaner aus Afrika.
Wie bereits in den *Trojanerinnen* bildet die Deutung des Götterwillens ein zentrales Motiv: Aeneas opfert seine Liebe zu Dido dem Auftrag, nach Italien weiterzuziehen. Bereits der erste Satz macht jedoch klar, daß es ihm dabei nicht bloß um gottgefälliges Handeln, sondern auch um die als Lohn versprochene ‹Ehre› geht. Eben das macht Dido mißtrauisch: Sie ist nicht bereit, die bindende Macht eines vermeintlichen Götterwillens zu akzeptieren, und wirft Aeneas vor, sie von vornherein getäuscht und ihrer beider Liebe verraten zu haben. Die Situation kompliziert sich dadurch, daß der Lybierkönig Hiarbas um Dido wirbt und ihr ein Ultimatum stellt: Willigt sie nicht in die Heirat ein, will er das von Dido gegründete Karthago zerstören. Vorgeblich opfert Dido ihr Leben, um durch die Selbsttötung den Kriegsgrund zu beseitigen. Der scheinbare Patriotismus dieser Tat wird jedoch empfindlich relativiert: Weder ist klar, ob die Gefahr wirklich beseitigt ist, noch kann der Stadt mit einer vorläufigen Rettung gedient sein, die zugleich eine Schwächung für die Zukunft bedeutet.
Die postum erschienene Überarbeitung spitzt die Fragwürdigkeit von Didos Opfer noch weiter zu: Die Gefahr ist bereits beseitigt, als Dido sich tötet, da der abrückende Aeneas mit seinen Gefährten die Lybier vernichtend geschlagen hat. Diese Variante läßt

nicht nur Aeneas in heroischerem Licht erscheinen; sie verdeutlicht zugleich, daß der eigentliche Grund für Didos Tat nicht in patriotischen Motiven zu suchen ist, sondern in der Kränkung durch den Geliebten, den sie bis zuletzt an sich zu binden sucht. Die Zuspitzung auf den Egoismus und die mangelnde Affektkontrolle Didos, deren fatale Konsequenzen neben ihrem Privatleben auch das öffentliche Leben Kathargos berühren, löst eine wirkungsästhetische Grundforderung der klassizistischen Tragödientheorie ein, auf die Gottsched in der Vorrede zum fünften Teil der *Deutschen Schaubühne* noch einmal ausdrücklich hinweist: Für die «Erregung des Schreckens und Mitleidens» sei es vorteilhaft, den tragischen Untergang einer Figur daran zu binden, «daß sie einigermaßen Schuld daran hat».

Lit.: H. Hollmer, Anmut und Nutzen: die Originaltrauerspiele in Gottscheds *Deutscher Schaubühne,* 1994, S. 211–227.

Wolfgang Struck

Der geschäfftige Müßiggänger ein Lustspiel, verfertigt von Johann Elias Schlegeln.

In: Die Deutsche Schaubühne, nach den Regeln und Mustern der Alten, Vierter Theil, darinn sechs neue deutsche Stücke enthalten sind, Nebst einer Fortsetzung des Verzeichnisses deutscher Schauspiele, ans Licht gestellet von Joh. Christoph Gottscheden. Leipzig 1743, S. 263–378.
UA: ?

Die 1741 entstandene Prosakomödie in fünf Akten spielt im Milieu des bürgerlichen Mittelstandes.
Im Mittelpunkt steht der frischgebackene Advokat Fortunat, der seinen ersten Klienten vertreten soll. Eine glänzende Zukunft scheint ihm bevorzustehen: Er darf sich Hoffnung auf eine wichtige Position beim Minister machen und erwartet den Besuch von Lieschen, die er heiraten möchte. Statt sich auf den Prozeß vorzubereiten, dilettiert Fortunat aber in allerlei Künsten und versetzt seinen Klienten ständig. Diesem frühen ‹Taugenichts› stehen die Vertreter des Bürgertums gegenüber, die kein Verständ-

nis für diese Lebensführung zeigen. Fortunats Stiefvater Sylvester, ein biederer Kaufmann, beruft sich während des ganzen Stückes fast leitmotivisch auf seine Pelze, die das einzige sind, womit er sich auskennt; Lieschen verkörpert das weibliche Gegenbild zu Fortunat: Ein streng geordneter Tagesablauf ist für sie sogar wichtiger als ihre Herzensangelegenheit. Folgerichtig kommt das ungleiche Paar auch nicht zusammen, Lieschen gibt einem anderen, pflichtbewußteren Bewerber den Vorzug.
Mit der Mutter Fortunats bringt Schlegel eine ambivalente Figur auf die Bühne. Zwar erstrebt sie für ihren Sohn bürgerliche Werte, unterstützt aber nachdrücklich seine künstlerischen Neigungen und Launen und reagiert je nach Situation als Bürgersfrau oder als nachgiebige Mutter. Die Erwartungen des Publikums, daß den ‹Müßiggänger› schließlich die gerechte Strafe ereilen wird, erfüllen sich nicht. Denn daß Fortunat zuletzt weder die Sekretärsstelle noch die Geliebte erringt, bekümmert ihn wenig, da er sich dem Zweckmäßigkeitsdenken seiner Mitbürger nicht anschließen mag. Nicht ohne Selbstironie beschließt er, seine in der Eingangsszene begonnene Zeichnung ‹Fuchs mit den sauern Trauben› fertigzustellen, und erweist sich ganz im Sinne seines Namens als ‹vom Leben Beglückter›.
Seine Komik bezieht das Lustspiel aus den Diskrepanzen zwischen dem betriebsamen Nichtstuer Fortunat und den Anforderungen seiner pedantischen Gegenspieler an ihn. Man lacht weniger über ihn als vielmehr mit ihm. Schlegel übt implizit Gesellschaftskritik, wenn er entgegen geltender Wertvorstellungen Sympathien für seinen die Konventionen mißachtenden Helden zeigt. Ein eindeutiger didaktischer Standpunkt im Gottschedschen Sinn wird nicht bezogen.

Lit.: W. Paulsen: Johann Elias Schlegel und die Komödie, 1977, S. 60–76.

Andrea Brandhoff

Herrmann, ein Trauerspiel, von Joh. Elias Schlegeln.
In: Die Deutsche Schaubühne, nach den Regeln und Mustern der Alten, Vierter Theil, darinn sechs neue deutsche Stücke enthalten sind, Nebst einer Fortsetzung des Verzeichnisses deutscher Schauspiele, ans Licht gestellt von Joh. Christoph Gottscheden, Leipzig 1743, S. 1–68.
UA: Leipzig, vor 1743

Wie schon Schlegels frühere Dramen, ist das 1740/41 entstandene Alexandrinertrauerspiel in fünf Akten den klassizistischen Regeln verpflichtet (aristotelische Einheiten, Ständeklausel, Hochstil). Auf eine Abweichung von der Norm haben allerdings schon die beiden ersten Herausgeber (Johann Christoph Gottsched in der Vorrede zu Bd. IV der *Deutschen Schaubühne*; Johann Heinrich Schlegel in der postumen Ausgabe der Werke seines Bruders) nachdrücklich hingewiesen: An die Stelle antiker Stoffe tritt hier ein Ereignis aus der mythologisch-historischen (Vor-) Zeit der Deutschen. Die in der römischen Geschichtsschreibung (vor allem Tacitus: *Annales*) überlieferte Schlacht aus dem Jahr 9 n. Chr. ist zwar bereits im 17. Jahrhundert Gegenstand französischer Trauerspiele gewesen. Gottsched stellt jedoch fest, «daß ein Franzose die wahre Größe eines deutschen Helden, bey weitem nicht so natürlich vorzustellen gewußt, als ein deutscher Dichter, der selbst ein deutsches Blut in den Adern, und die Neigung zur deutschen Freyheit im Herzen, mit der Gabe des poetischen Witzes verbunden hat»; Johann Heinrich Schlegel ergänzt, «daß diejenigen Trauerspiele mehr intereßiren und stärker auf die Gemüther wirken, deren Stoff in der Geschichte des Volkes liegt, für welches man dichtet». In den Mittelpunkt rückt dabei der Gegensatz verschiedener, durch Germanien/Deutschland und Rom repräsentierter Kulturmodelle, der die weitere Rezeption des Stoffes bestimmen wird: hier ländliche Einfachheit, Rechtschaffenheit, innere Tugend – dort städtisches Raffinement und eine nur durch starre Gesetzlichkeit gehemmte Genußsucht und Lasterhaftigkeit.
Ort der Handlung ist ein Hain «mit den Bildern des Thuiskon und Mannus»: der traditionserfüllte Versammlungsraum der

Cherusker, ein ‹heiliger› Raum, in dem Natur, Mythos und Geschichte konvergieren. So ist es ein hochgradig symbolischer Übergriff, wenn der römische Prätor Varus – in seinem einzigen, kurzen Auftritt – hier eindringt, um die römische Gerichtsbarkeit zu etablieren. Er verschärft damit einen Konflikt, der unter den Germanen selbst ausgebrochen ist: Segest und Flavius, den Verfechtern eines Ausgleichs mit Rom und einer partiellen Angleichung an die römische Zivilisation, stehen die kompromißlos auf deutsche Autonomie eingeschworenen Krieger gegenüber (angeführt durch den gerade zum Herzog ernannten Cheruskerfürsten Herrmann), aber auch die Frauen des Stücks (Adelheid und Thusnelde). Ihre Parole formuliert bereits zu Beginn des Stücks Sigmar, der als Vater der antagonistischen Brüder Flavius und Herrmann Vaterlandstreue über Familienbindung stellt: «Wer Rom nicht hassen kann, kann nicht die Deutschen lieben.» Der Verlauf der Handlung bestätigt diese Aussage: Varus gibt sich zwar verbal moderat, fordert von den bezwungenen Germanen aber die Heerfolge gegen noch nicht unterworfene ‹Bruderstämme›; Segests Römerfreundlichkeit beruht nur vordergründig auf den behaupteten Werten von Frieden, Bürgerrecht und zivilisatorischem Fortschritt, tatsächlich aber auf egoistischen Machtinteressen. So gibt es keinen Widerspruch gegen die Stimmen, die Flavius' Zerrissenheit zwischen persönlicher Bindung an Rom und Vaterlandstreue als «Faulheit» und «Trägheit» deklarieren. Tatsächlich ist Flavius derjenige, der permanent zu spät kommt: Zu spät durchschaut er die Intrigen Segests, zu spät schlägt er sich auf die Seite der Germanen, zu spät bittet er darum, von den heimkehrenden Siegern als Verräter gerichtet zu werden. Die schmachvolle Begegnung mit Bruder Herrmann und Mutter Adelheid bleibt ihm nicht erspart; sie wird um so peinlicher durch die Großmut des Fürsten, der den Verrätern das Leben schenkt. Mit Herrmann triumphiert der ohne Einschränkung über menschliche Normalität hinaus vorbildliche Held des republikanischen Trauerspiels, dessen Handeln ganz von den Werten der Gemeinschaft bestimmt ist, während dem gemischten Charakter kein Mitleid, sondern nur Scham zuteil wird. Das spiegelt sich auch auf der nur scheinbar privaten Handlungsebene, auf der die beiden Brüder um die Liebe Thusneldes konkurrieren. Herrmann selbst gibt die Interpretation vor: «Doch, daß mein Vaterland mich nicht als laulicht schelte, | Sollst du die Probe seyn, wie viel es in mir gelte. | Man sage, wenn man einst von meinen Thaten spricht: | Thusnelden liebt er sehr: doch mehr noch seine Pflicht». Flavius besteht die Probe nicht: «auf römisch lieben» heißt, den asozialen Affekten blinder Leidenschaft und Triebbestimmtheit zu unterliegen. So ist die Auseinandersetzung der Brüder letztlich auch ein poetologischer Kampf, in dem eine ‹Dramaturgie der Bewunderung› den Sieg über einen ‹interessanten Charakter› davonträgt.

Lit.: H. Hollmer: Anmut und Nutzen: die Originaltrauerspiele in Gottscheds *Deutscher Schaubühne,* 1994, S. 143–166.

Wolfgang Struck

Lucretia. Ein prosaisches Trauerspiel.

In: Joh. Elias Schlegels Werke. Zweyter Theil, herausgegeben von Johann Heinrich Schlegeln. Zweyter Theil. Kopenhagen und Leipzig 1773, S. 1–44.

Die 1740 entstandene Prosaskizze dramatisiert den von Titus Livius überlieferten und vielfach bearbeiteten Lucretia-Stoff: Die Römerin Lucretia ist von Sextus Tarquinus, einem Sohn des letzten römischen Königs Tarquinus Superbus, vergewaltigt worden und löst durch ihren Selbstmord den von Lucius Iunius Brutus angeführten Volksaufstand gegen die Königsherrschaft aus. Schlegel geht es um den Nachweis, daß dieses Sujet auf regelkonforme Weise gestaltet werden kann, obwohl einerseits die sexuelle Gewalttat das ‹bienséance›-Gebot verletzt und andererseits die Verknüpfung von privatem und politischem Geschehen der aristotelischen Einheit der Handlung zuwiderläuft. Durch zwei Modifikationen gelingt es Schlegel, den Gegebenheiten des Stoffes ebenso gerecht zu werden wie den ästhetischen Normen: Die Handlung setzt erst am Morgen nach Lucretias Schändung ein und endet kurz vor ihrem Selbstmord, nachdem sie ihren Gatten Collatin und dessen Freund Brutus zum Tyrannensturz angestachelt hat.

Da bereits die Prosaskizze die Lösbarkeit des dramaturgischen Problems beweist, ohne erst noch einer ausgearbeiteten Versfassung zu bedürfen, hat Schlegel auf die Fertigstellung verzichtet; als Fragment ist allerdings eine Alexandriner-Versifikation des ersten Auftritts des ersten Aufzugs überliefert.

Lit.: A. Meier: Dramaturgie der Bewunderung, 1993, S. 147–160.

Olaf Petersenn

Orest und Pylades. Trauerspiel in fünf Aufzügen.
In: Joh. Elias Schlegels Werke. Erster Theil, herausgegeben von Johann Heinrich Schlegeln. Kopenhagen und Leipzig 1771, S. 1–68.
UA: Leipzig, 1739

Die 1737 in Schulpforta unter dem Titel *Die Geschwister in Taurien* entstandene und dort 1738 auch aufgeführte Bearbeitung der euripideischen *Iphigenie im Taurierlande* ist «einer der ersten Versuche des Verfassers» (Johann Heinrich Schlegel). Nach einer Überarbeitung von 1739, die wie die Urfassung verschollen ist, erhielt die dritte Fassung von 1742 den Titel, unter dem das Stück postum in der von J. H. Schlegel besorgten Werkausgabe erschien. Gegenüber der antiken Vorlage läßt sich eine an Gottscheds Poetik orientierte Bearbeitungstendenz ausmachen, die formale Elemente wie Chor und Monologe tilgt und die Regeln der rationalistischen Dramaturgie zur Geltung bringt (Alexandriner-Vers, aristotelische Einheiten, Hochstil). Nach Maßgabe der frühaufklärerischen Entmythologisierung werden alle übernatürlichen Aspekte durch realitätskonforme Kausalität ersetzt; die neu erfundene Figur des Priesters Hierarchus tritt an Stelle der ‹dea ex machina› Athene.
Während Orest und Pylades im Auftrag Apolls, das Diana-Standbild nach Griechenland zu entführen, auf Tauris landen, setzt Iphigenia ihrem totgeglaubten Bruder dort mit einer Schrifttafel ein Denkmal. Die Tafel wird von den Freunden gefunden und dient bei deren Gefangennahme zur Identifizierung. Dem herrschenden Brauch gemäß, verurteilt König Thoas die beiden Griechen zur Opferung durch Iphigenia, die sich diesem Zwang aber

widersetzt und die Identität der Fremden aufdeckt. Ein gemeinsamer Fluchtversuch, bei dem Thoas verwundet wird, scheitert und führt zu einer erneuten Verurteilung. Thoas' Tod sowie das Eingreifen von Hierarchus, der unter Berufung auf einen Orakelspruch Dianas die Entführung des Standbilds als gottgewollt rechtfertigt, ermöglichen den Griechen die Heimreise.

Schlegel bemüht sich getreu seiner Auffassung, daß sich die dramatische Handlung aus den Charakteren ergeben müsse, um eine Veredelung der Protagonisten und gestaltet die antike Vorlage unter dem Leitthema der Freundestreue zu einem Vorbildmodell um. Damit erfüllt er das frühaufklärerische Bedürfnis nach moralischer Stilisierung, ohne die didaktische Absicht dem Vergnügen der Zuschauer überzuordnen.

Lit.: G.-M. Schulz: Die Überwindung der Barbarei, 1980, S. 42–54.

Olaf Petersenn

Die stumme Schönheit. Ein Lustspiel in einem Aufzuge durch J. Elias Schlegel. Copenhagen und Altona 1747.

UA: Hamburg, 5.6.1754

Zwei Motive tragen die Handlung des 25 Szenen umfassenden Einakters: Kindsvertauschung und ‹Stummheit› der Braut. Vorbilder bzw. stoffliche Parallelen dafür gibt es im zeitgenössischen Lustspielrepertoire Frankreichs, etwa bei Destouches' *La fausse Agnès* oder Molières *École des Femmes*.

Richard, ein reicher alter Mann vom Land, und sein junger Freund Jungwitz kommen in die Stadt zu einer Bürgerswitwe, die Richards Tochter Charlotte aufgezogen hat; Anlaß ist die geplante Verlobung von Jungwitz mit Charlotte. Die Enttäuschung ist jedoch groß, als sich die angehende Braut als nicht bloß auffällig schweigsame, sondern ausgesprochen törichte Schönheit herausstellt. Jungwitz verliebt sich statt dessen in Leonore, die vermeintliche Tochter von Frau Praatgern. Diese stellt das direkte Gegenbild zu Charlotte dar: Sie beherrscht die Kunst des verständigen Gesprächs, ist gewandt, hilfsbereit und bewegt sich vollkommen ungekünstelt, entspricht also in jeder Hinsicht dem

Frauenideal des aufgeklärten Bürgertums. Nach Art des analytischen Dramas wird abschließend ein Betrug aufgedeckt: Um der geziert-unnatürlichen Charlotte eine vorteilhafte Partie zu verschaffen, hat die Witwe beide Mädchen kurzerhand vertauscht.
Die eigentliche Komik entsteht durch das Mißverhältnis zwischen Spracherwartung und Unfähigkeit zum echten Dialog, die in der sogenannten ‹Echoszene› ihren Höhepunkt findet. Die Versifikation in Alexandrinern steigert einerseits die Komik und unterstreicht andererseits Schlegels ästhetisches Prinzip der ‹Unähnlichkeit›, mit der er sich von Gottscheds Forderung nach strikter Natur-‹Nachahmung› distanzierte.
Das häufig aufgeführte Stück wurde nicht zuletzt dadurch ein Publikumserfolg, daß Schlegel das Vergnügen an der Handlung über die Belehrung stellte. Lessing nannte es 20 Jahre später in seiner *Hamburgischen Dramaturgie* (13. Stück) «unstreitig unser bestes komisches Original, das in Versen geschrieben ist.»

Lit.: B. Greiner: Die Komödie, 1992, S. 134–168.

Andrea Brandhoff

Der Triumpf der guten Frauen. Ein Lustspiel in fünf Aufzügen durch J. Elias Schlegel. Copenhagen 1748.
In: Johann Elias Schlegels Beyträge zum Dänischen Theater. Copenhagen 1748, S. 1–96.
UA: ?

Das Prosalustspiel entfaltet eine intrigenreiche, verwickelte Handlung, in der zum ersten Mal in der deutschen Aufklärungskomödie die Liebe zum bestimmenden Thema avanciert.
Die vor zehn Jahren kurz nach ihrer Hochzeit verlassene Hilaria versucht, den treulosen Nikander zurückzugewinnen. Zu diesem Zweck macht sie unter dem Namen Philinte in Männerkleidern Nikander bei der Werbung um die tugendhafte Juliane Konkurrenz; gleichzeitig soll das Verkleidungsmanöver dabei helfen, Agenor, den tyrannischen Ehemann Julianes, zu mehr Güte zu bewegen (ein Handlungsstrang, zu dem Schlegel durch Richard Steeles *The tender husband* angeregt wurde). In einer Schlüssel-

szene tritt Hilaria Nikander als vermeintliche Schwester Philintes gegenüber und erobert noch einmal sein Herz; da Nikander die Bindung an seine Ehefrau nicht vergessen hat, steht dem neuen Glück nach der Erkennung nichts mehr im Weg. Auch Agenor, der keinen Anlaß zu eifersüchtigen Verdächtigungen mehr hat, wandelt sich zum liebevollen Ehemann. Daß dies allerdings recht plötzlich geschieht, wird vom Kammermädchen in der Schlußszene angesprochen: «Die geschwindesten Bekehrungen sind sonst nicht allemal die aufrichtigsten».

Stärker noch als Hilarias dauerhafte Treue rührt die Figur der sich für ihren herrschsüchtigen Mann aufopfernden Juliane. Am Ende triumphiert die Liebe und mit ihr die Frauen (ursprünglich sollte der Titel ‹Der strenge Ehemann›, dann ‹Der Ehemann nach der Mode› lauten). Schlegel setzt hier sein poetologisches Prinzip um, wonach die Charaktere nicht nur den Verstand, sondern auch das Herz des Zuschauers einnehmen sollen, und folgt so der mit Gellerts *Zärtlichen Schwestern* einsetzenden Tendenz zum empfindsamen Lustspiel.

Lit.: W. Hinck: Das deutsche Lustspiel des 17. und 18. Jahrhunderts und die italienische Komödie, 1965, S. 224–232.

Andrea Brandhoff

Die Trojanerinnen, ein Trauerspiel.

In: Theatralische Werke, durch Johann Elias Schlegel. Coppenhagen 1747, S. 189–254.
UA: Pforta, 1737

Eine erste Fassung der regelgerechten Alexandrinertragödie hat Schlegel 1736 als 18jähriger Schüler an der Kursächsischen Landesschule Pforta unter dem Titel *Hekuba* verfaßt und dort mit Mitschülern in den Fastnachtsferien 1737 zur Aufführung gebracht. Mehrfach umgearbeitet, fand das an Euripides' *Hekabe* und *Die Troerinnen* sowie an Senecas *Troades* angelehnte Trauerspiel schließlich Eingang in die *Theatralischen Werke.*

«Auf dem Platze der zerstörten königlichen Burg in Troja» erwarten die überlebenden Frauen des trojanischen Herrscherhauses (Hekuba, die Frau des Königs Priamos, ihre Töchter Cassandra und Polyxena sowie ihre Schwiegertochter Andromacha, die Witwe Hektors) ihr weiteres Geschick. Die verschiedenen Zukunftsperspektiven geben Anlaß zu ausführlichen ethischen Diskursen mit wechselnden Positionen: Sollen die Gefangenen ihren Tod herbeiwünschen, um der Schmach der Knechtschaft zu entgehen, oder haben sie die Pflicht, trojanische Größe auch in der Erniedrigung unter Beweis zu stellen (vielleicht sogar den Fortbestand des trojanischen Volkes zu garantieren)? Sollen sie Mitleid und Ehrgefühl des griechischen Heerführers Agamemnon in Anspruch nehmen und damit ganz gezielt einen Konflikt im griechischen Lager schüren, oder sollen sie, um endlich der Gewalt ein Ende zu setzen, sich widerspruchslos in ihr Geschick fügen? Alle erwogenen Alternativen sind dem Anspruch größtmöglicher Tugendhaftigkeit verpflichtet; individuelle Furcht oder egoistische Motive spielen auf trojanischer Seite keine Rolle. Anders auf seiten der Griechen: Allein untergeordnete Charaktere erscheinen hier tugendhaft; die Führer sind hingegen schwächlich und wankelmütig wie Agamemnon, von Haß besessen wie Pyrrhus, der grausame Rache für seinen gefallenen Vater Achill verlangt, oder unaufrichtig wie Ulyß, der diese Rachsucht sowie den unaufgeklärt-naiven Götterglauben des Heeres (des ‹Pöbels›) schürt. So erfüllt sich das düstere Schicksal der Trojanerinnen. Zwar hatte sich Agamemnon bewegen lassen, ihnen seinen Schutz zu versprechen, aber der halbherzige Versuch, dieses Versprechen gegenüber dem rachsüchtigen Heer durchzusetzen, bietet Ulys nur die langgesuchte Gelegenheit, den Heerführer zu entmachten und sich selbst an dessen Stelle zu setzen. Obwohl persönlich an keiner Rache interessiert, opfert er Polyxena, die auf dem Grab Achills stirbt, und den Knaben Astyanax, Andromaches Sohn und letzter männlicher Überlebender des trojanischen Herrscherhauses, der aufgestachelten Wut des ‹Pöbels›. Das Ende bringt so den vollständigen Triumph des zynisch-rationalen Demagogen. Dramaturgisch allerdings stehen sich die ideologiekritische Entlarvung machiavellistischer Instrumentalisierung von Emotion und Religion und der moralische Diskurs der gefangenen Frauen etwas unvermittelt gegenüber.

Lit.: G.-M. Schulz: Die Überwindung der Barbarei, 1980, S. 31–41.

Wolfgang Struck

Schönaich, Christoph Otto Freiherr von (1725–1807)

Mariamne und Herodes. Ein Trauerspiel.
In: [Schönaich, Christoph Otto Freiherr von]: Versuch in der Tragischen Dichtkunst, bestehend aus vier Trauerspielen; nämlich: I. Zayde, II. Mariamne, III. Thußnelde, IV. Zarine. Breßlau 1754, S. 63–120.
UA: ?

Der *Vorerinnerung* zum Trotz, wo Schönaich Nachahmung und metrische Bindung kritisiert, da sie das Entstehen einer eigentlich deutschen Dichtung behindern, ist die klassizistisch-regelkonforme Bearbeitung der vom jüdischen Geschichtsschreiber Josephus überlieferten Ehegeschichte des Tetrarchen Herodes (62–4 v. Chr.) mit der aus der hasmonäischen Dynastie stammenden Mariamne, deren Anverwandte Herodes töten ließ, in konventionellen Alexandrinern verfaßt.
Wiederholt des Ehebruchs bezichtigt, läßt Herodes zunächst einen vermeintlichen Liebhaber, dann Mariamne und schließlich auch die gemeinsamen Söhne hinrichten. Seit dem sechzehnten Jahrhundert ist dieser Stoff vielfach bearbeitet worden; Schönaichs *Vorerinnerung* bezieht sich auf diese Tradition, seine Dramatisierung weist aber signifikante Abweichungen auf. So ist die Nebenhandlung der Intrige von Herodes' Schwester gegen Mariamne nur noch rudimentär gestaltet, eine Dreieckskonstellation fehlt ganz. Auch die Ermordung der Söhne ist ausgeblendet und geht bloß in das beiläufig erwähnte «Orakel» um den bethlehemitischen Kindermord ein. Fokussiert sind statt dessen Herodes als Person und seine Charakterzüge: einerseits als Held tituliert, militärisch erfolgreich und außenpolitisch angesehen, andererseits ein eifersüchtiger Liebender. Dieser Liebe verdankt sich der die Handlung eröffnende Befehl, Mariamne zu vergiften, falls Herodes von seinem Feldzug nicht zurückkehren sollte. Dargestellt wird im folgenden ein Kampf in sich und mit sich, bei dem das Herz bzw.

die Liebe unterliegt. Dies wird als Sieg der Selbstbestimmung gegen eine fremde Macht verstanden («Wohlan! so bin ich dann der blöden Liebe los! / So wird der Held einmal sich ähnlich, und noch groß»), wobei der Dramenschluß diese Sicht wieder relativiert: Der gewaltsame Verzicht auf (jede) Empfindung führt zum Wahnsinn. Verhandelt wird damit ein Konzept von ‹Zärtlichkeit›, das ein Zuviel an Gefühl als schädlich ausweist und das insbesondere auch durch die Modalitäten von visueller wie auditiver Wahrnehmung beeinflußt wird. Der besondere Status dieser Kommunikationsakte ist paradigmatisch daran zu erkennen, daß die Mitteilung des Tötungsbefehls als Delikt dem potentiellen Ehebruch gleichgestellt wird.

Hans Krah

Thußnelde und Hermann. Ein Trauerspiel.
In: [Schönaich, Christoph Otto Freiherr von]: Versuch in der Tragischen Dichtkunst, bestehend aus vier Trauerspielen; nämlich: I. Zayde, II. Mariamne, III. Thußnelde, IV. Zarine. Breßlau 1754, S. 121–178.
UA: ?

Die in fünf Aufzüge gegliederte Versbearbeitung des Arminius-Stoffes setzt nach der Schlacht im Teutoburger Wald ein. Unter Wahrung der Einheit von Ort und Zeit spielt sie in einem «Hayn», der als symbolischer Raum der Deutschen durch ein Bildnis Siegmars an den Kampf gegen die Römer erinnert.
Zum gegenwärtigen Zeitpunkt herrscht eine Art Pattsituation: Einerseits hat Germanicus einen Sieg errungen und Thusnelde gefangengenommen, andererseits fordert Kaiser Tiberius ein Ende des Krieges und beordert Germanicus nach Rom zurück, weil er dessen Ruhm als Germanenbezwinger fürchtet. Sieger und Besiegte sind mehr oder weniger gleichrangig, Sieg und Niederlage nivellieren sich zugunsten des Kriegs an sich. Das Motiv der mangelnden Einigkeit unter den Germanen dominiert den Konflikt um die Brüder Flavius und Hermann, bei dem Flavius durchaus als gleichrangig erscheint. Auch Germanicus wird als tugendhaft eingeführt, da sein einziges Problem in der Liebe zu Thusnelde liegt, die sie als Laster versteht und er selbst als ‹Außer-sich-Sein›

interpretiert. Die Handlung des Dramas beschränkt sich weitgehend auf Beratungen der einzelnen Parteien und das Abwägen von Friedensverhandlungen, bis sich die festgefahrene Situation durch Thusneldes Fluchtversuch bewegt. Dieser macht es Germanicus möglich, die Erschütterung seines Heldenstatus zu überwinden: Thusnelde wird als Gefangene nach Ravenna gebracht, Hermann kann zum Krieg nur aufrufen und in einem vaterländischen Appell die Erfüllung seiner Ziele für eine unbestimmte Zukunft postulieren.

Ähnlich wie in Schönaichs *Mariamne* stehen auch hier die männlichen Protagonisten Hermann und Germanicus im Vordergrund. Die Bedeutung der Frau liegt in ihrer Funktion für den (männlichen) Helden, ihn in seinem eigentlichen Wertesystem zu stören und so eine Krise zu provozieren. Dramaturgisch ist dieser innere Konflikt («Ach! es ist gar zu schwer, ein Held und Mensch zu seyn!») allerdings wenig ausgeführt; das Augenmerk richtet sich hingegen auf unterschiedliche Vorstellungen vom Heldentum an sich, wozu insbesondere die Kontrastierung mit den nicht tugendhaften, da an privatistisch-egoistischen Interessen orientierten Figuren Tiberius und Segest dient.

Lit.: L. Pikulik: ‹Bürgerliches Trauerspiel› und Empfindsamkeit, 1966, S. 145–155.

Hans Krah

Schröder, Friedrich Ludwig (1744–1816)

Der Ring. Ein Lustspiel in fünf Aufzügen. Für das kais. kön. National-Hoftheater. Wien 1786.
UA: Wien, 1786 (?)

Die Prosakomödie des Direktors der Hamburger Bühne (seit 1785) gehört zum Genre des bürgerlichen Rührstücks.

Im Zentrum steht die Baronin von Schönhelm, der die verwitwete Frau von Darring und deren tugendhafte Tochter Henriette bei-

geordnet sind. Die Baronin wird von vier Verehrern (Graf Klingsberg, Hauptmann Selting, Bankier von Solm und dessen Neffen Louis) umworben und hat ihren Spaß daran, die Rivalen gegeneinander auszuspielen. Sie ist zwar verheiratet, von ihrem durch den Vater vermittelten Bräutigam aber am Tage nach der Hochzeit sitzengelassen worden. Seither sind zehn Jahre vergangen, in denen sie sich unter einem neuen Namen zahlreiche Verehrer gehalten hat, ohne eine feste Bindung einzugehen. Graf Klingsberg, der sich mit Henriette amüsiert, zugleich jedoch die Schönhelm umwirbt, wettet mit Hauptmann Selting, daß es ihm gelingen werde, letzterer einen Ring zu überreichen und damit einen Antrag zu machen. Der in die Baronin verliebte Hauptmann stellt für diese Treueprobe einen Ring zur Verfügung, der aus Unachtsamkeit tatsächlich entgegengenommen wird. Bevor die Baronin Gelegenheit findet, den Ring zurückzugeben, erkennt sie darin den Ehering ihres Gatten, den sie in Klingsberg vermutet, bis der Hauptmann sich offenbart: Er hat am Tag nach der Hochzeit im Duell den Sohn eines Generals getötet und nach Holland fliehen müssen, wo er drei Jahre lang inhaftiert war; seit seiner Begnadigung ist er verzweifelt auf der Suche nach seiner Frau gewesen, die er ihrer Namensänderung wegen nicht aufspüren konnte. Das Schlußtableau vereinigt die Eheleute, bringt dem Grafen die Ehe mit der tugendhaften und unerwartet vermögenden Henriette und führt den intriganten Bankiersneffen Louis seiner gerechten Strafe der Enterbung zu.
Die kolportagehafte, bühnenwirksame Handlung kulminiert in der Aufdeckung der Vorgeschichte und läßt wenig Raum für die Entfaltung der Charaktere. Zwar wird das Auftreten der Männer gegenüber den Frauen karikiert, doch bildet der Hauptmann keine ruhmreiche Ausnahme, und auch das Verhalten der Baronin bleibt moralisch fragwürdig.

Olaf Petersenn

Der Vetter in Lissabon. Ein bürgerliches Familiengemälde in drei Aufzügen.
In: Beytrag zur Deutschen Schaubühne. Band 1. Berlin 1786, S. 59–100.
UA: ?

Das Prosastück, in dem Schröder das Modell des bürgerlichen Rührstücks am reinsten umsetzt, zeigt die glückliche Rettung einer bürgerlichen Familie vor dem materiellen und moralischen Niedergang und klagt die Tugenden des ‹pater familias› sowie das Mitgefühl der Mutter ein.
Um seine zweite Ehefrau zu gewinnen, hat der stellenlose und verarmte Wagner, der aus erster Ehe die tugendhafte Tochter Sophie mitbrachte, seine Vermögensverhältnisse geschönt, wofür ihn die Getäuschte mit einem Lebenswandel bestraft, der die Familie in den Ruin zu treiben droht. Während sie ihre Stieftochter als Dienstmagd mißbraucht, erfüllt sie den eigenen Kindern Wilhelm und Charlotte jeden Wunsch, was der schwache Vater nicht zu unterbinden vermag. Bei Einsetzen der Handlung steht die Familie kurz vor der Zahlungsunfähigkeit, ohne daß die Töchter versorgt wären. Alle Hoffnungen ruhen auf einem Vetter aus Lissabon, der brieflich seine Unterstützung zugesagt und seinen Besuch angekündigt hat. Die Eheschließung Sophies mit dem Kanzleirath Wallersdorf, den Frau Wagner Charlotte zugedacht hat, scheitert an Sophies Geständnis, daß sie während des Krieges einen französischen Hauptmann geheiratet hat, der sie mit einem Kind sitzenließ, welches bei armen Nachbarn aufwächst. Der erschütterte Wagner wird durch diese Nachricht geläutert und holt das Kind zu sich. Sivers, ein mittelloser, aber rechtschaffener und mahnender Freund des Vaters, ermittelt den Tod des Hauptmanns; trotz ihrer Zuneigung schlägt Sophie Sivers' Heiratsantrag aus, um durch eine Ehe mit Wallersdorf ihre Familie materiell zu sichern. Als Wallersdorf vom Kind erfährt, zieht er seinen Antrag zurück, und Sophies Liebesheirat mit Sivers steht nichts mehr im Weg. Abschließend offenbart sich Sivers als Graf Steinburg, der Vetter aus Lissabon, der zur moralischen Besserung der Familie seine wahre Identität geheimgehalten, einige Komplika-

tionen bewußt herbeigeführt und zuletzt die patriarchalische Ordnung wiederhergestellt hat. Seiner Rolle kommt die Aufgabe zu, die Vorzüge dieser Familienkonzeption zu proklamieren und das Publikum moralisch zu belehren. Als Kontrastfolie dient das Schicksal von Charlotte und Wilhelm, die sich heimlich dem betrügerischen Baron von Pollwicki auf dessen Reise nach Italien angeschlossen haben, von wo sie nach dessen Arretierung entehrt und reumütig zurückkehren.

Lit.: H. A. Glaser: Das bürgerliche Rührstück, 1969, S. 17–20.

Olaf Petersenn

Schummel, Johann Gottlieb (1748–1813)

Das Duell. Ein Lustspiel in Drey Aufzügen von dem Verfasser der Empfindsamen Reisen durch Deutschland. Wittenberg und Zerbst 1773.
UA: Hamburg, 10.5.1779 (?)

Das Duell ist eine von drei Prosakomödien, die der Magdeburger Präzeptor Johann Gottlieb Schummel unter dem programmatischen Titel *Lustspiele ohne Heyrathen* auch gesammelt publizierte. Damit wollte er ein eigenes Genre begründen, in dem die Liebe mehr gilt als die Ehe.

Die eheliche Verbindung zwischen dem redlichen Hauptmann Blumenthal und seiner klugen Frau Sophie wird von deren Bruder, dem Major von Eisthal, angefochten. Er fordert seinen Schwager heraus, weil dieser als Bürgerlicher für die Familienehre untragbar sei. Sophie, die selbstbewußte Hauptperson des Stücks, hintertreibt diesen Plan, indem sie zunächst scharf dagegen argumentiert, ihn dann aber verrät und schließlich die Pistolen vom Kampfplatz entwendet. Sie entlarvt den adligen ‹point d'honneur› als grundlos und desavouiert den soldatischen Ehrenkodex. Als sich aber herausstellt, daß Blumenthals adliger Va-

ter selbst durch ein Duell zum Mörder geworden war und nach seiner Flucht den Sohn bürgerlich erziehen mußte, erweist sich der beinahe katastrophisch endende Konflikt in seiner ganzen Nichtigkeit und Lächerlichkeit. Die Nobilitierung und Beförderung Blumenthals zum Major belohnt seine Integrität und beschämt seinen streitsüchtigen und adelsstolzen Gegner.
Das Duellwesen wird hier aus der Perspektive der Aufklärung als unvernünftiges, unmoralisches und ungesetzliches Standes- und Militärprivileg entlarvt, wobei eine Frau Humanität und Vernunft vertritt. Während der junge Goethe in den *Frankfurter Gelehrten Anzeigen* den Mangel «an Kenntniß, an Geschmack und Anstand» beklagt hat, attestiert Carl Georg von Maassen 1920 in seinem Vorwort zu Schummels satirischem Roman *Spitzbart* (1779) dem Stück «einen außerordentlichen bühnenwirksamen Aufbau und einen erfreulich natürlichen Dialog».

Lit.: G. Weigand: J. G. Schummel, 1925, S. 86–92.

Alexander Košenina

Soden, (Friedrich) Julius (Heinrich) Reichsgraf von (1754–1831)

Ernst, Graf von Gleichen, Gatte zweyer Weiber. Ein Schauspiel in fünf Aufzügen. Augsburg 1791.
UA: ?

Das Prosaschauspiel in fünf Aufzügen, in dem die Einheit von Ort und Zeit nicht gewahrt ist, beruht auf der Sage von der Doppelehe eines Grafen von Gleichen zur Zeit der Kreuzzüge. Der in zahlreichen Chroniken überlieferte Stoff wurde im 17. Jahrhundert mehrfach dramatisiert; 1819 veröffentlichte Achim von Arnim das Schauspiel *Die Gleichen.*
Die Handlung beginnt damit, daß Graf Ernst von Gleichen zu einem Kreuzzug aufbricht. Zum Beschützer seiner geliebten Frau

Bertha bestimmt er für die Zeit seiner Abwesenheit den Vasallen Berga, obwohl Bertha ihm enthüllt, daß dieser sie in unziemlicher Weise umworben hat. Graf Ernst gerät in türkische Gefangenschaft, wo sich die schöne und kluge Sultanstochter Fatime in ihn verliebt. Bezaubert von ihrem Liebreiz, kann sich Ernst – trotz andauernder Sehnsucht nach Berta – einer leidenschaftlichen Liebe zu ihr nicht erwehren, und Fatime strebt ein Liebesverhältnis zu dritt an. Als der Sultan von der Liebe seiner Tochter zu dem Christen erfährt, ist er nach langem Zögern bereit, der Verbindung zuzustimmen, verlangt aber den Übertritt von Gleichens zum Islam. Obwohl dieser seinem Glauben treu bleibt, erhalten die Liebenden schließlich doch den Segen des Sultans und ziehen nach Deutschland. Hier hat Berga die falsche Nachricht vom Tode des Grafen verbreitet, um Bertha noch heftiger bedrängen zu können. Als Ernst erscheint, flüchtet er; Berta, Fatime und Graf Ernst finden in einem tugendreichen Liebesbündnis zueinander.
Das Schauspiel ist ein Beitrag zur Diskussion über neue, unkonventionelle Formen der Liebesbeziehung, die nach der Uraufführung von Goethes ähnlich gelagerter *Stella* (1776) wegen der dort propagierten Konfliktlösung intensiv geführt wurde. Soden preist in seinem Stück im Namen von Natur und Liebe eine ungewöhnliche Lebensform, die den Tugendhaften aller Völker und Religionen erlaubt sein soll.

Lit.: P. Hanke: Ein Bürger von Adel, 1988, S. 77–82. O. Hachtmann: Graf Julius Heinrich von Soden als Dramatiker, 1902, S. 53–57.

Nicola Graap

Ignez de Castro. Ein Trauerspiel. Dessau und Leipzig 1784.
UA: ?

Die fünfaktige Prosatragödie, die die Einheit von Zeit und Raum, nicht aber die des Ortes wahrt, geht auf Ereignisse der portugiesischen Geschichte des 14. Jahrhunderts zurück. Seine bedeutendste epische Gestaltung fand der Stoff in den *Lusiaden* von Camões (1572). Seit dem 17. Jahrhundert sind zahlreiche Dramatisierungen überliefert.
Der Infant Dom Pedro kehrt von einer Reise, während der er –

entgegen den Hoffnungen der königlichen Eltern – seine Geliebte Ines nicht vergessen hat, nach Portugal zurück. Da aus Pedros Ehe mit Constanze nur ein kränkelnder Sohn hervorgegangen ist, will der König den Infanten nach Constanzes Tod zu einer zweiten Ehe mit einer Fürstentochter bewegen, um durch gesunde Nachkommen die Thronfolge sowie die Unabhängigkeit Portugals zu sichern. Trotz des väterlichen Verbotes eilt Pedro nach Coimbra zu Ines, vermählt sich zunächst heimlich mit ihr und verlangt dann, daß sie von den Granden als künftige Königin Portugals anerkannt wird. Nach einer heftigen Auseinandersetzung mit dem Sohn folgt der anfänglich noch schwankende König dem Rat seiner Höflinge und läßt Ines töten. Die Handlung endet mit dem Racheschwur Pedros und dem inneren Zusammenbruch des Königs, der seine Untat verflucht und sich den Tod wünscht.

Das Trauerspiel feiert im Namen einer von der Natur sanktionierten, aufklärerisch-empfindsamen Liebesethik die Lauterkeit der Beziehung zwischen Ines und Pedro, der gegenüber die Argumente der Staatsräson unbedeutend erscheinen. Zur tragischen Zentralfigur entwickelt sich der König, der – hin- und hergerissen zwischen der Stimme der Vernunft bzw. der Natur und den Einflüsterungen angeblicher staatspolitischer Notwendigkeiten – am Ende seelisch vernichtet ist. Ines wird als unbedingt liebende, empfindsame Protagonistin in opernhafter Weise zu einer Heiligengestalt erhöht.

Lit.: P. Hanke: Ein Bürger von Adel, 1988, S. 77–82. O. Hachtmann: Graf Julius Heinrich von Soden als Dramatiker, 1902, S. 29–39.

Nicola Graap

Speckner, Joseph Valentin Edler von
(† 1784)

Darius, ein Trauerspiel in einem Aufzuge. München 1775.
UA: Schrobenhausen, 19.9.1774

Die kurze Blankverstragödie (vier Auftritte) behandelt den Tod des Perserkönigs Darius III. (330 v. Chr.); als Quelle wird eine Stelle aus dem 5. Buch des Q. Curtius Rufus (wohl aus der Alexander-Vita) angegeben.
Dramatische Aktionen finden nicht statt. Im 1. Auftritt beklagt der Grieche Polystrat den von Darius' engsten Vertrauten begangenen Meuchelmord am Perserkönig, dann beherrscht der sterbende Darius die Szene. Tödlich verletzt in einen Wald entflohen, bietet er wechselnden Gruppierungen Anlaß, ihr Mitleid zu bezeugen. Im letzten Auftritt kommt es zur Begegnung mit dem siegreichen Alexander. Nach einer kurzen Lobrede auf den edelmütigen Mazedonier verscheidet der Perser im Kreise von gerührten Angehörigen, Freunden und Feinden; der von Tränen übermannte Alexander schwört Rache an Darius' Mördern.
Wie es dem Zeitgeschmack entsprach, will dieses zum ‹tableau› geronnene Drama – «eine Trauerszene, kein Trauerspiel» (Legband) – Fürsten in ihrer Menschlichkeit präsentieren; durch sein Mitleid mit dem gemeuchelten Gegner, durch seine Tränen erweist sich Alexander als würdiger Weltenherrscher. So konventionell sich der Inhalt des Stücks gibt, so unkonventionell wirkt seine sprachliche Form: Es ist reich an gefällig formulierten Sentenzen über Fürstennot und Fürstenglück; vor allem aber exzelliert es als früher süddeutscher Beleg für den Siegeszug des Blankverses, und dies schon Jahre vor Lessings *Nathan.*

Lit.: P. Legband: Münchener Bühne und Litteratur im achtzehnten Jahrhundert, 1904, S. 273–275.

Werner Konrad

Spiess, Christian Heinrich
(1755–1799)

Marie Stuart. Ein Trauerspiel in fünf Aufzügen. Wien 1784.
UA: Wien, 1784

Die Prosatragödie verdichtet die in Wahrheit 19jährige Gefangenschaft der katholischen Titelheldin in England auf eine wenige Tage umfassende Handlung; die aristotelischen Einheiten von Ort und Zeit sind nicht gewahrt. Marias Tod wird nicht mehr, wie es vor allem im barocken Ordensdrama der Fall war, als Martyrium vorgeführt, sondern rührt als würdevolles Sterben der aufgeopferten Unschuld. Maria ist das Opfer einer politischen Verschwörung englischer und schottischer Adeliger, die durch gefälschte Beweise Marias Schuld an der Ermordung ihres Gatten Henrey Darnley fingieren. Dadurch wird eine Verurteilung Marias durch die englische Justiz initiiert und schließlich Marias Hinrichtung durch Elisabeths Unterschrift auf dem Todesurteil veranlaßt. Ins Zentrum der Handlung rückt auf dieser Folie bei Spieß die überwiegend in italienischen Bearbeitungen und endgültig mit John Banks *The Island Queens* (1684) vorgeprägte, unglückliche Liebe zwischen Maria und dem Herzog von Norfolk, einem Admiral der englischen Krone und zugleich Favorit der Elisabeth.

Die privat-erotische Handlung um Norfolk und Maria entfaltet das im Sturm und Drang entwickelte Konzept der bedingungslosen Liebe zum optimalen Partner. Dabei ersetzt die ideale Vorstellung des jeweils anderen die eigene Person völlig, und die Gemeinschaft der Liebenden gilt als allein sinnstiftend: Norfolk, der sich zugunsten Marias gegen Elisabeth verschworen hat, ersticht sich trotz seiner Begnadigung, als er erkennt, daß Maria nicht mehr zu retten ist; Maria bittet ihrerseits um Beschleunigung der Hinrichtung, als sie von Norfolks Tod erfährt. Elisabeth erscheint als zögerliche, wankelmütige, eitle und eifersüchtige Frau, die Norfolk verloren hat und deshalb an Marias Gattenmord glauben will, um die Rivalin hinrichten zu können. Maria besitzt zwar einen legitimen Anspruch auf Elisabeths Thron, hat darauf aber längst verzichtet und versagt ihn in ihrem Testament auch ihrem Sohn. Wie Maria und Norfolk ist Elisabeth letztlich ebenfalls Opfer des Kanzlers Sir Walter, des eigentlichen Herrschers in England, der sich aus ökonomischem Eigennutz mit Marias Halbbruder, der Regent von Schottland werden will, verschwört. Einer individuellen erotischen Selbstverwirklichung der Figuren steht die abgewertete, vorgegebene gesellschaftliche Ordnung entgegen, in der Gefühle zum Scheitern verurteilt sind.

Der aus der fahrenden Schauspielerei kommende Spieß orientiert sein Trauerspiel immer wieder am dramatischen Effekt, wenn z. B. Elisabeth das Liebesgeständnis zwischen Norfolk und Maria belauscht und beide zur Rede stellt. Diese Konstruktion auf den Effekt hin wird selbst thematisiert, wenn die Schurken ihre Verschwörung als Theaterinszenierung charakterisieren (Sir Walter: «Sobald er seine Rolle ausgespielt hat, will ich ihn mit Anstand vom Theater nehmen»).

Jan-Oliver Decker

Steffens, Johann Heinrich
(1711–1784)

Clarissa, ein bürgerliches Trauerspiel, in drei Aufzügen, nach Anleitung der bekanten Geschichte, von J. H. Steffens, Rector der Zellischen Schule. Zelle 1765.
UA: Celle, 1765

Die Prosatragödie stützt sich auf das Motiv der unschuldig Verführten aus Samuel Richardsons sentimentalem Briefroman *Clarissa; or the history of a young Lady* (1748).

An Clarissas Sterbebett informiert der Dialog zwischen ihrem engen Vertrauten Bellford und dem Arzt den Zuschauer über die Vorgeschichte: Die ebenso schöne wie tugendhafte Clarissa hat sich von ihrem Verehrer Löwelace entführen lassen, nachdem

dessen Heiratsantrag von ihrer wohlhabenden bürgerlichen Familie zurückgewiesen worden war. Er mißbraucht jedoch ihr Vertrauen, will die «Krone des Geschlechts» verführen und vergewaltigt schließlich das standhafte Mädchen. Da die Familie Clarissa inzwischen verstoßen hat, ist sie schwer erkrankt, und der nahende Tod erscheint als einziger Ausweg, weil sie mit ihrer Schuld nicht weiterleben kann.
Im folgenden versucht Löwelace immer wieder, Zutritt zu Clarissas Krankenlager zu erhalten, wird jedoch stets abgewiesen. In einem langen Dialog mit Oberst Morden, einem aus der Fremde zurückgekehrten Vetter Clarissas, bereut er sein «schändliches Verfahren» und rechtfertigt es zugleich mit seiner großen Leidenschaft. Erst am Schluß des Dramas, beim Anblick der toten Clarissa, begreift er seine durch Morden beim Duell zugefügte tödliche Verletzung als gerechte Strafe und erbittet die göttliche Vergebung.
Mit Morden bringt Steffens einen im Sinne Lessings ‹gemischten Charakter› auf die Bühne. Er verletzt zwar nicht die bürgerlichen Familientugenden (Humanität, Toleranz, Mitleidensfähigkeit), ist aber gleichwohl mit menschlichen Schwächen (jugendlichem Fehlverhalten, aufbrausendem Temperament) ausgestattet. Clarissa, die noch in ihrer letzten Stunde ihrer Familie und ihrem Peiniger vergibt, zeigt unbegrenzte Leidensfähigkeit und besitzt insofern Vorbildcharakter. Das Geschehen konzentriert sich auf die Darstellung seelischer Vorgänge, die Rührung und Mitleid erwecken, um das Publikum, das sich vermutlich primär aus seinen Schülern zusammensetzte, zu sittlich gutem Verhalten zu bewegen.

Andrea Brandhoff

Stein-Kochberg, Charlotte Albertine Ernestine von (1742–1827)

Dido. Ein Trauerspiel in fünf Aufzügen. Herausgegeben von Heinrich Düntzer. Frankfurt am Main und Leipzig 1867.

Das 1794 entstandene und – von zwei freirhythmischen Verspartien abgesehen – in Prosa verfaßte Trauerspiel wurde trotz Schillers entschiedener Befürwortung zu Lebzeiten der Verfasserin weder aufgeführt noch gedruckt, sondern erstmals 1867 veröffentlicht. Die Handlung orientiert sich, im Gegensatz zu früheren Dido-Dramen wie etwa dem von J. E. Schlegel (1739), nicht an der vergilischen, sondern an der bei Justinus überlieferten Fassung des Stoffes, in der die Aeneas-Figur noch keine Rolle spielt.

Karthagos Königin Dido, die ihrem ermordeten Gatten ewige Treue geschworen hat, wird von dem macht- und habgierigen König Jarbes unter Kriegsdrohungen zu einer neuen Heirat gedrängt. Da das von einer Gelehrtentrias (Dichter, Philosoph, Geschichtsschreiber) beeinflußte Volk Jarbes' Drängen unterstützt, Dido aber nicht zum Einlenken bereit ist, will sie abdanken und zieht sich allein ins nahe Gebirge zurück, während ihre engste Freundin Elissa in Karthago bleibt. Jarbes, der die Stadt bereits betreten hat, versucht erfolglos, Elissa sowie Didos Vertrauten, den Priester Albicerio, zur Preisgabe des Aufenthaltsorts zu zwingen. Als Albicerio sterben soll, kehrt Dido zwar rechtzeitig zurück und stimmt Jarbes' Verlangen scheinbar zu, begeht dann jedoch auf dem Scheiterhaufen Selbstmord.

Die lange ausschließlich als Schlüsseldrama und persönliche Abrechnung mit Goethe betrachtete Tragödie läßt sich auch als Kommentar zur Thematik des politischen Umsturzes lesen, in dem Zwietracht und Unruhe in einem eigentlich glücklichen Staat vor allem auf das Wirken unzufriedener Intellektueller zurückgeführt werden. Der Gegensatz von friedlich-gütiger und kriegerisch-barbarischer Herrschaft wird dabei ansatzweise mit dem Geschlechtergegensatz parallelisiert; der treuliebenden Dido stehen mit Jarbes und dem Dichter Ogon Exemplare männlicher Liebesunfähigkeit und Treulosigkeit gegenüber. Didos öffentlicher Selbstmord schließlich erscheint als rühmlicher Akt weiblicher Selbstbewahrung.

Lit.: S. Kord: Einleitung; in: Charlotte von Stein: Dramen (Gesamtausgabe). Hg. und eingeleitet von S. Kord, 1998, S. I-XXXIV, hier S. VIII-XII.

Tobias Witt

Stephanie d. J., Gottlieb
(1741–1800)

Der Deserteur aus kindlicher Liebe. Ein Lustspiel in drey Aufzügen.

In: Stephanie des Jüngern sämmtliche Schauspiele. Dritter Band. Wien 1776, S. 193–268.
[zugleich unter dem Titel *Der Deserteur aus Kindesliebe* auch selbständig erschienen: Königsberg und Leipzig 1776]
UA: Wien, 1773 (?)

Das rührende Lustspiel des Wiener Theaterroutiniers schließt sich an das im Gefolge von Lessings *Minna von Barnhelm* (1767) besonders populäre Genre ‹Soldatenstück› an. Die Handlung orientiert sich zum einen an J. J. Engels Lustspiel *Der dankbare Sohn* (1771), zum anderen an M.-J. Sedaines Singspiel *Le Déserteur* (franz. 1769/ dt. 1770).

Das – in einem nicht näher bezeichneten deutschsprachigen Königreich lebende – ehrbare Bauernehepaar Holbeck ist, seitdem der unmenschliche Dorfamtmann den einzigen Sohn zum Militärdienst eingezogen hat, schuldlos in Not geraten und soll nun bei Zahlungsunfähigkeit auch noch das Haus verlieren. Als Soldaten einquartiert werden, kommt es zur Wiederbegegnung mit dem geliebten Sohn, der es inzwischen beinahe zum Offizier gebracht hat und alles tun will, um seinen Eltern zu helfen: Er desertiert, damit

ihn sein Onkel aufgreifen und mit der Belohnung die Schulden bezahlen kann. Nachdem Sohn Holbeck für seine Desertion nur außergewöhnlich milde bestraft worden ist, wird der Betrug aufgedeckt; dennoch darf Vater Holbeck mit der Belohnung seine Schulden begleichen, während der Sohn für seine selbstlose Pietätshandlung nicht nur von allen Seiten gerühmt, sondern auf Befehl des gerührten Königs sogar zum Fähnrich ernannt wird.
Im Konflikt zwischen Soldaten- bzw. Untertanenpflicht und Kindesliebe wird der Vorrang letzterer sogar von höchster Stelle wie selbstverständlich anerkannt. Zugleich geht es jedoch darum, König und Militär in patriotischer Absicht als Garanten einer menschlichen und gerechten Staatsordnung vorzuführen, was aufkommende Zweifel, ob die Rechtschaffenheit des Untertanen auch wirklich persönliches Glück mit sich bringt, gerade wieder ausräumen soll.

Lit.: S. Hochstöger: Gottlieb Stephanie der Jüngere; in: Jahrbuch der Gesellschaft für Wiener Theaterforschung 12, 1960, S. 3–82 (hier S. 58f. und 76f.).

Tobias Witt

Stolberg-Stolberg, Friedrich Leopold Graf zu (1750–1819)

Timoleon. Ein Trauerspiel mit Chören, von Friederich Leopold Graf zu Stolberg. Manuscript für Freunde. Copenhagen 1784.

Die dreiaktige Tragödie orientiert sich nicht an der ‹tragédie classique› Frankreichs, sondern am pathosträchtigeren Muster der attischen Tragödie; Blankverse und strophische Chorgesänge wechseln einander ab. Die Geschichte des Timoleon, der 365 v. Chr. im Interesse der Freiheit seinen Bruder, den korinthischen Tyrannen Timophanes tötete, ist namentlich bei Plutarch und Cornelius Nepos überliefert.

Selbst am Fest des Poseidon meiden die Nachbarstaaten den Kontakt mit dem unter Timofanes' Tyrannei erstarrten Korinth. Während Timoleon und seine Freunde das Recht zum Tyrannenmord noch diskutieren, stimmt der «heil'ge Reigen» (in Anlehnung an die ‹Heilige Cohorte› in Klopstocks *Die deutsche Gelehrtenrepublik*, 1774) aufrührerische Gesänge an. Timofanes läßt die Mitglieder des Chors gefangensetzen und gibt heimlich den Befehl zu ihrer Ermordung. Der Selbstmord des greisen Vaters des Chorjünglings Kreon liefert den letzten Anstoß zur Tat: Nach Art des Mords an Cäsar erdolchen Aischuelos und Orthagoras feierlich den Tyrannen. Timoleon, der die Tat geduldet hat, wird vom Volk als Befreier gepriesen.

Die das Genre Trauerspiel konstituierende Tragik bleibt aus: Den Konflikt zwischen Geschwisterliebe und Tyrannenhaß hat Timoleon bei Einsetzen der Handlung bereits zugunsten der Freiheit entschieden. Strukturell deutet ein Traum von Timoleons Braut Psuechae die Tat voraus. Einzig die wütende Trauer der Mutter Daemristae lädt das Geschehen mit emotionaler Spannung auf.

Stolbergs erstes Drama führt seinen politisch-poetologischen Standpunkt vor: ‹Handeln›, das «göttlich Ding», unterliegt im «cultivierten Staat» starken Hemmnissen (an Johann Martin Miller, 12. März 1774) und verlangt deshalb nach Enthusiasmus, den sein affektstarkes ‹Gesamtkunstwerk› hervorrufen will.

Lit.: A. Meier: Dramaturgie der Bewunderung, 1993, S. 338–342.

Ulrike Leuschner

Sturz, Helferich Peter
(1736–1779)

Julie, ein Trauerspiel in fünf Aufzügen. Mit einem Brief über das deutsche Theater an die Freunde und Beschützer desselben in Hamburg. Kopenhagen und Leipzig 1767.
UA: Hamburg, 15. 10. 1767 (früheste ermittelbare Aufführung)

Das anläßlich der Eröffnung des Hamburger Nationaltheaters erschienene bürgerliche Trauerspiel des Prosaisten Sturz bezieht seinen Stoff aus Frances Brookes Briefroman *The History of Lady Julia Mandeville* (1763).
Julie von Wohlau soll anstelle ihrer Jugendliebe Belmont den Sohn eines verstorbenen Freundes ihres Vaters, den ungeliebten Woldemar, heiraten. Obwohl Julie Woldemar zum großmütigen Verzicht auf sie bewegen kann, wird sie von ihrem Vater seinem eigenen Halbbruder, einem abgedankten Capitain, übergeben, der Julies Willen mit unmenschlicher Härte brechen will. Mit Woldemars Hilfe gelingt der verzweifelten Julie die vorübergehende Flucht, woraufhin der bestürzte Vater endlich in die von ihr gewünschte Verbindung einwilligt. Aufgrund eines tragischen Irrtums glaubt Belmont, Woldemar sei endgültig Julies Bräutigam, und greift ihn an. Belmont kommt im Kampf ums Leben, woraufhin Julie dem Wahnsinn verfällt.
Das verschiedentlich als Vorbote des Sturm und Drang verstandene Trauerspiel ergreift Partei für die leidenschaftliche Liebe der Titelheldin. Dennoch zeigt sich die Ambivalenz jugendlicher Affektbestimmtheit darin, daß Belmonts Unbeherrschtheit die auf einem bloßen Mißverständnis beruhende tragische Katastrophe entscheidend begünstigt.

Lit.: C. Mönch: Abschrecken oder Mitleiden: das bürgerliche Trauerspiel im 18. Jahrhundert, 1993, S. 139–143.

Tobias Witt

Tieck, Ludwig
(1773–1853)

Der gestiefelte Kater. Kindermährchen in drei Akten, mit Zwischenspielen, einem Prologe und Epiloge.
In: [Ludwig Tieck]: Volksmährchen, herausgegeben von Peter Leberecht. Zweiter Band. Berlin 1797, S. 1–144.
UA: Berlin, 20. 4. 1844

Das Lustspiel gestaltet Charles Perraults Märchen *Le Maistre Chat ou Le Chat Botté* (1697) als ‹Spiel im Spiel›, um nicht nur das zeitgenössische Genre ‹Familiengemälde› à la Iffland oder Kotzebue zu attackieren, sondern nach dem Prinzip ‹romantischer Ironie› vernünftige Ordnungsstrukturen als solche zu suspendieren.
Die eigentliche ‹Handlung› besteht in einer mehrfach verunglückenden Theateraufführung des Märchenspiels, in dem der verschlagene Kater Hinze durch Verkleidung und Intrige dem armen Bauernsohn Gottlieb letztendlich zur Rolle des Prinzessinnengatten verhilft. Da sich die fiktiven Zuschauer durch zahlreiche Unwahrscheinlichkeiten und bühnentechnisches Mißgeschick in ihrem philiströsen Geschmack verletzt fühlen, kommt es wiederholt zu erheblicher Verwirrung zwischen Publikum und Bühne, die zum Teil durch den persönlich auftretenden Dichter des Binnenspiels, zum Teil durch den Einsatz publikumswirksamer Versatzstücke aus Mozarts *Zauberflöte* geschlichtet werden muß.
Der selbstreflexive Theaterscherz und das Spiel mit der Bühnenillusion, seit Aristophanes (z.B. *Die Vögel*) ein geläufiges Komödienmotiv, werden bei Tieck radikalisiert: Während die Schauspieler ihre Rolle üblicherweise nur transzendieren (durch das sogenannte ‹Aus-der-Rolle-Fallen›), vermischen sich im Darsteller des Hinze unterschiedliche Rollen oder deren Überbleibsel zu einem widersinnigen Konglomerat, wenn dieser in einer chaotischen Binnenszene wie eine verschreckte Katze eine Säule erklettert. Die Figuren verfügen vielfach über ein potenziertes Bewußtsein und sehen die Bedingungen ihrer eigenen dramaturgischen

Existenz ein (Hinze: «Ich habe ... dem Narren zu einem Siege über ein Stück verholfen, in dem ich die Hauptrolle spiele») oder diskutieren innerhalb des Stücks über dieses selbst mitsamt seinen Aufführungsbedingungen. Derart paradoxe Verschränkungen der Spielebenen und die mitunter völlig willkürliche Szenenfolge entziehen sich einem verstandesmäßigen Zugang. Die satirische Entlarvung der durch ihre Namen typisiert dargestellten Zuschauer (Fischer, Müller usf.), politische Anspielungen (etwa auf die Französische Revolution oder die Teilungen Polens) sowie die parodierende Einflechtung der zeitgenössischen Modeliteratur Kotzebuescher resp. Ifflandscher Provenienz sind dem Prinzip der «poetischen Satire» (Brummack) nachgeordnet, das sich im Sprengen konventioneller Schranken – rationaler Kategorien oder poetisch-ästhetischer Grundpositionen – und damit im zweckfreien Spiel als utopischer Kontrast zu sinnloser Zweckgebundenheit verwirklicht. Dem tatsächlichen Publikum des *Gestiefelten Katers* bietet sich im Sinne des Tieckschen Shakespeare-Verständnisses eine phantastische Totalität mannigfacher Elemente – nicht zuletzt dadurch, daß die scheinbar unverträglichen Bereiche bornierter Erstarrung und des poetischen Märchens zu einer arabesken Lust-Spiel-Einheit verschmelzen.

Eine zweite, nicht substantiell veränderte Fassung des Schauspiels ist 1812 in Tiecks *Phantasus* erschienen. Die «persönliche Satyre» (an Solger, 6.1.1815) auf Carl August Böttiger, einen Rezensenten Ifflands, gewinnt dort noch breiteren Raum, obwohl Tieck ihre Bedeutung nach der 1811 im Briefwechsel mit Solger beginnenden theoretischen Auseinandersetzung mit dem romantischen Ironiebegriff herunterspielt.

Lit.: J. Brummack: Satirische Dichtung, 1979, S. 46–69. U. Landfester: Ludwig Tiecks Komödie *Der gestiefelte Kater* (1797) in der Tradition des ‹Spiel im Spiel-Dramas›; in: W. Schmitz (Hg.): Ludwig Tieck, 1996, S. 101–134.

Martin Koberg

Prinz Zerbino oder die Reise nach dem guten Geschmack, gewissermaßen eine Fortsetzung des gestiefelten Katers. Spiel in sechs Aufzügen. Leipzig und Jena 1799.

Mit dem Auftreten bereits bekannter Protagonisten mehr inhaltlich als formal eine Fortsetzung des *Gestiefelten Katers*, verwirklicht das «wilde Phantasiespiel» (Tieck, Schriften 1828, Vorbericht zur zweiten Lieferung) das Ideal der romantischen ‹Universalpoesie› (F. Schlegel), indem es nach dem Vorbild von Shakespeares *Pericles* epische, lyrische und dramatische Elemente, komische und poetische Partien vereint.

Gottlieb sorgt sich als inzwischen regierender König um das Wohl seines Sohnes Zerbino, der an einem Übermaß an Phantasie leidet. Nach einer in Teilen erfolgreichen ‹Therapie› durch den Zauberer Polykomikus wird dem Prinzen zur endgültigen Genesung eine Reise nach dem «guten Geschmack» verordnet. Das für Tiecks Dramenfiguren charakteristische Gespaltensein erscheint im Königssohn als Schwanken zwischen den beiden Hauptströmungen am Hofe: dem trivialen Aufklärungsverständnis Gottliebs, des Hofgelehrten Leander, Hinz von Hinzenfelds auf der einen und der skurrilen Sinnesart des ‹Narren› Hanswurst und des ebenso ‹närrischen› alten Königs auf der anderen Seite.

Zerbino kann seinen Auftrag nicht erfüllen, schwört dann aber nach einem Kerkeraufenthalt der Poesie ab und verpflichtet sich fortan wie die [Pseudo-]«Poetischen» auf das ‹allgemeine Beste›. Das «Schauspiel, poetisch und launig, parodierend» (Tieck, Schriften 1828, Vorbericht zur zweiten Lieferung) spielt mit der künstlerischen Illusion und karikiert den «Ton der Anmaßung» (ebd.) trivialer Aufklärungsliteratur. Diese erscheint im Stück als leicht verdauliches Produkt einer Philister-Mühle, während ein poetischer «Garten» – Ort lyrischer Farbenpracht und synästhetischer Naturereignisse – mit Dante, Gozzi, Cervantes und Shakespeare die Vorbilddichter der Frühromantik beheimatet.

Lit.: R. Paulin: Ludwig Tieck, 1988, S. 106–109.

Martin Koberg

Die verkehrte Welt. Ein historisches Schauspiel in fünf Aufzügen.

In: [August Ferdinand Bernhardi (Hg.):] Bambocciaden. Zweiter Theil, III. Berlin 1799, S. 4–276.
UA: Berlin, 1975 (?)

Die romantisch-ironische Komödie, die wie der *Gestiefelte Kater* als Spiel im Spiel konzipiert ist, geht stofflich auf Christian Weises *Lust Spiel Von der Verkehrten Welt* (UA: 1683) zurück und übernimmt daraus typische Motive (Schur der Schäfer durch die Schafe, Klage des Lesers gegen den Autor). Sie besteht aus einem je satirischen oder grotesken Sammelsurium disparater Einzelszenen ohne logische Handlungsstringenz, wobei die Figuren ihre Rollen abwechselnd konstituieren und dann wieder demontieren. Die aus dem *Gestiefelten Kater* vertrauten literarischen Vorbilder (u.a. Aristophanes, Shakespeare, Ben Jonson, Beaumont, Fletcher, Gozzi, Holberg) prägen auch *Die verkehrte Welt*. Scaramuz, die bekannte Aufschneiderfigur der Commedia dell'arte, wird hier zur Karikatur des bloß utilitaristisch gesinnten Aufklärers. Sie bzw. ihr Darsteller ist der zugewiesenen Theaterrolle überdrüssig und usurpiert mit der Unterstützung des fiktiven Publikums die Rolle Apolls als Schutzgottheit der Kunst. Während Scaramuz-Apoll den Parnaß unter bloß kommerziellen Hinsichten als Brauerei nutzt, flüchtet der Entmachtete als Schafhirt ins ‹arkadische› Exil. Den theatralischen Figuren eignet durchweg ein besonders potenziertes Bewußtsein, das ihr eigenes dramaturgisches Sein ebenso wie die formale Bedingtheit des Stückes umfaßt und daher mitunter zu komischen Paradoxien führt, wenn etwa der Wirt die existentielle Bedrohung seines Wirtshauses nicht innerhalb der Handlungsebene des Stücks begründet, sondern auf seine geschwundene Bedeutung in der zeitgenössischen Literatur zurückführt.

Die Vermischung von Rollen (z.B. bleibt Pierrot auch nach seinem Sprung in das Parterre seiner Rolle als Dienerfigur verhaftet) korrespondiert mit den paradoxen Verschränkungen der Spielebenen. So hebt sich in einem zu Scaramuz' Ehren aufgeführten Theaterstück – einem Spiel im Spiel des Spiels also – der

Vorhang für ein weiteres Schauspiel, dessen Horizont durch die Erzählung eines Traums nochmals überschritten wird. Dabei partizipieren einige Schauspieler gleich an mehreren Spielebenen, überspringen und vernichten sie. So wie später Apoll die mit Hilfe seiner Anhänger erfolgreich durchgeführte Gegenrevolution zum bloßen Spiel erklärt, wird das Spielgefüge als «eigentliche Comödie» decouvriert.

Tiecks Verleger, Friedrich Nicolai, hatte unter Hinweis auf die «excentrische [...] Imagination» (an Tieck, 19.12.1797) eine Veröffentlichung des Lustspiels in der Erzählsammlung *Straußfedern* abgelehnt, so daß es schließlich in die *Bambocciaden* einging. In die Werkausgabe von 1828 übernimmt Tieck größtenteils die inhaltlichen und formalen Änderungen der zweiten Fassung (1812 im *Phantasus* erschienen), stellt indes die dort getilgten politischen Anspielungen wieder her.

Durch die willkürliche, konfuse Gestaltung der Komödie wird der Topos des sogenannten ‹mundus inversus› verkehrt: Zeigte das Theater des Barock als ‹theatrum mundi› eine sündige und damit vorübergehend aus den Fugen geratene Welt, demonstriert Tieck mit der verwirrenden Darstellung der Welt ihre wesentliche Struktur. Die wiederholte Destruktion eines gerade begründeten Spielhorizonts im weltanalogen Theater bringt den von F. Schlegel formulierten dynamischen Prozeß «der steten [...] Selbstschöpfung und Selbstvernichtung» (Athenäums-Fragment 51) zum Ausdruck, der das ironische Weltverhältnis der Frühromantiker reflektiert: Die unaufhörliche Abstandnahme zum je defizitär erlebten Sein läßt ex negativo Unendlichkeit und Ganzheit erahnen und ermöglicht «die Verbindung des In-der-Welt-Seins mit dem Über-der-Welt-Stehen» (Szondi).

Lit.: M. Frank: Das Problem ‹Zeit› in der deutschen Romantik, [2]1990, S. 299–355. P. Szondi: Schriften II, 1977, S. 25–31.

Martin Koberg

Törring, Joseph August Graf von
(1753–1826)

Agnes Bernauerinn. Ein vaterländisches Trauerspiel. 1780.
UA: Mannheim, 6. 1. 1781

Im Zentrum der in München erschienenen Prosatragödie steht vordergründig der Tod der Augsburger Baderstochter Agnes Bernauerin 1435 zu Straubing. Die historisch dokumentierte ‹Privat›-Geschichte vom Untergang eines Bürgermädchens wird jedoch in der für die bayerischen Patriotendramen signifikanten Weise von einer Fürstenhandlung überlagert, welche die Frage nach dem guten Herrscher stellt: Der junge Herzog Albrecht – unstandesgemäß mit Agnes verheiratet – hat den Kampf zwischen den «eingeführten Pflichten der Stände» und den «natürlichen Rechten des Herzens» (Westenrieder) auszutragen. Vor allem dem Einwirken von Kaspar dem Thorringer (wie in *Kaspar Der Thöringer* und *Der Bürgeraufruhr in Landshut* mit der Rolle des Fürstenerziehers betraut) ist es zu verdanken, daß Albrecht die Unhaltbarkeit der Mésalliance einzusehen beginnt und sich dem Pflichtethos beugt: Fürsten stehen nicht über den Gesetzen. Die von Albrechts Vater und insbesondere dem Vicedom von Straubing angezettelte Intrige, die mit Agnes' Ertränkung in der Donau endet, vollendet demnach nur noch äußerlich, was für den jungen Fürsten innerlich bereits Realität ist: Obwohl es sich um einen persönlichen Racheakt des Vicedoms handelt, macht Agnes' Tod Albrecht die Erfüllung seiner Fürstenpflichten möglich; Agnes ist «Schlachtopfer des Staats». Die Inszenierung ihres Untergangs spielt derart deutlich mit den Versatzstücken der zeitgenössischen bürgerlichen Trauerspiele (Verginia-Motiv), daß oft nur die emotionalistische Komponente des Texts (Identifikation mit der verfolgten Unschuld) rezipiert wurde. Doch schon im Jahr der Uraufführung präsentierte der Mannheimer Anton von Klein die damals auf der Bühne ungemein erfolgreiche *Agnes Bernauerinn* als positives Gegenstück zu Lessings *Emilia Galotti*, weil anders als bei

Lessing hier das Private von öffentlichem Belang sei und die Dramenhandlung damit – analog zur attischen Tragödie – Heroismus und Leidenschaft vereine.

Lit.: W. Konrad: Patriotendrama – Fürstendrama, 1995, S. 42–51.

Werner Konrad

Kaspar Der Thöringer. Ein historisches Schauspiel in fünf Aufzügen. Clagenfurth 1785.
UA: ?

Das ‹vaterländische Schauspiel› in Prosa (gegen den Willen des Autors veröffentlicht) behandelt einen historisch belegten Zwist zwischen den Häusern Törring (Kaspar der Thöringer) und Wittelsbach (Herzog Heinrich von Landshut). Wie in Törrings *Agnes Bernauerinn* und Nagels *Bürgeraufruhr in Landshut* figuriert der Titelheld als Inbegriff des Fürstenerziehers; mit Nagels Drama verbindet das Stück zudem die (anachronistische) Einbeziehung der Landshuter Bürgererhebung.
Als sich Herzog Heinrich durch die Niederschlagung berechtigter Landshuter Bürgerproteste als Tyrann erwiesen hat, stellt sich für Kaspar als den Ersten der Landstände die für die bayerischen Patriotendramen konstitutive Frage nach dem Umgang mit pflichtvergessenen Fürsten: Er entscheidet sich im Interesse des Landes für Krieg. Militärisch in Bedrängnis geraten, muß er das Problem neu formulieren: Darf er seine Privatinteressen (Hilfe für die eigene Burg) über die Interessen des Landes (Eroberung Landshuts) stellen? Vor der Veste Törring gelingt ein verlustreicher Sieg über die herzogliche Streitmacht; dabei stirbt Kaspars Frau, er selbst wird in der Folge geächtet. Erst das Dazwischentreten eines Geistes – des Stammvaters des Hauses Törring – bewirkt eine Aussöhnung mit dem seinerseits gebesserten Herzog. Als Diener eines «souverainen Vaterlandes» fügt sich Kaspar im Bewußtsein, der «bessere Wittelsbacher» zu sein.
Insgesamt bietet das Stück – jenseits der Modernität des darin vertretenen Staatsbegriffs – das seltene Beispiel eines Texts, in dem persönliche Umstände eines Autors (Familiengeschichte), Dra-

mentradition (Präsentation von Tugendhelden) und Aktualität (Kritik am Herrscherhaus der Wittelsbacher im Gefolge ihrer Ländertauschpläne) zu einer glaubwürdigen Synthese finden.

Lit.: W. Konrad: Patriotendrama – Fürstendrama, 1995, S. 77–85.

Werner Konrad

Trenck, Friedrich Freiherr von der (1726–1794)

Araxane. Ein erdichtetes Trauerspiel. Aufgeführet auf dem kaiserlich königlich privilegierten Stadt=Theater in Wienn nächst dem Kärntner=Thor. Verfasset von Herrn B.v.Trenck. Wienn 1754.
In: Die deutsche Schaubühne zu Wienn, nach Alten und Neuen Mustern, Fünfter Theil. Wienn 1754, S. 2–82.
UA: Wien, 1754 (?)

Das in Versen geschriebene Drama ist an verschiedenen Orten im Morgenland situiert. Im Mittelpunkt steht der Konflikt zwischen emotionaler Neigung und rationaler Pflichterfüllung.
Araxane, Tochter des Perserkönigs Mulay, hat den Heiratsantrag des Mohrenkönigs Jarbas ausgeschlagen und wird von diesem daraufhin in der väterlichen Residenz belagert; der asiatische König Osimann hat Araxanes vermeintlichen Bruder Selim getötet und sich der Stadt bemächtigt. Die Handlung setzt mit Araxanes Versprechen ein, den Mörder des Bruders zu töten; bei der Begegnung von Osimann und Araxane verwandelt sich der vorgefaßte Haß jedoch in wechselseitige Zuneigung. Aus Liebe unterwirft Osimann sich und fordert Araxane auf, den Racheschwur an ihm zu erfüllen. Da Mulay Rache für seinen Sohn schwört und als Kopfpreis Araxanes Hand aussetzt, scheint die Katastrophe unausweichlich. Als Araxane Osimanns Wunsch entsprechen will und mit dem Dolch vor ihm steht, erscheint Jarbas' Diener Pastinor, um Osimann zu töten. Araxane greift ein und läßt Osimann

durch ihren Diener Harbi, angeblich Pastinors Sohn, in die Sicherheit eines Kerkers bringen. Später wird sie von ihren Gefühlen überwältigt und fordert Harbi dazu auf, Osimann zu befreien und zu bewaffnen. Mit dieser emotionalen Entscheidung ebnet sie den Weg für die Lösung: Pastinor hat Mulay mit der Verheißung, Osimann dort überführen zu können, in einen Wald gelockt; zugleich plant Jarbas, Araxane aus der Stadt zu entführen. Osimann befreit Araxane und ihre Familie aus Jarbas' Hand und tötet ihn im Gefecht. Der durch seinen Eid gebundene Mulay kann seinem Retter nicht die gebührende Dankbarkeit erweisen, bis Pastinor sein Geheimnis preisgibt: Nicht Selim, sondern Harbi ist Mulays Sohn, da Pastinor die gleichaltrigen Kinder aus Herrschsucht einst vertauscht hat. Der personengebundene Eid ist gelöst, jeder findet sein Glück.

Nicole Gerstenfeldt

Uhlich, Adam Gottfried
(1720– ca. 1756)

Der Schlendrian, oder des berühmten Boockesbeutels Tod und Testament, ein Lustspiel von drey Aufzügen.
In: [Uhlich, Adam Gottfried:] Erste Sammlung neuer Lustspiele, Welche theils übersetzt, theils selbst verfertigt hat, A. G. U. Danzig und Leipzig 1746, S. 1–76.
UA: ?

Der ‹Vorbericht› bezieht das satirische Prosalustspiel auf Borkensteins berühmten *Bookesbeutel* und leitet dessen Titel von dem ‹Beutel› ab, in dem das Gesangbuch (niedersächs.: ‹Boock› = Buch) beim Kirchenbesuch getragen wurde. Das Wort steht metonymisch für ‹Schlendrian›, d. h. das Festhalten an althergebrachten Sitten und lächerlichen Gewohnheiten, die der kritischen Überprüfung durch die Vernunft nicht mehr standhalten. Der von Uhlich zur grotesken Karikatur gesteigerte Held Borkensteins – ein Familienvater aus der Provinz, der das von ihm repräsentierte Laster hier nun als Eigennamen trägt – will in seinem bedingungslosen Lob der alten Sitten sogar ein «Lexicon derer in allen Städten der Welt uralt hergebrachten Gewohnheiten» herausbringen. Zum Konflikt kommt es, als Boockesbeutel seine Tochter Amalia, die bei ihrem Onkel Ehrlichsheim in der Stadt eine aufgeklärte Erziehung genossen hat, mit seinem Neffen, dem lächerlichen Magister Boockesbeutelius verheiraten will, während Amalie den Sohn des aufgeklärten Nachbarn Vernunftlieb präferiert. Die drohende Verheiratung wird nur durch den plötzlichen Tod des Vaters verhindert (ein eigentlich gattungssprengendes Motiv, das durch grotesk-komische Umstände relativiert wird): Bei der Nachricht, daß ein lokales Schlachtfest abgeschafft werden soll, trifft Boockesbeutel der Schlag. Sein Testament verspricht demjenigen einen Teil des Erbes, der den Verfasser der Komödie *Bookesbeutel*, von dem er sich persönlich angegriffen fühlt, ohrfeigt. Die Vernünftigen äußern am Ende die Hoffnung, daß mit dem Titelhelden «alles, was Bocksbeutel heißt», zugrundegehe; der Heirat Amalias mit dem Nachbarssohn steht nichts mehr im Wege.

Im Zentrum des Stücks steht die Konfrontation einer vor- bzw. antiaufklärerischen Ehekonzeption, die ausschließlich äußerliche – vor allem materielle – Kriterien der Partnerwahl kennt, mit einer neuen aufklärerischen, die den Vorrang von innerlichen und personalen Kriterien wie Lebensart, Bildung, Tugend postuliert. Uhlich hat dabei im Vergleich zu Borkenstein die Amoralität der Unvernunft gesteigert, indem sämtliche Vertreter des nicht aufgeklärten Lagers (Vater, Mutter und Neffe) z. B. durch massive erotische Normverstöße diskreditiert sind.

Lit.: F. Heitmüller: Adam Gottfried Uhlich, 1894, S. 1–96.

Wolfgang Lukas

Ulysses oder Der für todt gehaltene aber endlich glücklich wieder gefundene Ehe-Gemahl. Ein Trauerspiel. Dieses deutsche Original ist in Leipzig von einer gelehrten Feder verfertiget. Wien 1751.
UA: Wien, ca. 1730

Die frühaufklärerische, regelkonforme Tragödie (fünf Aufzüge, Alexandriner, aristotelische Einheiten) dramatisiert die Heimkehr des Odysseus nach Homers *Odyssee*; die Verfasserschaft des anonym erschienenen Werkes ist nicht gesichert.
Die Klagen Penelopes und ihrer Vertrauten eröffnen das Drama: Ungewiß ist das Schicksal des Odysseus, der vor 20 Jahren nach Troja aufgebrochen war. Seiner treuen Ehefrau Penelope gelingt es durch eine List, unter den sie bedrängenden Freiern Zwietracht zu säen und Zeit zu gewinnen. Der von der Suche nach dem Vater zurückkehrende Telemach bringt die Nachricht, daß Odysseus lebt. In der Gestalt eines unerkannten Fremden prüft Odysseus in der sich zuspitzenden Situation die Stärke der Freier und die Treue von Ehefrau und Fürsten. Das Ende in poetischer Gerechtigkeit ist erreicht, als Odysseus mit seinem Bogen die Freier tötet und Penelope an der Narbe ihren Gemahl erkennt.
Die Gattungsbezeichnung ‹Trauerspiel› bezieht sich weniger auf den Ausgang der Handlung als auf den hohen, weil mythologischen Stoff, den die ‹Ständeklausel› traditionell der Tragödie als höchster Dramengattung zuordnet. Im Zentrum steht die ‹constantia› der Penelope, die einerseits auf die heroische Tragödie des 17. Jahrhunderts zurückverweist, andererseits aber im breit ausgemalten Schwanken zwischen Hoffnung und Verzweiflung auf die emotionalistische Dramaturgie der zweiten Jahrhunderthälfte vorausdeutet.

Nicola Graap

Unzer, Johann Christoph
(1747–1809)

Die neue Emma. Ein Lustspiel in drei Aufzügen.
In: Schauspiele von J. C. U., Hamburg 1782.
UA: ?

Das an einem herzoglichen Hof situierte Prosalustspiel folgt dem Muster des Rührstücks und präsentiert eine Melange aus Hofintrige und Liebeskomödie ohne konkreten historischen Bezug.
Die Tochter (‹Prinzessin›) eines vorbildlichen Herzogs, der seinen Gerechtigkeitssinn in einer Nebenhandlung durch Parteinahme für einen entrechteten Bauern demonstriert, unterhält heimlich eine unstandesgemäße Liebesbeziehung mit Graf Hochberg, einem Vertrauten des Vaters. Gefahr droht beiden durch einen Prinzen, der sich als Kammerherr Waller ausgibt und mit Hilfe einer Hofdame der Prinzessin Verbündete für seine Heiratspläne anwirbt. Als der Prinz der Prinzessin seinen vom Herzog gebilligten Antrag macht und ihr dabei seine wahre Identität offenbart, wird er brüsk zurückgewiesen. Er verabschiedet sich mit einem Racheschwur gegen einen vermuteten Nebenbuhler, woraufhin die echauffierte Prinzessin und der Graf beschließen, am nächsten Morgen dem Herzog ihre Heiratsabsicht zu eröffnen. Dazu kommt es nicht, da der Herzog den Grafen beim heimlichen Besuch der Gemächer seiner Tochter beobachtet und Hochberg nach Rücksprache mit den Regierungsräten zum Tod verurteilt. In einer Aussprache gelingt es dem Grafen und der Prinzessin dann doch noch, sich dem Herzog zu erklären und dessen Zustimmung zur Vermählung zu erhalten. Statt diese gleich zu verkünden, gibt der Herzog dem Hofstaat zunächst das Todesurteil über den Grafen bekannt und damit einigen Höflingen die Gelegenheit, durch ihre Genugtuung darüber ihre Beteiligung an der Intrige des Prinzen zu verraten. Den Schluß bilden die Aufhebung des Urteils sowie die Verkündigung der Verlobung.

Das Lustspiel bietet mit dem Landjunker von Lohr, einem Freund des Grafen, zwar eine komische Figur auf, leidet sonst aber unter dem Nebeneinander von weitgehend undramatischer Liebesintrige und unbedeutender Staatshandlung. Es entfaltet sich kein Spannungsbogen, und auch die Charakterzeichnung bleibt dürftig.

Olaf Petersenn

Vulpius, Christian August
(1762–1827)

Die Männer der Republik. Ein Lustspiel in zwei Aufzügen. Weißenfels und Leipzig 1788.
UA: ?

Die Verwechslungskomödie in freien Versen stellt unter Wahrung der aristotelischen Einheiten bürgerliche Eitelkeiten humoristisch bloß.
Emilie, die Tochter des Bürgermeisters, erhält nachts Besuch von Edmund, einem Unbekannten, der sich einerseits in sie verliebt haben will, andererseits das Haus ihres Vaters mit einem Bordell zu verwechseln scheint. Emilie weist ihn empört zurück, zeigt sich aber vom entschiedenen Auftreten des jungen Mannes beeindruckt. Als die Eltern von einer Theateraufführung zurückkehren, verlangt vor allem die Mutter Arabella eine Arretierung des Eindringlings; sie erliegt jedoch umgehend seinem Charme, als Edmund sich stellt und ihr gegenüber Verliebtheit vortäuscht. Allerdings mißlingt sein nachfolgender Fluchtversuch. Edmunds Emphase wird schließlich als verdeckte Verwandtschaft aufgelöst, da es sich bei ihm um das Kind aus einer früheren Verbindung Arabellas mit einem Grafen handelt. Seine erotische Faszinierheit durch Emilie gründet folglich in nichts als einer fehlgeleiteten Geschwisterliebe, so daß dem versöhnlichen Abschluß in der Wiedervereinigung der Familie nichts mehr im Wege steht.

Das Lustspiel geißelt die scheinheilige Welt bürgerlicher Regeln und Wohlanständigkeit. Obwohl sich die «Männer der Republik» (Bürgermeister, Lizenziat und Stadtschreiber) als Kunstfreunde bezeichnen und Höheres anstreben, bleiben sie in ihrer kleinen Welt persönlicher Eitelkeiten befangen. Dabei werden besonders erotische Mißgriffe satirisch überspitzt, wenn sich sowohl die Mutter als auch Wachtmeister Bleuer um wesentlich jüngere Partner bemühen oder Arabella die Tugend ihrer Tochter verteidigt, ihre eigene aber nur zu bereitwillig persönlichem Lustgewinn unterordnet.

Kai U. Jürgens

Wagner, Heinrich Leopold
(1747–1779)

Die Kindermörderinn, ein Trauerspiel. Leipzig 1776.
UA: Preßburg, Juli 1777

Das bürgerliche Trauerspiel in sechs Akten (ohne Szeneneinteilung) leitet den tragischen Konflikt aus dem Gegensatz von Adel und Bürgertum ab. In sozialkritischer Absicht werden jedoch nicht nur diese beiden streng geschiedenen Stände einander gegenübergestellt. Vielmehr repräsentieren die Hauptfiguren ein breites Spektrum der gesellschaftlichen Realität ihrer Zeit. Zum einen werden die verschiedenen Milieus durch ihre präzise Lokalisierung im realistisch gezeichneten Schauplatz Straßburg wirklichkeitsnah gestaltet (es handelt sich ausschließlich um Wohn- oder Innenräume als Orte der Privatheit und Intimität); zum anderen sind die Figuren gemäß ihrer Schichtzugehörigkeit durch jeweils unterschiedliche, charakteristische Sprechweisen, die vom derben Elsässer Dialekt über die empfindsam gehobene Sprache der Titelheldin und ihres Geliebten bis hin zur gelehrten und gestelzten Ausdrucksweise des Magisters reichen, auch sprachlich differenziert. Im Mittelpunkt des Geschehens und des Interesses steht jedoch eindeutig

die bürgerliche Sphäre, deren soziale und moralische Werte mit großer Konsequenz und Radikalität zur Geltung kommen.
Die Moralität des Bürgerstandes wird vor allem durch den wohlsituierten und standesbewußten Metzgermeister Humbrecht samt Frau und siebzehnjähriger Tochter Evchen repräsentiert. Letztere ist ohne Wissen des Vaters vom Lieutenant von Gröningseck, der im Humbrechtschen Haus logiert, zusammen mit ihrer Mutter auf einen Ball ausgeführt worden. Weder das naive Evchen noch die eitle Mutter haben bemerkt, daß es sich bei dem Wirtshaus zum gelben Kreutz, wohin sie der Leutnant zu fortgeschrittener Stunde einlädt, um ein Bordell handelt. Hier betäubt von Gröningseck die ahnungslose Mutter mit einem Schlaftrunk und vergewaltigt Evchen, die sich nun – normenkonform – selbst als «Gefallene» bzw. «Hure» verurteilt. Daher ist es für sie nur ein geringer Trost, daß der Leutnant sich vom skrupellosen Verführer zum treu Liebenden wandelt, als er von Evchens Schwangerschaft erfährt, und ihr mit der Verpflichtung auf ihre Verschwiegenheit die Heirat anträgt. In der Zeit des Wartens auf die Regelung der Erbangelegenheiten von Gröningsecks lassen die Gewissensbisse und bohrenden Nachfragen des in puncto Moral rigorosen Vaters das schwangere Evchen in immer größere «Kopfhängerey» versinken. Die Katastrophe nimmt freilich erst dann ihren Lauf, als der intrigante Lieutenant von Hasenpoth in das Geschehen eingreift. Er ist überzeugt, die Standesehre seines adligen Freundes retten und die Heirat mit der Metzgerstochter um jeden Preis verhindern zu müssen. Zu diesem Zweck schickt er einen gefälschten Brief an Evchen, in dem sich von Gröningseck in verletzendem Ton von ihr lossagt, woraufhin dem verzweifelten, inzwischen hochschwangeren Mädchen nur noch die Flucht aus dem strengen Elternhaus bleibt. Sie findet Unterschlupf bei einer Lohnwäscherin, Frau Marthan, und bringt dort in ärmlichsten Verhältnissen ihr Kind zur Welt. Als sie erfährt, daß ihre Mutter aus Kummer gestorben ist, tötet die «Muttermörderinn» in einem Anfall von Wahnsinn ihr Kind und wird somit auch noch zur «Kindermörderinn». Währenddessen wird sie von ihrem Vater verzweifelt gesucht; Evchen verhilft Frau Marthan zu dem ausgesetzten Finderlohn, indem sie ihr ihre wahre Identität enthüllt. Humbrecht und von

Gröningseck, der einer schweren Erkrankung wegen von Hasenpoths Intrige nichts erfahren hat, finden Evchen zu spät, und ihre Hinrichtung als Kindsmörderin scheint unabwendbar.
Mit dem Problem der verführten Unschuld, der aus Angst vor den drastischen Sanktionen verheimlichten Schwangerschaft und dem Kindsmord als scheinbar letztem Ausweg greift Wagner zeittypische Themen auf, die im Sturm und Drang vielfach literarisch behandelt werden (z. B. in Lenz' *Soldaten* und Goethes *Faust I*). Wagner ist der erste, der die bis dahin tabuisierten Gegenwartsprobleme ‹Vergewaltigung› und ‹Kindsmord› ungeschönt auf die Bühne bringt, die bereits im Titel enthaltene Provokation ungemildert entfaltet und zugleich bewußt gegen das klassizistische Gebot des ‹aptum› verstößt, das Greuelszenen jeder Art verbietet. Dem entspricht eine Vielzahl weiterer inhaltlicher und formaler Normverletzungen, z. B. die Mißachtung der aristotelischen Einheiten: «der Schauplatz ist in Straßburg, die Handlung währt neun Monat» (der satirische Hinweis auf die Dauer einer Schwangerschaft ist unübersehbar). Die Handlung setzt ohne Exposition mit der seinerzeit skandalösen Bordellszene ein und endet ebenso unvermittelt und eigentlich ungelöst, indem das Drama mit seinem offenen Schluß eine eindeutige Antwort verweigert.
Aufgrund der Verstöße gegen sittliche und poetische Normen der Zeit gelangte das wirkungsmächtige Stück, das u. a. als Anregung für Schillers *Kabale und Liebe* diente, nur einmal in überarbeiteter, d. h. gemilderter Form zur Aufführung. Wagner sah sich deshalb 1778 zur Umarbeitung in das sentimentale Lehr- und Rührstück *Evchen Humbrecht oder Ihr Mütter merkts Euch!* (UA: Frankfurt, 4. 9. 1778) genötigt, das mit seinem platt moralisierenden, glücklichen Ende (der Kindsmord wird verhindert, und der Heirat steht nichts mehr im Wege) «auch in unsern delikaten tugendlallenden Zeiten auf unsrer sogenannten gereinigten Bühne mit Ehren erscheinen dörfte» (Vorrede zu Wagners *Theaterstücken* 1779). Diese zweite, triviale Fassung hat der DDR-Dramatiker Peter Hacks 1963 unter dem Titel *Die Kindermörderin* im Sinne der sozialistischen Utopie als pathetisches «Lust- und Trauerspiel» mit burlesk-komischem Ende bearbeitet.

Lit.: M. Luserke: Wagner: *Die Kindermörderin* und der Kindsmord als literarisches und soziales Thema; in: M. Luserke: Sturm und Drang, 1997,

S. 218–243. D. Mayer: Heinrich Leopold Wagners Trauerspiel *Die Kindermörderin* und die Dramentheorie des Louis Sébastien Mercier; in: literatur für leser, 1981, S. 79–92. J. Werner: Gesellschaft in literarischer Form, H. L. Wagners *Kindermörderin* als Epochen- und Methodenparadigma, 1977.

Anne-Bitt Gerecke

Prometheus, Deukalion und seine Recensenten. Voran ein Prologus und zulezt ein Epilogus. Göttingen, Frankfurt, Berlin, Düsseldorf, Hamburg, Leipzig, Weymar, Freystadt 1775.

Die anonyme Literatursatire ist 1775 von Frankfurt aus in mehreren Drucken mit verschiedenen fingierten Druckorten vertrieben worden und verteidigt Goethes (= Prometheus) im Jahr zuvor erschienenen *Werther* (= Deukalion) gegen die Angriffe der zeitgenössischen Kritik. Ursprünglich hat man daher Goethe als Verfasser des polemisierenden Einakters vermutet, zumal der Titel deutlich auf Goethes Personalsatire *Götter, Helden und Wieland* von 1773 anspielt und darüber hinaus auch noch Goethes *Jahrmarktsfest zu Plundersweilern* nachgebildet zu sein scheint. Goethe hat sich aber in einer öffentlichen Erklärung vom April 1775 nachdrücklich von dem provozierenden Werk distanziert, das die zentralen Figuren des zeitgenössischen literarischen Lebens und deren Rezensionsorgane verspottet.
Der direkte Bezug auf den aktuellen Literaturstreit wird schon durch die fingierten Verlagsorte hergestellt, die auf den Sitz der im Stück karikierten Kritiker verweisen. So stehen die mit der Handpresse gesetzten Druckorte Berlin beispielsweise für Nicolai, Hamburg für Claudius und Weimar für Wieland (um nur die wichtigsten Größen der *Werther*-Debatte zu nennen). Die verhöhnten Rezensenten werden jedoch nicht offen beim Namen genannt, sondern mit Hilfe von charakteristischen Holzschnittfiguren gekennzeichnet, die vor die jeweilige Replik gesetzt sind. Entweder zeigt sich darin eine karikierende Überspitzung (z.B. Nicolai als Orang-Utan) oder eine Anspielung auf ihr jeweiliges Publikationsorgan (Nachteule und Frösche verweisen etwa auf die Titelvignette von Claudius' *Wandsbecker Bothen*). Dem der Farce voran-

gestellten Motto (M. Prior: «Let'em censure: what care I? | The herd of critiks I defy») entsprechend, werden die literarischen Urteile der einzelnen Kritiker als borniert und lächerlich entlarvt. Die Kunstrichter erledigen sich zumeist mit ihren eigenen Worten, indem Wagner ihnen aus dem Zusammenhang gerissene, aber wörtliche Zitate aus ihren *Werther*-Besprechungen in den Mund legt. Auch durch die poetische Gestalt seines *Prometheus* schlägt Wagner die Rezensenten bzw. die durch sie repräsentierte Aufklärung mit ihren eigenen Waffen: Die versifizierte Satire mit Paarreimen greift ein literarisches Genre der Aufklärung auf und nutzt dieses in aggressiv-parodistischer Absicht zur Propaganda für den Bruch mit der Regelpoetik der Aufklärung zugunsten der neuen Geniepoetik. Damit bezieht Wagner im Literaturstreit der 1770er Jahre programmatisch Stellung für den Sturm und Drang.

Lit.: E. Genton: *Prometheus, Deukalion und seine Recensenten.* Eine umstrittene Literatursatire der Geniezeit; in: Revue d'Allemagne Bd. 3, 1971, S. 236–254.

Anne-Bitt Gerecke

Die Reue nach der That. Ein Schauspiel. Frankfurt am Mayn 1775.

UA: Hamburg, 5. 12. 1777

Das im zeitgenössischen Wien angesiedelte und im bürgerlichen Milieu spielende Trauerspiel in Prosa behandelt in sozialkritischer Absicht und mit eindeutiger Sympathie für die Werte des (Klein-)Bürgertums die für den Sturm und Drang charakteristische Standesproblematik. Auch in formaler Hinsicht weist das Stück Merkmale des neuen Dramentyps auf: sechs Akte (statt fünf), Fehlen einer Binnengliederung in Szenen, Verletzung der Einheit von Ort und Zeit, auf Wirklichkeitsnähe abzielende Kontrastierung verschiedener Sprachebenen (vom empfindsamen über emphatisch bewegten bis hin zum volkstümlich-derben Stil). Vorgeführt wird die Unmöglichkeit einer Ehe über die innerständischen Grenzen zwischen gehoben-akademischem und dienend-niederem Bürgertum hinweg; die Borniertheit der sogenannten

‹besseren› Gesellschaft trägt die Verantwortung für das Scheitern der empfindsamen Liebe zwischen dem «Kutschermädchen» Fridericke und dem Assessor Langen.
Der Titel des Dramas verweist auf Langens Mutter, eine verwitwete Justizräthin mit starrem Standesdünkel, die aus «Eigennutz, Stolz, Neid» die Heirat ihres Sohnes mit einem einfachen Bürgermädchen um jeden Preis verhindern will. Als sie merkt, daß ihr Sohn seinen «Engel» auch gegen ihr ausdrückliches Verbot heiraten will, da für ihn die Liebe sowie das Eheversprechen stärker wiegen als alle familiären oder ständischen Bindungen, zeigt die Mutter die unstandesgemäße Beziehung Langens bei der «huldreichen Monarchin» Theresia an und erwirkt so einen kaiserlichen Befehl, der Fridericke ins Kloster bringen und Langen verhaften läßt. An dieser gewaltsamen Trennung drohen die Liebenden psychisch und physisch zugrunde zu gehen. Reue und Einlenken der Justizräthin, die schließlich erkennt, daß ganz allein sie durch ihre «Narrheit und Eitelkeit» für dieses Leid verantwortlich ist, kommen zu spät. Die Liebenden begehen Selbstmord, und die Justizräthin verfällt dem Wahnsinn.

Lit.: E. Genton: La vie et les opinions de Heinrich Leopold Wagner, 1981, S. 163–200.

Anne-Bitt Gerecke

Weidmann, Paul
(1746–1810)

Johann Faust. Ein allegorisches Drama in fünf Aufzügen. Prag 1775.

UA: Prag 1775 oder München, 17.5.1776

Weidmanns Prosatragödie transformiert den im 18. Jahrhundert vor allem im Volksschauspiel und Puppentheater beliebten Faust-Stoff zum ersten Mal in die klassizistische Form des ‹regelmäßigen› Kunstdramas. Die strikte Einheit der Zeit beschränkt die

(ähnlich dem Jesuitendrama) von Arien und einer allegorisch-pantomimischen Ballettszene zu Beginn des 4. Aktes unterbrochene Dramenhandlung auf den letzten Tag im Leben Fausts, der mit seiner Geliebten Helena einen Sohn hat; Teufelspakt und Lebenswandel werden als bekannt vorausgesetzt. Nach zwanzig Jahren ermüdender Ausschweifungen und Schandtaten wird Fausts Schicksal zum Schauplatz des Entscheidungskampfs zwischen Gut und Böse, moralischem Gewissen und triebhafter Gewohnheit – verkörpert durch Mephistopheles und den Engel Ithuriel, den Weidmann aus Klopstocks *Messias* übernimmt.
Fausts Eltern, arme und tugendhafte Dorfleute, suchen ihren Sohn zur Rückkehr in eine bescheiden-ehrbare Existenz zu bewegen. Aufgrund einer Täuschung durch Mephistopheles tötet Helena unter heftigen Skrupeln Fausts Vater Theodor, um den Gefährten sowie ihren gemeinsamen Sohn vor Tod und Verdammnis zu retten. Während sich der verzweifelnde Faust durch einen Giftbecher tötet, erdolcht sich die getäuschte Helena, der ihr Opfer sterbend vergeben hat. Noch vor Goethes *Urfaust* (entstanden etwa ab 1772) verleiht Weidmann dem Faust-Stoff einen innovativen versöhnlichen Schluß: Ithuriel verkündet mit prächtigem Gefolge die Barmherzigkeit des Himmels und vernichtet den scheinbaren Triumph des von Furien begleiteten Mephisto.
Die Dominanz reflektierender Dialoge über bewegte Bühnenaktion macht Weidmanns *Johann Faust,* dessen bis zum Ende provozierend offene Heilsoption ein kurzfristiges Aufführungsverbot durch den Bayerischen Kurfürsten provozierte, zum philosophischen, der josephinischen Aufklärung verbundenen Problemdrama um Willensfreiheit, Glück und die Erlösungsbedingungen des Menschen. Das Stück wurde bis in die zweite Hälfte des 19. Jahrhunderts meist für das Werk Lessings gehalten, der im 17. Literaturbrief (1759) den kunstdramatischen Wert des Faust-Stoffes empfiehlt und mit Hilfe einer Szene seines eigenen (verlorengegangenen) Faust-Manuskripts gegen die Dramenpoetik Gottscheds polemisiert. Die nachfolgenden Faust-Dichtungen Maler Müllers (*Fausts Leben dramatisiert,* 1778) und F. M. Klingers (Roman: *Fausts Leben, Taten und Höllenfahrt,* 1791) wurden mutmaßlich durch Weidmanns Drama beeinflußt.

Lit.: F. Cerný: Die erste deutsche Bearbeitung des Faust-Stoffes in der Form des ‹regelmäßigen› Schauspiels; in: P. Csobadi u. a. (Hg.): Europäische Mythen der Neuzeit 2, 1993, S. 397–404.

Christoph Deupmann

Mosthadem, oder der Fanatismus. Ein deutsches Originaltrauerspiel in Versen von fünf Aufzügen. Wien 1772.
UA: ?

Weidmanns regelgerechtes Alexandrinertrauerspiel verhandelt in starker Anlehnung an Voltaires religionskritische Aufklärungstragödie *Mahomet* (UA: 1741) das Gegenwartsproblem von religiöser Toleranz, Fanatismus und menschlicher Verführbarkeit auf orientalischem Schauplatz des 13. Jahrhunderts.
Der Schiit Raschid, Vorsteher des Tempels von Mekka, und sein Schützling Leileh werden als Gefangene der regierenden Sunniten unter dem schwachen und genußsüchtigen Kalifen Mostadhem auf die Burg von Bagdad gebracht. Dem Vesir Alkami, seinem heimlichen Verbündeten, entdeckt Raschid, daß es sich bei Leileh um die Tochter des Kalifen handelt, deren Mutter bei der Festnahme getötet wurde: Weil Mostadhem einst der Tod von der Hand seiner Tochter prophezeit worden war, hatte seine Gemahlin Fetamek ihm die Geburt verschwiegen und sich mit dem Mädchen in Raschids Obhut nach Mekka begeben, während Leilehs Zwillingsbruder Abubeker bei seinem Vater in Bagdad blieb. Ohne von der Verwandtschaft zu wissen, gerät Leileh in den Konflikt zwischen spontaner Liebe zu Vater und Bruder und politisch-religiösem Haß, den Raschid ihr einzuflößen sucht. Raschid und Alkami gelingt es, den Kalifen und seinen Sohn, der um seiner Liebe willen sogar zu den Schiiten konvertiert, gegeneinander aufzuhetzen. Von Raschid zum Instrument seiner Rache an den Irrgläubigen geformt, ersticht die fanatisierte Leileh den Kalifen; erst jetzt offenbart Raschid die Beziehung. Der loyale Hauptmann Fadhel deckt den Verrat des Vesirs auf, woraufhin Alkami und Raschid mit dem Tode bestraft werden. Abubeker fällt zugleich im Kampf mit den verräterisch herbeigerufenen Feinden, und die über den Ruin von Vernunft und Menschlichkeit verzweifelnde Leileh erdolcht sich.

Die affektintensive Einrichtung (Anagnorisis, Schlußkatastrophe) der komplexen Fabel intendiert das Plädoyer für Gewissensfreiheit, Toleranz sowie die rationalen Fürsten- und Bürgertugenden im Sinne der josephinischen Aufklärung: Der Kalif geht an seiner politischen und moralischen Schwäche zugrunde; sein Gegenspieler Raschid wird durch den skrupellosen Religionsfanatismus falsifiziert, der Chaos und Tod herbeiführt. Einzig der Hauptmann figuriert als Ideal des besonnen-loyalen Staatsbürgers.

Lit.: L. Schramm: Das Bühnenwerk Paul Weidmanns, 1943, S. 60f.

Christoph Deupmann

Usanquei, oder die Patrioten in Sina. Ein deutsches Originaltrauerspiel in Versen von fünf Aufzügen. Wien 1771.
UA: ?

Die klassizistisch-geschlossene Alexandrinertragödie des bereits von literaturkritischen Zeitgenossen als ‹Vielschreiber› abqualifizierten Wiener Hofbeamten Weidmann (Autor von 76 Dramen) inszeniert ein Sujet der chinesischen Geschichte um 1644 (vgl. Voltaires *L'Orphelin de la Chine*, UA: 1755) als heroische Staatsaktion.
Beim Staatsstreich des Usurpators Ly rettet Us, der Vorsteher des Obersten Gerichtshofs in Peking, die Kaisertochter Zuckia, mit der sein Sohn Usanquei verlobt ist, vor Freitod bzw. Verfolgung. Der Tyrann will sich der Loyalität von Us durch das Versprechen höchster Würden versichern und bietet zugleich dem von der Reichsgrenze her anrückenden Heerführer Usanquei seine Freundschaft und Beteiligung an der Macht an. An der stoischen Integrität von Us erfährt Ly jedoch ebenso die Grenzen seiner machiavellistischen Politik wie an Zuckia, die der Werbung des Tyrannen so wenig nachgibt wie seinen Morddrohungen. Als Gesandter des inzwischen eingetroffenen Heeres getarnt, gelingt es Usanquei, sich mit seinem Vater und Zuckia zu beraten. Für ihn ist der äußere Konflikt zwischen Usurpation und bürgerlich-moralischer Ordnung durch den inneren Konflikt zwischen ‹Vater-

land› und ‹Liebe› überlagert; seine Entscheidung fällt zugunsten der politischen Pflicht, zumal Zuckia ihre Liebe als Preis für die heroische Pflichterfüllung aussetzt und ein mit Blut geschriebenes Testament des ermordeten Kaisers ihn zur Rache verpflichtet. Als Us und Zuckia während der folgenden Schlacht die fingierte Nachricht vom Tode Usanqueis erhalten, wählen beide den ehrenvollen Freitod; doch noch vor dessen Vollzug erfahren sie vom Sieg des rächenden Heeres. Der zurückgedrängte Ly wird auf offener Bühne erdolcht; der siegreiche Held Usanquei erhält Zuckias Herz zum Lohn.

Das in seiner affektintensiven, auf strengen Tugend-Laster-Kontrasten aufbauenden Moraldidaktik dem Jesuitendrama nahestehende Stück des Jesuitenzöglings Weidmann unterstreicht im Jahr der Erstaufführung von Lessings *Emilia Galotti* noch einmal die Postulate neustoischer Ethik: Sittliche Pflicht dominiert private Bindung; die Bereitschaft zur Selbstaufopferung wird von der göttlichen Gerechtigkeit belohnt, welche den stoisch gerechtfertigten Freitod – anders als in Gottscheds *Sterbendem Cato* – im untragischen Schluß gerade noch verhindert.

Lit.: W. Kirk: Die Entwicklung des Hochstildramas in Österreich von Metastasio bis Collin, 1978, S. 97–99.

Christoph Deupmann

Weise, Christian
(1642–1708)

Ein wunderliches Schau=Spiel vom Niederländischen Bauer, welchem der berühmte Printz Philippus Bonus zu einem galanten Traume geholffen hat.
In: Neue Proben von der vertrauten Redens = Kunst. Das ist: drey Theatralische Stücke. I. Von dem spanischen Favoriten Olivarez. II. Von dem jungen Könige Wentzel in Böhmen. III. Von dem träumenden Bauer am Hofe Philippi Boni in Burgundien. Welche vormahls auff dem Zittauischen Schau = Platz gesehen worden. Nun aber nützlich und vergnügt zu lesen seyn. nebst einer Vorrede von der also genannten PRUDENTIA SERMONIS SECRETI. Herausgegeben von Christian Weisen. Dreßden und Leipzig 1700, S. 1–156.
UA: Zittau, 25. 11. 1685

Das fünfaktige Prosalustspiel mit einem eingeschobenen Singspiel in Versen am Ende des dritten Aktes dramatisiert das im Barock vielfach gestaltete Motiv vom Menschen, der für einen Tag in eine andere Rolle schlüpfen darf. Es findet sich bereits in den Märchen aus *Tausendundeiner Nacht* und wurde u. a. von Shakespeare (im Vorspiel zu *The Taming of the Shrew*), Jacob Masen und Calderón bearbeitet.
Philippus, Herzog von Burgund, entdeckt bei einem abendlichen Spaziergang einen betrunkenen Bauern und läßt ihn in seinen Palast bringen, um ihm am nächsten Morgen vorzutäuschen, er sei ein mächtiger Fürst. Am Abend soll er, wiederum von Alkohol betäubt, an seinen Fundort zurückgeschafft werden, so daß der Bauer Mierten glauben muß, alles nur geträumt zu haben. Nach anfänglicher Verwirrung findet Mierten zunehmend Gefallen an seiner vermeintlichen Macht und profitiert auf derb-bäuerliche Weise von den Annehmlichkeiten des Fürstenstandes. Am Ende wird Mierten in seine Schranken verwiesen und von allen verlacht. Im Unterschied etwa zum Jesuitendrama Masens läßt Weise seinen Bauern nicht in die Rolle des echten Herrschers schlüpfen,

sondern nur als dessen Gast von fürstlicher Herkunft agieren, um durch dieses Nebeneinander von wahrem und falschem Fürsten den Kontrast zwischen Wirklichkeit und Spiel um so klarer hervortreten zu lassen. Zwar wird mit Kritik am Adel nicht gespart, indem die Höflinge z.B. Philipps inhumane Art, den Bauern zur eigenen Belustigung zu mißbrauchen, vorsichtig anprangern. Diese Hofkritik ist jedoch keine grundsätzliche: Die zeitweilige Vermischung von Traum und Realität wird am Ende deutlich aufgehoben, die vorübergehend verletzte Ständeordnung wiederhergestellt. Die Frage, inwieweit sich der Nichtadelige zumindest gedanklich über den Hof erheben könnte, bleibt im ausgehenden 17. Jahrhundert noch unbeantwortet.

Lit.: W. Kühlmann: Macht auf Widerruf – Der Bauer als Herrscher bei Jacob Masen SJ und Christian Weise; in: P. Behnke und H.-G. Roloff (Hg.): Christian Weise, 1994, S. 245–260.

Andrea Brandhoff

Weisse, Christian Felix
(1726–1804)

Atreus und Thyest. Ein Trauerspiel in fünf Aufzügen.
In: Beytrag zum deutschen Theater. Vierter Theil. Leipzig 1766, S. 1–110.
UA: Leipzig, 28. 1. 1767

Die erste Blankverstragödie, die in Deutschland auf die Bühne gebracht wurde, stützt sich stofflich auf die 88. Fabel des Hyginus Mythographus (2. Jh. n. Chr.), die beim Erstdruck noch in Latein dem Stück beigefügt ist (später in Deutsch).
Weiße greift mit der Ermordung des Atreus durch Thyests Sohn Aegisth eine bereits in der Antike dramatisierte Episode aus der Tantaliden-Geschichte auf. Thyest hat einst mit Aërope, der ersten Gattin seines Bruders Atreus, mit dem er um die mykenische Thronfolge konkurrierte, Ehebruch begangen. Daraufhin hat

Atreus, nach seiner Erhebung zum König, beide Söhne Thyests ermordet und ihrem Vater als Speise vorgesetzt. Seit diesem Frevel leidet Mykene – bei Weiße 30 Jahre später – unter Hunger und Pest. Aegisth, Atreus vermeintlicher Sohn aus dessen zweiter Ehe mit Pelopia, bringt zu Beginn der Handlung aus Delphi zum einen ein Orakel, das die Tilgung der Schuld durch ein Blutopfer verlangt, und zum anderen den nach Delphi geflohenen und seine früheren Taten bereuenden Thyest nach Mykene. Der Priester Calchas fordert nun von Atreus die öffentliche Aussöhnung der feindlichen Brüder, was Atreus scheinbar zugesteht; in Wahrheit will er aber seinen Bruder durch Aegisth töten lassen. Pelopia, die den widerstrebenden Aegisth zur Mordtat drängen soll, klärt ihren Sohn darüber auf, daß er nicht Atreus leiblicher Sohn, sondern die Folge einer Vergewaltigung vor ihrer Ehe mit Atreus ist. Mit der Drohung, den unwissenden Atreus darüber zu informieren, erpreßt Pelopia im Interesse ihrer beider Sicherheit Aegisth zum Mord an Thyest. Der Anschlag scheitert, wobei die wahren Verwandtschaftsverhältnisse offenbar werden: Weil es sich bei Pelopia um Thyests verlorengeglaubte Tochter handelt, die er einst unerkannt vergewaltigt hat, ist Aegisth zugleich Enkel und Sohn Thyests. Pelopia wird durch das Wissen um den Inzest wahnsinnig und bringt sich um; der rasende Aegisth ermordet Atreus. Das die aristotelischen Einheiten mißachtende Trauerspiel führt mit Aegisth und Pelopia zwei gespaltene Figuren vor, die zwischen ihrer Gehorsamspflicht gegen König, Vater und Gatten und ihrem Mitleid für den durch Atreus Grausamkeit bedrohten Thyest zerrissen sind. Ihr spontanes Mitgefühl offenbart Aegisth und Pelopia von Anfang an Zeichen ihrer wahren verwandtschaftlichen Beziehungen zu Thyest; beide unterdrücken jedoch ihre Gefühle, um der väterlichen Ordnung des durch grausame Leidenschaften bestimmten Atreus zu gehorchen. Weder bei Pelopia noch bei Aegisth kann das moralische Empfinden die Verstrickung in eine über Generationen hinweg vererbte Schuld durchbrechen. Allein der durch Schrecken geläuterte Thyest, der stoisch seine Schuld akzeptiert, verkörpert die aufklärerische Norm, die Affekte zu kontrollieren und das Empfinden zur Leitlinie von Tugenderkenntnis und Handeln zu machen.

Lit.: G. M. Schulz: Christian Felix Weiße: *Atreus und Thyest* (1766); in: G. M. Schulz: Das Trauerspiel der Aufklärung und die Dramaturgie des Pathetischen und des Erhabenen, 1988, S. 263–271.

Jan-Oliver Decker

Die Befreiung von Theben. Ein Trauerspiel in fünf Aufzügen. In: Beytrag zum deutschen Theater, Dritter Theil. Leipzig 1764, S. 123–244.

Die Blankverstragödie gestaltet den bei Xenophon, Plutarch und Cornelius Nepos geschilderten Befreiungskampf der Thebaner gegen die spartanische Fremdherrschaft (379 v. Chr.).
Unter der Führung des Bürgers Charon sammeln sich verbannte Thebaner, darunter die Feldherren Pelopidas und Epaminondas, um die Schreckensherrschaft des spartanischen «Bäotarchen» (Boiotarchen) Archias durch eine Rebellion zu beenden. Phillidas, Informant und Mittelsmann der Verschwörer, hat sich zum Schein den Spartanern angedient und ermöglicht den Zugang der Verschwörer in Archias' Palast. Die Führer der Spartaner erwarten bei einem Fest die zur Schändung herbefohlenen thebanischen Jungfrauen, lassen die als Mädchen verkleideten Verschwörer ein und werden von diesen getötet. Zu dieser Handlung um den erfolgreichen Aufstand läuft die Zerstörung von Charons Familie parallel: Charons Sohn Kallikrates gefährdet zunächst aus individueller Ruhmbegier die Verschwörung, indem er sich dem väterlichen Gebot, zu Hause zu bleiben, widersetzt und mit der im Hinterhalt liegenden Verschwörerarmee eigenmächtig die Spartaner in der Stadt angreift. Aspasia, Kallikrates' Braut, dringt mit Charons Gruppe in den Palast ein und erdolcht den Tyrannen Archias in Verteidigung ihrer Unschuld. Am Ende wird der siegreiche, aber im Kampf gefallene Kallikrates mit Aspasia im Tod vereint: Aspasia ersticht sich, um sich dem geliebten Mann wenigstens im Jenseits hinzugeben. Die Handlung schließt mit Charons Proklamation, den Verlust der Kinder durch die Arbeit fürs höherwertige Vaterland zu kompensieren. Der stoisch-heroische Held opfert sein privates Glück bereitwillig dem Allgemeinwohl auf. Darin kontrastiert Charon seiner Gattin Arete, die anders als Cha-

ron und ihr Widerpart Aspasia nicht begreift, daß die private Erfüllung in der Familie die Verpflichtung auf das Vaterland voraussetzt. Der an Lessings Philotas erinnernde Kallikrates zeigt sich am Ende als bewunderter Freiheitsheld, ohne dessen Freiheitsenthusiasmus – parallel zur Verschwörung seines Vaters – der vollständige Sieg der Thebaner nicht möglich gewesen wäre. Mit Kallikrates und Aspasia integriert Weiße Charaktere in sein heroisches Trauerspiel, die ihre im leidenschaftlichen Gefühl begründete Autonomie gegen die väterliche Ordnung behaupten und auf die Heldenkonzeption des Sturm und Drang vorausweisen.

Lit.: A. Meier: Dramaturgie der Bewunderung, 1993, S. 244–264.

Jan-Oliver Decker

Der Fanatismus, oder: Jean Calas. Ein historisches Schauspiel in fünf Aufzügen.
In: Trauerspiele von Christian Felix Weiße, Fünfter Theil. Leipzig, 1780, S. 121–304.
UA: Berlin, 3. 8. 1780

Das 1772–74 entstandene Prosadrama beruht weitgehend auf Voltaires Schilderung des historischen Ereignisses im *Traité sur la tolérance* (1763); bei der dem Druck beigefügten *Kurzen Geschichte vom Tode des Jean Calas* (S. 305–328) handelt es sich im wesentlichen um eine Übersetzung aus Voltaires Werk. Ohne Rücksicht auf die aristotelischen Einheiten wird die Handlung aus dem Selbstmord von Calas' Sohn Marc Antoine und dem darauf folgenden, religiös motivierten Justizirrtum (Rekonstruktion des möglichen Tathergangs, Prozeß, Verurteilung und Hinrichtung des Vaters als Sohnesmörder) abgeleitet. Weiße orientiert sich an der tatsächlichen zeitlichen Situierung (13. und 16. 10. 1761; 9. und 10. 3. 1762) und führt parallel das Leiden bzw. Mitleiden der standhaften Familie Calas vor.
Thema des Stückes ist die katholische Parteilichkeit der Justiz, die sich im Stadtrichter David verkörpert, der mit der Verurteilung des Hugenotten Calas das 200jährige Jubiläum der Bartho-

lomäusnacht feiern will. Mit Hilfe eines katholischen ‹Geheimbundes› und durch Volksverhetzung konstruiert David einen religiös motivierten Ritualmord des Vaters an seinem Sohn. In einem ersten Prozeß mißlingt die Verurteilung zunächst aufgrund der aufgeklärten Position des Richters de la Salle. Als Calas' Unschuld eindeutig bewiesen werden könnte, verselbständigt sich Davids Fanatismus: In de la Salles Abwesenheit beraumt er einen zweiten Prozeß an, der durch Manipulation zu einem Schuldspruch führt. Das Stück endet unmittelbar vor der Hinrichtung Jean Calas' mit dessen Apotheose im Kerker: Gleich einem barocken Märtyrer, dessen Würde Bewunderung verdient, wird er als unschuldiges Opfer mit Christus verglichen.

Das Schauspiel prangert die Willkür der Justiz an und propagiert ein vernunftorientiertes, aufgeklärtes Denken. Wie sehr Weiße dem Theodizeeprinzip verpflichtet ist, demonstriert die quasi als 6. Akt angehängte Erzählung, in der die diesseitige Gerechtigkeit wiederhergestellt wird. Nach Wiederaufnahme des Prozesses durch das höchste Gericht Frankreichs wird Jean Calas rückwirkend freigesprochen und seiner Frau eine hohe Entschädigung gezahlt.

Für den literarischen Kontext ist die Motivation des Selbstmords von Jean Calas' Sohn von besonderer Bedeutung. Die Tat erklärt sich aus einer Verführung durch Literatur, die extreme Emotionen darstellt und den Selbstmord legitimiert. Das Thema ‹jugendgefährdende Literatur› verweist zum einen kritisch auf die zeitgenössische Dichtung des Sturm und Drang (exemplarisch sei Goethes *Die Leiden des jungen Werthers*, 1774, genannt); zum anderen empfiehlt es ex negativo Weißes Monatsschrift *Der Kinderfreund* (1726–1804) als literarische Erziehungshilfe.

Lit.: A. R. Schmitt: C. F. Weißes *Jean Calas*; in J. A. McCarthy/A. A. Kipa (Hg.): Festschrift für Heinz Moenkemeyer, 1982, S. 2–30.

Jan-Oliver Decker

Mustapha und Zeangir. Ein Trauerspiel in fünf Aufzügen.
In: Beytrag zum deutschen Theater, Zweeter Theil.
Leipzig 1763, S. 1–140.
UA: Leipzig, 1763

Das 1761 in heroischen Alexandrinern verfaßte, die aristotelischen Einheiten wahrende Trauerspiel greift stofflich auf die *Legationis Turcicae Epistolae Quatuor* (zuerst 1589 in Paris) des Augurius Gislenius Busbequius (= Ogier Ghislain Busbeq) sowie auf eine Erzählung des Jacobus Augustus Thuanus (= Jacques Auguste de Thou) in der *Historia Mei Temporis* (zuerst von 1604–14 in 80 von 138 geplanten Bänden in Paris erschienen) zurück.
Roxane, die Gattin des Sultans Soliman, verbündet sich mit dem Großvesir Rustan gegen den Thronerben Mustapha, um ihren eigenen Sohn Zeangir zum Thronfolger zu machen. Indem Roxane und Rustan dem Sultan vorspiegeln, daß Mustapha eine Rebellion angezettelt hat, bewegen sie Soliman dazu, Mustapha durch die Ermordung seiner Frau Fatime und seines Sohnes Zopyr zu bestrafen. Der gutgläubige Zeangir, der nichts von der Verschwörung weiß, rät auf Einflüsterung Rustans seinem Freund Mustapha, zum Schutze Fatimes einen Brief zu fälschen, in dem er seine Ehe allein als Mittel individuellen Machtgewinns ausgibt. Soliman sieht in diesem Brief jedoch den Beweis für Mustaphas Plan des Vatermords und läßt seinen Sohn von der Wache ermorden. Erst ein zweiter Brief, der beim sterbenden Mustapha gefunden wird, überzeugt Soliman davon, Opfer einer Intrige geworden zu sein. Bereuend versöhnt er sich mit Mustapha und setzt dessen Sohn Zopyr als seinen Nachfolger ein. Roxane, die von Solimans neuer Erbfolge ebensowenig weiß wie Zeangir, lenkt Solimans Rache zunächst allein auf Rustan. Um Zeangir als Beistand gegen Soliman zu gewinnen, offenbart sie ihm am Schluß ihre Intrige. Zeangir zerstört jedoch ihre Hoffnung, Mutter des künftigen Sultans zu sein, indem er sich vor ihr ermordet.
Mit Mustapha und Soliman werden zwei kontrastierende Herrschertypen vorgeführt. Soliman ist ein das Volk mißachtender Tyrann, dessen Mißtrauen unkontrollierte Affekte zur Folge hat, wodurch er manipulierbar wird und selbst die Vaterliebe vergißt.

Mustapha wäre ein empfindsamer, dem Allgemeinwohl des Volkes dienender und aufgeklärter Monarch, der sich emotional in seiner Familie und seiner Freundschaft mit Zeangir verwirklicht. Mustapha, zunächst Vertreter absoluter Moral, belügt mit der Brieffälschung jedoch nicht nur den Vater, sondern verrät auch seine Ehe, die es als Garant von Selbstverwirklichung und Leben zu schützen gilt. Für beide Normverstöße akzeptiert er seinen Tod als innerirdische Strafe. Zeangir erscheint Soliman und Mustapha gegenüber durch ein ‹Zuviel› an Vertrauen und Emotionen gekennzeichnet, das ihn manipulierbar macht und letztlich in einen voreiligen und sinnlosen Selbstmord treibt. Mit der künftigen Herrschaft des unmündigen Zopyrs wird abschließend ein idealer Herrscher mit ausgewogenen, kontrollierbaren Emotionen nur in Aussicht gestellt.

Lit.: J. Minor: *Mustapha und Zeangir*, in: J. Minor: Christian Felix Weiße und seine Beziehungen zur deutschen Literatur des 18. Jahrhunderts, 1880, S. 218–222.

Jan-Oliver Decker

Die Poeten nach der Mode. Ein Lustspiel in drey Aufzügen. Hamburg 1756.

UA: Leipzig, 1751 (durch Eckhoff umgearbeitet: Hamburg 1756; so vermutlich Grundlage des Erstdrucks)

Das überwiegend in Prosa verfaßte, die aristotelischen Einheiten wahrende Lustspiel nutzt das Muster der gottschedianischen Typenkomödie, um den damals aktuellen Literaturstreit zwischen Leipzig und Zürich auf der Ebene der unterschiedlichen Sprachstile zu parodieren. Die Durchsetzung der freien Partnerwahl seitens der Kindergeneration, ein Handlungstopos der frühaufklärerischen Komödie, dient hier der gleichzeitigen Abwertung sowohl der Gottsched- als auch der Klopstock-Epigonen.

Nach einer dreijährigen Reise muß der junge Valer feststellen, daß mittlerweile auch die Poeten Reimreich und Dunkel um die Hand der ihm von den Eltern längst versprochenen Henriette buhlen. Das zänkische Ehepaar Geronte will Henriette, gegen den erklärten Willen ihrer aufbegehrenden Tochter, je nach literarischer Neigung verheiraten: Vater Geronte bevorzugt den der Regelpoetik verpflichteten Gelegenheitsdichter Reimreich, der sich ökonomisch absichern will; Mutter Geronte protegiert den ganz in seiner metaphysischen Innerlichkeit aufgehenden Dunkel, der nur für den Ruhm seines dichterischen Genies lebt. Da sich die Eltern weder durch Henriettes wiederholtes Bekenntnis zu Valer noch durch Valers Einfordern des rechtlich bindenden Eheversprechens umstimmen lassen, ersinnt Valers gewitzter Diener Johann einen Plan: Valer übertrumpft Reimreichs und Dunkels Verskunst und unterrichtet Vater Geronte, damit dieser sein eigener Poet werden kann; Henriette will Dunkel die verlorene Schreibtafel mit Versen aus seinem Heldenepos *Goliath* nur dann zurückgeben, wenn er auf sie verzichtet. Die Eltern erkennen schließlich die unvernünftige Selbsterhöhung und literarische Anmaßung der Poeten; einer Ehe zwischen Valer und Henriette steht nichts mehr im Wege.

Das Stück schließt mit einem Divertissement, in dem sich Schauspieler und Chor direkt an das Publikum wenden und die literarisch vermittelnde Position des Stückes formulieren: Wirklich große Dichtung zeichne sich dadurch aus, daß Affekte nur erregt werden, um vernünftige Werte und Normen zu vermitteln.

Lit.: J. Minor: Die Poeten nach der Mode; in: J. Minor: Christian Felix Weiße und seine Beziehungen zur deutschen Literatur des 18. Jahrhunderts, 1880, S. 90–95.

Jan-Oliver Decker

Richard der Dritte. Ein Trauerspiel in fünf Aufzügen.

In: Beytrag zum deutschen Theater, Erster Theil. Leipzig 1759, S. 119–232.
UA: Hamburg, 1759

Die in heroischen Alexandrinern verfaßte und streng die aristotelischen Einheiten von Zeit und Ort wahrende Tragödie ist maßgeblich von Shakespeares gleichnamigem Königsdrama angeregt worden, auch wenn Weiße in der kurzen Vorrede diesen Einfluß abstreitet. Im Rahmen der seinerzeit wachsenden Shakespeare-Begeisterung wird versucht, den Stoff aus der englischen Geschichte mit seinen extrem leidenschaftlich agierenden Charakteren der von Gottsched propagierten ‹doctrine classique› anzupassen. Die Materialgrundlage liefert bei Weiße wie bei Shakespeare das Ende des Kampfes der Häuser Lancaster und York um die englische Krone in den ‹Rosenkriegen› (1455–1485). Nach dem Tod Eduards IV. von York (1483) läßt dessen Bruder Richard Eduards Söhne, Eduard V. und Richard von York, ermorden und besteigt als Richard III. den englischen Thron. Heinrich, Graf von Richmond aus dem Haus Lancaster, führt eine Rebellion gegen Richard III. an und schlägt ihn am 22. August 1485 vernichtend in der Schlacht von Bosworth. Richmond heiratet Elisabeth, die älteste Schwester des ermordeten Eduard V., vereint damit die Häuser Lancaster und York und begründet als Heinrich VII. die Tudor-Dynastie.

Richard zeigt sich von Anfang an als sadistischer Bösewicht, der intrigiert, manipuliert und mordet (Bruder- und Gattenmord in der Vorgeschichte), um den Thron zu erobern und sich dann an der Macht zu halten. Zur Festigung seines Thronrechts will er seine Nichte Elisabeth heiraten, die sich dem Grafen Richmond versprochen hat. Um von Elisabeth die Heirat zu erpressen, hat Richard III. ihre unmündigen Brüder Eduard V. und Richard von York im Tower gefangengesetzt. Von Sorge um die Brüder und Söhne erfüllt, eilen Elisabeth und ihre Mutter zu Richard III. in den Tower, wo dieser um Elisabeth wirbt. Als Entschuldigung seiner Greueltaten heuchelt er ihr seine Liebe vor, deren Erfüllung ihn auf den Pfad der Tugend zurückführen würde. Da Elisabeth nicht nachgibt, droht Richard ihr mit der Ermordung ihrer Brüder, die er ohnehin längst beschlossen hat. Obwohl Elisabeth nicht wirklich an die Rettung der Brüder glauben kann, entscheidet sie sich nun für Richard. Ihre unbedingte Tugend erweist sich gerade angesichts der Nutzlosigkeit des Selbstopfers: Richard tötet die Kinder, wird von Elisabeth und ihrer Mutter unmittelbar nach der Tat entdeckt und eilt in die parallel zum Mord ausbrechende Schlacht gegen Richmond, der Eduard V. wieder als König einsetzen will. Das Stück endet mit dem Bericht über Richards Tod im Kampf und der Klage der Frauen über die zu späte Rettung.

Richard verfällt im Verlauf des Stückes immer mehr dem Wahnsinn. Sein Tod unmittelbar nach der Kindstötung erweist sich in diesem Zusammenhang als göttliche Bestrafung des Tyrannen schon im Diesseits. In der grundlegenden, auf etwa 1761 zu datierenden Überarbeitung dieses erfolgreichen Bühnenstücks (1765 in der zweiten Auflage des *Beytrages* gedruckt) wird dieser Aspekt der wiederhergestellten Gerechtigkeit durch das Auftreten Richmonds am Ende unterstrichen, indem ihm Elisabeth und die Krone zuerkannt werden.

Lit.: P. Memmolo: Christian Felix Weißes *Richard III.*; in: P. Memmolo: Strategien der Subjektivität, 1995, S. 145–149.

Jan-Oliver Decker

Romeo und Julie. Ein bürgerliches Trauerspiel in fünf Aufzügen.

In: Beytrag zum deutschen Theater, Fünfter Theil. Leipzig 1768, S. 1–152.
UA: Leipzig, 27. 4. 1767

In der Vorrede legitimiert sich das auf den zeitgenössischen Bühnen erfolgreiche Werk implizit als Verbesserung des gleichnamigen Shakespeare-Dramas: Wesentliche Handlungsstränge daraus sind in die Vorgeschichte zurückverlegt, um sich auf die Schlußkatastrophe konzentrieren zu können; die von Weiße angeführten Originalquellen (eine der *Novellen* des Bandello von 1554 und eine des Luigi da Porto von 1535) haben angeblich mehr Gewicht, und der Verzicht auf Versifizierung soll eine größere Realitätsnähe garantieren. Die ca. einen Tag umfassende Handlung spielt zunächst im Hause der Capellets, im letzten Akt dann in deren Familiengruft.

Eingangs nimmt Romeo, der Julie heimlich geheiratet hat, Abschied, um sich durch Flucht der Verbannung nach Mantua zu entziehen, zu der er aufgrund seiner Beteiligung am Tode von Julies Vetter Tebaldo verurteilt worden ist. Julies Vater Capellet will seine Tochter gegen deren Willen am selben Abend noch mit dem Grafen Paride von Lodrona verheiraten, obwohl seine Gattin für Julie Partei ergreift. Benvoglio, Arzt der Familie und Vertrau-

ter der Eheleute, versetzt Julie daraufhin in den Scheintod und mißbraucht damit seine ärztliche Vertrauensstellung gegenüber den Eltern. Als Romeo entgegen der Absprache mit Julie zurückkehrt, glaubt er Julie tot und dringt in die Familiengruft ein, um sich dort aus Verzweiflung zu vergiften. Unmittelbar nachdem er das Gift eingenommen hat, erwacht Julie. Beide erkennen nun, daß ihr normverstoßendes und überstürztes Verhalten (Eheschließung ohne Zustimmung der Eltern, Belügen der Eltern durch Vorgaukeln des Scheintodes, Nichteinhalten von getroffenen Absprachen) selbstverschuldet eine gemeinsame Zukunft zerstört hat. Nach Romeos Tod kann der hinzukommende Benvoglio nicht verhindern, daß sich Julie in Romeos Degen stürzt. In den bei allen folgenden Drucken weggelassenen, letzten beiden Auftritten versöhnen sich die verfeindeten Väter Montecchio und Capellet über den Leichnamen ihrer Kinder. Im Rahmen der Aufklärungsethik gewinnt die Katastrophe dadurch Nützlichkeit für das Diesseits aufgrund ihres belehrenden und bessernden Potentials.
Romeo und Julie repräsentieren die empfindsame Liebeskonzeption, in der nur ein einziger, frei gewählter Partner der individuellen Existenz Sinn verleiht. Romeos und Julies extreme Leidenschaft, ihr ‹Zuviel› an Emotion, wird durch die wiederholte Krankheitsmetaphorik jedoch als Fehler dargestellt, der notwendig zur Katastrophe führt. Insgesamt plädiert das Stück für eine gemäßigte Emotionalität; die Einübung der Affektkontrolle bei Eltern und Kindern soll die durch extreme Gefühle von innen heraus bedrohte Familie schützen. Der legitime Ort dieses Lernprozesses ist allein die biologische Familie, wie das scheiternde Eingreifen Benvoglios als Gegenbeispiel vorführt. Obwohl das Handeln des Familienarztes durch den sprechenden Namen als ‹gutgemeint› bezeichnet wird, erweist sich seine explizite Ersatzvaterschaft für Romeo und Julie am Ende als nicht normgerechte Anmaßung.

Lit.: W. Pape: «Ein *billetdoux* an die ganze Menschheit». Christian Felix Weiße und die Aufklärung; in: W. Martens (Hg.): Zentren der Aufklärung III. Leipzig. Aufklärung und Bürgerlichkeit, 1990, S. 267–295 (bes. S. 280–282).

Jan-Oliver Decker

Rosemunde. Ein Trauerspiel in fünf Aufzügen.
In: Beytrag zum deutschen Theater, Zweeter Theil. Leipzig 1763, S. 141–252.
UA: Hamburg, 3. 2. 1767

Das regelkonforme Trauerspiel in heroischen Alexandrinern basiert auf einer Erzählung des Paulus Diaconus aus dessen Geschichte der Langobarden (um 787) und greift eine Geschichte aus der Völkerwanderungszeit auf. Trotz der Situierung im Herrschermilieu konzentriert sich die Handlung ganz auf die private Familienkatastrophe.

Rosemunde hat einst mit Hilfe Hellmichs ihren Gatten, den Langobardenkönig Alboin, ermordet (vorgeblich aus Rache, weil dieser seinerseits ihren Vater Cunimund tötete und sie zur Frau nahm) und Hellmich geheiratet. Die Königsmörder sind daraufhin durch das Volk vertrieben worden und gemeinsam mit Rosemundes Tochter Albißvinth zum Exarchen Longin, dem Stellvertreter des oströmischen Kaisers, nach Ravenna geflohen. Aus Liebe zu Albißvinth will Longin Rosemunde und Hellmich schützen.

Jetzt heuchelt die egoistische Rosemunde, Meisterin der Verstellung und nur ihren Leidenschaften folgend, Reue. Sie versucht, Albißvinth zur Ermordung Hellmichs anzustiften, um für Longin frei zu werden, da sie irrtümlich glaubt, Longin sei in sie verliebt. Longin, dem sich Rosemunde offenbart, hält Albißvinth um ihrer Tugend willen von der Mordtat ab, woraufhin Rosemunde Hellmich eigenhändig vergiften will. Dieser schöpft nach dem ersten Schlucken jedoch Verdacht und zwingt Rosemunde, den Giftbecher auszutrinken. Longin führt der sterbenden Rosemunde ihren Irrtum vor Augen, doch diese versucht noch, ihre Tochter zu erdolchen, weil sie Longin die Verbindung mit Albißvinth nicht gönnt.

In Rosemunde wird ein irrationalen Affekten hingegebener Charakter vorgeführt, der sich über jede Norm hinwegsetzt. Demgegenüber erweist sich die in Longin und Albißvinth repräsentierte Tugend gerade darin, daß sie die Affekte kontrolliert. Indem sich die Verbrecher selbst tilgen, werden ihre Normverstöße durch Gott bereits im Diesseits sanktioniert. Zugleich führt die Tragödie mit der Ablösung der schuldigen Elterngeneration durch die schuldlose Kindergeneration zeichenhaft eine historische Verbesserung der Welt vor, da die leidenschaftlichen Barbaren der Völkerwanderung im christlichen System Ostroms aufgehen.

Lit.: F. Brüggemann: Einführung; in: F. Brüggemann (Hg.): Das Drama des Gegeneinander in den sechziger Jahren, 1938, S. 5–47 (bes. S. 36–38). J. Minor: *Rosemunde*; in: J. Minor: Christian Felix Weiße und seine Beziehungen zur deutschen Literatur des 18. Jahrhunderts, 1880, S. 222–225. H. Steinmetz: Christian Felix Weißes Tragödien: Beispiele gegenläufiger Entwicklungen; in: H. Steinmetz: Das deutsche Drama von Gottsched bis Lessing. Ein historischer Überblick, 1987, S. 103–108 (bes. S. 105f.).

Jan-Oliver Decker

Wieland, Christoph Martin
(1733–1813)

Clementina von Porretta. Ein Drama aus Richardsons Geschichte Sir Karl Grandisons gezogen. Zürich 1760.
UA: ?

Dem Prosatrauerspiel in fünf Aufzügen, das die drei Einheiten weitgehend wahrt, liegt eine Episode aus Samuel Richardsons Briefroman *The History of Sir Charles Grandison* (1754) zugrunde. Der katholische Graf von Belvedere wirbt in Bologna leidenschaftlich um Clementina, die ebenfalls katholische Tochter des Markgrafen von Porretta. Diese verzehrt sich jedoch in Liebe zu dem englischen und zudem protestantischen Chevalier Grandison, dem ihre Familie verpflichtet ist, weil er ihrem Bruder das Leben gerettet hat. Eine eheliche Verbindung unter der Bedingung, seiner Konfession zu entsagen, muß der glaubenstreue Grandison trotz seiner Liebe zu Clementina ablehnen, womit er bei ihr eine lebensgefährliche Gemütserkrankung heraufbeschwört. Die Lösung einer Mischehe bei gegenseitiger Toleranz deutet sich an; bevor es dazu kommen kann, folgt Clementina

aber – inzwischen einem «sichtbar gewordenen Engel gleichend» – der Eingebung einer himmlischen Stimme, die ihr den erlösenden Weg in das Kloster weist. Grandison ist gewiß, daß die durch den Glaubensunterschied getrennten Liebenden einst in einem besseren Jenseits wieder zueinanderfinden werden.
Im Zentrum des handlungsarmen Dramas steht die Präsentation der Seelenzustände der tugendhaften Hauptpersonen. Ziel ist nicht mehr, wie in der Barocktragödie, die Affekte der Zuschauer zu erregen, sondern das Publikum zärtlicher, weicher zu stimmen. Wielands erfolgloses Werk, Produkt seiner ‹seraphischen› Tugendschwärmerei während der Zürcher Jahre bei Bodmer, gilt im Sinne des ‹drame domestique› Diderots als Trauerspiel, das häusliches Unglück zum Gegenstand hat.

Lit.: W. Hinderer: Christoph Martin Wieland und das deutsche Drama des 18. Jahrhunderts; in: Jahrbuch der Deutschen Schillergesellschaft 28, 1984, S. 117–143.

Nicola Graap

Lady Johanna Gray. Ein Trauer-Spiel. Zürich 1758.
UA: Winterthur, 20. 7. 1758

Das erste vollendete Blankversdrama in Deutschland beruht stofflich auf Vorgängen in England nach dem Tod Edwards VI. (1553). Als Vorlage für die fünfaktige Tragödie, die die Einheiten von Ort und Zeit nicht respektiert, hat Nicolas Rowes *Tragedy of Lady Jane Grey* (1715) gedient.
Nach dem Tod König Edwards ist Lady Johanna Gray, als Tochter des protestantischen Herzogs von Suffolk Mitglied des königliches Hofes, besorgt über das Schicksal, das den englischen Protestanten droht, falls die katholische Maria, Edwards Schwester, den Thron besteigen sollte. Lord Guilford, Johannas Gemahl, berichtet, daß Edwards Testament Maria von der Thronfolge ausschließt und die protestantische Johanna zur Königin erklärt. Tatsächlich aber hat Lord Guilfords Vater, der skrupellose Herzog von Northumberland, dem sterbenden Edward dieses Testament untergeschoben, um damit Maria als legitime Thronerbin auszuschalten und als Johannas Schwiegervater selbst die Fäden der Macht

in die Hände zu bekommen. Die von allem Ehrgeiz freie Johanna weiß, daß die Krone Maria zusteht, läßt sich im Interesse der Protestanten aber zur Thronbesteigung bewegen. Als Marias Anhänger daraufhin Northumberlands Truppen besiegen, werden Johanna sowie ihre Eltern und Guilford zum Tode verurteilt. Lady Johanna könnte ihr eigenes Leben und das ihrer Eltern retten, wenn sie öffentlich ihrem Glauben abschwören würde. Da ihre Liebe zu Gott aber stärker ist als die Liebe zu den Menschen, folgt sie ihrem Gemahl als protestantische Märtyrerin in den Tod.
Wieland erneuert mit *Lady Johanna Gray* das protestantische Märtyrerdrama des 17. Jahrhunderts. Die Werte der Barockethik (‹magnitudo animi›, ‹magnanimitas› und ‹constantia›) stehen in ihrer Verkörperung durch die Protagonistin noch im Mittelpunkt des Dramas. Im ‹Vorbericht› verdeutlicht Wieland allerdings, inwiefern sein Trauerspiel den Übergang vom heroischen zum empfindsamen Geschmack manifestiert: Das «Schöne und Heroische» der Tugend soll auf die «*rührendste Art*» vorgestellt werden.

Lit.: R. Neuß: Tugend und Toleranz, 1989, S. 67–116.

Nicola Graap

Pandora. Ein Lustspiel in zwey Aufzügen.
In: Der Teutsche Merkur vom 1779. Drittes Vierteljahr. Weimar, S. 3–48.
UA: ?

Das Lustspiel in Prosadialogen, Liedstrophen und wechselnden Vers- und Reimformen hat laut ‹Vorbericht› Le Sages Drama *Boîte de Pandore* (1721) zur Quelle. Zuvor ist der Stoff schon in mehreren französischen Harlekinaden verarbeitet worden.
Prometheus will sehen, was die von ihm geschaffenen Menschen – «drollige Mitteldinge von Thier und Gott» – gerade treiben. Er stellt fest, daß sie immer glücklich und damit auch langweilig sind. Die von den Göttern gesandte Pandora überreicht ihm eine Büchse, die er öffnen soll, weil die Götter zu ihrer Unterhaltung erfahren wollen, was die Leidenschaften (sie sind der Büchseninhalt) unter den Menschen anrichten werden. Als Prometheus

zögert, siegt bei Pandora die Neugier, und sie läßt die Leidenschaften herausflattern. Fortan gibt es statt des langweiligen Glücks Unterdrückung, Neid, Rebellion, doch Merkur weiß Trost; in der Abwechslung liege die Würze des Lebens. Sanfte Musik kündigt schließlich die Hochzeit Pandoras mit Prometheus an, deren gemeinsames Kind die Hoffnung sein wird. Der festlichen Schlußszene wohnen die Götter und Musen bei.
Wielands Lustspiel, das im letzten Teil dem Singspiel nahekommt, ist zunächst – ganz dem französischen Vorbild gemäß – eine Persiflage auf den alten Pandora-Mythos, der ernsthaft beschreibt, wie das Unheil über die Menschen kommt. Die Leidenschaftlichkeit erscheint in Wielands optimistisch-aufklärerischer Sicht als Stimulans, das das Leben lebenswert macht, solange es nicht im Übermaß auftritt. Das Kind ‹Hoffnung› gewährt die Aussicht auf eine tröstliche Zukunft der Menschheitsgeschichte. Ausdruck dessen ist der feierliche Festspielakt mit Instrumentalmusik und Chören, der das kleine Werk beschließt.

Lit.: W. Kohlschmidt: Goethes Pandora und die Tradition; in: W. Kohlschmidt: Form und Innerlichkeit, 1955, S. 64–71.

Nicola Graap

Wolzogen, Caroline Friederike Sophie Auguste von (1763–1847)

Der leukadische Fels. Ein Schauspiel.
In: Neue Thalia. Herausgegeben von Friedrich Schiller. Leipzig 1792. Zweiter Band. S. 241–266 und 275–297.

Das im antiken Athen lokalisierte Blankversschauspiel behandelt in arkadischer Szenerie den tragischen Konflikt zwischen gleichwertigen Mächten: dem Vater als Repräsentanten der Staatsräson und der Liebe als Garantin der individuellen Glückserfüllung. Die Schiller-Biographin greift die Geschichte der griechischen Lyrikerin Sappho (ca. 613–570 v. Chr.) auf, die sich in den Dämon Phaon verliebt haben soll, von diesem verschmäht wurde und sich vom leukadischen Felsen in den Tod stürzte. Diese Sage wird auf das zeitgenössische Spannungsverhältnis von Konvenienz- oder Liebesehe bzw. weiblicher Unterwerfung oder Emanzipationsbedürfnis übertragen, wobei der Akzent auf der Entsagung als dem weiblichen Opfer liegt.

Der gütige, aber strenge Patriarch Xenokrates will die Tugendheldin Lidia dem Heerführer Heliodor zur Frau geben; sie jedoch liebt den heldenmütigen Diagoras, ihren Erzieher. Da Lidia nur für die Liebe lebt, beschließt sie, ihr Leben wie Sappho zu beenden. Ob Diagoras sie zu retten vermag, bleibt offen, da das Stück unvollendet abbricht (daß im Untertitel von einem ‹Schauspiel› statt von einem Trauerspiel die Rede ist, deutet allerdings auf eine versöhnliche Lösung).

Das anonym erschienene Ideendrama verzichtet zwar auf die Formstrenge der Weimarer Klassik und auf Bühnenwirksamkeit (lose Szenenfolge, ausufernde Monologe, Handlungsarmut), vermittelt durch seinen Fragmentcharakter jedoch um so mehr ein beredtes Bild von den im Umbruch befindlichen Geschlechterrollen um 1790. Passivität und Bestimmung für die Liebe sind Komponenten der ‹schönen Seele›, wobei die weibliche Liebesfähigkeit als der ‹Männlichkeit› ebenbürtig erscheint: «Der Welt gehört der Mann, dem Mann das Weib | und sind wir arm, weil wir am meisten lieben? | Ist, in ein großes Wesen überfließen | nicht höher, tausendfält'ges Sein?» (I, 2).

Die Helden changieren zwischen Heroismus und Schwärmerei, lösen Bewunderung und Mitleid aus. Ungezügelte Leidenschaft wird ebenso wie einseitige Vernunft als lebensfeindlich dargestellt. Dieses Plädoyer für den Ausgleich der seelischen Kräfte könnte an die Lehren des realen Xenokrates angelehnt sein, der Platons strengen Dualismus von Wahrnehmen und Wissen relativierte.

Lit.: S. Lange: Über epische und dramatische Dichtung Weimarer Autorinnen, in: Zeitschrift für Germanistik, 1991, S. 341–351.

Kirsten Okun

Zschokke, Johann Heinrich Daniel
(1771–1848)

Abällino der grosse Bandit. Ein Trauerspiel in fünf Aufzügen, nach der Geschichte dieses Namens von demselben Verfasser. Leipzig und Frankfurt an der Oder 1795.
UA: Weimar, 1795

Das fünfaktige ‹Mantel und Degen›-Drama in Prosa beruht auf Zschokkes 1793 erschienenem Roman gleichen Titels, der bereits Dialogpassagen enthält. Als Quelle haben möglicherweise Auszüge aus der 1792 in Venedig erschienenen Biographie des Dogen Andreas Gritti in der von Zschokke regelmäßig rezipierten *Allgemeinen Literaturzeitung* gedient.
In Venedig wollen sich Verschwörer, deren Ziele der Sturz der Verfassung und die Wiederherstellung der Abhängigkeit der venezianischen Staatskirche von Rom sind, einer Räuberbande unter der Führung des gefürchteten Banditen Abällino bedienen. Bei diesem handelt es sich in Wahrheit um Flodoardo, einen von der Inquisition aus Florenz vertriebenen Edelmann und Protegé des Dogen Andreas Gritti. Abällino/Flodoardo befreit die Stadt im Alleingang sowohl von den Banditen als auch von Verschwörern in Andreas Grittis engster Umgebung; seine Taten geschehen also nicht in räuberischer Absicht, sondern aus Haß gegen Ungerechtigkeit und Ehrlosigkeit, womit sich der von ihm formulierte tragische Konflikt zwischen Gewissen und äußeren Handlungszwängen als Scheinkonflikt erweist. Der als patriarchalisches Ideal gezeichnete Gritti belohnt Abällino/Flodoardo für seine Verdienste um Venedig mit der Hand seiner Nichte, der Sieg des Guten ist geglückt.
Im Vergleich zum Roman hat Zschokke im Drama, dem Sturm-und Drang-Programm folgend, die Handlung zwingender motiviert, die Charaktere schärfer gezeichnet und die mitunter derbe Redeweise der Figuren sowie die kirchen- und adelskritischen Töne verstärkt.

Lit.: J. Morlo: Nachwort; in: J. H. D. Zschokke: Abaellino der große Bandit, 1994, S. 79–87.

Petra Kallweit

Charlotte Corday oder die Rebellion von Calvados. Ein republikanisches Trauerspiel in vier Akten. (Aus den Zeiten der französischen Revolution.) In Jamben. Stettin 1794.

Die nicht für die Bühne gedachte Blankverstragödie des Erfolgsschriftstellers Zschokke gestaltet – ohne Rücksicht auf die aristotelischen Einheiten – die aufsehenerregende Ermordung Jean-Paul Marats (13.7.1793), konzentriert sich dabei aber auf die Lebensumstände und Motive der jungen Attentäterin aus Caen.

Charlotte Cordays Revolutionsenthusiasmus wird enttäuscht, als sie von der Verhaftung der Provinzdeputierten im Nationalkonvent erfährt und zudem glauben muß, daß die Jakobiner ihren geliebten Vetter getötet haben. Da im Calvados eine Rebellion gegen Paris vorbereitet wird, an der auch ihr königstreuer Vater beteiligt ist, sieht Charlotte die einzige Rettung vor dem drohenden Bürgerkrieg in der Ermordung Marats, der bei Zschokke als Alleinverantwortlicher für den jakobinischen Terror gilt. Dem jungen Offizier Corbigni, der unglücklich in Charlotte verliebt ist, verspricht sie nun ewige Liebe und Treue, falls er für sie zum Tyrannenmörder wird. Weil Corbigni hierzu nicht bereit ist, ihr das Wohl des Vaterlandes aber über alles geht, reist sie nach Paris und führt dort den Mord an Marat mit eigener Hand aus.

Zschokkes antijakobinisches Drama steht in der Tradition des republikanischen Trauerspiels der Aufklärung und präsentiert Charlotte Corday als moderne Verwandte der dort üblichen Tugendhelden aus der Antike. Die Entscheidung zur Selbstaufopferung für das Vaterland ist hier jedoch nicht auf das herkömmliche republikanische Ideal der Standhaftigkeit und Selbstüberwindung bezogen, sondern entspringt direkt der schwärmerischen Freiheitsliebe der Titelheldin, die in ihrer gesteigerten Emotionalität zur erhabenen Heroine wird.

Lit.: A. Meier: Dramaturgie der Bewunderung, 1993, S. 362–366.

Tobias Witt

Register der Werktitel